SAFFINA DESFORGES

PARAPHILIA

PÔLE NOIR

Immeuble Régus
88 ter, avenue du Général-Leclerc
92100 Boulogne-Billancourt
Première édition Juin 2012

Auteur : Saffina Desforges
Traducteur : Christophe Cuq

Titre original : *Sugar & Spice* copyright © Saffina Desforges.

ISBN : 978-2-822-401050

1

— Cible détruite !

Le garçon regarda d'un œil satisfait la canette de Coca cabossée sombrer doucement sous la surface de l'eau immobile. Il se lécha le doigt et traça un point invisible sur un tableau d'affichage fictif.

— Trois partout ! s'écria son camarade en passant son bras nu sur son front en sueur.

Leurs yeux scrutèrent les alentours en quête de leur prochaine dose d'adrénaline. Près de la rive opposée, le bras d'un mannequin d'étalage apparut dans le sillage d'une péniche et attira leur attention, déclenchant leur imaginaire :

— Les aliens attaquent !

Le déluge de pierres et de galets agita l'eau de remous, mais peu de tirs portèrent. Et les rares à atteindre leur cible ne firent entendre aucun son.

Le premier garçon ramassa un plus gros caillou, visa avec soin, et réalisa un tir fulgurant qui frappa la cible en plein dans le mille, l'envoyant couler sous la surface.

— Super !

Le tireur accepta le compliment de bonne grâce. Mais lorsque la cible refit surface, et qu'ils crurent voir des pellicules s'en détacher, un examen plus rapproché s'imposa.

— Cessez le feu ! Blessé en vue ! cria le second garçon, avant de s'élancer de l'autre côté de l'écluse avec une agilité éprouvée.

La chose stagnait juste au-dessous de la surface de l'eau, flottant au milieu des débris divers qui caractérisent les canaux urbains vieillissants. Le soleil matinal irisait les nappes d'hydrocarbures arc-en-ciel recouvrant les eaux sombres, ajoutant au spectre de couleurs du canal que constituaient les canettes de Coca, les paquets de chips et les sachets en plastique irrémédiablement attirés par l'eau.

Le garçon descendit prudemment les barreaux métalliques couverts de vase fixés à la paroi de l'écluse, et se pencha au-dessus de l'eau, ramenant l'objet vers lui à l'aide d'une branche de sureau. Il s'agissait là d'une piètre réplique de mannequin : bien trop pâle, elle présentait un aspect boursouflé et écailleux qui lui rappela celui du poisson pourri.

Il aperçut des ongles jaunes, et, l'espace d'un bref instant, crut voir un os ressortir du coude.

Il regarda son camarade d'un air hésitant, puis écarta la pensée avec un sourire penaud, soulagé de n'avoir rien dit.

À mesure que le trophée se rapprochait, des doutes le saisirent, mais la curiosité finit par l'emporter. Son camarade l'observait avec impatience.

Le bras avait un aspect cireux sous la couche de vase, d'algues et des quelques rares sangsues. Il hésita à l'attraper à mains nues. Un sac plastique Tesco flottait à proximité, proclamant le slogan de l'enseigne d'hypermarchés aux habitants des profondeurs du canal : « Les petits ruisseaux font les grandes rivières ». Il le harponna du bout de la branche, attendit qu'il se vide de son eau, et en enveloppa l'objet, qu'il brandit triomphalement, avant de remonter un à un les barreaux pour regagner le sol ferme.

Le premier garçon arborait une expression dégoûtée et luttait contre la curiosité tandis que son camarade déposait le sachet sur le sol et s'apprêtait à dévoiler le trophée. Sans l'eau pour camoufler la puanteur, la sinistre réalité leur apparut peu à peu, comme l'inévitable conclusion s'imposait dans un même temps à la vue et à l'odorat.

Un membre.

Un membre en putréfaction, guère plus grand que leurs propres bras.

Un bras d'enfant.

Alors que le second garçon contemplait la scène, abasourdi, le premier détalait déjà en direction de la maison, poussant pour unique cri un gémissement horrifié, tandis que prenaient fin prématurément deux carrières prometteuses sur le canal.

2

La division TO-29 des Opérations territoriales de Scotland Yard, brigade fluviale de la Tamise, devait déjà se préoccuper d'un suicide depuis le Tower Bridge, et, plus en aval, d'un canot qui avait rompu ses amarres et qui dévalait la Tamise, emporté par la marée descendante.

Un patrouilleur de police se trouvant dans le secteur eut tôt fait de se charger du canot à la dérive.

En revanche, le suicide par saut et la macabre découverte dans l'écluse de Southall nécessitèrent tous deux de recourir aux moyens limités de l'unité spéciale de recherche sous-marine de la TO-29.

Il était midi passé lorsque les onze membres de l'unité d'élite de la police arrivèrent sur les lieux, en bordure du canal, afin d'entamer les recherches. À l'heure où les premiers hommes-grenouilles s'enfonçaient dans les eaux troubles, le membre d'enfant avait déjà été transporté dans le laboratoire de pathologie d'un hôpital londonien des environs.

Le docteur William Thewliss, qui procéda à l'examen préliminaire, estima que le bras appartenait à un enfant âgé de huit à douze ans, et qu'il séjournait dans l'eau depuis au moins une semaine. Tous les ongles excepté deux s'étaient détachés des doigts, mais les trois restants retinrent toute l'attention du médecin.

Ce dernier choisit de réserver son jugement jusqu'à ce que le reste du corps soit retrouvé, et prit des dispositions pour qu'un laboratoire mobile se tienne prêt. L'expérience le portait à croire que le cadavre de l'enfant se trouvait dans le canal, à proximité. Un expert de l'administration des eaux, conseiller auprès de la police, les aida à boucler le canal à un kilomètre et demi de part et d'autre du lieu de la découverte.

Passé le premier mètre d'eau, toute notion de lumière ou d'obscurité perd son sens, aussi les recherches se poursuivirent-elles sans relâche tout au long de la nuit. Tandis que les plongeurs de la police exploraient avec minutie les profondeurs du canal, on consultait et recoupait les dossiers d'enfants disparus en prévision de l'inévitable. Les policiers de Londres étaient plus particulièrement débordés, mais toutes les forces de police à travers le pays se tenaient prêtes.

Dans la salle des opérations de la brigade criminelle de Fort Hill, à Margate, l'inspecteur principal David Pitman passait une nuit d'angoisse près du téléphone. Il avait déjà annulé tous ses rendez-vous du lendemain.

Pessimiste de nature, Pitman choisissait d'opter pour les pires scénarios, pour le seul soulagement que lui procurait le fait qu'ils ne se réalisent pas : ce genre d'attitude négative découlait de quarante années de métier. Mais cette fois, le soulagement espéré ne survint pas : le scénario se confirma aux premières heures du jeudi matin.

En dépit des efforts de la police pour tenir le public à l'écart, les rives du canal de Southall se remplirent rapidement de curieux, de gens inquiets, ainsi que de médias prompts à déceler les informations de première importance. L'événement constituait résolument une « info de dernière minute », comme les présentateurs de journaux télé à la mise impeccable le rappelaient en continu à leurs téléspectateurs.

La découverte d'un bras d'enfant sectionné dans un canal crasseux suscitait l'intérêt de toute la nation. Journalistes, photographes et cameramen confondus tournaient en rond tels des vautours, dans l'espoir de voir survenir le pire. Suspendant la fabrication des journaux, les rédactions retenaient leur souffle.

À mesure que la nouvelle de la macabre découverte se répandait, le temps s'arrêtait pour les parents d'enfants disparus à travers le pays. Rivés à leurs téléviseurs, la main sur le téléphone, ils attendaient la sonnerie qu'ils espéraient ne jamais entendre retentir.

Boucler le canal se révéla une tâche impossible. Les policiers retenaient les péniches à un kilomètre et demi en aval et en amont de l'écluse, mais c'était en vain qu'ils s'efforçaient de tenir la foule à distance. Les puissants objectifs des caméras filmaient la scène sous tous les angles. Un hélicoptère survolait les lieux, enregistrant chaque fait et geste, prêt à zoomer au premier signe d'activité.

Il fallait impérativement être là à l'instant où retentirait le cri.

À l'instant où l'on retrouverait le corps.

Des rumeurs non confirmées sur un ongle jaune au doigt du bras sectionné tombaient dans les comités de rédaction aux quatre coins du pays depuis les agences de presse, soulevant de vifs débats sur la manière de traiter le sujet.

Il n'était pas encore cinq heures quand la question fut réglée, les lueurs de l'aube ajoutant une aura mystique à l'événement. L'intensification de l'activité policière sur la berge opposée constitua pour les médias le premier signal que leur attente touchait à sa fin.

À sa décharge, la police avait pourtant fait tout son possible pour dissimuler la découverte aux caméras.

Mais alors qu'on remontait lentement à la surface le corps d'enfant, encore ligoté à sa bicyclette, il s'écoula peut-être trente secondes durant lesquelles le cadavre en putréfaction fut exposé aux yeux du monde, avant de disparaître derrière les paravents de la salle d'opérations improvisée des légistes.

Tandis que les techniciens de la scène de crime se préparaient pour sécuriser la zone, les directeurs de rédaction à travers le pays se frottaient les mains.

La réalité de la mort est très éloignée de la version aseptisée qui aboutit sur les écrans de télé et dans les pages des journaux. La vue d'un cadavre d'enfant peut dégriser le plus aguerri des reporters.

Ce ne fut toutefois pas l'image de la dépouille qui marqua de manière indélébile les esprits de ceux à qui la vue d'un corps en décomposition avait été épargnée.

Mais l'angoissante vision des trois ongles peints aux doigts du morceau de bras restant, cette unique couleur vive tranchant sur le pastel gris de la putréfaction.

3

L'état de décomposition avancé du corps rendait impossible toute identification formelle par la famille, mais d'ici peu, les analyses ADN ôteraient toute incertitude.

La vue de la bicyclette avait suffi à l'inspecteur principal Pitman, qui s'était mis en route pour la maison de la mère aussitôt que le corps avait émergé de l'eau. Quand bien même elle n'eût pas suivi la couverture de la nouvelle à la télé, nul doute qu'elle en entendrait parler d'une manière ou d'une autre dans l'heure à venir.

Il lui devait de le lui annoncer en personne.

Aucun parent ne devrait avoir à apprendre la mort de son enfant par le biais d'une question de journaliste.

Matt Burford, le compagnon de la mère inconsolable, se tenait sur le seuil de la porte tandis que Pitman remontait l'allée dallée. Toutes civilités étaient inutiles.

— Y a-t-il une possibilité pour qu'il s'agisse de quelqu'un d'autre ?

— Nous n'aurons la confirmation des tests ADN que dans la matinée, mais la réponse est non. La bicyclette est celle de Rebecca. Les vêtements correspondent également. Il ne serait pas raisonnable de nourrir de faux espoirs.

Claire apparut dans l'embrasure derrière Matt comme il laissait entrer Pitman. Sa posture voûtée, ses yeux humides bordés de cernes et les creux tristement visibles de ses clavicules parlaient d'eux-mêmes.

Pitman hésita, cherchant une formule de salutation appropriée.

Claire décroisa ses bras osseux et tendit une main tremblante, aux ongles rongés jusqu'au sang :

— Ne vous embarrassez pas pour moi, inspecteur. J'ai eu deux semaines pour m'y préparer.

Pitman bredouilla :

— Nous… nous disposons d'un agent spécialisé, un policier femme… Préfères-tu…

— Ce que Claire veut par-dessus tout, Dave, c'est qu'on réponde à ses questions, pas qu'une parfaite inconnue lui serve des gentillesses d'usage et des réponses toutes faites.

Pitman se tourna vers Claire :

— Il n'empêche… certaines personnes trouvent cela utile.

Elle secoua la tête, en s'efforçant de se maîtriser. La gorge serrée et la poitrine comprimée par un asthme dû à l'angoisse, l'inhalateur à portée de main, elle demanda dans un murmure :

— Que lui a-t-il fait ?

— Nous ne le saurons précisément qu'une fois l'autopsie terminée. (Pitman marqua une pause, sentant qu'elle en attendait davantage.) Il semble qu'elle ait été étranglée.

Matt esquissa un geste vers Claire, mais celle-ci se recula.

— Ça va, Matt. (Elle fixa Pitman droit dans les yeux, fouillant son regard.) Est-ce qu'il l'a… touchée ?

— On attend les résultats de… (Il s'interrompit : Claire et Matt méritaient autre chose que le discours policier officiel.) Selon toute probabilité, oui. Le corps a été déshabillé. Nous en saurons plus dans quelques heures. Je suis navré.

Les jambes de Claire finirent par la lâcher. Elle leva la main pour se rattraper :

— Est-ce que je peux la voir ?

Pitman tripota la pipe qu'il gardait dans sa poche, pris d'une envie folle de l'allumer. C'était toujours plus difficile avec quelqu'un que l'on connaissait, quelle que soit la proximité des liens.

— Claire, le corps… Rebecca… Elle est restée dans l'eau pendant une longue période… il n'y a rien à voir.

Matt attrapa la main de Claire et la serra fort. Cette fois, elle ne chercha pas à résister.

Tout en réprimant un sanglot, elle posa la tête sur l'épaule qu'il lui offrait, des larmes ruisselant sur ses joues blêmes.

— Que va-t-il se passer maintenant ? demanda-t-il.

— Nous ferons tout notre possible, Matt, tu le sais.

L'inspecteur marqua une pause, se tournant vers Claire :

— Désolé, mais je dois te poser une question. Rebecca se vernissait-elle les ongles ?

Claire resta interdite. Elle s'efforça de fixer le regard de Pitman à travers ses larmes :

— Les ongles ?

— Ses ongles étaient jaune vif. Vernis ou bien peints. Ce n'était pas mentionné dans sa fiche de disparition. Te souviens-tu si elle s'est verni les ongles ce soir-là avant de sortir ?

Claire secoua la tête en reniflant bruyamment, avant de répondre d'une voix vacillante :

— Rebecca ne s'est jamais maquillée de quelque façon que ce soit. Jamais.

— Chez une amie, peut-être ?

Claire releva la tête, un éclair d'espoir animant son regard :

— Êtes-vous sûr que ce soit elle, inspecteur ? Ne pourrait-il pas s'agir de quelqu'un d'autre ?

Pitman aurait souhaité du plus profond de son être alimenter les espoirs de Claire, mais la suite de ses paroles y mit un terme éternel et définitif :

— Il s'agit bien de Rebecca. Je suis affreusement désolé.

4

Sur les conseils de Pitman, Claire partit passer la nuit dans l'appartement de Matt sur Marine Esplanade, au pied de la falaise est de Ramsgate.

À peine étaient-ils arrivés que les premiers journalistes débarquaient dans le village de Pegwell, en quête de commentaires prévisibles de la part d'un voisinage stupéfait. Parmi eux se trouvaient les propres collègues de Matt.

Il voyait désormais son travail sous un nouveau jour. Il coupa son portable. Matt savait que son rédacteur en chef attendrait une exclusivité, mais le respect des délais de bouclage perdait soudain de son importance.

Tandis que Claire succombait au répit d'une légère sédation, Matt entama la besogne peu enviable de contacter parents et amis – pour la plupart des noms sans visages – à l'aide du carnet d'adresses de sa compagne. Il aurait sans doute l'occasion d'en rencontrer un bon nombre lors des funérailles. Il se demanda pourquoi il fallait toujours attendre une tragédie pour voir les familles se rassembler.

5

Il s'agissait du troisième appel médiatique que Claire lançait en quinze jours, mais c'était de loin le plus difficile.

Ses précédentes interventions, pour demander à Rebecca de rentrer à la maison, aux personnes pouvant l'avoir vue de se manifester, à quiconque la retenait prisonnière de faire preuve d'humanité et de la relâcher, étaient désormais caduques.

Matt était assis à ses côtés, juste en dehors du champ des caméras, tandis qu'elle lisait l'appel à témoins que la police avait rédigé et lui avait fait répéter.

Quelqu'un, quelque part, devait forcément avoir des soupçons…

Être au courant de quelque chose…

Avoir aperçu quelque chose…

La tentative de Claire était courageuse, mais prématurée. Elle s'effondra face aux caméras, libérant son vitriol au lieu du texte officiel. Comme elle commençait à pleurer, Matt entra dans le champ et la prit dans ses bras, avant de finir la déclaration lui-même, à peine plus capable de maîtriser ses paroles.

Ses collègues journalistes savouraient l'instant, tiraillés entre la sympathie professionnelle et l'intérêt humain que présentait ce drame en développement.

Pitman, quant à lui, dissimulait sa satisfaction : même s'il compatissait à la douleur de Claire, il était certain que la violence de la scène porterait ses fruits.

Laissant Matt escorter Claire hors de la salle, Pitman s'avança sous les feux des projecteurs afin d'affronter le déluge de questions, se retrouvant du même coup à livrer le communiqué officiel aux côtés du surintendant John Weisman. Il s'agissait, comme Weisman le lui avait assuré à plusieurs reprises, de son enquête attitrée, et ce dernier n'avait aucune intention de marcher sur ses plates-bandes. Mais l'investigation étant devenue une enquête criminelle dans laquelle intervenaient deux services de police distincts, il semblait pour le moins logique qu'un officier plus gradé dirige la première conférence de presse.

Pitman accepta la chose de bon gré. Il approchait à grands pas de la retraite et n'avait aucunement l'intention de passer les quelques années qui lui restaient dans le service à batailler contre ses supérieurs – et surtout pas contre le petit nouveau. Il y avait à peine un mois que Weisman était en poste au commissariat, et il tenait beaucoup à faire son trou au sein de la population locale. Pitman supposait qu'il voudrait simplement profiter de son heure de gloire devant les caméras avant de disparaître à nouveau au fond de son bureau.

Claire et Matt suivirent le déroulement de la conférence sur un écran vidéo dans l'intimité d'une salle attenante. En d'autres circonstances, Matt se serait trouvé au premier rang, à réclamer les éléments qui feraient la une du lendemain. Mais pour l'heure, la meute vorace des journalistes l'écœurait.

Weisman fit mine de rassembler ses notes et de consulter son inspecteur principal, puis procéda aux présentations et exprima ses condoléances à la famille. L'assemblée des médias prêta une oreille polie aux formalités, mais sitôt que le surintendant en arriva aux détails du meurtre, un silence tomba sur la salle, troublé seulement par le léger bourdonnement des enregistreurs électroniques, tandis que les journalistes se suspendaient à ses paroles.

— Au vu des résultats des tests ADN, nous sommes aujourd'hui en mesure d'annoncer avec certitude que le corps retrouvé est celui de Rebecca Anne Meadows, la fillette âgée de dix ans portée disparue de son domicile de Pegwell Bay le soir du vendredi deux août.

Weisman s'interrompit afin de permettre à un jeune journaliste assis au premier rang de reprendre le fil. Pitman lança un coup d'œil dédaigneux au jeune traînard. Qu'est-ce qu'un bleu foutait sur une affaire de cette importance ? On avait dû l'envoyer à la dernière minute pour remplacer un reporter plus chevronné. La carte d'identité au revers de son col était épinglée tête en bas. Pitman se promit d'aller lui parler avant de partir.

Weisman avait repris la parole :

— Malheureusement, en raison du temps passé sous l'eau par le corps, les résultats de l'autopsie sont beaucoup moins détaillés que nous ne l'espérions. Nous sommes cependant en mesure de faire avec une relative certitude les observations suivantes : il est probable que le corps de Rebecca a séjourné dans le canal pendant au moins dix jours, ce qui laisse penser qu'elle a été tuée très peu de temps après avoir été kidnappée. La cause de la mort est attribuée à un étranglement par ligature.

— A-t-elle été violée ?

Le jeune journaleux assis au premier rang levait la tête, attendant avec impatience la réponse à sa question.

Pitman fulminait, mais Weisman accueillit la question avec une expression grave. Une agitation saisit la salle. Les crimes sexuels étaient vendeurs. Voilà tout ce qui les intéressait, et ils étaient ravis que le bleu au premier rang ait abordé le sujet si rapidement.

Weisman choisit de ménager son effet :

— Comme je l'ai déjà dit, en raison de l'état de décomposition avancé du corps, les résultats de l'autopsie se sont avérés moins éloquents et moins détaillés que nous ne l'espérions. Mais non, rien n'indique qu'il y ait eu viol.

Il y eut un soupir de déception presque audible.

— Mais elle était nue, exact ? intervint à nouveau le jeune gratte-papier.

Les caméras zoomèrent tandis que la salle s'emplissait de flashes. Ce môme n'aurait pas à payer un seul de ses verres ce soir !

— Le fait que la victime ait été entièrement déshabillée suggère évidemment un possible mobile sexuel.

Pitman était bluffé par la manière dont Weisman dépersonnalisait son rapport, omettant tantôt le prénom de Rebecca quand il mentionnait les aspects sexuels, mais l'employant d'autres fois pour rappeler à l'auditoire qu'il s'agissait de l'enfant de quelqu'un.

— A-t-on retrouvé la totalité de ses habits ?

La question venait du fond.

— La plupart, pas tous. Le casque de vélo de l'enfant, son serre-tête, ses chaussettes et sa culotte restent pour l'heure introuvables. Nos collègues de la brigade fluviale de la Tamise continuent de rechercher les articles manquants, qui ont dû selon eux s'échapper du corps et dériver et peuvent se trouver n'importe où en aval du canal.

— Le tueur aurait-il pu conserver les sous-vêtements, en guise de trophée ? demanda une voix dans la salle.

— Nous n'écartons pas cette hypothèse.

— Va-t-il frapper à nouveau ?

C'était le débutant du premier rang.

Weisman lui décocha un regard noir. Ce n'était pas une question qu'il désirait aborder, mais à présent, il n'avait guère le choix :

— Nous sommes tenus de rester ouverts à cette possibilité. Quel que soit l'auteur de cette ignoble agression, du meurtre brutal d'une enfant innocente, il est clair qu'il s'agit d'un individu extrêmement perturbé. Nous exhortons les parents à travers le pays à faire preuve de vigilance, et de prudence.

— Est-ce l'œuvre d'un tueur en série ?

Weisman fusilla du regard le jeune journaleux. Comme il hésitait sur la réaction à adopter, Pitman vint à son secours :

— Aucun élément ne permet pour l'heure de relier ce meurtre à d'autres meurtres non élucidés. Nous traitons donc celui-ci comme un cas isolé.

Le gratte-papier prit un air penaud de circonstance. Weisman inspira avec soulagement et balaya la salle du regard en quête d'une nouvelle question.

Quelqu'un demanda :

— Que pouvez-vous nous dire au sujet des ongles vernis ?

6

Weisman leva la main pour s'assurer d'avoir toute l'attention :

— C'est une très bonne question. J'aimerais tout d'abord préciser, mesdames et messieurs, que ni les services de police du Kent ni Scotland Yard ne souhaitent s'associer au surnom stupide et anxiogène de « Péril jaune » que certains rédacteurs en chef irréfléchis, pour ne pas dire irresponsables, ont choisi de donner à l'auteur de ce meurtre ignoble. Ce type de journalisme n'aide en rien l'enquête, et je n'ose imaginer la peine qu'il doit causer à la famille de la victime.

La remarque fit tomber sur la salle un silence quasi honteux, et Weisman monta d'un cran dans l'estime de Pitman.

— Concernant votre question, nous confirmons en effet que les ongles de la fillette ont été peints en jaune par le tueur. Dans quel but, nous l'ignorons encore. Ce dont nous sommes certains, c'est qu'il s'agit de peinture et non de vernis. Le produit dont on s'est servi est une peinture à base de chromate de plomb, du type de celles généralement utilisées pour le marquage des routes. Ce produit n'étant pas disponible au public, nous ne manquerons pas de prendre cet élément en considération dans la conduite de notre enquête.

— Des suspects, surintendant Weisman ?

— Nous consultons actuellement nos fichiers de délinquants

connus, et je peux vous assurer que toutes les voies sont explorées afin de retrouver l'individu. Il y a un certain nombre de personnes que nous souhaitons interroger, et nous vous tiendrons informés au fur et à mesure des développements de l'enquête. Nous espérons procéder à des arrestations très prochainement.

Une explosion de questions éclata dans la salle comme on prenait conscience que la conférence était terminée. Weisman se leva et ramena le calme d'un geste de la main :

— Mesdames et messieurs, je vous remercie. Voilà tout ce que nous pouvons vous dire à ce stade.

Une poignée de journalistes s'entêta, mais la majorité se débattait déjà vers la sortie.

Tandis que la salle se vidait, Weisman et Pitman se dirigèrent vers la porte du fond, sans prêter attention aux questions qu'on continuait de leur lancer.

Pitman reconnut Tony Kellerman, un pigiste réputé, à juste titre, pour savoir plus de choses qu'il ne devrait. Il venait vers eux.

Pitman donna une tape sur l'épaule de Weisman dans un faux geste de camaraderie et le pressa d'avancer. Avant qu'ils puissent atteindre la porte, Kellerman les avait rattrapés :

— Une dernière question, surintendant.

Weisman l'ignora : il avait clairement annoncé la fin de la conférence.

Pitman tira la porte et fit signe à son supérieur de le précéder :

— Nous ne répondons plus aux questions, gronda-t-il.

— Surintendant ! insista Kellerman.

Weisman se retourna :

— C'est fini, messieurs. Plus de questions, merci.

Kellerman se tenait devant eux, le micro à la main :

— Monsieur Weisman, une seule question, s'il vous plaît. Comment se porte votre oncle Tom ?

Le policier n'offrit qu'une brève réaction.

Un léger cillement de paupières.

Mais tandis que Pitman poussait son supérieur vers la sortie et refermait la porte derrière eux, il comprit, au sourire de Kellerman, tout ce qu'il y avait à comprendre.

7

Assis devant le journal de l'après-midi qui diffusait les images de l'enterrement, Greg Randall restait de marbre.

À l'issue de la séquence, l'inspecteur Pitman relança son appel à témoins depuis le public. Quelque part, assurait-il, quelqu'un soupçonnait forcément un ami, un voisin ou un parent. Il égrena le numéro d'une ligne confidentielle qu'on pouvait appeler, lequel défilait sur une bannière au bas de l'écran, puis termina en exhortant les parents à la vigilance :

— Un dangereux individu court dans les rues. Il peut frapper à nouveau à tout moment.

Comme le présentateur passait à la page sport, Randall éteignit la télévision et attrapa sa veste, l'esprit agité de pensées. Arrivé au parc de jeux, il s'arrêta devant la grille. Un groupe de mères bavardaient cordialement pendant que leurs enfants s'amusaient.

— Papa ! Papa !

Dès que Randall se retourna et vit les « petites dynamites » courir à sa rencontre, les bras tendus, tous ses soucis s'envolèrent. Il se pencha pour soulever les deux petites filles de six ans, une sous chaque bras, et les dévora de baisers.

— Greg ? Qu'est-ce que tu fais ici ? (La question avait été posée sans arrière-pensée par Bethan, son épouse, manifestement ravie, quoique étonnée, de sa présence ici.) Tu ne travailles pas aujourd'hui ?

Il serra fort les fillettes tout en répondant, distribuant comme toujours ses marques d'affection avec équité.

— J'ai fini tôt, chérie. J'ai pensé que tu serais peut-être ici avec les jumelles. (Il reposa les fillettes au sol et leur ouvrit le portillon du parc de jeux.) Juste cinq minutes. Soyez prudentes.

— Tu aurais dû m'accompagner au centre. Tamara a accroché un nouveau dessin au mur. Et Natalie a fait d'énormes progrès en lecture. À vrai dire, je me dis parfois qu'elles en apprennent davantage durant les vacances que pendant l'année scolaire.

Randall s'adossa à la clôture, face à la route. Loin des yeux, loin du cœur. Il prit la main de Bethan et l'attira vers lui, avant de lui planter un baiser sur les lèvres. Elle feignit de résister, un rien gênée par les regards des autres mères devant cette démonstration publique d'affection. Mais après huit ans de mariage, elle savait qu'elle n'avait pas lieu de se plaindre, alors que tant de ses amies lui enviaient l'apparente fraîcheur de leur couple.

— Tu ne peux pas attendre qu'on soit rentrés ?

— Non. Faisons ça ici, dans le parc. Maintenant. Devant tout le monde.

— Greg ! (Bethan s'écarta de son mari, embarrassée.) Natalie ! Tamara ! Venez, ou nous allons être en retard pour le thé.

Elle se mit à avancer, pour inciter les enfants à se dépêcher, sans tenir compte de leurs protestations justifiées comme quoi les cinq minutes promises n'étaient pas encore écoulées.

Randall accrocha son bras au sien :

— Une fois qu'on sera rentrés alors, insista-t-il sur un ton entendu. Les jumelles iront s'amuser dans le jardin. On ferme la porte à clef, on décroche le téléphone, et boum ! boum ! boum ! pendant que les voisins sont au boulot.

Bethan s'assura que les enfants suivaient, puis attira son mari près d'elle. Un baiser rapide.

Les petites dynamites étaient juste derrière, et l'une d'elles glissa sa main dans celle de son père, refermant ses bouts de doigts chauds sur les siens. Il la regarda trottiner à ses côtés, ses petites jambes peinant à suivre son pas. Elle leva la tête et lui adressa un grand sourire. Un frisson le parcourut. Elles lui étaient si précieuses.

Il sortit son portable de sa poche.

— Je ne l'ai pas entendu sonner.

— Il n'a pas sonné, répondit-il. Il faut juste que j'appelle le bureau. J'ai oublié un truc.

Bethan se retourna, surprise :

— Ça ne peut pas attendre qu'on soit rentrés ?

Il fit mine de consulter sa montre.

— Si, mais si j'appelle maintenant, ça m'épargnera des heures de boulot supplémentaire demain matin. Pars devant avec les filles. Je vous rattraperai.

— T'es sûr qu'il s'agit pas plutôt de cette blondasse avec qui je t'ai vu l'autre jour ?

Randall prit l'air horrifié :

— Quelle blondasse ?

— Je rigole, chéri. (Bethan lui déposa un petit baiser sur les lèvres.) Je mets la bouilloire à chauffer. Ne sois pas trop long.

Elle s'en alla, en disputant Natalie qui s'aventurait trop près de la route. Il attendit qu'elles se soient éloignées, puis chercha dans le répertoire la simple lettre « Q ». La tonalité ronronna brièvement dans l'appareil avant que quelqu'un décroche.

— Je voudrais prendre un rendez-vous, avec le docteur Quinlan.

8

Matt pivotait nerveusement dans son fauteuil tout en examinant les pages de résultats Google, son regard exercé survolant les détails pour relever les phrases et les mots clefs.

Plus de deux semaines s'étaient écoulées depuis que les enfants avaient découvert le corps de Rebecca. Le plus jeune se trouvait toujours en état de choc : hospitalisé, sous calmants, ses parents à son chevet. L'autre garçon s'était apparemment remis assez vite et n'avait gardé aucune séquelle sérieuse.

Matt griffonna quelques notes. Il reprenait peu à peu une routine de travail après ses quelques jours de congé de deuil.

L'œil sur le curseur, il sauvegardait sans s'attarder les articles dans des dossiers qui allaient grossir sa revue de presse des meurtres d'enfants commis au cours des trente dernières années. Il prendrait plus tard le temps d'en éplucher le contenu pour en dégager les points saillants.

La police, aussi bien celle du Kent que celle de Londres, se livrait probablement au même exercice, mais à partir des rapports officiels, plus précis que les bribes d'information qu'on avait communiquées à la presse.

Il existait un moyen de contourner ce problème, mais Matt préférait d'abord explorer toutes les voies légales. Et de toute manière, McIntyre exigerait qu'il lui révèle ses sources avant de laisser diffuser tout article sur un possible suspect.

Il se fendit d'un sourire en songeant à Danny.

Il y avait des sources que Matt préférait ne pas dévoiler.

Il sortit une base de données presse des favoris et lança une recherche sur « enfants traumatisés ». Rien de spécifique sur des gamins découvrant un cadavre en putréfaction. Il recopia quelques remarques générales, mais la matière manquait de précision pour être utile.

En d'autres circonstances, il aurait étoffé ces éléments d'une poignée d'hypothèses et d'observations de bon sens, qu'il aurait attribuées à des sources anonymes si elles avaient suscité des retours.

Mais cette fois-ci, il s'agissait d'une affaire personnelle.

En dépit de la présence autoritaire de McIntyre, il accordait plus d'importance à l'exactitude des informations qu'au bouclage qui arrivait à grands pas.

Il ouvrit son portable, et bientôt, un standard le redirigea vers son interlocuteur :

— Professeur Large à l'appareil, dit une voix au fort accent de Liverpool.

— Gavin, c'est Matt.

— Matt. Comment ça va, mec ? T'appelles pour le plaisir ou pour le boulot ?

— Pour le boulot.

— D'accord. C'est ma pause déjeuner. Est-ce que ça peut attendre ?

— Je te citerai dans mes sources…

— Ça n'en reste pas moins ma pause déj'.

— Tu as suivi le meurtre qui a eu lieu ici, j'imagine ?

— La gamine qu'on a retrouvée l'autre semaine ? fit Large en soupirant. Rachel quelque chose ?

— Rebecca. Rebecca Meadows.

— Assassinée par le Péril jaune, c'est ça ? Je savais que tu couvrirais sans doute l'affaire.

— Je ne me contente pas de la couvrir, Gavin. J'y suis impliqué personnellement. Je connaissais la gamine.

— Non ?

— Tu te souviens de John et Claire Meadows ?

— Vaguement. Photographe ? Tumeur cérébrale ?

— Il s'agissait de leur fille.

Un silence tomba sur la ligne.

— Bon sang. Toi et Claire, vous n'êtes pas… ?

— Comme j'ai dit, Gavin. Je suis impliqué personnellement.

Un nouveau silence se fit, puis Large bredouilla :

— Excuse-moi, Matt. À aucun moment je n'avais fait le rapprochement. Je veux dire, tout ce qui se passe de l'autre côté de l'Angleterre pourrait tout aussi bien se passer sur une autre planète. Il y a quelque chose que je peux faire ? Comment va Claire ?

— Comme on pourrait s'y attendre. Pour le moment, nous vivons au jour le jour.

— Le temps guérit tout, Matt. Tu verras. On a du neuf sur le salopard qui a fait ça ?

— Rien pour l'instant. J'essaie de maintenir l'attention des médias sur l'affaire jusqu'à ce qu'on en sache plus. Je ne voudrais pas voir l'enquête passer aux oubliettes sans apporter aucune réponse. Un énième meurtre d'enfant non élucidé à ajouter aux dossiers.

— Je peux te garantir que ça n'arrivera pas.

— Qu'est-ce qui te permet de l'affirmer ?

— L'aspect trop rituel du meurtre. Le mobile du crime n'est ni passionnel ni lucratif. Nous avons affaire à un acte froid et prémédité. Quiconque est assez malade pour assassiner une môme et la maquiller recherche une forme de gratification. Ce genre de personnes ne se contente pas d'y prendre du plaisir, Matt. Elles en ont besoin. Crois-moi, il tuera à nouveau si on ne l'attrape pas.

9

Matt reposa le téléphone et fit pivoter son siège face à la fenêtre qui donnait vue sur la ville.

Depuis le quatrième étage du prestigieux centre opérationnel de Southern Media Solutions, Canterbury s'étendait sous son regard.

Il réfléchit à la conversation qu'il venait d'avoir. Il respectait énormément les avis de Gavin Large. Et il fallait qu'il tape quelque chose pour le prochain tirage, histoire que McIntyre lui fiche la paix.

Il mit un Maltesers dans sa bouche et laissa le chocolat fondre sur sa langue. Ce rituel l'aidait à se détendre. À se concentrer.

Il reproduisait la sensation de bien-être de l'allaitement, comme Gavin le lui avait un jour expliqué. Il faut dire que Gavin Large imputait la plupart des problèmes à l'allaitement.

Le portable vibra et Matt l'attrapa d'un geste automatique, ouvrant le clapet d'un coup de pouce.

Appel masqué.

— Burford.

— Matt, ici l'inspecteur principal Pitman.

Matt sourit intérieurement. Pitman s'exprimait toujours de manière très protocolaire sur la ligne du commissariat.

— Du nouveau ?

— Rien que tu puisses publier, Matt. Est-ce que je peux te rencontrer dans un endroit discret ? Officieusement ?

— Off ? (Son cœur se serra.) Où êtes-vous ?

— À Fort Hill, mais je ne veux pas qu'on nous y voie ensemble. Tu es occupé ?

— C'est de toute évidence important.

— Plus que tu ne l'imagines. Je peux être à Canterbury, disons dans une heure ?

— Où ?

— Un endroit neutre. Et retiré.

— Le *Caffè Nero* ? À l'étage ?

— Parfait. Dans soixante minutes.

— De quoi s'agit-il, Dave ?

Après un long silence, Pitman répondit :

— Tu as déjà entendu parler de l'oncle Tom ?

— Je devrais ?

— Tu regretteras bientôt d'en avoir entendu parler.

10

Matt attaquait son deuxième *latte* lorsque Pitman arriva.

— Comment va Claire ?

— Elle tient le coup. (Il savait qu'il était inutile de presser le policier avant qu'il soit prêt, mais la curiosité l'emporta.) L'oncle Tom… ?

Pitman jeta un coup d'œil furtif autour de lui avant de répondre :

— Tu te souviens de la dernière conférence de presse ? Le communiqué que nous avons fait après l'autopsie ?

— J'y étais. Eh bien, quoi ?

— Ça ne s'est pas arrêté là.

Matt haussa les épaules :

— Mais encore ?

— Tony Kellerman est sur le coup.

— Rien de surprenant à ça.

— Il s'est procuré une copie du rapport d'autopsie.

Matt respira profondément :

— Et après ?

— On pense qu'il y a eu une fuite du côté de Scotland Yard. Ils disent que non, mais Kellerman était clairement au courant de quelque chose l'autre jour. Il a dit un truc à Weisman au moment où l'on partait.

— Quoi ?

Pitman ignora la question. Il expliquerait en temps voulu.

— Nous avons des raisons de croire que Kellerman va révéler ce qu'il sait au public, cette nuit ou demain. D'après toi, Matt, s'il disposait d'un nouveau point de vue important sur cette affaire, tu crois qu'il l'exposerait ce soir à la télé ou qu'il le réserverait pour les gros titres du matin ?

— Bon Dieu, Dave. De quoi s'agit-il ?

— Comme je l'ai dit au téléphone, tout ça est strictement confidentiel. Weisman me sucrerait ma retraite s'il savait que je suis en train de te parler.

— Je pensais que Kellerman avait déjà l'info…

— Exactement. Je tiens juste à ce que Claire ne l'apprenne pas de la bouche de quelqu'un d'autre.

— Merde à la fin !

Pitman saisit la perche :

— Je vais être direct, Matt. Le cas de Rebecca a posé pas mal de problèmes à l'autopsie. La cause de la mort elle-même n'est pas certaine à cent pour cent, bien qu'on ait très clairement tenté de l'étrangler. (Il baissa la voix et murmura tout bas.) Le légiste a trouvé quelque chose.

Matt frissonna. Il retint son souffle tandis que Pitman retournait les mots dans sa bouche :

— Ce détraqué a laissé une carte de visite, enveloppée dans un sac de congélation.

Matt serrait son mug si fort que ses phalanges blanchirent.

— Je suis désolé. On ne voulait pas l'ébruiter, mais maintenant que Kellerman s'est procuré l'info…

Matt hocha la tête, abasourdi.

— C'est juste une carte de visite bon marché, sortie d'une machine d'impression telle qu'on en trouve dans n'importe quel grand centre commercial. Un logo représentant un cornet de glace. Un nombre : 99. Et les mots suivants : « Avec mes compliments, oncle Tom ».

11

— Il va tuer de nouveau, grinça Matt entre ses dents serrées.

— C'est quasiment certain. Notre crainte est que si cette info fait les gros titres, elle déclenche la prochaine attaque plus tôt que prévu.

— Kellerman ira se faire foutre. Vous ne pouvez pas obtenir du journal qu'il bloque l'article ?

— Pas un si gros morceau. On n'a aucun argument légal à lui opposer. Et puis de toute manière, il lui suffirait de le diffuser sur Internet.

Le journaliste acquiesça d'un signe de tête.

— Mais il y a une petite lueur d'espoir, Matt. On doit procéder à l'arrestation de six suspects dans la matinée.

— Six ? Ça n'est pas… ?

— Absolument. Pas de quoi fouetter un chat. En outre, ils sont tous passés par le poste ces dernières semaines et on a fait chou blanc. Mais il faut bien que le surintendant donne l'impression de faire quelque chose.

— Je les connais ?

— Que des gars du coin ayant des antécédents avec les gamins, tu t'en doutes. Certains condamnés, d'autres simplement suspectés… Juste des voyeurs pour la plupart. Deux candidats sérieux, les autres ne sont là que pour épater la galerie, et nous donner l'air occupé.

— Et les deux candidats sérieux ? Qui c'est ?

— Le premier a bossé dans la construction de routes : un lien ténu avec la peinture sur les ongles. Une condamnation pour détention d'images indécentes il y a de ça plusieurs années. Rien depuis. Je ne mise pas sur lui.

— Et l'autre ?

— L'autre est un cas étrange. Condamné pour pédophilie. Fiché au registre. Je l'ai interrogé la semaine dernière, avant qu'on retrouve le corps de Rebecca. Interrogatoire de routine. Il ne m'a fait aucune impression. J'ai passé son historique au peigne fin depuis. Sordide au possible, c'est certain, mais rien qui laisse suggérer qu'il soit capable d'un tel acte. Je n'ai pas été fâché de refermer son dossier. Mais…

— Oui, Dave ?

— Scotland Yard a reçu un coup de fil anonyme. Une femme, depuis un portable prépayé donc intraçable. Elle a dit habiter les environs. Elle prétend avoir vu une Peugeot rouge garée près du canal, peu de temps après que la gamine a disparu, et le conducteur aurait balancé quelque chose de gros dans l'eau. Inutile de préciser que notre homme roule en Peugeot rouge.

— Nom de Dieu !

— C'est pas tout. Il possédait autrefois son propre camion de glaces.

— Comment s'appelle-t-il ?

— Tu sais bien que je ne peux pas te révéler ça, Matt.

— Si vous l'arrêtez, je le saurai dans la matinée de toute manière.

— Ce n'est pas faux. (Pitman réfléchit brièvement.) Je ne t'ai rien dit : il s'appelle Thomas Bristow. Il habite Newington. Mais c'est strictement confidentiel, Matt. Je suis sérieux.

— Vous en faites pas. Je veux juste pouvoir le dire à Claire. Mais visiblement, vous n'êtes pas convaincu ?

— J'en suis loin. Prénom : Thomas, conduit une Peugeot rouge, ancien vendeur de glaces. Ça colle presque trop bien, si tu veux mon avis.

Matt haussa un sourcil d'un air dubitatif :

— Piégé par le véritable meurtrier ?

— Rien d'aussi machiavélique, Matt. Les types comme Bristow ont bien assez d'ennemis. Ce n'est rien d'autre qu'une blague d'un goût douteux qu'on lui aura jouée. On va l'arrêter dans la matinée, la scientifique va désosser sa voiture et il sera rentré chez lui d'ici une semaine. Il déposera alors une plainte pour harcèlement. J'ai déjà eu affaire à son baveux une fois, ça m'a suffi. Mais comme tu sais, on se doit d'agir sur la foi des informations reçues.

— Alors qu'est-ce qui est prévu ?

— Weisman a programmé l'arrestation pour dix heures demain matin, si tu veux poster un photographe sur place. Abstiens-toi juste de citer mon nom. Un communiqué de presse officiel est prévu en milieu de journée, histoire de tout au moins limiter les dégâts si Kellerman poursuit sur sa lancée. Mais qui sait, je l'ai peut-être mal jugé. Il se peut que Weisman soit moins con qu'il en a l'air et que Bristow s'avère être notre oncle Tom.

12

Par nécessité, et sur les recommandations de son avocat, Thomas Martin Bristow était une personne routinière. Tous les deuxième et quatrième jeudis du mois, il faisait le trajet du comté du Kent à celui du Middlesex pour aller déjeuner avec sa sœur résidant à Hayes.

Guettant depuis sa fenêtre de cuisine, il quitta son domicile de Newington à l'instant même où le vélo du facteur arrivait dans Ladbroke Road, s'installa derrière son volant, et nota le kilométrage affiché au compteur dans un petit carnet élimé. Juste à côté, il inscrivit l'heure : neuf heures trente-quatre, et la date : 29 août.

Dès qu'il vit le facteur surgir d'une allée, Bristow engagea lentement la Peugeot vieillissante sur la chaussée, et partit en direction de Westwood Cross.

Il prit soin de saluer l'employé d'un hochement de tête. En réponse, le facteur articula aussitôt un juron silencieux. C'était certes une manière peu agréable d'entamer la journée, mais Bristow jugeait plus utile qu'on le reconnaisse plutôt qu'on ne l'apprécie.

Le ciel couvert annonçait la pluie ; il espérait cependant arriver à Hayes avant qu'elle commence. Ses essuie-glaces avaient besoin d'être remplacés, mais les allocations chômage n'offraient pas de luxes tels que celui de réparer sa voiture.

La première partie du trajet se déroula sans histoires : le temps était stable et la circulation raisonnable. Il prévoyait d'arriver à Hayes bien avant midi, en dépit des travaux routiers qui n'en finissaient pas sur la liaison entre l'A2 et la M25, et d'un accident en partie dégagé sur l'échangeur de Danson, à l'approche de la capitale.

Il songea qu'il pouvait sans doute faire la route les yeux fermés depuis le temps. Voilà des années qu'il effectuait le même trajet, en empruntant le même itinéraire, les mêmes jours de chaque mois, pour profiter de la compagnie de sa sœur et déjeuner avec elle. En été, les invitations s'étendaient jusqu'au thé, mais durant le printemps et l'hiver, elles se limitaient au déjeuner. Thomas Bristow préférait regagner son domicile avant la tombée de la nuit.

La voiture de police surgit de nulle part juste avant le tunnel de Blackwall, alors qu'il bifurquait vers l'ouest en direction de Greenwich. Elle vint se coller derrière lui et se traîna dans son sillage, à quarante kilomètres heure, à travers tout le district de Blackheath.

13

Il sentit quelques gouttes de sueur importune se former sur son front, sa bouche s'assécher, son estomac se nouer. Il tenta de se concentrer sur la route devant lui mais le reflet du véhicule de patrouille dans son rétroviseur attirait son regard comme un aimant.

Deptford.

New Cross.

Southwark.

La voiture de police se tenait à distance, progressant au rythme de la circulation, maintenant l'allure des autres automobilistes dans les limites de la légalité.

Alors que le pont de Vauxhall se profilait, le feu devant lui s'apprêta à passer au rouge. Il le franchit tranquillement à l'orange, sans tourner la tête, les yeux rivés sur le rétroviseur. La voiture de police s'arrêta au feu. Derrière lui, il vit les véhicules arrivant de part et d'autre s'interposer entre eux.

Avec un soupir de soulagement, il s'inséra dans le flot des voitures descendant sur l'Embankment. Il avait les aisselles moites et se promit d'investir dans un déodorant.

Maudissant son manque de maîtrise de soi, il alluma la radio, puis changea de station du bout du doigt. Il avait beau approcher la cinquantaine, la variété n'était pas pour autant sa tasse de thé. Le son de Radio 4 se fit entendre, et il s'accommoda d'une discussion sur la question du Moyen-Orient, heureux de la distraction qu'elle lui procurait de préoccupations plus immédiates.

14

Douze inspecteurs prirent part au coup de filet sur les six suspects : deux par arrestation, chacune soigneusement coordonnée par Weisman afin d'optimiser l'impact médiatique, jusqu'aux montres synchronisées sur ses instructions qui suscitèrent des sourires discrets.

À dix heures précises du matin, six groupes d'agents de la police criminelle frappèrent à six portes du comté du Kent.

Seules cinq s'ouvrirent.

Au domicile de M. Thomas Bristow à Newington, personne ne répondit.

Dès dix heures quinze, un Weisman furieux faisait les cent pas dans la salle des opérations du commissariat, mitraillant ses collègues du regard en maudissant son sort, tandis qu'il annulait mentalement le communiqué de presse censé annoncer le coup de filet à un auditoire ébahi.

En dépit des réserves émises par Pitman, Weisman avait la conviction que Bristow était leur homme. Les gros titres du matin avaient transformé le moindre marchand de glaces du pays en suspect. Bristow était un pédophile avéré, sans alibi, et un témoin anonyme l'avait aperçu près des lieux. Cela suffisait à justifier une détention d'au moins quelques jours afin de l'interroger. S'ils ne le faisaient pas, ils prêteraient le flanc à des accusations de négligence. Argument auquel Pitman se rangea respectueusement.

À dix heures vingt, Weisman autorisa un avis de recherche à l'encontre du véhicule de Bristow et les policiers commencèrent à questionner ses voisins, qui confirmèrent ce qu'un examen plus poussé de leurs informations leur aurait appris, à savoir que tous les deuxième et quatrième jeudis du mois, il partait à Hayes rendre visite à sa sœur. Weisman n'en finissait plus de pester.

Il avait décroché son poste par le biais du programme de promotion accélérée, au détriment de policiers du commissariat plus expérimentés mais moins qualifiés.

Il savait que ses collègues scrutaient chacun de ses gestes, dans l'attente, dans l'espoir, de le voir se casser la figure.

À contrecœur, il composa le numéro de Scotland Yard.

15

La sirène juste derrière lui ne retentit qu'une seule fois, et Bristow sentit son estomac se liquéfier, arrachant son esprit à l'émission de radio. Il jeta un coup d'œil dans le rétroviseur, les mains serrées sur le volant. L'autobus rouge familier qui l'avait suivi tout le long des quais n'était plus là. À sa place, le gyrophare bleu d'une voiture de police annonçait sa présence barbare.

Il sut instinctivement qu'il s'agissait de celle qui l'avait talonné plus tôt, mais chassa la pensée de son crâne pour se concentrer sur sa respiration, et ramener son rythme cardiaque à un rythme approchant la normale.

Il n'avait pourtant pas roulé trop vite, avait pris soin de mettre son clignotant avant de tourner, et respecté au mieux de ses capacités le code de la route. Il pria pour qu'il ne s'agisse que d'un contrôle de routine.

Une fois de plus, ses ferventes prières au Tout-Puissant restèrent lettre morte.

— Pardon de vous importuner, monsieur. Il s'agit bien de votre véhicule ?

Par la vitre baissée, l'agent scrutait le visage apeuré de Bristow, qui affichait une mine humble et respectueuse.

Bristow hocha la tête, l'air très inquiet :

— Un problème ?

— Simple contrôle de routine, monsieur. Quel est votre nom ?

— Bristow. Thomas Martin Bristow.

— Vous avez vos papiers, monsieur Bristow ?

— Ils sont dans le vide-poches.

Il se pencha pour les présenter au policier.

L'agent examina soigneusement le permis de conduire, puis le tendit à son collègue, qui regagna la voiture de patrouille afin de communiquer les informations par radio.

— Vous êtes bien loin de chez vous ? En balade ?

— Je vais à Hayes. Pour rendre visite à ma sœur. Y a-t-il un problème ?

— Pas de quoi vous inquiéter. On ne vous retiendra pas longtemps.

Il se retourna vers son collègue assis dans le véhicule de police. Léger signe de tête.

— Un joli coin, Hayes. Moi, j'habitais à Southall quand j'étais gamin. Lady Margaret Road. Vous connaissez ? Bien sûr, aujourd'hui, c'est truffé de foutus négros. (Il jeta un regard à Bristow, attendant une réaction de sa part, puis se pencha vers sa roue avant droite et examina le pneu avec ses doigts.) Je crois que vous avez un problème de parallélisme, monsieur. Votre pneu est un chouïa usé d'un côté. À votre place, je ferais vérifier ça.

— Je ne m'en étais pas aperçu, murmura Bristow. Je m'en occuperai dès que possible. Y a-t-il autre chose ?

— Monsieur Bristow, nous aimerions vous poser quelques questions, si vous le voulez bien.

Son cœur se mit à battre la chamade :

— Des questions ?

— Au commissariat. Si vous n'y voyez pas d'inconvénient, bien sûr. C'est juste qu'ici, on gêne la circulation.

Bristow blêmit. Il s'efforça de se contrôler :

— Pour quelle raison ? Quel genre de questions ? Je ne comprends pas très bien.

— Ce serait plus simple au commissariat, monsieur. (L'agent parlait poliment, mais son ton indiquait que sa proposition n'appelait pas de refus.) Ça ne prendra pas longtemps.

— Quel commissariat ? Où ça ?

— Si vous voulez bien monter dans notre véhicule, je me chargerai de vous y conduire. Mon collègue nous suivra à bord de votre véhicule.

Il tendit la main pour que Bristow lui remette les clefs.

— Je crois qu'il y a erreur. Je n'ai rien fait.

— Sauf votre respect, monsieur, personne n'a prétendu le contraire. Il s'agit juste d'une enquête de routine.

— Dans ce cas pourquoi… (Sa voix s'éteignit dans un bégaiement. Il savait toute discussion inutile.) Je dois être chez ma sœur à midi. Elle m'attend.

L'agent regarda sa montre avec sympathie :

— Juste quelques questions et vous pourrez reprendre la route. Ça ne vous pose pas de problème, n'est-ce pas, monsieur ?

On le fit entrer dans le commissariat par la porte de derrière, avant de le pousser à l'intérieur d'une pièce chichement meublée, où on lui ordonna d'attendre.

Une heure s'écoula avant que quelqu'un ne s'occupe de lui.

Il s'assit patiemment.

Il n'avait plus affaire aux bons vieux flics du comté.

D'un point de vue qualitatif, il y avait quelque chose de différent à se faire arrêter par la police métropolitaine de Londres.

Elle traînait une certaine réputation, qu'il n'avait aucune envie de mettre à l'épreuve.

16

Il sortit de la poche de sa veste un exemplaire roulé du *Daily Express*[1], mais ne parvint pas à se concentrer sur ce qu'il lisait, et tourna distraitement les pages, l'esprit ailleurs.

Il lut le gros titre : « Oncle Tom » sans y prêter attention, tout comme il s'était désintéressé des reportages à la radio en chemin.

1 Journal britannique de tendance conservatrice. (*NdT*)

Il en avait par-dessus la tête d'entendre parler de la fillette assassinée.

Au bout d'un moment, sans excuse ni explication, il fut enfin conduit devant l'officier de garde à vue.

— Monsieur Bristow, c'est bien ça ? C'est gentil à vous d'être passé. Avez-vous fait bon voyage ?

— Monsieur l'agent, pourriez-vous s'il vous plaît m'expliquer la raison de ma présence ici ?

Le policier le coupa net :

— En temps voulu, monsieur Bristow. En temps voulu. Mon collègue a-t-il emprunté le circuit touristique pour vous amener ?

— Pardon ?

— Êtes-vous passés devant le parc de jeux ?

Bristow inspira profondément. *Reste calme. Coopère.*

— Suis-je en état d'arrestation ?

— Non, monsieur, bien sûr que non. Vous êtes libre de partir quand vous le voulez.

Le ton du gardien le mettait au défi d'essayer.

— Je souhaiterais passer un coup de téléphone, s'il vous plaît.

— Mais vous n'êtes pas en état d'arrestation, monsieur. Vous n'y avez pas droit.

Le policier souriait aimablement : il tirait plaisir de la situation.

— Il faut que j'appelle ma sœur. Elle m'attend pour le déjeuner.

— Tout ce chemin, juste pour déjeuner ? Vous devez être très proches.

— P'têt qu'il se la tape aussi, chef.

Bristow se retourna brusquement avec colère, avant de reprendre aussitôt son sang-froid. *Contrôle-toi. Laisse-les débiter leurs blagues idiotes.*

— Remarque, elle est un peu vieille pour lui. Si ça se trouve, elle enfile une robe d'écolière et des chaussettes blanches ?

— Je veux parler à mon avocat.

— Plus tard peut-être. Pour le moment, on est un peu occupés.

Bristow sentit son estomac se serrer et la panique monter en lui :

— Je connais mes droits. J'ai droit à un…

— Tes droits… (le policier frappa du poing sur le pupitre, tout sourire effacé), c'est nous qui les fixons et qui décidons quand te les accorder !

L'agent qui l'avait conduit au commissariat s'avança :

— Il vaut peut-être mieux que vous retiriez vos lunettes, monsieur.

Son ton avait changé. La courtoisie dont il avait fait preuve en public cédait à présent la place à une attitude beaucoup moins avenante.

— Mes lunettes ? Pourquoi ça ?

— Je suppose que vous n'avez pas envie de les casser.

Bristow respira à fond. *Garde simplement ton calme. Laisse-les faire leur cinéma.*

— Mets-le dans la trois.

— Mais… dit Bristow en lançant un regard inquiet vers la caméra de sécurité.

L'officier de garde à vue souriait de toutes ses dents :

— Ça fait une semaine qu'elle marche pas, mon chou. Les seuls réparateurs qu'on a trouvés, c'est des foutus Bulgares, et ils n'ont pas les autorisations nécessaires pour descendre jusqu'ici.

— Mais…

— En plus de ça, l'ordi est un peu lent aujourd'hui, alors je vais devoir attendre pour t'enregistrer. D'ici là, je ne saurais trop te suggérer d'être prudent, vu qu'officiellement, tu n'es pas présent dans les lieux.

Bristow se laissa conduire jusqu'à une cellule située à l'arrière du commissariat. On le poussa à l'intérieur et la porte claqua derrière lui. Il alla s'asseoir au bord du fin matelas posé sur la couchette en béton, près d'une couverture grossière usée. Un siège de toilette en acier, sale et sans lunette, constituait le seul autre équipement de la cellule. Les parois de brique pastel étaient incrustées de graffitis. Il se rendit compte qu'il avait laissé son journal dans l'autre pièce et jura à voix basse.

Il savait qu'avant la fin de la journée, il aurait lu la moindre inscription sur les murs plusieurs fois, à mesure que la privation sensorielle s'installerait. C'était l'une des rares occasions où il regrettait de ne pas avoir la basse mentalité que les gens associaient généralement aux pervers. Au moins alors, il aurait pu se contenter de rester assis à regarder le mur. Appartenir à Mensa[2] avait ses avantages, mais savoir affronter l'ennui n'en faisait pas partie.

La lumière du jour filtrait au travers des épais pavés de verre opaques tenant lieu de fenêtre. Il n'y avait pas d'aération, et la pièce empestait l'urine et le vomi rance, restes des soûlards qui avaient occupé la cellule la nuit passée.

Il avait besoin d'une cigarette. Il n'avait pas fumé depuis qu'il avait quitté la maison. Cela faisait partie de sa stratégie pour arrêter. Ne plus fumer dans la voiture. Son paquet de vingt extra-longues se trouvait dans la boîte à gants, encore dans son emballage, près de son briquet. Il ressentit tout à coup l'envie irrépressible de fumer.

Plongeant la tête entre ses mains, il ferma les yeux et se détendit, comme quelqu'un d'habitué à l'exiguïté d'une cellule de commissariat.

Il se préparait à une courte attente. Le temps pour les policiers présents de boire un café et de prendre quelques notes, en riant à ses dépens. Ensuite, après un interrogatoire éclair, il serait libre de partir.

On finissait par s'habituer à ce genre d'incidents. En l'espèce, il y était bien forcé.

À un certain moment, un policier lui apporta une tasse de thé tiède qui fut la bienvenue. Il avait chaud et se sentait poisseux, sous

2 Organisation internationale regroupant des personnes à très haut quotient intellectuel. (*NdT*)

la chaleur des rayons magnifiés par les épais pavés de verre qui brisaient la monotonie du mur du fond.

L'atmosphère étouffante l'assoiffait, mais la cellule n'offrait aucun point d'eau, à l'exception des toilettes, dont la chasse ne pouvait être tirée que de l'extérieur de la pièce. Ni de papier hygiénique, évidemment.

Le monde extérieur n'existait qu'à travers les bruits de circulation étouffés au loin.

Par moments, les cris et les hurlements d'enfants qui jouaient lui parvenaient, amenant sur ses lèvres un bref sourire.

Bristow aimait les enfants.

C'était la raison de sa présence ici, après tout.

Il avait salement envie d'une cigarette.

Il appuya sur le dispositif d'alarme près de la grille et attendit patiemment. Personne ne vint.

Il rappuya, plus longtemps, puis retourna s'asseoir sur le lit superposé et, jetant la couverture tachée d'urine dans un coin, s'allongea sur le matelas.

S'il avait appris une chose au fil des années, c'était à rester détendu. Se crisper ne menait à rien. Il n'avait pas d'autre choix que de s'allonger et d'attendre.

17

Il était quinze heures trente lorsque Jeremy Isaac, le moral au plus bas, regagna les bureaux du cabinet Witherton, Stanley & Jones dans Queen Street. L'avocat qualifié et licencié ès lettres venait tout juste de perdre un procès au tribunal d'instance. L'affaire était pourtant des plus simples. Un autre jour que celui-ci, un plaider coupable avec circonstances atténuantes aurait sans doute rencontré une oreille favorable.

Mais en dépit de tout le verbiage autour des « processus décisionnels structurés » et sur « l'intégrité des salles de délibérations », le verdict du juge semblait dépendre davantage de l'humeur du magistrat ce matin-là que de tout jugement raisonné sur l'affaire.

Quoi qu'il en soit, une peine de trois mois, là où un TIG eût été plus approprié, laissait un arrière-goût amer. Il trouvait déjà difficile d'expliquer à son client outré que même si la peine était scandaleusement injuste, ses chances en appel n'en restaient pas moins insignifiantes. Mais le pire était d'expliquer la chose à l'épouse de son client en présence de leurs quatre enfants.

Il se trouvait donc dans une humeur massacrante avant même de recevoir le mémo de sa secrétaire. Il attrapa le combiné d'une seule main, ôtant impatiemment sa veste de l'autre.

— Qu'est-ce que c'est que ce galimatias au sujet de Bristow ?

— Sa sœur a appelé : il a plusieurs heures de retard. Ça ne répond pas chez lui.

Isaac jeta un coup d'œil au calendrier sur son bureau pour vérifier le jour de la semaine. C'était le quatrième jeudi du mois. Il connaissait l'emploi du temps quotidien de Bristow aussi bien que le sien.

— Entendu. Je me renseigne. Rappelez-la et dites-lui de ne pas s'inquiéter. Expliquez qu'il est sans doute tombé en panne ou autre chose. Vous savez, le baratin habituel. Et s'il reparaît, assurez-vous qu'ils nous en informent.

Il appela sur le fixe et sur le portable de Bristow : pas de réponse. L'avocat marcha jusqu'à un meuble classeur à l'autre bout de la pièce et sortit une chemise de son porte-documents.

Ce n'était sans doute rien, mais il avait encore les gros titres du matin en mémoire. Il sortit en donnant ses instructions à Karen.

— Si quelqu'un me demande, je suis encore au tribunal.

18

Matt affichait une mine attristée lorsqu'il se réinstalla derrière son bureau, un sandwich au bacon à moitié entamé à la main. Il vérifia ses messages.

Aucun de Pitman.

Il se laissa tomber devant son poste et lança un regard furieux au téléphone, en souhaitant qu'il sonne. Le fruit d'une nuit de travail s'apprêtait à passer à la trappe.

Il maudit à voix basse Pitman de ne pas utiliser de téléphone portable. L'inspecteur Pitman : ultime survivant des *Brigades du Tigre*.

Il afficha les dépêches d'agence à l'écran. Oncle Tom dominait encore largement les gros titres. Mais absolument rien sur Bristow.

Il cliqua pour changer d'écran et visualisa son article, celui-là même dont la préparation l'avait retenu éveillé jusqu'à trois heures du matin.

Identifier Bristow avait été chose simple. Si Matt était connu pour ses coups de gueule réguliers contre l'usage de l'informatique dans la presse écrite, en particulier quand il échouait à faire fonctionner un ordinateur, il avait béni Google la nuit passée, alors qu'il épluchait les fichiers à l'écran et visualisait le moindre Bristow qui eût jamais été cité dans un article de presse, une dépêche d'agence, un blog ou un site web.

Un clic avait éliminé tout résultat ne touchant pas à une affaire de mœurs. Il était ressorti soixante-treize Bristow à travers le pays. *Anomalie statistique*, avait-il présumé.

Un autre clic avait affiché un tri comté par comté. Après avoir écarté tous ceux qui se prénommaient différemment, il n'en était resté que trois. Pitman avait parlé d'arrestations dans les environs. Un seul était du coin. Il devait donc s'agir de Thomas Martin Bristow.

En consultant le registre électoral, Matt avait constaté à sa surprise que Bristow était associé depuis plusieurs années à la même adresse. Inhabituel. En règle générale, les délinquants sexuels déménageaient sitôt qu'ils étaient identifiés dans un quartier, sans quoi leur vie pouvait devenir un véritable enfer. Matt sourit à cette pensée. *Bien fait pour ces salauds.*

Il avait sauvegardé tous les articles pertinents et passé une heure à les parcourir en buvant le café noir fadasse du distributeur, tandis que l'équipe de nettoyage s'affairait à ses tâches comme elle pouvait. La nuit, le personnel de Southern Media Solutions était réduit au strict minimum dans les locaux de Canterbury, le plus gros de la production nocturne s'effectuant sur le site de Chelmsford, dans l'Essex.

Il prépara deux articles : un premier, vague et hésitant, expliquait que Bristow et cinq autres hommes avaient été interpellés pour être interrogés. Le second était audacieux et percutant. *Un habitant de Newington accusé du viol et du meurtre de Rebecca.* Il était sûr que McIntyre adorerait.

McIntyre n'adora pas. Il refusa catégoriquement de publier une Une basée sur des renseignements fournis par une source confidentielle, qui ne seraient confirmés qu'en milieu de matinée, voire jamais.

Et si Matt avait reçu l'info sur oncle Tom la veille au soir, pourquoi diable ne l'avait-il pas exploitée plus tôt ? *Southern Media* aurait pu rafler l'exclu à Kellerman, au grand dam de toute la profession.

Il s'en était fallu de peu que McIntyre n'appelle le commissariat de Fort Hill pour confirmer les renseignements. Seules les vives protestations de Matt sur la confidentialité des sources l'en avaient dissuadé.

Le bouclage tombant, c'est à contrecœur que Matt s'avoua vaincu. Son papier ne serait pas publié ce jour-ci. Mais au moins les autres étaient logés à la même enseigne.

À l'heure où les presses commençaient à tourner, une dépêche tomba : cinq hommes étaient actuellement interrogés en rapport avec l'enquête.

Rédacteur en chef et journaliste prirent connaissance simultanément du communiqué. McIntyre adressa à Matt un sourire fier et satisfait avant de quitter la pièce.

Thomas Bristow ne figurait pas sur la liste.

19

Un bruit de clefs dans la serrure le réveilla. Le temps qu'il réconcilie son esprit avec la réalité, la porte de la cellule s'était ouverte, un repas composé d'un œuf au bacon et d'une tasse de thé avait été déposé près de lui sur le lit, et son bienfaiteur silencieux refermait déjà la porte. Bristow se redressa d'un coup.

— Hé ! Que se passe-t-il ? Qu'est-ce que… ?

La porte se referma en claquant, et la clef tourna bruyamment dans la serrure. Le guichet s'ouvrit et un visage apparut :

— Comment ?

— Qu'est-ce que tout cela veut dire ? Que se passe-t-il ?

L'homme lui renvoya un regard vide :

— Désolé, mon pote. Je me contente de servir le thé.

— Mais… Mais… Y a-t-il quelqu'un à qui je puisse parler ? Un responsable ? Un inspecteur ?

— L'officier de garde à vue, peut-être. Je vais voir ce que je peux faire.

Le visage disparut et le guichet se referma.

Hébété, Bristow retourna s'asseoir sur le lit près du plateau-repas. Dans une assiette en plastique végétait un œuf au plat à peine cuit, refroidissant lentement à côté d'une tranche de bacon entrelardé bon marché peu appétissante. Une fourchette exagérément souple constituait le seul couvert. Aucun assaisonnement. Le thé stagnait dans son gobelet jetable en polystyrène, une pellicule d'origine inconnue flottant à sa surface. Il en but une gorgée et grimaça : il n'y avait pas de sucre. Mais au moins, il était liquide. C'était déjà ça.

Il posa le plateau par terre et but son thé par petites gorgées, tout en considérant la situation. Il avait dû s'endormir. Dans l'air chaud et étouffé de cette cellule, sans rien pour le stimuler, le sommeil était le moyen le plus sage de tuer le temps.

Il se rappela les paroles de l'officier de garde à vue. Il n'était pas en état d'arrestation. « Libre de partir quand il le voulait. »

Il appuya de nouveau sur le bouton d'alarme, puis se rassit sur le lit, en se résignant pour l'instant à son sort. Peu à peu, il contrôla sa respiration et, à l'aide de techniques de yoga rudimentaires acquises au cours de ses précédentes périodes d'incarcération, il se calma, et parvint à se relaxer.

Il n'y avait rien d'autre à faire qu'attendre. Et rien d'autre à faire en attendant que dormir. Il ferma les yeux, ralentit le rythme de sa respiration et glissa à nouveau dans un léger sommeil.

20

À dix-huit heures, Jeremy Isaac ferma à clef les portes du cabinet et se dirigea vers sa voiture, la mine renfrognée. Les déclarations des voisins lui avaient permis d'établir que Bristow était sorti de son domicile à l'heure habituelle.

Un rapide coup de fil au commissariat de Fort Hill à Margate avait confirmé le pire : la police admettait « souhaiter vivement lui parler », mais elle n'avait aucune idée de l'endroit où Bristow se trouvait.

Isaac était inquiet. Son client ne pouvait pas se volatiliser comme ça. Où diable était-il ?

La réponse se fit jour dans son esprit, lentement mais très clairement.

Son sang ne fit qu'un tour. Il murmura alors :

— Puisse votre Dieu vous aider, Thomas.

21

Pour la dixième fois en dix minutes, Claire jeta un regard à sa montre. Il était dix-neuf heures passées et Matt n'avait toujours pas appelé. Elle le savait occupé, mais en ce moment, elle avait besoin de sa présence. Il l'avait avertie à l'avance de la teneur du « scoop » de Kellerman, mais la nouvelle lui avait tout de même fait l'effet d'un coup de poing.

La promenade longeant la falaise ouest était encore humide après la récente averse venue de la Manche. Trois enfants passèrent en vélo, pédalant à toute allure contre les rafales de brise marine. Claire les suivit d'un regard vitreux. Deux garçons et une fille. La fille avait à peu près l'âge de Rebecca. Les cheveux plus sombres, peut-être.

C'était un soulagement de voir des gamins sortir à nouveau de chez eux, quel que soit le déchirement que leur vue lui causait. Les dernières semaines des vacances d'été n'avaient guère été agréables pour les enfants des environs, les plus âgés craignant de s'aventurer au-dehors, tandis que les plus jeunes ne comprenaient pas pourquoi on les cantonnait au-dedans. Il arrivait qu'on en rencontre, mais le plus souvent en larges groupes, et rarement seuls.

Le sentiment de malaise et de peur qui planait sur la population commençait tout juste à se dissiper quand les manchettes du matin étaient tombées. Claire jeta un regard alentour et aperçut, sans aucune surprise, une adulte qui ordonnait aux jeunes cyclistes de rentrer en les grondant de s'être éloignés. De l'eau coulerait sous les ponts avant que la vie dans cette région de la côte reprenne son cours normal.

Rebecca avait été enlevée alors qu'elle se rendait à vélo à

l'assemblée des Jeannettes, non loin de l'endroit où Claire se tenait actuellement. Ses ultimes faits et gestes demeuraient incertains. Des amies l'avaient vue quittant la maison, revêtue de son uniforme, impatiente d'assister à la réunion de la section. Elle n'y était jamais arrivée.

— À quoi penses-tu ?

La voix la tira de sa rêverie. Claire se retourna et trouva Matt derrière elle ; le sourire de l'homme disparut dès qu'il vit ses yeux remplis de larmes.

— Je suis désolé.

Elle tamponna ses yeux avec un mouchoir en papier :

— C'est rien. J'étais juste…

Toute explication semblait vaine.

Matt passa son bras sur son épaule, et elle se blottit contre lui, heureuse de sa compagnie.

— Un café ne te ferait visiblement pas de mal.

Elle sourit : pour Matt, c'était le remède à toutes les crises.

Ils regagnèrent sans parler le domicile de Claire. Puis, pendant qu'elle réappliquait du mascara sur ses yeux encore rougis, Matt orchestra le petit déjeuner ; le café clapotait dans le percolateur et des petits pains doraient sous le grill. Ils restèrent assis un moment sur les tabourets de la cuisine, côte à côte, plongés dans leurs pensées.

Voyant un sourire se dessiner sur le visage de Claire, Matt rompit le silence :

— Une éclaircie ?

— Non. Juste un songe passager. Tu veux encore du café ?

Tandis qu'elle changeait le filtre, il lui résuma brièvement les événements de la journée. Il raconta comment il avait identifié le fameux suspect habitant la région, pour finalement entendre Pitman lui annoncer que le dénommé Bristow avait pris la route pour son voyage habituel à Londres. Elle écouta avec attention, notant que Matt insistait sur le fait qu'il ne s'agissait que d'un suspect parmi d'autres, et que Pitman l'avait déjà interrogé. Elle ne devait pas se bâtir trop d'espoirs. Il tenait seulement à ce qu'elle sache que l'enquête poursuivait son cours. Personne n'avait oublié Rebecca.

— Bref, conclut-il, Dave m'a dit qu'ils avaient signalé son immatriculation : une caméra finira forcément par le repérer sur la route.

Claire cessa de siroter son café brûlant et demanda :

— On va l'arrêter ?

— Bien sûr. J'en saurai davantage d'ici peu.

— Qu'est-ce qui va lui arriver ?

Matt pesa soigneusement sa réponse :

— Tôt ou tard, il sera transféré ici à Fort Hill. Mais je présume que Scotland Yard voudra d'abord échanger quelques mots avec lui en privé.

— Et s'il nie ?

— On parle de Scotland Yard, chérie, répliqua Matt avec un sourire. Il n'y aura pas de contestation possible.

22

Bristow fut une nouvelle fois réveillé par le bruit des clefs dans la serrure. Il s'assit au bord du lit, les yeux bouffis, laissant son esprit émerger d'un sommeil plus profond que le précédent tandis qu'il prenait lentement ses repères. Son regard se riva sur la porte ouverte de la cellule et il se demanda s'il dormait encore. Il attendit avec angoisse.

Rien en vue.

Un coup d'œil à la fenêtre lui indiqua qu'il s'agissait du petit matin : le jour n'était pas encore levé et les lampes à sodium du commissariat diffusaient une lumière brumeuse et ambrée à travers le verre opaque de la fenêtre. Il se leva et traversa la cellule en direction de la porte.

Intrigué.

Prudent.

Inquiet.

Le premier coup le frappa en pleine poitrine, lui coupant le souffle. Il vola à travers la cellule et heurta le mur sous la fenêtre. Sa tête émit un craquement en rencontrant la brique, et ses lunettes tombèrent au sol. Il se redressa, s'efforçant à grand-peine de retrouver son souffle. Une silhouette floue vêtue de gris s'avança vers lui, et il leva instinctivement les bras devant son visage.

Il reçut un puissant coup de botte dans l'estomac et se plia de douleur. Un coup de genou vint alors lui fracasser le nez, le lui réduisant en compote. Ses dents du haut entamèrent sa lèvre inférieure et il sentit sa bouche s'emplir de sang.

Un autre coup de pied le frappa à l'entrejambe. La douleur le paralysa ; une nausée le saisit. Il s'écroula par terre, s'étouffant dans son vomi tandis qu'il tâchait de reprendre son souffle, une main cramponnée sur ses parties, l'autre protégeant son visage.

Cherchant à tout prix à sortir de son angoissante cécité, il tendit le bras vers ses lunettes, mais la semelle de la Doc Martens le précéda, écrasant la monture et broyant les verres sur le sol en béton.

— On va voir combien de petits mômes tu réussiras à choper sans tes binocles, sale pointeur.

La bouche crachant le sang, Bristow leva la tête vers la silhouette qui se dressait au-dessus de lui. Il vit la botte à coque d'acier se soulever du sol pour se loger sous son menton, sentit la fraîcheur du cuir contre son cou. Le personnage derrière la botte restait flou, et la myopie de Bristow lui masquait le rictus méprisant que son visage arborait.

— Debout, pointeur !

Bristow ne fit aucun mouvement pour se lever. La botte retomba sur sa main, lui écrasant les doigts. Il hurla de douleur.

Un coup de poing de côté le frappa au visage.

— La ferme, enfoiré de pervers. Maintenant, lève-toi ! Tant que tu le peux encore.

Il recula contre le mur, et se força à se mettre debout. Le sang coulait de sa lèvre le long de son menton et dans son cou, trempant sa chemise. De sa main valide, il sortit en tremblant un mouchoir de sa poche et tamponna la plaie, plissant les yeux pour tenter de distinguer son agresseur.

— S'il vous plaît. Je n'ai rien fait.

Il reçut une violente gifle sur le coin du visage, un anneau incrusté lui entaillant la joue en éclaboussant le mur de sang.

— Je t'ai pas autorisé à l'ouvrir, pointeur de gosses.

Un autre coup de pied à l'estomac. Comme il se recroquevillait de douleur, il vit la silhouette floue reculer et disparaître par la porte de la cellule. Haletant péniblement pour recouvrer son souffle, il s'efforça d'oublier sa souffrance et fixa son regard sur le seuil avec appréhension.

Durant deux bonnes minutes, il ne se passa rien. Pas un bruit. Rien que le son de sa propre respiration poussive. Puis une nouvelle silhouette apparut. Plus petite, et plus mince. Celle-ci portait un costume marron, et affectait une posture moins menaçante.

— Nom d'une pipe, vous avez une de ces têtes. Que s'est-il passé ? Vous avez trébuché ?

Bristow ne répondit pas. Tactique classique du bon et du mauvais flic. Il savait à quoi s'attendre de la part du policier : il ne fut pas déçu.

— Je vois que vous avez fait la connaissance de Peter. Un chic type, quand on le connaît… (Il se pencha et ramassa la paire de lunettes brisées.) Elles sont à vous ?

Les paupières plissées, Bristow faisait de son mieux pour suivre les mouvements du policier. L'homme lui jeta la monture tordue entre les mains avec un haussement d'épaules :

— Quel gâchis… Vous les avez cassées. Vous devriez vous mettre aux lentilles.

Il approcha son visage, et des relents de bière et de tabac froid assaillirent les narines de Bristow, qui recula, pas après pas, jusqu'à buter contre le mur. Le visage de l'homme au costume marron était désormais assez près pour lui apparaître nettement. Il souriait.

— Vilaine blessure que vous avez là. Vous devriez la faire examiner… (Il recula et redevint flou.) Bon, cessons ce petit jeu, Bristow. Tu t'appelles bien Thomas Martin Bristow, n'est-ce pas ?

Bristow hocha la tête en tenant le mouchoir contre son nez. Il respirait à nouveau normalement, et le carré de coton avait étanché le flux de sang.

— Pourquoi suis-je ici ?

L'homme en marron se déplaça vers la porte :

— C'est nous qui posons les questions, Bristow. Compris ? Procédons ainsi et tout se passera bien entre nous. Bon, je sais pas pour toi, mais je me boirais bien un thé. Histoire de te laisser le temps de réfléchir un peu. T'es plus au bord de la mer ici, pointeur. « Margate », c'est ça ? *Les Charlots à la plage* ? C'est à la vraie police que t'as affaire, ici, pas à une bande de boy-scouts de la cambrousse. On aura quelques questions à te poser à notre retour. Si tu as une minute à nous accorder, bien sûr.

Il sortit de la cellule et referma la porte. Bristow entendit le cliquetis des clefs dans la serrure, puis le guichet s'ouvrit :

— Ah, un conseil d'ami. Juste entre nous. Peter a un sale caractère. Ne t'avise pas de le contrarier.

Il ne vit pas le sourire de l'homme en marron quand celui-ci referma le guichet et tira le verrou avec un bruit sec.

Bristow chercha à tâtons ses lunettes brisées, avant de s'en débarrasser en constatant l'étendue des dégâts. Il s'approcha du lit superposé et passa ses doigts abîmés sur ses lèvres enflées. Du sang à demi séché couvrait son menton et son cou, imbibant sa chemise pour atteindre son torse. Ses muscles abdominaux lui faisaient mal, et il ne sentait plus son entrejambe.

Il eut de nouveau recours à ses exercices de yoga : recouvrant petit à petit un semblant de contrôle sur son corps, il s'efforça de juguler les pics de douleur qui le cisaillaient. Il tremblait.

Des bosses et des ecchymoses commençaient à se former à l'arrière de son crâne, sur son visage et son torse. Le goût du sang imprégnait sa bouche. Il se redressa et tenta d'adopter une position plus confortable, mais son corps endolori l'en empêchait. Alors il attendit.

Nerveux.

Apeuré.

23

Il était cinq heures du matin lorsqu'ils réapparurent. La lumière du jour filtrait au travers des épais blocs de verre. Bristow oscillait entre éveil et sommeil quand le cliquetis des clefs lui avait brusquement rendu sa lucidité.

Il fixa du regard la forme floue de la porte, le corps tendu, se préparant à la violence d'une nouvelle agression. La porte s'ouvrit à la volée et l'homme au costume marron apparut sur le seuil. Bristow se détendit légèrement.

— Bonjour, Thomas.

Il ne daigna pas répondre.

— À ta guise. On a quelques questions à te poser. Dans la salle d'interrogatoire. On y sera plus à l'aise.

Bristow plissa les yeux pour tenter de discerner les traits de son interlocuteur :

— Suis-je en état d'arrestation ?

— Pourquoi ? Tu as fait quelque chose de mal ?

— Je n'ai rien fait.

— Dans ce cas, tu n'as pas lieu de t'inquiéter, pas vrai ? Si tu veux bien me suivre.

— Je veux parler à mon avocat.

— Te fous pas de notre gueule, Bristow. La nuit a été longue.

— Je suis sérieux. Je veux mon avocat : Jeremy Isaac. Il dispose d'un numéro d'urgence accessible vingt-quatre heures sur vingt-quatre.

Le policier rit froidement :

— Comme c'est touchant… Peter ! Bristow réclame son baveux !

— Ramène ce putain de pointeur de gosses ici ou c'est moi qui viens le chercher.

Bristow s'était levé avant que Peter ne termine sa phrase. Il suivit docilement l'homme en marron à l'extérieur de la cellule, à travers la salle de garde à vue déserte, jusqu'à une petite pièce annexe. Il devina les contours d'armoires et de meubles de bureau. Une silhouette se tenait à la fenêtre, qui confirma son identité au moment où elle parla. Bristow n'oublierait pas cette voix de sitôt. L'accent n'était pas londonien. Il renvoyait plus au nord. Leicester, peut-être.

— Le pointeur te donne du fil à retordre ?

Le bon flic débita sa réplique :

— Ça va, Peter. Je m'en occupe. Va te prendre un thé pendant que je me charge de lui. Thomas est d'humeur à collaborer aujourd'hui. Pas vrai, Thomas ?

Bristow ne répondit pas.

— Il t'a posé une question, pointeur.

La silhouette quitta sa position près de la fenêtre.

— Oui. Tout ce que vous voulez. Mais ne me frappez plus, s'il vous plaît.

— Résister à une arrestation constitue un délit, Thomas. Nous sommes en droit de nous défendre en cas d'agression.

— Mais c'est vous qui m'avez frappé…, commença Bristow, avant de s'arrêter.

— Je suis offensé, déclara la voix de Peter. Profondément offensé. C'est une accusation très grave.

— Je suis sûr que ce n'était pas son intention. N'est-ce pas, Thomas ?

Bristow tremblait de tout son corps, redoutant le prochain coup.

— Pourquoi ne pas présenter tes excuses à Peter, Thomas ? Je crois que tu l'as mis de mauvaise humeur.

Bristow garda le silence. Il vit la silhouette de Peter s'avancer vers lui. Un coup de poing sur le coin du visage lui fit bourdonner les oreilles. Il finit par grommeler :

— Désolé.

— J'ai pas bien entendu. Parle plus fort.

— Je suis désolé !

— T'as entendu ça, Peter ? Il est désolé. Tu vois, je t'avais bien dit qu'il était d'humeur à collaborer. Tu préfères peut-être t'asseoir, Thomas ?

Le policier en marron indiqua une chaise à armature métallique près du bureau. Bristow suivit son geste et devina les contours de la chaise.

— Tes bras. Mets-les dans ton dos.

Bristow obtempéra sans réfléchir. Il sentit qu'on lui passait des menottes aux poignets et comprit qu'on l'avait enchaîné au cadre de la chaise.

— Qu'est-ce que ça veut dire ?

Le coup arriva de la gauche et l'atteignit en plein visage, soulevant la chaise du sol par sa violence. Retenu au dossier par les menottes, il tomba brutalement avec la chaise. Ses bras et ses poignets se tordirent contre le dossier, si douloureusement qu'il en oublia presque la dureté du coup. Il se contenta d'émettre un grognement sourd, résolu à garder le contrôle de lui-même.

— Est-ce que quelqu'un t'a demandé de parler, pointeur ?

C'était la voix de Peter, dans son dos.

— C'est bon, Peter, intervint le policier en marron. Thomas ne va pas nous causer d'histoires. Va donc te chercher un thé. J'en prendrai un aussi. Et toi, Thomas ? Un bon thé, ça te dit ? Un café ?

Bristow regardait le sol. Il reçut une gifle de derrière, qui lui fendilla l'oreille droite. Quelques gouttes de sang tombèrent sur son col.

— On t'a posé une question, espèce de pervers.

— Non. Merci. Je ne veux rien.

— Rapporte-lui un thé, Peter. Thomas apprécierait beaucoup de boire un thé.

— Du sucre, sale pointeur ?

— Deux.

Le policier en marron tiqua :

— Qu'est-ce qu'on dit, Thomas ?

— Deux… s'il vous plaît.

Il tressaillit comme la silhouette vêtue de gris passait près de lui. La porte se referma derrière l'homme, et Bristow respira à nouveau.

24

— Que veut dire tout cela ? J'ai purgé ma peine, bon Dieu. C'est du passé.

L'homme au costume marron se posta devant lui :

— Ne fais pas attention à Peter. C'est vraiment un chic type, quand on le connaît. C'est juste qu'il s'emporte facilement, comme tu as pu le voir. Mais bon, on a tous nos défauts. Moi par exemple… pas moyen d'arrêter la cigarette. Aucune volonté. Suffit que je vois quelqu'un qui fume et il faut que je m'en grille une. J'imagine que c'est pareil pour toi, Thomas. Suffit que tu vois un gamin et il faut que tu te le tapes.

Il alluma une cigarette pour appuyer son propos, et souffla la fumée dans le visage de Bristow.

— Tu fumes, Thomas ? Suis-je bête, bien sûr que tu fumes. Ce sont les tiennes. Je les ai trouvées dans ta voiture. Achète une marque moins forte en goudron la prochaine fois, tu veux ? Je suis pointilleux sur ce genre de détail.

— Donnez-m'en une, s'il vous plaît.

L'homme au costume marron tira longuement sur la cigarette et recracha la fumée au visage de Bristow :

— Partageons celle-ci, Thomas. Je suis toujours généreux quand ce sont les autres qui paient.

La fumée lui piqua les yeux. Bristow retint son souffle le temps qu'elle se dissipe. Il savait que l'inhaler décuplerait son envie.

— Que me voulez-vous ?

Le policier ignora la question :

— Il joue dans l'équipe de rugby du Yard[3], tu sais. Grand sportif, notre Peter. Il soulève aussi des poids. Et il boxe. Solide gaillard. Et toi, Thomas ? Tu fais du sport ?

Bristow décida de jouer le jeu. C'était l'option la moins douloureuse :

— Il m'arrive de jouer aux échecs.

— Oh, je vois, des passe-temps intellectuels. Pas mon truc, pour être franc. D'ailleurs à ta place, je n'en parlerais pas à Peter. Il déteste les connards d'intellos.

— Vous me surprenez.

Le ton du policier changea d'un coup :

— Fais pas le malin avec moi, mon chou. Tu as deux façons de la jouer. La mienne. Ou celle de Peter. Laquelle tu choisis ?

— La vôtre. S'il vous plaît. Pourquoi suis-je ici ?

— Je te le répète. Joue pas au plus fin.

— Je vous assure que je n'en sais rien. Est-ce que c'est en rapport avec la fillette ?

— Quelle fillette ?

— La gamine qu'on a retrouvée dernièrement.

— Alors tu es au courant ?

— Je sais lire. J'ai la télé. C'est loin d'être un secret d'État.

— Mais évidemment, tu n'as rien à voir là-dedans.

— Non. Dieu m'en garde, je ne suis pas un tueur d'enfants.

3 Surnom de Scotland Yard. (*NdT*)

— Bien sûr que non. Grands dieux non, quelle idée. Ce bon Thomas Bristow, innocent comme l'agneau qui vient de naître. En quels termes le juge t'a-t-il décrit, déjà ? Je lis ici : « prédateur pédosexuel avec une préférence pour les enfants prépubères. » (Il agita une feuille de papier devant son visage.) Il y a un mot savant pour appeler cette phrase, non ? « Littération », c'est bien ça ?

— « Allitération. »

— Au temps pour moi. On voit tout de suite qui est le cerveau, ici… Commence à te servir de ta tête alors, et coopère.

— Je n'ai rien fait.

— Tu es un criminel reconnu comme tel, Thomas. Tu as forcément commis un crime. Tu as plaidé coupable, rappelle-toi.

— J'ai commis le crime, et purgé ma peine. J'ai payé ma dette à la société. Vous n'avez aucun droit d'évoquer cette condamnation.

— Pas plus que tu n'en as de tripoter des gamins, Thomas.

— Tout ça c'est de l'histoire ancienne. J'ai arrêté.

Le policier en marron s'approcha et son visage devint net. L'air charria un relent de tabac froid. Il avait une dent en or sur le devant, et des yeux gris et froids.

— T'es rentré dans le rang alors ?

— J'ai retenu la leçon.

— Un pointeur de gosses restera toujours un pointeur de gosses.

— Je vous jure que je n'ai rien à voir avec le meurtre de la fillette.

— Ce n'est pas l'avis des flics de ton bled. Ils tiennent à te parler.

— Les flics de mon bled ?

— « Margate. » (Il cracha au sol avec mépris.) Connards d'amateurs. Même pas capables d'épingler seuls un pareil fumier. Il a fallu qu'ils demandent un coup de main aux « grands frères ». T'aurais dû rester dans ta cambrousse, Thomas, avec ta police de peigne-culs. Londres, c'est une grande ville. Un coin dangereux quand t'en connais pas les rouages. C'est pas un endroit pour les violeurs de mômes comme toi.

— Je venais rendre visite à ma sœur.

— On est au courant. On a lu ton petit journal dans la voiture.

Il s'est révélé très intéressant. Mais un peu trop « détaillé » pour quelqu'un qui n'a rien à cacher, tu crois pas ?

— J'ai retenu la leçon. C'est une précaution.

— Les innocents ont pas besoin de prendre de précautions.

— Moi si.

— Non, Thomas, tu m'as pas écouté. J'ai dit : « les innocents ».

— C'était il y a longtemps.

— Tu réalises que tu vas prendre perpète pour ça, Thomas. J'espère que tu n'avais pas placé trop d'argent dans ton plan retraite.

— Je n'ai rien à voir avec ça, bon sang !

— Rien à voir avec ça, hein ? (Il consulta à nouveau le rapport.) Corrige-moi si je me trompe, mais n'était-ce pas également ce que tu disais pour ta dernière victime ?

— Je ne me souviens pas.

— Les ordinateurs, eux, n'oublient pas, Thomas. Ils ont une mémoire d'éléphant.

— Je veux parler à mon avocat.

— Quoi, à cette heure matinale ? C'est pas très courtois.

— Il n'y verra pas d'inconvénient. Jeremy est un ami.

— Vraiment ? Lui aussi aime les petits enfants ? Espèce de sale fumier. Si ça ne tenait qu'à moi, je vous ferais tous castrer.

— S'il vous plaît… contentez-vous de l'appeler.

— Laisse tomber. J'ai pas le cœur de tirer les gens du lit à cinq heures du mat'.

— L'avocat de permanence, dans ce cas.

— Il est pris ailleurs.

— Je connais mes droits.

— Ne tire pas trop sur la corde, Thomas, ou je demande à Peter de prendre le relais.

Bristow lâcha un long soupir :

— Qu'est-ce que vous voulez à la fin ?

— Parle-nous de Rebecca.

— J'en sais juste ce que j'en ai vu aux infos ou lu dans les journaux. La police du Kent m'a déjà entendu. On m'a écarté de l'enquête.

— Eh bien, ils tiennent à nouveau à te parler.

— Je ne suis pas un tueur d'enfants. Dieu m'est témoin, je ne ferais jamais de mal à un enfant.

— Tu pousses le bouchon, Thomas. Quel âge avait ta dernière victime ? Dix ans ? Onze ?

— Dix ans. Mais vous ne comprenez pas.

— Un peu que je comprends pas, bordel de merde. Je comprends pas et j'ai aucune envie de comprendre. C'est bon pour les officiers de probation et pour ces lavettes de travailleurs sociaux. Notre rôle, c'est de protéger les enfants, pas les salauds qui les tripotent.

— Je n'ai jamais touché Rebecca.

— Il s'agissait peut-être d'un accident ? Tu n'as peut-être pas eu l'intention de la tuer, Thomas. Si ça se trouve…

— Mais bon Dieu, je n'ai rien à voir avec ça !

— Il y a un peu trop de coïncidences à mon goût.

— Telles que… ?

— Tu avais autrefois ton propre camion de glaces. Quelle marque ? Mr. Whippy, c'est ça ?

— Oui, mais ça n'a pas marché.

— Juste un stratagème pour pouvoir t'approcher des mômes, hein ? Comment tu t'y prenais ? « Fais-nous voir ta culotte, ma petite, et tu pourras jouer avec mon cône » ?

— C'était pas du tout ça, bon Dieu.

— Et bien sûr, il y a ta sœur.

— Elle n'a rien à voir avec tout cela.

— Elle habite Hayes. C'est à deux pas de Southall.

— Et alors ?

— Le même Southall où l'on a retrouvé le corps de Rebecca.

Il comprit où le policier voulait en venir :

— Je ne suis jamais allé à Southall. Je le jure.

L'homme au costume marron s'approcha de Bristow et fixa sur

lui un regard où brillait la malice :

— C'est marrant. D'après ton permis de conduire, tu es né là-bas.

— C'est vrai en effet. Ce que je voulais dire, c'est que je n'y suis pas allé récemment. Pas depuis des années.

Le policier réprimanda Bristow d'un claquement de langue :

— Premier mensonge, Thomas. Ah là là. Pourquoi devrions-nous maintenant croire tout le reste ?

— Je dis la vérité. Je vous le promets.

— À en croire ton journal, tu t'es rendu à Hayes quelques jours à peine après que la fillette a été kidnappée. Tu as donc eu tout loisir de balancer le corps dans le canal au passage. Ou sur le chemin du retour. Peut-être qu'elle était allongée dans ton coffre pendant que toi et ta chère sœur, vous vous enfiliez des beignets à la crème ?

— Je vous répète que je n'ai rien à voir avec ça, balbutia Bristow en secouant la tête, la peur dans le regard.

— Tes soi-disant « précautions » t'ont foutu dans la merde, Thomas. À ta place, je me dépêcherais de parler. Tant que tu en es encore capable. Avant que Peter prenne le relais…

— Je réclame un avocat.

— Ça ne va pas être possible.

— Dans ce cas je veux parler à un responsable.

— Désolé mais ils sont trop occupés.

— Je connais mes droits.

— Me parle pas de droits, Bristow. Quels droits as-tu accordés à cette petite fille avant de la tuer ?

— Combien de fois dois-je vous…

— Tu as commencé par lui demander ? C'est ça ? Elle n'avait que dix ans, espèce de fumier. Quel droit tu avais de mettre un terme à sa vie avant même qu'elle commence, sale pervers ?

— Je veux mon avocat. Sur-le-champ.

— C'est pas notre problème, Thomas. Notre rôle se limite à t'arrêter et à te transférer.

— Vous voulez dire me ramener à Margate ?

— La cambrousse, ouais. Évidemment, on ne ferait pas notre boulot comme il se doit si on n'essayait pas de leur filer un coup de main. En les faisant bénéficier de nos talents de fins limiers, par exemple.

— Je ne dirai plus rien avant d'avoir vu mon avocat.

L'homme en marron soupira lourdement :

— Pour un intello, Thomas, tu fais preuve d'une grande stupidité.

— Je veux un avocat. N'importe quel avocat. Je ne parlerai plus.

25

Peter entra dans la pièce, un plateau chargé de trois gobelets en plastique de thé fumant entre les mains :

— Ça se passe comment ? Il a signé des aveux ?

— Monsieur le marchand de glaces ici présent refuse de nous parler, Peter. Il réclame son avocat. Paraît qu'il aurait des droits ou quelque chose du genre.

Bristow vit la silhouette floue de Peter poser le plateau sur la table, puis s'avancer vers lui, un gobelet à la main.

— Deux sucres, n'est-ce pas ?

Bristow opina du chef.

— Oups ! fit Peter en renversant lentement le thé fumant sur le giron de Bristow.

Celui-ci se tordit de douleur comme le liquide bouillant lui brûlait l'entrejambe, mais il refusa d'émettre le moindre son. Suivirent un coup de poing dans les reins, puis un coup de coude à la tête. Il sentit son arcade s'ouvrir. Du sang ruissela bientôt sur son œil.

— Non, s'il vous plaît… arrêtez.

Il reçut un second gobelet de thé brûlant en plein visage qui lui tira un cri de douleur. Ses poignets saignaient tandis qu'il les agitait contre les menottes.

— Non ! Je vous en conjure, arrêtez !

Le visage de l'homme en marron apparut devant lui :

— Tu vois, ce n'était vraiment pas malin ? Comme je te l'ai dit, on peut jouer ça à ma manière. Ou à celle de Peter. À toi de voir.

— D'accord, d'accord. Je choisis la vôtre. Mais éloignez-le de moi.

— T'as entendu ça, Peter ? C'est à moi qu'il veut parler. Désolé, vieux. Je te laisserai le prochain pervers qu'on arrêtera.

— Putain de pointeur ! On devrait lui couper les couilles.

Bristow entendit un bruit de ciseaux cliquetant dans le vide. Il se confondit en supplications :

— Sainte mère de Dieu, non, s'il vous plaît, pas ça.

— La castration, c'est encore trop doux pour lui, Peter. Mais je crois que notre marchand de glaces est prêt à coopérer, maintenant. Pas vrai, Thomas ?

Bristow hocha la tête.

— Je reste dans le coin, juste au cas où, prévint Peter. Putains de pointeurs…

Il cracha au visage de Bristow. La salive descendit sur son œil, coula sur sa joue et alla se mêler au sang.

L'homme au costume marron alluma une nouvelle cigarette et lui souffla la fumée au visage :

— Arrêtons ces petits jeux, tu veux ? Parlons de Rebecca.

— Ce n'est pas moi. Je vous l'ai dit. (Il respira la fumée, savourant chaque particule.) Laissez-moi fumer, s'il vous plaît. Rien qu'une bouffée.

— Tu veux une clope, sale pointeur ? Tiens.

Peter prit la cigarette allumée des lèvres de son collègue et l'écrasa sur le front de Bristow.

Bristow tenta tant bien que mal de contenir sa réaction.

— Tu joues avec mes nerfs, Thomas. Parle-nous de la petite fille. À moins que tu ne préfères que Peter s'occupe de l'interrogatoire.

— Je vous jure que je ne sais rien.

Un coup sur la tête. Son esprit vacilla, le sang coula sur ses yeux.

— Tu sais, Peter est papa d'une petite fille. Moi, j'ai deux petits gars. Alors je sais pas toi, Thomas, mais pour ma part, je pense pas qu'on servirait l'intérêt du public si on te laissait sortir d'ici en un seul morceau. Pas avec tous ces petits gamins pour te tenter là-dehors.

— Ce n'est pas moi qui l'ai tuée. Je vous supplie de me croire.

Il s'était mis à sangloter, le corps tremblant de peur.

— Tu te sers de quelle main pour écrire ? demanda la voix de Peter.

— La droite, répondit Bristow en bégayant.

— Et tu te sers de quel doigt pour tripoter les gamines, fumier ?

— Je n'ai jamais… (Il cria de douleur comme la botte surgie de nulle part lui écrasait les parties.) Par pitié, arrêtez.

Il vit la silhouette de Peter se déplacer derrière lui. Ignorant à quoi s'attendre, il retint son souffle.

— Je vais te dire ce qui va se passer, Thomas, dit calmement l'homme en marron. Pendant que je buvais mon thé tout à l'heure, j'ai rédigé une petite déposition en ton nom, dans laquelle tu reconnais avoir tué la gamine. De banals aveux disant que tu as enlevé Rebecca, que tu l'as étranglée puis que tu as balancé son corps dans le canal en allant rendre visite à ta sœur. On se souciera des détails plus tard.

— Le bon Dieu me foudroie si je mens. Je n'ai jamais posé la main sur elle, sanglota Bristow. Jamais.

Le policier en costume marron balaya la protestation d'un haussement d'épaules :

— Eh bien, dommage pour toi, Thomas, parce que tu vas tout de même tomber pour ce meurtre.

Il brandit une feuille de papier devant le visage de Bristow. Ç'aurait pu être n'importe quoi : il n'y voyait qu'un texte flou.

— Je refuse de signer quoi que ce soit.

Il sentit une poigne de fer se refermer sur sa main gauche, et une voix dans son dos l'avertit :

— C'est ta dernière chance, fumier.

26

— Sainte mère de Dieu, ce n'est pas moi. Je vous supplie de me croire.

Le geste était adroit, la douleur fut atroce. Le petit doigt craqua comme une brindille et Bristow laissa échapper un cri.

— Dieu du ciel, non !

Le visage retors de l'homme en marron se dessina à quelques centimètres de son nez :

— On est décidé à signer, monsieur le marchand de glaces ?

Les larmes ruisselaient le long de ses joues sous la douleur fulgurante. Il secoua la tête avec défi :

— Ce n'est pas moi, bon Dieu de merde ! Je ne l'ai pas tuée, dit-il en sanglotant violemment, tout son corps tremblant de douleur et de peur. (Il sentit la poigne se resserrer autour de son majeur.) Dieu du ciel, par pitié, non.

Le deuxième doigt se brisa aussi facilement que le premier. Bristow, en revanche, hurla plus fort. Il perdit connaissance l'espace d'une seconde, la douleur l'assommant avant de le ramener brutalement à la conscience.

Avec un soulagement mêlé de souffrance, il vit la silhouette du flic en gris revenir devant lui.

— Toujours pas décidé à signer, Thomas ?

— Allez vous faire foutre, siffla Bristow entre ses dents.

— Ah, Thomas, tu es véritablement un gros bêta, fit le bon flic avec un claquement de langue. Peter déteste les malpolis.

Bristow ne répondit rien. Les lèvres scellées, il tâchait de refouler les vagues de douleur qui le submergeaient.

— Tu arrives à voir quelque chose sans lunettes, Thomas ?

Pas de réponse.

— Est-ce que tu vois ce que fait Peter ?

Toujours aucune réponse.

— Il tient un club de golf à la main. Est-ce que je t'ai dit qu'il aimait également le golf ?

Bristow retint son souffle.

— Il ne manque pas une occasion de travailler son swing.

Bristow vit les contours flous de Peter s'approcher, tenant ce qu'il supposait être un club de golf.

— Quelqu'un a vu mes balles de golf ? demanda le policier.

L'homme en marron fit claquer ses doigts et secoua la tête avec un air ennuyé :

— Désolé, Peter, je les ai oubliées à la maison. Mais qu'à cela ne tienne, je crois que Thomas a amené les siennes.

— Sainte mère de Dieu. Par pitié, non.

Il se recroquevilla sur sa chaise, serrant les genoux, tremblant de tout son corps.

— Écarte les jambes, sale pointeur. (Il fit un swing dans le vide, tout près de la tête de Bristow.) Ouvre tes putains de jambes ou c'est ta tête que je vise.

Bristow fondit en sanglots :

— Pitié, non. Je vais signer. Tout mais pas ça.

Il vit l'homme en marron disparaître derrière lui et sentit qu'on manipulait les menottes. Son bras droit fut soudain libre, tandis que le gauche, avec ses doigts brisés, pendillait mollement, toujours menotté à la chaise. Comme il portait la main à son visage pour toucher ses blessures, l'homme en marron la lui attrapa et la plaqua sur la table que Peter avait poussée devant lui. Le policier amena la main de Bristow jusqu'au stylo et attendit que Bristow l'agrippe entre ses doigts tremblants pour la lâcher.

— Une simple signature, Thomas. C'est tout ce qu'on te demande. Ensuite tu pourras retourner en cellule.

— Je jure que je n'ai jamais touché un cheveu de cet enfant.

Le club de golf s'abattit sur le bureau à quelques centimètres de ses doigts. Le policier au costume marron se saisit de son bras libre et le plaqua à nouveau sur la table.

— Signe ce putain de papier ou je te laisse en tête à tête avec Peter.

Tremblant et sanglotant, Bristow griffonna sa signature au bas du document, avec la seule idée de mettre un terme à ses souffrances. Lorsqu'il se fut exécuté, l'homme en marron lui attrapa le bras et le menotta de nouveau à la chaise.

— Tu vois, c'était pas si compliqué. Eh bien, voilà, Thomas, tu peux y aller maintenant.

Il essaya de se lever, mais les menottes l'en empêchaient.

— Une dernière chose, monsieur le marchand de glaces, reprit le policier. Promets-nous de ne plus courir après les gosses.

— C'est... c'est promis.

— Je ne te crois pas, sale pointeur. Il me semble qu'on devrait te casser quelques doigts de plus, juste par précaution.

— Mon Dieu, non. Pitié, non. J'ai avoué pour la gamine. C'est moi. Je l'ai tuée. Qu'est-ce que vous voulez de plus ? Par pitié, laissez-moi tranquille.

Il vit Peter s'approcher et disparaître dans son dos et pria en silence, les yeux fermés, en se préparant à souffrir. Bristow entendit l'air se déplacer, une fraction de seconde avant que le club ne frappe son bras gauche, lui fracassant le coude et le bas de l'humérus. Il poussa un cri de supplice, le corps arc-bouté contre le dossier auquel le retenaient les menottes, abasourdi, incapable de parler, parcouru par une vive douleur.

Au loin, il entendit la voix de Peter parler de « devoir civique » et de « protéger les enfants ». Puis un nouveau sifflement. La douleur lui dévora le bras comme le club s'abattait une seconde fois sur le membre en miettes, éclaboussant de sang le tissu de sa chemise. Il eut juste le temps de pousser un cri avant de perdre connaissance, la souffrance cédant la place à une douce obscurité.

C'était terminé.

Pour le moment.

27

Greg Randall tira sur sa cigarette et s'allongea sur le lit. La tête appuyée contre un oreiller, il regarda sa femme se sécher au sortir de la douche. Bethan ne manquait jamais de se doucher avant de vaquer à ses occupations. Elle aimait son travail, mais ne supportait pas de sentir l'odeur des vieilles personnes dans la maison.

Par la porte légèrement entrebâillée, on entendait les cris des petites dynamites qui se chamaillaient gentiment dans leur chambre. Il sourit en lui-même, convaincu d'avoir les choses sous contrôle.

Il continua d'observer le corps de sa femme tandis qu'elle se rhabillait, et laissa son regard s'attarder jusqu'à ce qu'elle eût enfilé sa nuisette et mis un terme au spectacle.

Un jour, songea-t-il, il viderait son sac et avouerait à Bethan ses véritables désirs. Ses craintes.

Un jour.

Comme Bethan le rejoignait dans le lit, et promenait sa main sous les couvertures avec espièglerie, il sut que le moment n'était pas encore venu.

Quoi qu'il en soit, il avait rendez-vous avec le docteur Quinlan le lundi suivant : d'une manière ou d'une autre, le problème serait bientôt résolu.

Il écouta les cris et les rires des petites dynamites et croisa les doigts.

28

— Tu as bonne mine ! (Matt s'installa en face de Claire à l'intérieur du *Caffè Nero* du centre commercial de Westwood Cross.) C'est la première fois que je te vois sourire depuis que... Mais passons. Qu'avais-tu à me dire ?

— J'ai pensé que tu voudrais peut-être prendre un café.

— Je ne refuse jamais un café, mais pourquoi maintenant ?

— Je ne te dérange pas dans ton travail au moins ?

— J'ai toujours le temps pour toi, Claire, tu le sais bien. Et pourquoi ici ?

— Histoire de discuter. C'est un endroit neutre.

— Je t'écoute.

Claire contempla son café allongé d'un air songeur, préparant mentalement ce qu'elle allait dire :

— Promets-moi de ne pas rire, Matt. Ça va sans doute te paraître crétin, mais ça m'apporte un soulagement. Et pour le moment, c'est de ça dont j'ai le plus besoin.

Matt but une gorgée de son *latte* :

— Je suis tout ouïe.

— Je veux le retrouver.

— Retrouver qui ?

— Celui qui se fait appeler « oncle Tom ».

Matt considéra sa compagne avec embarras :

— Qu'est-ce qui te fait croire que tu réussiras là où les flics du Kent échouent ?

— Je savais que tu dirais ça.

— J'imagine ce que tu ressens, Claire, mais...

— Non, Matt ! le coupa-t-elle, son sourire cédant un instant la place à la colère. Tu n'imagines pas ce que je ressens. Je vois mal comment tu pourrais imaginer. Il faudrait pour cela que ç'ait été ta propre enfant. Et encore.

Ses yeux s'emplirent de larmes. Il tendit la main pour la consoler :

— Jouer les Miss Marple ne facilitera en rien les choses, Claire. Ça ne fera que prolonger ton chagrin.

— Écoute-moi au moins jusqu'au bout, Matt. Tu es le seul à qui je puisse parler.

— Excuse-moi. Je t'écoute.

— J'étais en train de feuilleter le classeur scolaire de Rebecca ce matin. Je le parcourais, rien de plus, histoire de raviver les souvenirs. Je regrette de ne pas m'être impliquée davantage. C'est drôle comme les choses prennent toute leur importance une fois qu'il est trop tard…

Matt resta silencieux.

— Juste avant la fin des classes, une policière est passée dans son école. Un vélo avait été volé. En rentrant à la maison ce jour-là, elle m'a expliqué vouloir entrer dans la police. Je l'ai laissée dire bien sûr. Avant ça elle voulait devenir journaliste. Comme toi. Mais inspectrice est le dernier métier qu'elle ambitionnait de faire, avant de…

Matt serra sa main dans la sienne. Elle l'imita.

— Et tu te dis qu'en t'improvisant Hercule Poirot, tu réaliseras d'une certaine manière son rêve ?

— Est-ce une idée si dingue ?

Il tourna sa langue dans sa bouche avant de répondre.

— Je comprends que tu aies besoin de faire quelque chose, mais tu ne crois pas sérieusement pouvoir débusquer ce détraqué, alors que les forces de police du Kent et de Londres combinées, avec toutes leurs ressources, s'escriment depuis des semaines sur cette affaire ?

— Non, mais ça m'aide à me sentir mieux. Le truc, Matt, c'est qu'il faut que je m'occupe. À n'importe quoi. Je n'arrive pas à me détendre. Pas en sachant qu'il rôde là-dehors quelque part. Suppose qu'il tue un autre enfant ? Aucune mère ne devrait endurer ce que j'ai enduré. (Elle sentit la colère monter en elle et inspira profondément à plusieurs reprises pour la réfréner.) Il ne s'agit pas de vengeance,

Matt. Je t'assure.

Il haussa un sourcil dubitatif.

— Au début, si. Évidemment. N'importe qui à ma place aurait réagi ainsi. J'aurais voulu mettre la main sur lui. Le faire souffrir. Lui couper les couilles. Lui... Mais ça c'était avant. Aujourd'hui je raisonne. Je ne recherche plus la vengeance, mais la justice. Je veux connaître ses raisons. Savoir quel genre de personne c'est. Est-ce qu'il a une famille ? Des amis ? A-t-il déjà aimé quelqu'un ? Se sent-il coupable ? A-t-il des remords ? Des regrets ? Éprouve-t-il seulement quelque chose ? À l'époque, je me disais que même la pendaison était un châtiment trop doux. Mais aujourd'hui... maintenant que j'y réfléchis, je me rends compte que ce n'est pas une solution. Il doit être malade. Dérangé, je veux dire. Mentalement. Sérieusement dérangé. Il a besoin d'aide, pas d'une punition.

Matt médita ses paroles :

— Tu ne cesseras jamais de me surprendre, Claire. Ma foi, peut-être même es-tu dans le vrai. Dieu sait que la police a besoin de toute l'aide qu'on pourra lui apporter. (Il osa un sourire.) Mais dites-moi, madame Christie. *Qui a fait le coup ?* Par où comptes-tu commencer ? On n'est pas en train de jouer au Cluedo. Tu ne peux pas débarquer et accuser de but en blanc le colonel Moutarde sur la terrasse avec la matraque, puis relancer le dé si jamais ça ne colle pas. As-tu la moindre idée de l'ampleur de l'enquête en cours ?

Elle haussa les épaules :

— Et toi ?

— C'est mon boulot, Claire.

— Alors mets-moi au parfum.

— Te mettre au parfum ?

— Parle-moi de l'enquête. Explique-moi comment ça fonctionne. Combien de personnes ils ont interrogées. Combien de suspects ils ont rayés de leur liste. Il faut que je sache.

Il hésita. Pas plus tôt que ce matin, il venait de relire des statistiques sur les enquêtes de meurtres d'enfants. C'était précisément la faible occurrence de ce type de crimes qui leur valait les gros titres. Cela dit, on oubliait facilement ce détail devant une liste énumérant les noms des petites victimes… Le dernier rapport qu'il avait lu avant de sortir concernait le meurtre de Susan Maxwell. On avait retrouvé son corps deux semaines après son enlèvement. Fallait-il expliquer à Claire qu'en quatre ans, l'enquête avait généré sept tonnes et demie de papier, recueilli quinze mille dépositions, relevé vingt mille plaques d'immatriculation et consigné soixante-cinq mille coordonnées de personnes ? Que son meurtrier n'avait été capturé que des années plus tard, non pas suite à l'enquête de police, mais grâce aux yeux de lynx d'un passant qui s'était trouvé là quand une autre gamine avait disparu derrière une camionnette ?

Il regarda sa montre avec insistance.

— On va devoir remettre ça à plus tard. Honnêtement, Claire, il va me falloir une journée entière pour te détailler la situation.

— Alors quand ? J'ai envie de savoir, Matt. J'ai besoin de savoir.

— Je te consacrerai un moment dès que possible.

Claire sourit.

— C'est ce que tu disais à Rebecca. (Elle serra à nouveau sa main.) Merci, Matt. J'apprécie ce que tu fais.

— D'ailleurs, il se peut que je t'économise des efforts. J'attends une info d'ici peu.

— Une info ?

— En quelque sorte, oui. Il n'y a rien d'officiel, mais Pitman m'a prévenu que la police de Londres avait arrêté un homme. Ne crie pas victoire trop tôt, cela dit. Il se peut que le soufflé retombe aussi vite qu'il est monté. Les flics de Fort Hill auraient toutefois prévu d'arroser ça ce soir. Ils doivent donc accorder un certain crédit à la nouvelle.

Elle lui attrapa les avant-bras dans un geste d'impatience :

— Quand seras-tu fixé ?

— D'un instant à l'autre. Pitman a dépêché un de ses hommes pour aller interroger le suspect. À l'hôpital.

— L'hôpital ?

— J'ignore les détails, mais apparemment, le type est mal en point.

Il ne restait plus rien des élans humanistes de Claire. Elle sourit.

— Bien. J'espère que ce fils de pute en bave.

29

Ce n'était guère un nom original pour un chiot, mais il faut dire que Laura n'avait que six ans. La tache noire autour de l'œil du chiot avait suffi à le baptiser[4]. Aux yeux de ses parents, Patch représentait le compagnon idéal pour leur petite benjamine, seule fille parmi cinq frères. Aux yeux de Laura, Patch représentait tout.

Au cours des trois mois qui avaient suivi l'adoption du chiot, Laura avait montré un dévouement qui dépassait de loin les attentes de ses parents : pourvoyant aux moindres besoins de l'animal, jamais elle n'avait raté l'heure d'un repas, jamais le bol du chiot n'avait manqué d'eau.

L'attrait de la nouveauté s'estompant, ses frères s'étaient rapidement désintéressés de Patch et l'avaient abandonné aux bons soins de leur jeune sœur ; ce qui était précisément le souhait des parents. Voilà douze ans qu'ils tentaient en vain d'avoir une fille. Pour ces parents de cinq garçons turbulents, la naissance de Laura avait constitué un don du ciel. Le père avait subi la vasectomie tant repoussée peu de temps après.

Pleinement conscients de l'influence qu'un foyer presque exclusivement masculin risquait d'avoir sur leur fille, les parents de Laura l'avaient plongée dans des robes et des barboteuses roses sitôt le cordon ombilical coupé. S'ils redoublaient d'efforts pour se

4 Patch signifie à la fois « bandeau » et « tache » en anglais. (*NdT*)

montrer équitables envers leurs six enfants, nul n'aurait pu prétendre qu'ils les traitaient en égaux. Les garçons resteraient toujours des garçons, mais Laura, parce qu'elle demeurerait leur unique fille, fut couverte dès le berceau de poupées, peluches, dentelles et fanfreluches, dans le seul but d'éradiquer dès le plus jeune âge tout côté garçon manqué.

Le chiot participait de cette démarche : il constituerait pour Laura un compagnon qui la dissuaderait de partager les jeux de ses frères. Quant à ces derniers, ils n'étaient que trop heureux de se voir débarrassés de leur ennuyeuse petite sœur.

Les parents de Laura voyaient Queensferry comme une petite ville convenable : silencieuse, relativement exempte de criminalité, idéalement située sur la frontière entre le pays de Galles et l'Angleterre et proche de Chester, Liverpool, et du circuit touristique des Galles du Nord. Ils laissaient donc sans trop d'inquiétude leur petite fille de six ans promener seule le chien. Pour autant qu'elle se tînt loin de la circulation et des rives du fleuve, ils la savaient en sécurité.

Le parc de jeux se situait à cinq minutes de marche de Pierce Street. Il suffisait pour s'y rendre d'emprunter une ruelle calme avec une seule petite rue à traverser. Au-delà se trouvaient le centre de loisirs de Deeside et la patinoire, autour de laquelle s'amusaient ses frères.

Comme tout parent, le père et la mère de Laura lisaient les journaux et regardaient les informations. Ils eurent facilement pu tomber dans la paranoïa, s'enfermer chez eux à double tour et enchaîner leurs enfants, s'ils croyaient tout ce qu'ils lisaient et entendaient sur la criminalité. Dieu merci, la vraie criminalité sévissait ailleurs, dans les grandes villes.

À Liverpool. Manchester. Birmingham. Londres.

Comme tout parent, ils savaient qu'il n'y avait aucun risque qu'elle parvienne jusqu'à eux.

Pas dans leur village.

Pas en plein jour, par un beau matin d'été.

Le premier matin de septembre.

Laura sautillait maladroitement à la corde dans la ruelle, évitant les flaques pour ne pas salir ses baskets roses à scratch, qu'elle portait aujourd'hui avec une paire de socquettes blanches neuves. Une robe à pois rouge et col Claudine en coton, tombant aux genoux, et une queue-de-cheval tenue par une barrette à fleur rouge parachevaient cette image de l'innocence.

Avant de la laisser quitter la maison, sa mère lui avait promis qu'elle serait la plus jolie petite fille de tout le parc.

Ç'aurait sans doute été le cas. Encore eût-il fallu pour cela qu'elle y arrive.

30

La camionnette blanche se rangea au bout de la ruelle tandis qu'elle sautait à la corde, avec ce manque de coordination dans les mouvements typique des fillettes dont la corde est trop grande pour elles. Au moment où le chiot franchit le coin, Laura entendit la portière de la camionnette claquer et Patch se mit à aboyer avec insistance. Suivirent un glapissement, puis le silence.

Laura s'arrêta sur place, déroutée. Elle se mit aussitôt à courir, traînant sa corde à sauter derrière elle en criant le nom du chien. Sa voix montait dans les aigus au rythme de sa course. Elle s'arrêta brusquement sitôt l'angle tourné, et ses grands yeux bruns écarquillés s'emplirent de larmes.

L'homme devant elle tenait le corps inerte du chiot. Du sang coulait de sa truffe sans vie. Laura n'eut pas le temps d'apercevoir le démonte-roues souillé de sang aux pieds de l'inconnu.

Tremblant de tout son corps, elle se précipita vers le chiot présenté devant ses yeux comme une offrande sacrificielle. L'homme susurra quelques paroles de réconfort qu'elle n'entendit pas. Le souffle court, elle ne parvenait à émettre qu'une suite de sanglots étouffés. Elle tendit la main et toucha le corps chaud et souple de Patch. Du sang tacha ses doigts, sans qu'elle s'en préoccupe.

L'homme se pencha et lui tendit l'animal. Elle serra le chiot sans vie contre sa poitrine, en pleurant, sans se soucier du sang qui tachait sa robe. Ni des bras qui enserraient doucement sa taille pour la soulever. Ni du plancher moelleux et matelassé sur lequel on la déposait.

Ce ne fut que lorsque la porte se referma sur elle, et que les ténèbres noires et complètes l'engloutirent que Laura comprit ce qui se passait. Nul ne perçut ses hurlements au-dehors du véhicule insonorisé, le rembourrage absorbant aussi bien ces derniers que le martèlement de ses petites mains contre les parois capitonnées.

Elle sentit le véhicule accélérer d'un coup et devina qu'ils avançaient, bien qu'on entendît aussi peu le bruit du moteur de l'intérieur que ses hurlements à l'extérieur. Elle n'en hurlait pas moins pour autant.

La camionnette rejoignit l'A548 et se mêla au flot de véhicules roulant vers l'ouest, traversant Shotton, Connah's Quay et Flint, puis longeant l'estuaire de la Dee en direction de Rhyl : un banal fourgon vaquant à ses livraisons.

Les parents de Laura réagirent avec célérité, et la police avec efficacité. S'agissant d'une enfant de six ans, on ne souhaitait pas prendre de risques, en particulier actuellement. Elle fut portée disparue moins de trente minutes après son enlèvement, et une équipe de police au grand complet entama aussitôt les recherches.

31

Les cris d'hystérie se prolongèrent peut-être un quart d'heure avant que l'épuisement ne consume les forces de Laura, et qu'elle s'écroule sur le plancher, seule et effrayée.

La fillette trouva alors le corps du chiot et le serra contre sa poitrine, se rassurant au contact du cadavre encore chaud.

Elle finit par s'endormir dans l'obscurité à force de pleurer, bercée par le doux roulis du véhicule.

La camionnette ne s'arrêta qu'à deux reprises : une première fois pour changer les plaques d'immatriculation, sur une route à l'écart, et une seconde fois pour faire un plein, réglé en espèces. Le véhicule était à présent stationné sur le parking à horodateur de Rhyl Promenade ; son conducteur se trouvait à l'intérieur du Sun Centre, un imposant complexe de loisirs associant une piscine et une salle de spectacle, dont la façade en verre donnait vue sur la mer d'Irlande. Tandis qu'à l'ouest, la Dee déversait ses effluents dans son estuaire, à Queensferry, sur ses rives supérieures, des habitants inquiets assistaient la police dans ses recherches, ratissant le secteur en quête de traces de l'enfant disparue.

Dans la station balnéaire de Rhyl, la piscine ludique attirait beaucoup de visiteurs, locaux et touristes tardifs confondus bien déterminés à profiter de ce dernier week-end des vacances scolaires.

Bien qu'il fût bon nageur, à aucun moment il ne s'aventura dans l'eau au cours des trois heures qu'il passa sur place. Il se contenta d'enfiler un maillot de bain, d'étendre une serviette, et de s'allonger près des fenêtres pour apprécier la vue : les fillettes passaient devant lui en courant du lagon jusqu'à la piscine à vagues, leurs maillots mouillés collant à leurs jeunes corps. L'après-midi s'écoula agréablement tandis qu'il stimulait son appétit en prévision des réjouissances qui l'attendaient.

Dix-huit heures approchaient, et il restait encore quelques bonnes heures de clarté lorsqu'il retourna à la camionnette. Il sortit une boîte en plastique de sous son siège et assouvit sa faim sur un choix de sandwiches fromage-chutney au pain de seigle, qu'il accompagna d'un thermos de café décaféiné.

Il déroula un exemplaire du *Daily Telegraph*, qu'il feuilleta sans s'y intéresser, relevant juste les gros titres et sautant les détails. Il préférait le *Guardian*, plus pertinent sur les sujets sociaux, même s'il jugeait sa ligne éditoriale trop libérale à son goût. Mais ayant passé la nuit précédente dans un hôtel de Bradford, il n'avait pas reçu son journal habituel et avait dû s'accommoder de ceux que proposait le vestibule de l'hôtel.

À vingt heures, il ne restait guère plus de trois véhicules sur le parking. Il glissa un CD dans l'autoradio, puis se rendit à l'arrière de la camionnette, jetant un coup d'œil autour de lui avant d'ouvrir les portes. Il faisait noir à l'intérieur. Il grimpa et referma les portes derrière lui, puis tira sur un levier afin d'éclairer l'intérieur de la camionnette.

Après ce traumatisme trop violent pour son jeune esprit, la petite Laura gisait dans un semi-coma, recroquevillée en position fœtale, un pouce dans sa bouche, son autre bras enroulé autour du cadavre du chiot.

La scène amena un sourire sur ses lèvres. Elle avait les joues striées de larmes, les cheveux dépeignés, et la robe froissée et tachée de sang là où elle avait étreint le chiot. Il empoigna la queue de l'animal, déjà gagnée par la rigidité cadavérique, et le retira délicatement d'entre les petites mains de la fillette.

Sentant le chiot bouger, l'enfant s'éveilla et ouvrit les yeux. L'espace d'une seconde, elle fixa d'un regard vide l'homme qui se tenait devant elle, sans comprendre. Puis elle se concentra et ses grands yeux bruns s'écarquillèrent. Tout son corps trembla tandis qu'elle se redressait pour recommencer à crier.

Elle n'était pas assez âgée pour deviner ses intentions.

Mais assez pour être joliment terrifiée.

32

Il rebroussa chemin de quelques kilomètres jusqu'à Prestatyn afin d'y passer la nuit dans une chambre d'hôtel bon marché, s'adressant à la patronne avec un faux accent gallois très convaincant et s'inscrivant sous le nom de Jones. Tom Jones. *Si seulement...*, avait songé la femme en soupirant. La piètre imitation qu'il lui en offrit en tortillant du bassin lui valut d'être traité comme un prince pendant le reste de la soirée.

Il précisa qu'il ne prendrait pas de petit déjeuner : il devait reprendre la route vers le sud à la première heure et avoir regagné Swansea pour sa prochaine garde. La patronne était ravie. Trente livres pour changer une paire de draps, voilà qui lui convenait tout à fait. Mais pour Mme Gwyneth Humphries, cinquante-trois ans, le meilleur restait encore à venir.

Lorsqu'il reprit l'accent de Tom Jones et dit qu'il souhaitait qu'elle se joigne à lui pour le dîner optionnel, elle fut aux anges. Et quand, après le repas, il s'installa au piano dans le salon d'invités et se livra à une interprétation passable de *Delilah*, suivie de *Green, Green Grass*, elle faillit mouiller ses dessous. Tous les convives présents, enfants comme adultes, applaudirent à tout rompre.

La fillette de Manchester vint s'asseoir sur ses genoux, sous les yeux de ses parents ravis du spectacle gratuit. « Vous devriez faire de la scène », lui assuraient-ils sans s'aviser de la main qu'il glissait sous la robe de leur fille. L'enfant était trop électrisée pour remarquer la chose, et l'eût-elle remarquée, elle n'avait pas encore l'âge d'y voir à mal.

À vingt-trois heures trente, il annonça, à la grande déception de son auditoire, qu'il était l'heure pour lui d'aller se coucher. Une longue route l'attendait le lendemain matin. Il souhaita bonne nuit à la fillette en l'embrassant, serra les mains à la ronde, et demanda sa note à la patronne avant de se retirer. Elle s'estima dans l'obligation de lui facturer le repas du soir, mais lui fit grâce des deux livres à payer pour garer sa camionnette devant l'hôtel.

Il se réveilla à six heures le lundi matin et quitta le bâtiment sans voir personne. Mme Humphries ne se lèverait pas avant trente minutes. On servait le petit déjeuner entre sept heures et demie et neuf heures très précises. Sans dérogation possible. En sortant, il cueillit une rose dans un jardin voisin et la déposa dans un verre d'eau sur la table de la cuisine. Avec ses compliments. Ses cartes de visite étaient strictement réservées.

33

Un fort vent avait chassé les nuages au-dessus de la mer d'Irlande. Il se gara dans le centre-ville et entra dans un snack sur la grand-rue, où il commanda un café et des toasts en lisant le *Guardian* qu'il avait récupéré en chemin. Il paya et échangea quelques banalités en prenant un accent irlandais, s'informant sur le moyen de rejoindre l'A55 vers l'ouest en direction de Holyhead. Il devait regagner Dublin en milieu d'après-midi et ne pouvait se permettre de rater le ferry, expliqua-t-il au patron qui l'écoutait d'une oreille distraite.

Il était huit heures lorsqu'il vida sa tasse, astiqua quelques livres qu'il laissa en guise de généreux pourboire, et s'éclipsa pendant que le patron surveillait des œufs au plat à l'arrière du snack. Alors qu'il quittait la ville et reprenait la route en direction de Rhyl, il aperçut une jeune fille qui rentrait sans doute chez elle après avoir passé la nuit chez une amie. Elle pédalait tant bien que mal contre la violente brise.

Il la dépassa lentement, en l'épiant dans le rétroviseur extérieur. Le vent qui fouettait ses jambes relevait sa jupe, dévoilant brièvement des parties de cuisses. Il sentit son entrejambe se réveiller.

Il s'arrêta un peu plus loin et la regarda se rapprocher dans le rétroviseur, en se rinçant l'œil. Il coupa le moteur, laissant pour seuls bruits celui des mouettes et du vent, puis inséra le CD dans le lecteur et mit le volume en sourdine. Un sourire joua sur ses lèvres comme la musique commençait.

Il n'y avait personne d'autre à la ronde. Une voiture disparaissait au loin.

La cycliste se rapprochait sans lui prêter attention, toujours plus près, à quelques mètres de la camionnette. Comme elle se déportait pour doubler, il saisit la poignée de la portière et s'arrêta, en prenant de longues respirations.

Elle devait avoir neuf ans. Peut-être dix.

Socquettes blanches.

Une jupe bien trop courte pour faire du vélo.

Il entrevit brièvement ses sous-vêtements et son souffle s'alourdit.

Elle était à présent à sa hauteur.

Remontait le long de la camionnette, au niveau de la portière.

Un instant plus tard, elle l'avait dépassée et poursuivait sa route, les cheveux au vent.

Continuant de pédaler.

Sauve.

Vivante.

Jamais elle ne saurait combien elle l'avait échappé belle.

Quelle chance elle avait eu de se trouver au mauvais endroit, au *bon* moment.

Il mit le contact et s'éloigna lentement.

34

Tina était un garçon manqué. Tout le monde le disait.

Et elle la première.

Elle détestait être une fille, et s'amuser à des jeux de filles. Elle s'était uniquement laissé pousser les cheveux aussi longs parce que son footballeur préféré portait une queue-de-cheval. Et elle avait une sainte horreur de l'uniforme de l'école. Il s'agissait des seules fois où sa mère réussissait à lui faire mettre une jupe. Et même encore, c'était la croix et la bannière : Tina faisait le trajet jusqu'à l'école en jean, la jupe exigée par le règlement de l'école rangée dans son sac, et se changeait juste avant le rassemblement du matin.

Mais ce jour-là était le dernier jour des vacances, et elle avait refusé coûte que coûte d'enfiler autre chose qu'une paire de jeans.

À titre de concession envers sa grand-mère à qui elle rendait visite, elle avait choisi de porter son short en jean rose, sauvagement découpé à mi-cuisses, avec deux hauts superposés, l'un ample, l'autre lui dévoilant le nombril. Aux pieds, une paire de grosses chaussettes et des baskets. C'était là la tenue la plus féminine que Tina consentirait à porter en dehors des heures de classe.

Sa grand-mère ne cessait de répéter qu'avec ses tee-shirts et ses longs blue-jeans, elle ressemblait comme deux gouttes d'eau à un garçon. Elle n'avait jamais compris la satisfaction que Tina tirait de ces reproches. Pas plus qu'elle ne comprendrait en quoi son insistance à modeler les goûts vestimentaires de sa petite-fille avait mené celle-ci à sa perte.

Tina pédalait obstinément contre le vent sur l'étroite et sinueuse route B5119 reliant Dyserth à Rhyl. Puisqu'elle tenait tant à se rendre là-bas en vélo plutôt qu'en bus, sa mère avait insisté pour qu'elle emprunte cette route secondaire : c'était moins dangereux.

L'anodin fourgon blanc dépassa tranquillement l'enfant, sans ralentir, mais le regard du conducteur ne quitta pas le rétroviseur jusqu'à l'entrée du virage. Le relief était plat, s'étendant d'un côté jusqu'à la mer, de l'autre à travers des champs entrecoupés de haies et de fossés, mais du haut de son siège, l'homme pouvait voir l'enfant arriver. Il mit le CD et monta le volume.

Comme elle se rapprochait, il déverrouilla les portes arrière de la camionnette et se pencha à l'intérieur, comme s'il y récupérait quelque chose. La fillette ne lui prêta aucune attention. Un fourgon de plus en panne. Quand elle serait grande, elle s'achèterait une Harley-Davidson.

Dès qu'elle arriva à son niveau, il fondit sur elle, une main sur sa bouche, l'autre autour de sa taille, et la balança à l'arrière de la camionnette comme une poupée avant de claquer les portes derrière elle. Quelques secondes plus tard, la fillette encore trop hébétée pour comprendre ce qui venait de se passer vit les portes se rouvrir, et le vélo la rejoindre à l'intérieur en lui écrasant la jambe. Le bruit des portes couvrit son cri de douleur et les ténèbres l'enveloppèrent. Au-dehors, on n'entendait rien d'autre que le souffle du vent dans les joncs et le cri des mouettes dans le ciel.

Il roula vers l'ouest, traversa Rhyl et prit la route côtière en direction d'Abergele avant de rejoindre l'A55 pour retourner vers l'est et Chester.

Neuf heures sonnèrent et la grand-mère de Tina finit par conclure que sa petite-fille avait renoncé à venir la voir. *Les mômes d'aujourd'hui. Aucune correction.* Elle aurait au moins pu téléphoner pour l'avertir qu'elle avait changé d'avis. Elle envisagea un instant d'appeler la mère de l'enfant histoire de lui rappeler quel jour on était, mais elle se ravisa : pourquoi serait-ce à elle de payer la communication ? Le reste de la famille débarquerait bientôt pour le thé. Elle leur livrerait à ce moment-là le fond de sa pensée.

À Dyserth, la mère de Tina regardait également la pendule, en songeant que sa fille devait désormais être arrivée, au grand bonheur de la vieille dame en ce jour particulier. Sans plus y penser, elle s'attela à ses tâches quotidiennes.

Il s'écoulerait encore six heures avant que quelqu'un se rende seulement compte de son absence.

35

Greg Randall regarda le taxi disparaître au bout de la longue et sinueuse allée, puis se retourna face à l'imposant bâtiment de style Régence recouvert de lierre, dont l'aspect extérieur ne laissait rien paraître de la nature de ses activités.

Une petite plaque en laiton discrète près de la porte renvoyait au papier à en-tête qu'il tenait entre ses doigts tremblants. Il parcourut le document, vérifia l'heure et le jour, et jeta un coup d'œil à sa montre. Il profita de ses quelques minutes d'avance pour ajuster sa cravate, se peigner, et tenter de se détendre. Un paquet de cigarettes serré entre les doigts, il tira nerveusement sur le filtre.

Il se décida finalement à appuyer sur le bouton, levant un regard fixe chargé d'appréhension vers la caméra au-dessus de sa tête.

— Bienvenue à la Fondation Quinlan. En quoi pouvons-nous vous être utiles ?

— Je suis Greg Randall. J'ai rendez-vous.

— Un moment, s'il vous plaît.

Il s'ensuivit un bref silence, au cours duquel il vérifia à deux reprises sa montre et consulta de nouveau le courrier, puis :

— Veuillez entrer, monsieur Randall. Nous vous attendons.

Il entendit un verrou électronique coulisser et la porte s'ouvrit. Une femme entre deux âges, vêtue d'une tenue vieillotte et de chaussures de confort, s'avança vers lui. Elle se présenta simplement comme « Molly », avant de le mener le long d'un couloir au parquet ciré jusqu'à une deuxième porte qui s'ouvrit lorsqu'elle agita une carte. Molly s'effaça tandis qu'une seconde femme venait l'accueillir.

La cinquantaine approchante, lunettes et cheveux noirs coupés court, des yeux vifs et froids logés dans un visage las et défait témoignant d'un passé tourmenté, la femme se tenait devant lui sans parler, le détaillant méthodiquement de la tête aux pieds. Le sweat-shirt large qu'elle portait sur un vieux jean délavé dissimulait mal son dos voûté, et son visage afficha un sourire forcé tandis qu'elle lui présentait une main flétrie :

— Bienvenue à la Fondation Quinlan, monsieur Randall. Je suis le docteur Reynolds, l'associée du docteur Quinlan.

Randall serra timidement la main tendue : il savait ses propres paumes moites, mais la femme n'indiqua en rien qu'elle l'avait remarqué.

— J'ai rendez-vous… avec le docteur Quinlan ? dit-il dans une affirmation qui s'acheva en interrogation.

— Bien sûr. Veuillez entrer. Avez-vous apporté le courrier ?

Randall sortit le document de la poche de sa veste et le lui remit. Elle le lut lentement, sans trahir la moindre expression, son regard quittant par moments la page pour étudier le visiteur comme si elle vérifiait la fidélité d'une description. Elle plia finalement la lettre et s'efforça de sourire dans une tentative peu réussie de détendre l'atmosphère :

— Le docteur Quinlan regrette de ne pas pouvoir vous recevoir aujourd'hui. Il a été appelé en urgence. C'est donc moi qui mènerai votre évaluation initiale. À supposer bien sûr que vous n'y voyiez pas d'objection.

Elle marqua une très courte pause, semblant lui offrir l'unique occasion de formuler d'éventuelles réserves. Avant qu'il puisse rassembler ses pensées, elle parlait de nouveau :

— Ensuite, une fois que j'aurai rendu compte de cet entretien au docteur Quinlan, nous jugerons lequel de nous deux est le plus à même de traiter vos attentes spécifiques.

Randall hésita :

— On ne m'avait pas prévenu que…

— … Vous auriez affaire à une femme ? (Elle émit un rire forcé.) Ne vous tracassez pas pour ça, monsieur Randall. Greg. Je peux vous appeler Greg ? Nous essayons autant que possible d'instaurer un climat décontracté. Appelez-moi donc Ruth.

Il ouvrait la bouche pour parler mais la femme le devança :

— Passons dans le salon. Thé ? Café ?

— Du thé, merci.

— Lait ? Sucre ?

— Oui. Deux sucres, merci. Est-ce que je peux fumer ?

— Officiellement, il s'agit d'un lieu de travail, mais si vous ne dites rien à personne, je ne dirai rien non plus. Par contre, si vous pouviez attendre que Molly apporte un cendrier… (Elle se tourna vers la femme, qui patientait sur le seuil.) S'il vous plaît, Molly, merci.

Il suivit le docteur Reynolds dans le couloir jusqu'au salon, une autre pièce sans signe distinctif, également fermée par un système à carte.

— Faites comme chez vous, Greg. Installez-vous où bon vous semble.

Randall opta pour un fauteuil tourné vers une grande baie vitrée, donnant sur un somptueux jardin au centre duquel la gargouille d'une fontaine crachait son eau cristalline dans un bassin d'agrément. Une fois qu'il fut assis, la femme prit l'ordinateur portable et choisit un siège en face du sien. D'un doigt noueux, elle tapa maladroitement sur le clavier :

— J'aimerais juste, si vous le voulez bien, vérifier avec vous les renseignements dont nous disposons à ce jour, dit-elle avec un nouveau sourire forcé. Voyons voir. Vous êtes donc âgé de trente-quatre ans, exact ? Assistant comptable dans une petite firme de Birchington. Marié. Deux enfants. Père aujourd'hui décédé. Navrée. Vos parents ont divorcé. Était-ce pendant votre enfance ?

— Mon adolescence. J'avais dix-neuf ans. Ils sont restés ensemble jusqu'à ce que je quitte la fac.

La femme hocha la tête.

— Des frères et sœurs ? Ah, oui. Je ne suis pas étonnée. Le fils aîné. Dites-moi, Greg, vous avez contacté le docteur Quinlan pour la première fois il y a environ quatre mois. Est-ce exact ?

Il fit oui. Il brûlait d'envie d'allumer une cigarette.

— L'intervalle entre ce premier contact et votre présence ici aujourd'hui est considérable. Y a-t-il une raison particulière à cela ?

— La difficulté à trouver le courage, j'imagine, répondit-il avec un rire nerveux. Ça n'a pas été facile d'appeler…

Sourire.

— Non, je comprends tout à fait. C'est très courageux de votre part. Il faut énormément de force pour admettre ouvertement son attirance sexuelle envers les enfants.

36

Randall resta sans voix.

Il avait gardé un vague espoir que la femme puisse tout ignorer. Que le docteur Quinlan ne lui eût pas confié la raison de sa venue ici.

Mais le mot avait été lâché. Sans ambages. Et avec une telle désinvolture : aucune trace d'indignation ni de dégoût.

Avant qu'il puisse organiser ses pensées, elle reprit :

— Ce sont donc exclusivement les filles qui vous intéressent, n'est-ce pas, Greg ? Vous n'êtes pas homosexuel ni rien ?

La thérapeute posait ses questions comme s'il s'agissait de sujets de discussion quotidiens ; il songea soudain que, pour elle, c'était sans doute le cas. Il se détendit d'un cran à cette pensée.

— Uniquement les filles, confirma-t-il en manipulant nerveusement sa cravate. En aucun cas les garçons ! insista-t-il, comme si cela revêtait une importance particulière.

— Dites-moi, y a-t-il un incident ou un événement précis qui ait catalysé votre venue ici afin de demander l'aide de la Fondation Quinlan ?

Randall hésita :

— La petite fille récemment assassinée…

Il mit la main sur ses cigarettes, retourna fébrilement le paquet entre ses doigts. Où était ce cendrier à la fin ?

— Rebecca ?

— Pauvre gosse. Je ne suis pas comme ça, vous comprenez. Je ne pourrais jamais faire de mal à un enfant. Ni tuer quelqu'un. Mes fantasmes n'ont absolument rien de violent, je vous assure. Mais j'ai peur de ce que l'avenir me réserve. Où cela pourrait me mener…

Sourire.

— Vous serez peut-être rassuré d'apprendre qu'un certain nombre de nouveaux clients nous ont contactés suite à cet événement ignoble. Vous êtes loin d'être un cas isolé, Greg. Des tas d'autres hommes là-dehors vivent le même problème.

— Ah oui ?

— C'est bien plus courant que les gens ne le pensent. Mais dites-moi, comment avez-vous entendu parler de la Fondation ?

— Ça remonte à l'époque où j'ai commencé à m'inquiéter de… de mon intérêt pour les enfants… J'ai cherché à me documenter sur le sujet, mais les bibliothèques municipales ne regorgent pas spécialement de bouquins là-dessus. Je trouvais des quantités de livres sur les enfants victimes de sévices, mais rien sur la partie adulte du problème.

— Vous n'êtes pas tombé sur certains ouvrages que le docteur Quinlan a publiés sur le sujet ?

— Je ne savais pas qu'il en existait.

Le docteur offrit un sourire condescendant :

— Évidemment, c'est loin d'être le genre d'ouvrages qu'une bibliothèque lambda commanderait. Mais le docteur Quinlan se trouve être l'un des plus grands experts du pays en matière de paraphilies. (Remarquant son expression perplexe, elle expliqua :) Les « paraphilies », ou déviations sexuelles. Sachez que le docteur Quinlan a écrit sur quasiment tous les types de variantes imaginables de l'acte sexuel. Mais sa spécialité reste la pédophilie. Le désir sexuel adulte envers l'enfant. Croyez-moi, Greg, c'est un trouble bien plus répandu que vous ne l'imaginez. Mais vous étiez en train de m'expliquer… de quelle manière vous avez entendu parler de la Fondation ?

Randall ordonna ses pensées :

— Tout est parti d'une allusion dans un journal à la clinique Gracewell[5] de Birmingham. Mais apparemment elle a fermé depuis.

— Mon Dieu, oui. Voilà bien longtemps de cela. C'est vraiment

5 Clinique ouverte par le Pr. Ray Wyre de 1988 à 1993 pour accueillir les délinquants sexuels. (*NdT*)

dommage. Ray y faisait véritablement du bon boulot.

— J'ai fini par être mis en contact avec l'Albany Trust[6] et la clinique Portman[7] à Londres, mais la liste d'attente était si longue… Puis quelqu'un m'a parlé de la Fondation Quinlan…

— Et vous voici.

— Et me voici.

— Et jamais vous n'aviez entendu parler de nous auparavant ?

— Non, désolé. Jamais.

— Il n'y a pas lieu de vous excuser, Greg, répondit-elle avec un grand sourire. C'est une excellente chose. Nos voisins eux-mêmes ignorent totalement la nature de nos activités. Nous fournissons à notre clientèle un service de premier ordre dans la plus grande confidentialité. Pratiquement tous nos patients nous sont adressés par d'autres médecins ou d'autres cliniques, en tous les cas par des professionnels, bien qu'une infime partie, comme vous-même, nous contacte de leur propre chef. Avez-vous parlé de ce rendez-vous à quelqu'un ?

— Jamais de la vie. J'ai deux petites filles. Si les services sociaux venaient à l'apprendre…

Le docteur Reynolds se pencha vers lui et lui offrit le sourire le plus sincère qu'elle avait affiché jusqu'ici :

— Greg, je peux tout de suite vous assurer que vous n'avez aucun souci à vous faire. Notre structure repose sur une absolue discrétion. Personne d'extérieur à la Fondation ne saura jamais ce dont vous et moi discutons ici, à moins que vous ne décidiez de les en informer. Ce que nous préférerions bien sûr éviter. Si la nature de nos travaux arrivait aux oreilles du grand public, les gens tels que vous auraient davantage de mal à nous contacter sans éveiller les soupçons. Et notre avenir même serait menacé. C'est à cause de cela que

---

6 Organisme d'utilité publique britannique fondé en 1958, d'aide et d'information aux minorités sexuelles. (*NdT*)

7 Clinique de thérapie psychanalytique traitant les délinquants sexuels violents. (*NdT*)

Gracewell a fermé, vous savez. L'ignorance des masses. L'hystérie collective. Non, tout ici se fait dans la plus stricte confidentialité et repose sur une confiance totale et réciproque. Vous nous accordez votre confiance et en retour, nous vous accordons la nôtre.

— Qu'en est-il des renseignements que vous avez sur ordinateur ?

— De simples éléments concernant vos antécédents, stockés ici en interne. Ces ordinateurs n'étant pas connectés à Internet, impossible pour quiconque de s'y introduire et de pirater des données confidentielles. En outre, chaque patient reçoit un code, de sorte que même si les disques venaient à être volés, ils ne sauraient être identifiés. Notre base de données est hautement sécurisée, Greg. Pour des raisons évidentes. Croyez-le ou non, nous comptons dans notre clientèle des membres assez éminents de la société : des juges, des préfets de police. Et même des députés.

37

— Vous devez comprendre, Greg, que vous n'êtes en aucun cas isolé dans votre… comment puis-je formuler ça… votre « orientation sexuelle ». Nous disposons d'une très large clientèle. Certains tels que vous éprouvent simplement un malaise ou une inquiétude face à leurs désirs. D'autres ont bel et bien brisé la barrière physique. J'entends par là qu'ils sont impliqués dans une relation physique avec un enfant.

Randall s'efforça de contenir sa réaction.

— Mais même dans ce cas, la confidentialité demeure primordiale. Tout ce que vous nous confiez, qu'il s'agisse d'actes répréhensibles ou que vous reconnaissiez avoir fait du mal à un enfant, reste à chaque instant placé sous le sceau du secret. Notre but est d'aider notre clientèle à gérer leurs troubles, pas d'exprimer des jugements moraux ou sociaux sur leurs modes de vie.

— Alors j'imagine que vous ne serez pas choquée par ce que je vais vous dire.

— Pas le moins du monde, Greg. Nous voyons et entendons ici des choses qui dépassent votre imagination. Toutes les aberrations possibles.

— Vraiment ?

— Honnêtement. Je ne peux bien évidemment pas en dire plus, mais sachez que nous avons tout vu : enfants, animaux, objets inanimés. Jusqu'aux cadavres. En fait, la nécrophilie représente la pratique la plus en hausse.

Randall frissonna. Fantasmer sur des gamins lui semblait déjà suffisamment grave. L'idée de faire ça avec un cheval ou un mouton le laissait froid. Et ne parlons pas des cadavres.

— Je peux vous assurer, Greg, que nous enregistrons un fort taux de retour à une vie normale chez nos patients. Cela étant dit, le traitement se révèle parfois difficile, voire déplaisant. Et coûteux. Le docteur Quinlan a-t-il abordé avec vous la question des honoraires ?

— Il l'a fait.

— Inutile de préciser que la Sécurité sociale ne prend pas en charge ce genre de consultations spécialisées, sauf en de très rares circonstances. En outre, un réseau aussi vaste n'est évidemment pas en mesure de garantir la confidentialité que nous offrons.

— Je comprends tout à fait.

— Nous bénéficions de longues années d'expérience, Greg. Sachez bien que vous avez pris la bonne décision et sonné à la bonne porte. Ah, nos boissons chaudes arrivent, ainsi que votre cendrier. Je vois que vous l'attendiez avec impatience.

Randall avait allumé sa cigarette et tiré une longue bouffée avant même que Molly ne pose le cendrier sur la table.

— Merci, Molly. Nous serons en séance pour l'heure à venir. Assurez-vous qu'on ne nous dérange pas.

Tandis que Molly refermait la porte, la thérapeute rabattit l'écran du portable et repoussa l'appareil sur la table. Elle fit signe à Randall de se servir avant de porter sa propre tasse à ses lèvres :

— Comme vous le voyez, Greg, je ne prendrai aucune note. Aucun enregistrement ne sera réalisé. Cet entretien est purement informel. Et aucun honoraire ne vous sera réclamé pour cette évaluation. Aussitôt que j'aurai eu l'occasion de discuter de votre cas avec le docteur Quinlan, nous mettrons en place un plan d'action détaillé. À ce moment-là nous serons évidemment amenés à discuter des honoraires. Sommes-nous d'accord ?

Randall opina.

— Mais pour l'heure, j'aimerais simplement que vous vous détendiez. Dès que vous serez prêt, je veux que vous me disiez ce qui vous amène au juste ici. Vous allez me parler de votre intérêt pour les petites filles. De vos sensations. De vos craintes. De vos fantasmes et de la manière dont vous gérez ceux-ci. Tout ce que vous avez écrit dans notre questionnaire, et bien évidemment les nombreux détails que vous n'avez pas mentionnés. Ne mâchez pas vos mots. Employez le langage et les expressions avec lesquels vous vous sentez à l'aise. Mais avant tout, faites preuve de sincérité. Plus vous serez honnête sur votre trouble, mieux nous serons à même de vous aider. N'ayez surtout pas peur de me choquer. Aussi singuliers ou bizarres que vos propos pourront vous sembler, sachez que j'en ai entendu d'autres. Et bien, bien pires, je vous le garantis.

Elle afficha un sourire :

— Maintenant, commençons, voulez-vous ?

38

Recroquevillée dans le noir silence de la camionnette, le corps tremblant, Tina cramponnait son vélo devant elle comme un bouclier. Ses cris avaient rapidement cessé et elle s'était alors pleinement attachée à accepter son sort.

Elle avait vu ce fourgon garé sur le bas-côté.

Et l'homme penché à l'intérieur.

La suite des événements était floue dans sa tête, mais elle savait qu'elle se trouvait à présent dans le fourgon. La peur l'aidait à se concentrer. Elle avait neuf ans. Bientôt dix.

Assez âgée pour comprendre ce qui était en train de se passer.

Assez âgée pour craindre le pire.

Le temps passant, elle parvint à maîtriser son émotion. Elle savait que le fourgon finirait par s'arrêter et que les portes s'ouvriraient. Et qu'elle n'aurait pas d'autre chance que celle-là. Elle s'assit et attendit, refoulant ses larmes. Seules les filles pleuraient. Elle n'était pas aussi fragile.

Les vibrations du véhicule commencèrent à s'atténuer. Le moteur s'arrêta de tourner. Elle prit de longues inspirations dans l'angoissant silence, et s'arma de courage en espérant faire face aux portes. Impossible d'être sûre. Aucun filet de lumière ne perçait la terrifiante obscurité du fourgon, et seuls les mouvements du véhicule l'aidaient à s'orienter.

Son plan était simple. Et c'était l'unique dont elle disposait. Tina jetterait son vélo sur l'homme dès qu'il ouvrirait les portes. Puis elle courrait. Elle se contenterait de courir. Courir. Courir.

Rien ne se passa pendant un moment. Elle l'ignorait, mais en fait, il savourait tranquillement un cigare. Il aimait fumer un cigare, avant et après. L'attente parut à Tina une éternité. Puis soudain le fourgon tangua légèrement. Elle en déduisit avec perspicacité qu'il descendait de la cabine. Une minute s'écoula. Elle regarda droit devant elle, agrippant le cadre du vélo entre ses mains tremblantes, prête à agir.

Un filet de lumière. Elle se prépara, tendant tous ses muscles, aux aguets.

La porte s'entrouvrit à peine. Que fabriquait-il ? Elle attendit encore.

Comme les portes s'ouvraient enfin, laissant la lumière du jour entrer à flots, elle aperçut quelque chose du coin de l'œil.

Instinctivement, elle se tourna pour regarder.

Le vélo lui échappa tandis que la peur la paralysait, à la vue du corps partiellement dévêtu de Laura accroché à la paroi du fourgon, les mains ligotées au-dessus de sa tête, ses poignets depuis longtemps exsangues cisaillés sous le poids de son corps.

Il monta en refermant les portes derrière lui.

39

Tandis que Randall allumait sa cigarette, le docteur Reynolds reprit son laïus :

— Revenons à votre enfance. Ce n'est pas encore tout à fait clair pour moi. Êtes-vous absolument certain de n'avoir aucun souvenir d'une expérience désagréable lorsque vous étiez enfant ? Ces fantasmes… être attaché à un arbre avec le pantalon sur les chevilles ? Vous mettre nu devant vos camarades d'école dans la cour de récré ? À l'école maternelle ? Force est de constater que ce ne sont pas les fantasmes classiques d'un enfant, Greg. Ils reflètent nécessairement quelque chose qui vous arrivait à l'époque. C'est un fait bien établi que les hommes qui sont attirés par les enfants ont eux-mêmes été victimes de sévices durant leur enfance.

— Mon père n'a pas abusé de moi, docteur Reynolds.

— Alors votre père n'était pas un homme ordinaire. Tous les hommes se rendent coupables de sévices. C'est dans leur nature.

Randall secoua la tête, refusant catégoriquement d'admettre cette idée :

— Non.

— Je ne dis pas qu'il vous a blessé. Ou fait du mal. Les sévices peuvent recouvrir de nombreuses formes. Il vous a forcément donné le bain quand vous étiez petit ? Ça s'est peut-être passé à ce moment-là, sans même que vous vous en rendiez compte. Réfléchissez-y. C'est possible, n'est-ce pas, Greg ? Avez-vous pris un bain ensemble ? Vous a-t-il lavé les parties génitales ? Le postérieur ?

Randall secouait violemment la tête :

— Non.

Ignorant sa réaction, la thérapeute poursuivit :

— Parfois les sévices cessent lorsque l'enfant est encore jeune. Il a alors d'autant plus de mal à se les rappeler par la suite. Ou peut-être était-ce quelque chose de plus grave : il arrive que l'on supprime un événement désagréable. On le refoule alors tant et si bien que tout se passe comme s'il ne s'était jamais produit. Nous n'en gardons aucun souvenir conscient, mais l'angoisse ressurgit des années plus tard et revient hanter nos vies d'adultes. Sous la forme de cette attirance envers les enfants, par exemple.

— Non. Ce n'est pas ce qui s'est passé.

Randall restait inflexible. Depuis la mort de son père, il ne gardait de lui que de bons souvenirs. Oubliée l'éducation à la rude. Quels qu'aient été ses défauts, son père ne le maltraitait pas.

Le docteur Reynolds prenait l'entretien à cœur. Elle aurait tout aussi bien pu lire ses pensées :

— La mémoire joue quelquefois des tours étranges, Greg. Il arrive qu'elle refoule des souvenirs. Qu'elle les emprisonne au fin fond de notre subconscient. Avez-vous entendu parler du « syndrome de la mémoire retrouvée » ? C'est une thérapie qui vise à faire régresser la mémoire à l'enfance, afin de découvrir ce qui s'y est réellement produit. Je vous garantis que *quiconque* y a recours se rappellera les sévices qu'il a subis. C'est mon cas, Greg. Je n'ai appris la vérité que des années plus tard, par le biais de cette thérapie, mais mon père a abusé de moi quand j'étais enfant. Ainsi que son frère. Mon oncle. Mais à l'époque je ne réalisais tout simplement pas ce qui était en train de se passer. Ou sinon, j'ai refoulé ce souvenir si profondément que ce fut comme si la chose ne s'était jamais produite.

— Mon père ne me maltraitait pas, docteur Reynolds. Si c'est ce que vous pensez, alors je ferais peut-être mieux de partir.

Randall fit mine de se lever.

Le ton de la thérapeute changea subitement :

— Non, non, si cela vous met mal à l'aise, nous pouvons essayer une autre approche. Voulez-vous boire quelque chose ?

Randall indiqua sa tasse à moitié vide.

— Je parlais de quelque chose d'un peu plus fort, dit-elle en se dirigeant vers un meuble-bar. Ça vous aidera à vous détendre. « Ordre du médecin ! » (Sourire.) Whisky, brandy, vodka… Ou simplement une bière ? Il y a des canettes dans le réfrigérateur.

— Merci.

Une bière fraîche pour accompagner sa dernière cigarette. Bon sang, comme il regrettait de n'avoir acheté qu'un paquet.

Une Budweiser glacée à la main, Randall retrouva un peu d'assurance. Il nota que la thérapeute s'était servi une vodka-tonic pour se joindre à lui.

— Habituellement, je ne bois pas en journée, lui assura-t-elle, mais j'ai besoin de partager votre état d'esprit, afin de mieux cerner vos angoisses et évaluer vos besoins.

Il s'enfonça dans le fauteuil et écouta la femme lui chanter les louanges de la psychothérapie, ce qu'elle pouvait lui apporter, et combien il était important qu'il fût sincère avec elle à propos de ses désirs.

Puis, tout à coup, elle revint à la charge avec ses questions.

Elle ne s'y était pas trompée : l'alcool et l'atmosphère détendue aidant, son client se fit plus coopératif.

40

— Avez-vous eu des expériences homosexuelles durant votre adolescence ?

— Je ne suis pas homosexuel, docteur Reynolds.

— Les interactions homosexuelles entre garçons en âge de puberté sont une étape on ne peut plus naturelle du développement masculin.

Il l'avait déjà entendu dire. Tout garçon avait paraît-il vécu une expérience homosexuelle au cours de son adolescence, et ceux qui prétendaient le contraire mentaient. Il n'y avait pas de bonne réponse. D'une façon comme d'une autre, on l'avait dans l'os. Jamais il n'y avait vraiment réfléchi auparavant. Mais à présent, il se rappelait un vague épisode. Avec deux autres garçons. Les souvenirs remontaient à la surface. En rentrant de l'école, un jour, sous le pont. Il ferma les yeux, essayant d'effacer ce souvenir.

— Non, rien de tout ça ne s'est jamais passé.

— Ça ne signifie pas que vous êtes homo, Greg. Tout enfant passe par là.

— Vous aussi ?

— Ce n'est pas la même chose pour les filles, Greg. Je vous parlerai volontiers de moi et de mes expériences si cela peut vous rassurer, mais il me semble que vous êtes venu ici pour autre chose.

Elle fouilla son regard :

— Dites-moi, Greg, pourquoi avoir choisi de vous marier ?

— Pardon ?

— Vous marier. Pourquoi avoir pris cette peine ? Était-ce une couverture ? Une tentative de nier vos véritables désirs ? De les dissimuler ?

— Non… nous… sommes tombés amoureux. (Il sourit d'un air penaud.) C'est ringard à dire, je sais, mais c'est la vérité.

— Et quel âge avait… Bethan, c'est bien ça ? Quel âge avait Bethan lorsque vous l'avez épousée ?

— Vingt-trois ans.

— Et à l'époque de votre rencontre ?

— Vingt et un.

— Ainsi vous ne l'avez pas connue quand elle était enfant ?

— Non. Quel rapport ?

— S'il vous plaît, Greg, c'est moi la thérapeute, ici. Nul besoin d'être sur la défensive. Vous avez de toute évidence des relations sexuelles. Ou du moins, vous en avez eues dans le passé. Vous êtes bien le père de vos enfants, j'imagine ?

— Évidemment.

Jamais le contraire ne lui avait effleuré l'esprit et cette insinuation lui déplut franchement.

— Comment noteriez-vous votre vie sexuelle ? Sur une échelle de un à dix ?

Randall eut un mouvement de gêne :

— Je n'y ai jamais réfléchi en ces termes.

— Allons, allons, Greg. Tous les hommes réfléchissent en ces termes. C'est dans leur nature. Est-elle bonne ? Est-ce qu'elle vous satisfait ? Ou avez-vous arrêté de faire l'amour ? Est-ce une chose du passé ? Est-ce la raison qui vous pousse à aller chercher le plaisir auprès des petites filles ? Parce que votre femme ne vous satisfait plus ?

— Non. Non, nous continuons de faire l'amour. Souvent. Régulièrement. J'aime énormément Bethan. Elle et les jumelles sont tout pour moi. Nous… moi et Bethan… nous avons une vie sexuelle très active.

La thérapeute ne semblait pas convaincue :

— Qu'avez-vous ressenti à la naissance des enfants ?

— J'étais aux anges. Je les adore.

— Vous vouliez des filles, évidemment. La plupart des hommes préfèrent avoir un garçon comme premier enfant. Histoire de pouvoir élever une version miniature d'eux-mêmes en berçant l'illusion qu'il devienne le grand footballeur ou le brillant homme d'affaires qu'eux-mêmes aspiraient à être. Mais vous me dites qu'avoir des filles vous a comblé de bonheur, n'est-ce pas, Greg ? Vous auriez été déçu d'avoir des garçons. C'est bien la vérité ?

— Non. Le hasard a simplement voulu que ce soit des filles.

Nous avons appris assez tôt le sexe des bébés. On les surnomme aujourd'hui les petites dynamites, mais…

— Je devine aisément la raison de ce surnom, coupa la thérapeute. Mais ne changeons pas de sujet, Greg. C'étaient des filles. C'est bien ce qui était important pour vous, pas vrai ? À ce moment précis, c'est bien à vous-même que vous songiez, n'est-ce pas ? Vous alliez avoir des petites filles sous votre propre toit, soumises et obéissantes. À votre disposition, afin d'assouvir vos envies.

— Non !

Il lui sembla qu'il aurait dû protester plus énergiquement, mais l'alcool dans son sang émoussait la tension. Il décapsula une seconde canette. Qu'elle raconte ce qui lui chante.

— Votre épouse, elle est petite, n'est-ce pas, Greg ? Je veux dire : menue. De petits seins ? Une apparence juvénile ? L'air d'une poupée Barbie ?

Il opina, stupéfait :

— Comment le sa… ?

— Elle se rase le pubis, n'est-ce pas ? C'est bien vous qui le lui demandez ? J'ai raison, Greg ?

Randall était bouche bée.

— Le maillot à la brésilienne. C'est bien comme ça qu'on dit ? Vous fantasmez d'être avec des filles plus jeunes quand vous faites l'amour avec votre femme, Greg, ai-je raison ? Que préférez-vous : ses seins ou son vagin ?

Il secoua la tête, incrédule.

— Son vagin, n'est-ce pas ? Pratiquez-vous le cunnilingus ? Est-ce le moment que vous préférez ? Ai-je raison quand je dis que l'acte sexuel en lui-même, la pénétration, n'est que de l'esbroufe ? Elle y prend du plaisir, mais pour vous l'orgasme est purement mécanique ? Lorsque vous léchez Bethan, vous imaginez être avec une enfant. C'est bien votre fantasme, pas vrai ? Soyez sincère. Rien de ce que vous direz ne quittera jamais cette pièce.

41

Le docteur Reynolds plongea son regard dans le sien :

— Qu'est-ce qui vous attire exactement chez les enfants, Greg ? Chez les petites filles ?

Il y eut un long silence, tandis qu'il vidait sa canette et en ouvrait une autre.

— Je saurais pas l'expliquer. Tout ce que je sais c'est que j'éprouve une attirance.

— Quand vous parlez d'attirance, vous entendez « attirance physique » ?

— Oui.

— Une attirance sexuelle ?

— Évidemment. C'est pour ça que je suis ici. Mais je vous assure que je les ai jamais touchées. Pas une seule fois.

— Mais vous aimeriez.

Il descendit d'un trait sa Budweiser. La thérapeute se resservit une vodka par solidarité.

— Je me contente de regarder. De fantasmer. Je passe pas à l'acte.

La thérapeute hochait la tête avec impatience :

— Par quel groupe d'âge êtes-vous attiré, Greg ? Est-ce que ce sont les jeunes filles ou les très jeunes filles qui vous excitent ?

L'alcool dans son sang ôtait quasiment toute gêne à ses réponses :

— Les très jeunes. Pas les bébés, mais quand elles sont pas trop âgées. Dès qu'elles commencent à se développer, je veux dire sexuellement, je crois que mon attirance diminue. Elles restent attirantes. De la même façon que les femmes adultes. Mais je préfère les plus jeunes. Disons huit, neuf ans. Dans ces âges.

— La puberté est donc un repoussoir ?

— J'avais jamais vu ça sous cet angle, mais oui, je crois bien. Est-ce que… est-ce que c'est normal ?

— Eh bien, « normal » serait un terme inapproprié, mais c'est loin d'être inhabituel. Il faut que vous preniez conscience, Greg, que des milliers d'hommes en dehors de ces murs affrontent des problèmes similaires. Vous n'êtes pas seul dans ce bateau.

— C'est difficile à croire.

— Peut-être bien, mais c'est la vérité. C'est juste que ce n'est pas le genre de souci dont on peut discuter avec ses copains au pub du coin. C'est un sujet très épineux.

— À qui le dites-vous.

— Vous êtes de toute évidence conscient de la position de la loi sur la question, mais entrons un instant dans l'hypothèse. Imaginons qu'on légalise la pédophilie. Imaginons qu'elle entre dans les mœurs. Qu'elle ne vous vaille pas de finir en prison ni d'être rejeté par vos amis et votre famille s'ils venaient à l'apprendre. Voudriez-vous coucher avec un enfant ? Un enfant âgé de huit ou neuf ans ? Afin d'avoir des relations sexuelles ?

42

Randall dirigeait droit devant lui son regard anxieux. Il en avait déjà trop dit.

Il songea aux petites dynamites.

Natalie et Tamara, les prunelles de ses yeux.

— Non. J'ai deux petites filles. Je vous l'ai dit. Il arrive que je leur donne le bain. (Il fixa le vide.) Je vois bien, au sens propre, à quel point un corps d'enfant est délicat. Et fragile. C'est tout simplement *impensable*.

Le docteur Reynolds paraissait dubitative.

— Je suis attiré par les enfants. Je le reconnais. Je les aime. Elles m'excitent, Dieu me pardonne. Mais la dernière chose que je voudrais faire, c'est les *blesser* d'une manière ou d'une autre.

— Mais vous y pensez cependant. C'est pour ça que vous êtes ici, après tout.

— Non ! (Il baissa d'un ton.) Je veux dire… il arrive que je croise des fillettes dans la rue ou au parc et je me surprends à les regarder. J'ai envie d'être avec elles.

— Et ça vous excite ? Le simple fait de les regarder vous procure une excitation ?

— De les regarder, oui. Je ne ressens pas l'envie de les toucher. Ni de leur faire du mal. Mais avec le temps les pulsions se font plus fortes. Il y a quelques années de ça, je me contentais de fantasmer sur leur apparence. Puis ç'a été leur présence physique. Le fait de me trouver en leur présence. Voilà ce qui m'inquiète. Pas mes fantasmes, ça c'est mon problème. Mais imaginons… imaginons qu'un jour cette pulsion échappe à mon contrôle ? Imaginons que je dépasse la limite. Que je me livre à des attouchements sur un de ces enfants.

Randall était en sueur, en transe, et conscient qu'il venait de révéler ses désirs les plus intimes à une autre personne. À quelqu'un qu'il connaissait depuis moins d'une heure.

Il se sentait mal.

Anxieux.

Terrifié.

Le docteur Reynolds resta silencieuse durant une bonne minute, se bornant à l'observer attentivement, notant ses gestes, ses changements de postures, sa manière d'accentuer certains mots. Elle se demandait si l'heure était venue de mettre un terme à la séance. Elle résolut de tenter une dernière série de questions avant de trancher.

— Parlez-moi de Natalie et Tamara. Vos filles. À quoi ressemblent-elles ?

Son visage s'illumina :

— Deux magnifiques petites filles. Jamais je ne leur ferais de mal, docteur Reynolds. Pas à elles. Jamais de la vie.

— S'il vous plaît, Greg, appelez-moi Ruth. Et oui, je vous crois. Mais vous les avez vues grandir. Passer du stade de nourrisson à celui de bambin, et de fillette. Vous dites leur donner le bain ? Pourquoi votre femme ne s'en charge-t-elle pas ?

— Elle travaille de nuit. Par roulements. Certains soirs, c'est moi qui les baigne, pour des raisons pratiques.

— Est-ce que vous les regardez pendant qu'elles sont dans leur bain ?

— Évidemment. Elles n'ont que six ans.

— Je veux dire : est-ce que vous les observez comme vous le faites avec les autres fillettes ?

— Non. Ce sont mes filles. Je les vois pas comme ça. Elles, c'est pas pareil. Elles ont rien à voir avec les autres gamines.

— Mais elles restent des petites filles, Greg. Aujourd'hui elles ont six ans. Mais dans quelques années, elles en auront huit. Ou neuf. Votre âge de prédilection. Vous y pensez parfois ? Craignez-vous de perdre le contrôle un jour et de passer à l'acte ?

— Non.

— Rappelez-vous, Greg, que cet entretien est strictement confidentiel. Vous pouvez parler en toute sincérité.

Il eut un mouvement d'embarras dans son siège.

— Je crois qu'il est temps que j'y aille, docteur Reynolds. Je pense que c'est préférable.

— Bien sûr, Greg. Je vous laisse entièrement juge. (Elle termina sa vodka d'un trait.) Mais j'aimerais vous poser une dernière question avant que vous ne partiez. Juste une seule. Cela m'aidera énormément à préparer mon évaluation pour le docteur Quinlan.

Randall attendait, tenu en haleine.

— J'aimerais que vous répondiez franchement à cette question, Greg. La sincérité ici est primordiale. Est-il déjà arrivé, ne serait-ce qu'une seule fois, et aussi innocent ou insignifiant que ce geste ait pu vous paraître sur le moment, que vous touchiez vos filles ? Leurs poitrines ? Leurs parties génitales ? Dans un contexte sexuel, j'entends… ?

La canette à moitié vide lui glissa des mains avant qu'elle termine sa question et il bondit sur ses pieds, l'entrejambe tachée de bière. À son grand soulagement, l'entretien prit fin sur ces mots tandis que la thérapeute se confondait en excuses et l'aidait à s'essuyer.

Comme le taxi s'éloignait, la thérapeute regagna le salon et s'approcha d'une armoire à glace murale. Elle ouvrit la porte et éteignit le caméscope.

43

— Vous souhaitiez me voir, monsieur ?

Le surintendant John Weisman fit signe à Pitman de fermer la porte.

— Asseyez-vous, David. Un verre ?

— Non, merci, monsieur. Jamais.

— Bien sûr, j'oubliais.

— Vous vouliez me faire part de quelque chose, monsieur ?

Weisman se versa un Glenmorangie et alla se poster à la fenêtre, balayant du regard le parking du commissariat avec une moue désapprobatrice.

— Pas terrible comme panorama, non ? Quand on m'a dit que j'étais muté à Margate, j'imaginais un bureau avec vue sur la plage. Et ces foutues mouettes… Vous arrivez à dormir, vous ?

— On s'habitue, monsieur.

— Vous peut-être. Je préfère cent fois les vrombissements des voitures. (Il se retourna face à Pitman.) Vous avez bien sûr eu vent des rumeurs ?

— Je vous demande pardon ?

— Le petit dans le Dorset. Le gamin du Northumberland. Et maintenant, les deux petites Galloises.

— Ce sont des choses qui arrivent, monsieur. Des mômes disparaissent tous les jours. La plupart réapparaissent. C'est l'infime minorité qui ne le fait pas qui alimente les unes des tabloïdes…

Weisman reposa son verre vide :

— Arrêtez ces conneries, David. Parlez franchement. Bristow est-il ou non notre homme ?

— Non, monsieur. Je ne le crois pas.

Weisman se mordit la lèvre inférieure, signe qu'il se concentrait :

— Ce n'est pas la réponse que je voulais entendre.

— Désolé, mais ce n'est tout simplement pas son style. Je l'ai toujours dit.

— Je peux vous garantir que la presse m'en fait voir de toutes les couleurs en ce moment, David. Ce petit avocat qui défend Bristow… Isaac, c'est ça ? Il n'arrange rien. Il s'est empressé de déposer plainte auprès de l'IPCC[8] et envisagerait d'engager une procédure contre Scotland Yard pour agression. Enfin quoi, ce saligaud est à peine sorti de l'hosto et son baveux réclame déjà des têtes.

Pitman haussa les épaules :

— On peut le comprendre, monsieur. Bristow était dans un sale état. Et les faits troublants se sont vite accumulés. Un type aurait grillé un stop et percuté Bristow au moment même où la police de Londres le recherchait, et comme par hasard, personne n'a noté la plaque de la voiture ? Les doigts de la main brisés, un coude en miettes… Et pour couronner le tout, on retrouve des aveux signés dans sa poche ?

Weisman semblait réellement surpris :

— Je suis peut-être naïf, David, mais je pensais que ce genre de pratiques avait pris fin avec l'inspecteur Harry.

— Je vous demande pardon ?

— Les aveux fabriqués. Les jugements expéditifs dans les cellules de prison. Je connais les annales de la maison, David, mais on est au vingt et unième siècle. Vous n'êtes pas sérieux ?

---

8 Commission indépendante d'examen des plaintes contre la police en Angleterre. (*NdT*)

— Ça ne me plaît pas plus qu'à vous, monsieur. Mais interrogez n'importe quel bandit. La *loi sur la police et la preuve en matière criminelle* a certes fait bouger les choses, mais elle ne prend effet qu'une fois que le suspect est enregistré et officiellement placé sous la responsabilité du commissariat. Allez savoir ce qui peut se passer avant. Dans une affaire comme celle-là impliquant une enfant, les émotions prennent parfois le dessus. Sauf votre respect, monsieur, ces choses-là arrivent.

— Dans ce cas, David, il faut y mettre un terme. Si ça s'est bel et bien passé ainsi, nous avons un problème. Et je dis bien « nous », pas seulement la police de Londres – qui, en passant, va le payer foutrement cher si la version de Bristow est avérée. Le problème qui me préoccupe de manière plus urgente est celui auquel *nous* faisons face ici.

— Oui, monsieur ?

— Si Bristow n'est pas l'oncle Tom, alors bon Dieu, qui c'est ?

— Et est-il lié aux autres disparitions d'enfants ? ajouta Pitman.

— Je vais être franc avec vous, David. Je suis face à un dilemme. Si aujourd'hui je choisis de relancer les recherches, non seulement je donne l'impression de saboter le positionnement de la police de Londres, mais en outre, on risque fort de donner du grain à moudre aux tabloïdes et à leurs manchettes alarmistes. Et sans forcément de résultat à la clef. J'ai beaucoup de respect pour votre expérience, mais vous devrez admettre que les preuves contre Bristow sont accablantes.

— Vous faites référence à la présence « présumée » de son véhicule près du canal ? Un type comme Bristow se fait plus facilement des ennemis que des amis. Il y a une centaine de gens là-dehors qui n'auraient aucun scrupule à passer un coup de fil bidon pour le faire tomber. Si ce témoin était de bonne foi, pourquoi ne s'est-il pas manifesté plus tôt ?

— Officiellement, nous détenons l'homme qui a tué la petite Meadows, qui a reconnu le crime. Je vois difficilement comment je pourrais autoriser la poursuite de l'enquête, autrement que pour en confirmer les conclusions.

— Si vous me permettez une suggestion, monsieur.

— Allez-y, parlez franchement.

44

— Pour le moment, les preuves contre Bristow restent faibles, expliqua Pitman.

— Continuez, fit Weisman en opinant.

— Les services du Procureur auront besoin de plus d'éléments, donc on sera quoi qu'il en soit conduits à creuser l'affaire. Je suggère qu'on continue de consacrer nos efforts à l'enquête, officiellement pour obtenir les éléments de preuve nécessaires à la condamnation de Bristow…

— Je vous écoute.

— C'est ici qu'il vit. Et c'est ici que l'enlèvement a eu lieu. Donc ça ne regarde en rien Scotland Yard. Ce faisant, soit on aboutit avec certitude à la conclusion qu'il s'agit bien de Bristow, auquel cas tout rentre dans l'ordre – la police de Londres aura néanmoins affaire à la Commission des plaintes, mais c'est leur problème, et un verdict de culpabilité jouera en leur faveur. Deuxième possibilité : on recueille assez d'éléments pour disculper Bristow. Dans ce cas, Londres garde la Commission sur le dos, mais de notre côté, on peut au moins remettre l'enquête sur les rails avant qu'un autre môme soit tué.

— J'aime beaucoup votre suggestion, David.

— D'après ma lecture, monsieur, celui qui a tué Rebecca l'a fait par prédisposition. Il tuera de nouveau, pour peu qu'il en ait l'occasion. S'il ne l'a pas déjà fait.

Weisman parut plus détendu :

— Ma foi, David, ne nous emballons pas trop en conjectures.

Entre nous, je ne crois pas qu'il l'ait fait.

— Je vous demande pardon, monsieur ?

— J'ai discuté avec Colin Dunst ce matin.

— Le professeur Dunst ? Le « psychologue légiste » ?

— Un coup de fil comme ça, rien d'officiel. On a fait connaissance l'an dernier lors d'un cours en commun et de fil en aiguille, on s'est échangés nos numéros. Quoi qu'il en soit, je lui ai demandé si, entre nous, dans l'hypothèse où Bristow ne serait pas notre homme, il pensait que le tueur frapperait de nouveau.

— Et ?

— Plutôt rassurant, David. D'après ce qu'il savait du dossier Meadows, Dunst semblait convaincu que le meurtre entrait dans une catégorie reconnue. Il s'est dit certain que le tueur frapperait à nouveau si l'occasion lui en était donnée, pour peu qu'il soit encore dans les parages, mais il m'a également garanti qu'il sévirait dans le même secteur, et s'en prendrait au même sexe. Ce qui dans un cas comme dans l'autre élimine les quatre enfants portés disparus depuis Rebecca.

— À condition que ce profil soit correct. Sauf votre respect, monsieur, je n'ai pas de temps à perdre avec ce charabia.

— Charabia ?

— À mon époque, monsieur, on avait les médiums. Aujourd'hui, ce sont les « psychologues légistes ». Pour moi, c'est bonnet blanc et blanc bonnet.

— Leurs méthodes ont pourtant fait leurs preuves, David.

— Des coïncidences, monsieur.

— Quoi qu'il en soit… nous sommes tenus d'employer tous les moyens d'investigation possibles, sans exception, David. Cela étant, avez-vous une idée sur quoi concentrer à présent vos recherches ?

— À vrai dire, monsieur, c'est demain que Bristow doit être transféré dans la région. Probablement vers la prison de Maidstone ?

— J'ai fait une demande pour Longport, David, histoire de nous faciliter la vie.

— Je pensais qu'on l'avait transformée en camp de réfugiés ?

— Je suis certain qu'ils feront une exception si on leur demande gentiment.

— Visiblement vous n'avez pas eu souvent l'occasion de traiter avec l'Administration pénitentiaire, monsieur.

— Y a-t-il quelque chose que je suis censé savoir à propos de la prison de Longport, David ?

— En supposant qu'ils l'acceptent, il devra être placé sous la 43 et sous surveillance médicale. Autrement, c'est l'hôpital de Canterbury qui devra lui dégoter une place sous bonne garde. Quoiqu'au vu du sentiment de la population, j'aimerais autant le savoir dans des quartiers sécurisés. Son domicile a déjà été salement dévasté.

Weisman marqua sa surprise en levant un sourcil :

— Pourquoi ne m'en a-t-on pas informé ?

Pitman haussa les épaules :

— Voyez ça avec les bleus, monsieur. Je suggère donc qu'on présente Bristow à un juge du comté dès que possible afin qu'il confirme sa détention pour sa propre sécurité, juste histoire d'apparaître irréprochables. À partir de là, nous aviserons. Il pourrait se montrer plus coopératif une fois hors d'atteinte de Scotland Yard.

Weisman marcha jusqu'à la porte, indiquant par là que l'entretien était terminé :

— Merci, David. Je savais que je pouvais compter sur vous.

45

Sans ses lunettes, Bristow ne voyait de la foule hurlante qu'une masse floue derrière les barrières de police, mais le climat de haine qui s'en dégageait et les cris d'insulte de gens qu'il n'avait jamais vus et qu'il ne connaîtrait jamais le déconcertaient tout autant qu'ils le terrifiaient.

Sous les regards avides de la troisième salle d'audience du tribunal, les policiers en uniforme guidèrent Bristow, le poignet droit menotté à celui d'un gardien, le bras gauche plâtré et recouvert d'un épais bandage, derrière la vitre du banc des accusés. Au bout de quelques minutes, les magistrats du petit tribunal de Broad Street firent leur entrée, plongeant la salle dans un silence de mort.

À aucun moment ils n'évoquèrent ses blessures et Isaac ne présenta aucune demande de remise en liberté sous caution : Bristow fut placé en détention provisoire pour une semaine.

— Courage, Thomas, dit l'avocat d'un air enjoué. Une fois que tout ça sera fini, vous allez empocher une fortune en indemnisation. Arrestation arbitraire. Détention arbitraire. Harcèlement. Brutalité policière. Vous pourrez vous offrir une retraite confortable après ça, ajouta-t-il en posant une main amicale sur l'épaule de Bristow. Dans quelques mois, vous serez comme neuf, et d'ici deux ans, vous vivrez en Thaïlande comme un pacha.

Bristow ne semblait pas convaincu.

— Thomas, Thomas, ne faites donc pas cette tête. Rappelez-vous que c'est à l'accusation qu'il incombe d'apporter la preuve de votre culpabilité. Vous êtes innocent jusqu'à preuve du contraire.

Bristow détourna le regard :

— Jeremy, mes poissons rouges. Ils n'ont pas été nourris. Est-ce que vous pourriez…

— Vos poissons rouges ? Après tout ce que vous venez de traverser, votre seul souci, c'est vos poissons rouges ?

— L'eau a peut-être besoin d'être changée aussi. Il y a une…

— Je m'en occuperai.

Isaac n'eut pas le cœur de lui parler de la maison. Il s'était chargé de faire barricader les fenêtres, mais lui-même n'avait pas dépassé le seuil : il doutait que les poissons rouges aient survécu.

— Bon, eh bien, à mercredi prochain. Même heure, même endroit ? (Son trait d'humour le fit sourire. Il reprit alors sur un ton grave :) Il se peut que vous sortiez plus tôt, Thomas, vu le tour que prennent les choses. Trois des quatre enfants portés disparus depuis votre arrestation restent introuvables. Je doute qu'il s'agisse *tous* de fugueurs. Il suffirait qu'on retrouve un seul corps…

— Ôtez-vous cette idée de la tête, Jeremy. Je consentirais volontiers à faire une fausse déclaration et à passer le reste de ma vie enfermé si je pensais que ça pouvait ramener ces gamins chez eux sains et saufs.

Isaac se tut.

Il savait que Bristow pensait chacun de ses mots.

46

Matt avait insisté pour que Claire vienne regarder le bulletin d'informations de dix-huit heures chez lui.

Elle avait voulu se rendre au tribunal, afin de voir Bristow en chair et en os, mais il l'avait convaincue qu'il était préférable qu'elle reste à l'écart, non seulement du tribunal, mais également de son propre domicile pour la durée de la journée.

Sage décision. Dès l'aube, la maison avait été assiégée par les reporters.

Il éteignit la télévision au moment où le présentateur confirmait le placement en détention provisoire de Bristow à la prison de Canterbury, et tous deux restèrent un long moment silencieux. Il se leva et s'approcha tranquillement de la fenêtre. Le ciel était limpide. De ses jumelles Carl Zeiss montées sur trépied, il réussit à distinguer une course de yachts qui partait des côtes françaises, les voiles colorées resplendissant contre le cap Gris-Nez.

— Que va-t-il se passer maintenant, Matt ?

Il réfléchit longuement à sa question :

— La machine judiciaire se met lentement en branle. Très très lentement. Il peut se passer six mois avant que le procès commence, en supposant qu'ils accélèrent la procédure. Mais je tablerais plutôt sur un an.

— Je veux y assister.

— Tu auras droit à la première place dans la salle. Il se peut même qu'on t'appelle à la barre pour te demander ce que Rebecca faisait ce jour-là. Mais il vaut mieux que tu t'en tiennes loin, Claire, si tant est qu'on te laisse le choix. Ça ne sera pas agréable.

— Je tiendrai le coup, Matt.

— Ils remueront les détails sordides, Claire. La totale. Encore et encore.

— Je veux savoir, Matt. J'ai *besoin* de savoir.

Il vint s'asseoir à côté d'elle :

— Crois-moi, Claire, parfois il est préférable d'ignorer. Même s'il plaide coupable, ils devront revenir sur ce qui s'est passé. Et s'il nie… N'y va pas, Claire. S'il te plaît, reste en dehors de ce procès.

— Tout ça pour en lire le résumé le lendemain dans les journaux ?

— Au moins il s'agira d'une version édulcorée. Au tribunal, ce sera la réalité crue : les experts interrogés sur les détails obscènes des atrocités qu'il lui a infligées, les légistes, les clichés du corps, la reconstitution. Ce sont les familles qui souffrent lors d'un procès, Claire, pas les salopards qu'elles étaient venues voir s'effondrer.

— Mais je veux le voir. L'entendre. Comprendre pourquoi, comment quelqu'un peut faire subir ça à une enfant. Est-ce que tu comprends ?

— C'est juste une ordure, Claire. La lie de la société. Il vaut pas la peine qu'on se rende malade.

— Je ne me rendrai pas malade, Matt. (Elle parlait en regardant le sol, incapable de soutenir son regard.) Rebecca est partie. Je m'y suis faite à présent. Rien ne la ramènera. Je l'ai accepté. Mais tant que je ne l'aurai pas vu en chair et en os, tant que je ne l'aurai pas fixé dans les yeux et que je n'y aurai pas découvert soit une absence totale d'émotions, soit des remords éternels… je ne pourrai pas tourner tout à fait la page.

Il lui tendit sa main dans un geste de réconfort et elle l'accepta avec gratitude. Les larmes emplissaient ses yeux, mais sa voix restait contenue.

— Pour John, ce fut pareil. Dès que la tumeur a été diagnostiquée, nous savions tous que son temps était compté. Mais ce n'est qu'une fois l'enquête terminée que j'ai pu reprendre le cours de ma vie. Commencer à me reconstruire. Tu te souviens ? Je n'arrivais même plus à m'occuper de Rebecca. C'est toi qui nous as aidées à aller de l'avant à l'époque, tout comme tu le fais aujourd'hui. Je m'en rends compte, Matt. Vraiment.

Il passa son bras autour de son épaule mais elle le repoussa doucement.

— Une fois que je le saurai emprisonné pour de bon, une fois que je saurai qu'il ne peut plus faire de mal à personne, alors je pourrai passer à autre chose. (Pour la première fois, elle leva les yeux et le regarda.) Je vais faire du café. Tu as faim ?

Il suggéra de prendre des plats à emporter, et en profita pour sortir de la maison afin d'offrir à Claire un moment de solitude.

Elle avait besoin d'intimité pour pleurer.

Lui aussi.

47

À son retour, Claire avait retrouvé le sourire, elle s'était maquillée et semblait détendue.

Tandis qu'ils ingéraient leurs travers de porc à la chinoise, Claire aborda de nouveau le sujet :

— Qu'est-ce que tu crois qu'il fait en ce moment ?

Matt retint un soupir :

— Qui ça ?

— Bristow.

— Oublie-le, Claire.

— Qu'est-ce qu'il mange dans sa cellule ?

— Son chapeau.

— Je parle sérieusement.

— Depuis quand suis-je devenu un expert en gastronomie pénitentiaire ?

— Tu es reporter criminel…

— Tu te sentiras vraiment mieux si je t'apprends ce qu'il mange ?

— Pas s'il mange mieux que moi.

— Eh bien, vu sa tête, j'imagine qu'il va se contenter de soupe pendant un moment.

— Son avocat prétend qu'il a été violenté par la police.

— Bien sûr qu'il a été violenté. On dit même qu'il n'y aurait jamais eu de chauffard prenant la fuite. Ce sont les flics qui auraient monté ça de toutes pièces. Jusqu'aux aveux qu'ils auraient tapés.

Elle le regarda, effarée :

— Tu plaisantes… pas vrai ?

Il haussa les épaules avant de déclarer :

— Ce genre d'ordures méritent entièrement ce qui leur arrive. Oublie ça.

— Mais ce que la police a fait… ?

— La routine. Claire, ne me dis pas que tu as de la peine pour ce détraqué ? Nom de Dieu !

— Non, c'est juste que… (Elle ne parvenait pas à identifier ce que c'était : certainement pas de la sympathie en tout cas.) Je n'arrive pas à croire que ce soit la police qui lui ait fait ça.

— Enfin, Claire, réveille-toi. Tu ne lis pas les journaux ? Les Six de Birmingham[9] ? Les Quatre de Guildford ? Les Quatre de Bridgewater ? Ça te parle ?

— C'est différent.

9 Sujets britanniques condamnés à tort dans les années 1970 dans des affaires d'attentats ou de meurtre (pour les troisièmes), suite à des aveux arrachés de force par la police et à de fausses preuves. (*NdT*)

— En quoi ? Dans les trois cas, les flics ont fait ce pour quoi on les paie : ils ont obtenu des résultats. Ils ont fait en sorte que les meurtriers avouent leurs crimes.

— Mais ces gens-là étaient innocents.

— C'est pas la question. Bon Dieu, ne commence pas à t'apitoyer sur cette ordure, bordel, Claire.

Claire rassembla un instant ses pensées en silence :

— Il y a quelques semaines, je me serais trouvée devant le tribunal, à crier et hurler avec la foule. Mais je te l'ai dit, j'ai passé ce cap. Aujourd'hui je me maîtrise. Je me tourne vers l'avenir au lieu de ressasser le passé.

— Alors tu cherches à savoir ce que cet enculé mange ?

À court d'appétit, elle repoussa son riz sur le bord de son assiette du bout de sa baguette :

— Je sais pas. La curiosité, j'imagine. Mon plus proche contact avec une prison remonte au jour où j'ai dû venir vous récupérer toi et John au poste de police de Dover, où on vous avait collés pour ébriété et trouble à l'ordre public.

Matt sourit d'un air penaud :

— Il y a une petite nuance entre une nuit en cellule de dégrisement et une détention provisoire dans une vraie prison.

— Dans ce cas éclaire-moi. Explique-moi ce qu'il y fait. Quelle tenue il porte. Ce qu'il mange. Tout.

Matt lâcha un long soupir :

— Ma foi, les cuisines de la prison de Canterbury ne font pas exactement dans le cinq étoiles.

— Tu veux dire que c'est parfois le cas ailleurs ?

— Tu pourrais être surprise…

— Surprends-moi.

— Ça dépend : certaines taules sont très convenables tandis que d'autres sont infectes. Maidstone est une bonne prison. Celle de Birmingham est correcte. On dit que Parkhurst, c'est la crème de la crème. Les matons te ravitaillent deux fois par semaine.

Claire secoua la tête d’un air incrédule :

— Et Canterbury… ?

— C’est un trou à rats. Un centre de détention qui accueillait les détenus provisoires, les courtes peines : amendes impayées, ce genre de délits. Aujourd’hui je crois qu’on y enferme principalement les étrangers déboutés du droit d’asile. Mais de toute manière, Bristow sera placé sous la 43.

— La 43 ?

— La règle 43 : mise à l’isolement d’un détenu pour sa propre sécurité. Le quartier des prisonniers vulnérables. Des pointeurs, pour la plupart.

— Des… ?

Matt sourit. La tâche était délicate :

— « Pointeurs », c’est un terme d’argot pénitentiaire qui désigne les délinquants sexuels. Un pointeur a toutes les chances de dérouiller derrière les barreaux. C’est un univers très machiste : les éléments les plus antisociaux de la population masculine enfermés ensemble dans des conditions indignes d’un animal. Il existe une certaine hiérarchie parmi les détenus. Au sommet, tu as les grands délinquants : figures du grand banditisme, barons de la drogue, braqueurs, ce genre de types. Quelque part au milieu, il y a les voleurs ordinaires : cambrioleurs et consorts. Au bas, tu vas trouver les auteurs d’agressions, petits voleurs de voitures et arracheurs de sacs à main. Ensuite vient la lie de la lie : les pointeurs.

— Et donc Bristow est un « pointeur » ?

— Tu as pigé. Il est enfermé seul dans sa cellule, à se chier dessus. Je peux te garantir qu’il flippe dès qu’il entend un pas et qu’il se recroqueville dans un coin chaque fois qu’il entend le bruit des clefs.

Claire eut un frisson :

— Quelle horreur…

— Claire, Bristow est un pointeur. C’est lui qui est horrible. Ce salopard détraqué mérite entièrement ce qui lui arrive.

48

Les bureaux du cabinet Witherton, Stanley & Jones sur Queen Street étaient loin d'être somptueux. L'entreprise de conseil juridique avait élu domicile dans un logement privé aménagé au premier étage d'une ancienne quincaillerie, dont la boutique accueillait aujourd'hui derrière sa vitrine le vestibule, la réception et la salle d'attente du cabinet.

La ligne directe sonna deux fois. Isaac décrocha, pensant qu'il s'agissait de Conrad Buckmaster, l'avocat plaidant qu'il avait contacté pour défendre Bristow, ou peut-être d'un appel privé. Seules quelques rares personnes disposaient du numéro direct. Les simples mortels avaient affaire (et fort à faire) à Karen.

— Allô ! fit-il d'une voix rauque. Isaac à l'appareil. Qui c'est ?

Il répondait au téléphone de cette voix rocailleuse depuis le jour où il avait vu *Rocky*.

— Matt Burford, *Southern Media*. (L'homme ajouta d'une voix traînante et sarcastique.) Ravi de vous trouver enfin à votre cabinet, Jeremy.

Isaac toisa le combiné avec un mélange de colère et de perplexité : voilà des jours qu'il éludait les appels de Burford. Karen avait pour consigne de l'envoyer balader.

— Comment avez-vous obtenu ce numéro, monsieur Burford ?

— Vous vous acharniez à ignorer mes coups de téléphone…

— J'étais occupé.

— Nous le sommes tous, monsieur Isaac. J'aimerais vous poser quelques questions au sujet de votre client.

— Lequel ?

Isaac savait pertinemment à qui Burford faisait allusion, mais il tentait de gagner du temps. Il se serait volontiers passé de cette conversation à ce moment précis.

— Notre ami commun : M. Bristow.

— Vous avez sans doute entendu parler du secret professionnel, monsieur Burford ?

— Je comprends bien votre obligation au regard de la loi, monsieur Isaac, mais c'est important.

— Monsieur Burford, mon client a été inculpé. Ces éléments sont connus du public. Je ne suis pas autorisé à faire d'autres commentaires. Maintenant, vous m'excuserez, je dois me rendre au tribunal dans l'après-midi.

— Avez-vous pour habitude de mentir à tous vos interlocuteurs, monsieur Isaac, ou juste à ceux que vous essayez d'éviter ?

— Excusez-moi ?

— Jusqu'ici votre après-midi est remarquablement libre. Vous comptiez l'employer à boucler les détails de certaines affaires récentes : la Couronne contre Denton ; la Couronne contre Mills. Mais ça, c'était si vous étiez sorti du tribunal d'instance avant onze heures. Manque de chance, vous êtes rentré il y a moins de dix minutes. Le temps que vous déjeuniez, il sera quatorze heures. Votre prochain rendez-vous est fixé à quinze heures trente.

Isaac fixa l'écran de son Blackberry, bouche bée. Burford venait de lui énumérer les tâches de sa journée, presque à la virgule près. Il prit son temps avant de répondre, les rouages tournant lentement sous son crâne tandis qu'il s'apprêtait à riposter :

— Vous êtes très perspicace, monsieur Burford. Un peu trop pour être honnête, ne croyez-vous pas ?

— Je me suis renseigné.

— De toute évidence. Que voulez-vous au juste ?

— Des réponses à mes questions. À titre officieux.

— *Officieux* ?

— Vous avez bien entendu.

— Vous réalisez qu'en quelques heures je peux si besoin obtenir une injonction contre vous, votre rédacteur en chef et votre directeur de publication.

À l'autre bout de la ligne, Matt se sourit à lui-même : le poisson avait mordu à l'hameçon.

— J'en suis conscient, monsieur Isaac. Et mon responsable

également. Il n'a aucune envie de perdre tout un tirage pour cinq minutes de gloire. Pas plus que moi. Vous n'ignorez sans doute pas que je porte à cette affaire un intérêt très personnel.

— Je suis au courant, oui. Il s'agit donc d'un appel personnel ?

— On pourrait dire ça.

— Un entretien strictement confidentiel ? Quoi que je dise, ça restera entre nous ?

— J'ai moi aussi une réputation à préserver, monsieur Isaac.

Un silence. Puis :

— Où et quand ?

— Cet après-midi ?

— Au plus vite. J'ai véritablement une soirée chargée.

— Je sais. Vous dînez avec un client. Ou plutôt, avec le père fortuné de celui-ci. Un certain monsieur Kemsley, soucieux de tenir son vaurien de fiston hors du collimateur de la justice.

Isaac laissa brièvement percer son irritation :

— Bon sang, comment savez-vous tout ça ?

— Où est-ce que l'on se rencontre ?

— Mon bureau ?

— Un endroit neutre. Vous avez faim ?

— C'est vous qui payez ?

— Vous êtes dur en affaires, monsieur Isaac.

— On joint les deux bouts comme on peut, monsieur Burford. Où vous trouvez-vous actuellement ?

— Dans ma voiture, juste sous votre fenêtre.

D'un coup de pied, Isaac propulsa son fauteuil près de la fenêtre. Les roulettes avaient besoin d'être huilées. Dans la rue en contrebas, Matt Burford, le portable à la main, lui faisait un signe.

Isaac émit un petit gloussement. *Petit salopard !*

— Attendez-moi au coin de la rue. Je vous rejoins dans cinq minutes.

49

Ils descendirent sur le port de plaisance et passèrent chercher deux *fish-and-chips* au *Peter's Fish Bar*. Le choix d'Isaac avait surpris Matt. Son métier l'amenait à frayer avec toutes sortes d'individus aux mœurs étranges, mais jamais encore il n'avait rencontré un avocat qui préférait un poisson frit accompagné de frites emballé dans du papier à un déjeuner gratis dans un restaurant huppé.

Non pas que Matt s'en plaignît. McIntyre lui cassait sans cesse les pieds au sujet de ses notes de frais. Ce sale grippe-sou pourrait toujours courir pour lui reprocher celle-ci !

Il gara sa voiture sur la falaise ouest, non loin de Pegwell Bay. À travers la vitre embuée, on distinguait les côtes françaises au loin.

— Vous savez que Rebecca a été enlevée ici ?

— Bien sûr, et je tenais à vous présenter à vous et à Claire mes plus sincères condoléances. Cela dit, Thomas Bristow n'a rien à voir avec ce meurtre. Laissez-moi vous préciser, monsieur Burford, que mon client rejettera ces charges de toutes ses forces.

— C'est ce que j'ai cru comprendre. Sans ça, vous n'auriez pas engagé Conrad Buckmaster.

Isaac fit des yeux ronds :

— Comment diable… ?

— Parlons de Bristow. *À titre officieux.*

— À votre guise. Que les choses soient claires : ces soi-disant aveux lui ont été extorqués sous la contrainte.

— J'ai eu vent des rumeurs, naturellement. Et pour le chauffard qui a pris la fuite ?

— Une invention de la police, monsieur Burford. Mon client a été conduit dans un poste de police non identifié de Londres où on l'a brutalement agressé, avant de le remettre à la rue pour l'arrêter officiellement. Les aveux proviennent d'un traitement de texte et d'une imprimante à jet d'encre, or Thomas Bristow ne possède même pas de machine à écrire.

Matt froissa l'emballage des frites et jeta le tout par la fenêtre dans une poubelle voisine.

— Jeremy, je vais être brusque. Je me bats les couilles de savoir si votre client va mieux ou ce que la police lui a fait. Tout ce que je veux, c'est une réponse franche : Bristow a-t-il tué Rebecca ?

Isaac répondit sans la moindre hésitation :

— Non. Non, il ne l'a pas tuée.

— Vous semblez très convaincu.

— Je connais mon client, monsieur Burford. Je puis vous promettre qu'il n'a pas tué l'enfant. Je suis navré. Je sais que ce n'est pas ce que vous vouliez entendre. Mais Thomas Bristow est innocent. Il n'a pas pris part à ce meurtre ignoble, comme vous le découvrirez si nous allons jusqu'au procès.

— « Si » ?

— Je crois que mon client sera relâché bien avant cette étape, monsieur Burford. Le seul procès auquel Thomas Bristow assistera, c'est celui des policiers qui l'ont agressé.

Matt regarda par la fenêtre :

— Écoutez, je sais comment les flics opèrent. Je n'ai aucun mal à croire que Bristow ait avoué sous la contrainte. Et oui, je réalise tout à fait les implications juridiques si les faits sont avérés. Mais une seule et unique chose m'intéresse dans cette affaire : *Bristow a-t-il tué ou non Rebecca ?* Car dans le cas contraire, ça signifie que le détraqué qui l'a tuée court toujours. Je veux juste pouvoir assurer Claire d'une chose ou de l'autre. C'est tout. Pour apaiser son esprit, rien de plus.

Isaac donna lentement sa réponse :

— Thomas Bristow n'a pas tué Rebecca. Je puis vous l'assurer.

— Vous pouvez le prouver ?

— Ce n'est pas à nous d'en apporter la preuve. C'est au Procureur. L'accusé est innocent jusqu'à preuve du contraire. En outre, même si c'est triste à dire, je suis fermement convaincu que nous n'aurons pas à le faire.

Matt inspira à fond :

— Continuez.

— Quel que soit l'homme qui a tué la fille de votre amie, cet « oncle Tom », il est toujours en liberté. Et vous pouvez être sûr qu'il tuera de nouveau, s'il ne l'a pas déjà fait. C'est malheureux à dire, monsieur Burford, mais nous prions actuellement pour qu'on découvre un nouveau corps.

50

La tête tournée vers la mer, Matt méditait les paroles de l'avocat :

— Et qu'avez-vous l'intention de faire en attendant ?

— Dans l'immédiat, il n'y a rien que nous puissions faire. En outre, chaque minute qu'il passe en prison augmente son pactole à venir. Arrestation arbitraire, poursuites abusives, agression, détention injustifiée. Vous connaissez le tarif actuel pour emprisonnement illégal ? Net d'impôts ! Sans compter les dommages et intérêts… Je regrette de ne pas travailler au pourcentage.

Matt réprima un sourire. Isaac n'était pas idiot. Mais il n'avait rien à gagner à défendre mordicus l'innocence de son client dans un entretien privé.

— Pourquoi avez-vous accepté de me parler ?

— Quelle question, répliqua l'avocat en souriant. C'est un investissement.

— Vous avez une faveur particulière en tête ?

— Une couverture équitable lorsque nous lancerons notre riposte.

— Quand est-elle prévue ?

— Après le procès, s'il y a procès. Ou bien dès qu'on découvrira le prochain corps. Selon la première éventualité.

— Bristow a bien été marchand de glaces ?

— Il y a très longtemps, oui, et oui, il se prénomme Thomas. Mais c'est un lien bien ténu.

— J'ai cru comprendre qu'une voiture identique à la sienne avait été aperçue près du canal aux heures où on y a jeté le corps de Rebecca.

— Une Peugeot rouge, oui. Il doit circuler des milliers de Peugeot rouges à Londres.

— Ça n'en fait pas moins beaucoup de coïncidences.

— Précisément, monsieur Burford. *Trop*, peut-être ? N'importe qui peut passer un coup de fil anonyme.

— La possibilité que Bristow soit coupable ne vous empêche pas de dormir ?

— Je suis payé pour défendre les intérêts de mon client, monsieur Burford. Qu'il soit innocent ou coupable n'entre pas en ligne de compte. Mon travail se résume à obtenir son acquittement. Mais je vous répète une fois de plus, officieusement comme officiellement, que mon client n'a pas tué l'enfant.

— Lors de son dernier procès, Bristow a reconnu – et je crois le citer correctement – porter « un intérêt vil et détestable aux jeunes enfants ». Êtes-vous en train de me dire qu'il s'agissait là aussi d'aveux forcés ?

— Monsieur Burford, mon client s'exposait à une longue peine de prison. Il s'est contenté de faire les déclarations nécessaires afin de la réduire.

— En admettant être un immonde pervers ?

— En demandant de l'aide. En reconnaissant son geste. En dispensant les enfants de devoir témoigner. Thomas Bristow n'a jamais nié ses préférences sexuelles. Il est pédophile. Il ne le cache pas. Mais ça ne fait pas de lui un meurtrier.

— À mes yeux ça y ressemble vachement.

— Il y a une énorme différence, monsieur Burford. En outre, depuis le dernier incident, mon client est traité pour son problème.

— Traité ?

— Je ne suis pas autorisé à discuter des détails. Disons juste qu'il a demandé de l'aide.

— Mais il n'est pas guéri.

— La pédophilie n'est pas une maladie, monsieur Burford. Il ne suffit pas de prendre un comprimé et de rester alité quelques jours pour s'en débarrasser. Il n'existe pas de vaccins ni de remèdes miracle. Mon client vous répondrait qu'il s'agit simplement d'un désir sexuel comme un autre.

— Votre client est malade, monsieur Isaac. Violer des gamins n'est pas ce que j'appelle un désir sexuel comme un autre.

— Moi non plus, je vous l'assure. Mais une fois de plus, le seul fait qu'il admette être pédophile ne fait *pas* de lui un meurtrier. Et encore moins celui de cette fillette, Rebecca. De toute évidence, vous n'avez pas étudié son dossier d'assez près.

— J'ai lu les articles parus dans la presse.

— Je vous suggère de les relire.

— Ai-je raté quelque chose ?

— Vous êtes visiblement un homme plein de ressources, monsieur Burford, fit Isaac avec un mouvement d'indifférence. Vous l'avez prouvé en réussissant à m'amener ici.

Matt sourit :

— Continuez.

— Il s'agit d'informations entièrement accessibles au public. Nul besoin d'attendre les preuves que les experts de la police tardent à découvrir : les articles sur l'affaire devraient à eux seuls suffire à faire apparaître de manière flagrante l'innocence de mon client face à ces accusations. Honnêtement, je crois avoir tout dit sur l'affaire à ce stade.

Isaac ouvrit la portière et sortit en s'armant contre la brise marine :

— Je vais rentrer à pied, si ça ne vous fait rien. Merci pour le déjeuner. Je vous contacterai. Vous m'êtes redevable.

Il claqua la porte et partit, son porte-documents sous le bras, en jetant un regard au paysage. Matt le regarda s'éloigner, puis appela le journal et demanda qu'on lui imprime la totalité des articles sur Bristow pour son retour.

À ce jour, il les avait relus des dizaines de fois, mais il n'y voyait rien qui permît d'éclairer les propos d'Isaac. Il lirait les copies papier le soir venu. Parfois les choses ressortaient différemment sur papier.

Peut-être une autre conversation avec Gavin Large porterait-elle ses fruits ? Si quelqu'un savait comment l'esprit de ces gens fonctionnait, c'était bien Gavin.

Sur le chemin qui le ramenait à Canterbury, Matt se demanda quelles faveurs Isaac comptait réclamer en retour. Il repensa à leur conversation. Il regrettait à présent de ne pas l'avoir enregistrée. *À titre officieux*, bien sûr. Il fut un temps où il enregistrait systématiquement ses entretiens. Il se ramollissait. Ça expliquait peut-être pourquoi il végétait dans une minable structure de presse régionale au lieu de travailler sur Fleet Street[10].

Cela dit, il y avait des relations qu'il ne se serait sans doute jamais faites s'il travaillait dans un grand journal de la capitale.

Il sourit intérieurement tout en composant le numéro.

Quelques secondes plus tard, une voix d'enfant répondit.

51

Comme tout gamin ayant grandi dans une station balnéaire, Matt avait toujours adoré les galeries marchandes.

Encore aujourd'hui, il aimait leurs lumières scintillantes, leur bruit de fond, et l'arôme électronique inimitable des salles de jeux. Rechignant à s'initier aux jeux vidéo modernes (du moins c'était ce qu'il prétendait : il eut été plus honnête de dire qu'il en était incapable), il se cantonnait aux machines à sous.

---

10 Terme désignant la presse nationale britannique, du fait que cette rue de Londres abritait autrefois les sièges des principaux journaux. (*NdT*)

Un jour qu'il avait emmagasiné cinq *nudges* sans avoir la moindre idée de l'endroit où se cachaient les trois barres, il s'était trouvé éjecté sur le côté par un jeune adolescent rieur qui avait pressé les boutons d'une main tout en continuant à jouer sur sa propre machine de l'autre. Matt avait récolté le jackpot, en même temps qu'un nouveau compagnon qui lui collait désormais aux basques.

Ce fut d'abord la simple curiosité professionnelle qui l'amena à s'asseoir aux côtés du garçon dans le *Caffè Nero* de High Street. Il découvrit bientôt que le gamin connaissait par cœur les séquences de symboles de chaque machine de la ville. Le gamin passait à l'évidence plus de temps dans ces établissements que sur les bancs de l'école. Il apparut en fait qu'il n'y mettait même jamais les pieds. Tous les ingrédients d'une jolie petite chronique vécue dans la rubrique société : absentéisme, problème de jeu chez les enfants, voire fabrication de la jeune délinquance...

Sauf qu'entre-temps le gamin avait révélé un intérêt plus prononcé pour l'informatique que pour les seules bornes d'arcade et machines à sous. Il lui confia ainsi, sous le manteau, être un hacker. Mieux encore : un casseur ! S'il avait un jour besoin d'un coup de main pour un article – dossier de crédit, coordonnées personnelles, n'importe quoi –, le gamin lui dégoterait ça.

Matt remercia le garçon pour la forme, puis prit congé et partit. Il donnerait peut-être suite à cette rencontre en l'exploitant sous l'angle du bandit manchot. Ou peut-être pas. Il s'agissait de menu fretin : il avait d'autres chats à fouetter.

Une semaine plus tard, alors qu'il rentrait de *Southern Media* où il venait de boucler un gros papier sur une saisie de drogue à Douvres, on sonna à la porte. Il fit une grimace. Il était affamé, claqué et n'avait aucune envie d'accueillir des visiteurs. En ouvrant la porte, il avait étouffé un juron en découvrant le visage taché de son et souriant.

Le gamin était petit pour son âge. Il prétendait avoir treize ans, Matt lui en donnait dix. Onze, peut-être.

— Danny, c'est ça ?

— Moi qui croyais que vous m'aviez oublié.

Le gamin se tenait sur le perron. Matt, posté dans l'encadrement de la porte, ne bougeait pas d'un centimètre :

— Je suis un peu occupé, là. Je peux faire quelque chose pour toi ?

— Vous m'invitez à entrer ou quoi ?

Matt lui lança un regard sévère :

— Remonte sur ta selle, fiston.

— Je croyais qu'un bon journaliste ne refusait jamais un sujet.

— Danny, j'ai seulement dit que j'y réfléchirais. Maintenant, si tu veux bien m'excuser, j'ai bossé toute la nuit et j'ai besoin de faire un petit somme.

— J'ai bien aimé votre manière de rejeter la faute sur les douanes françaises.

— Excuse-moi ?

— La saisie d'héro, à Douvres. C'était un bon article.

Matt jeta un coup d'œil à sa montre. Les journaux du soir étaient encore sous presse à cette heure. Il dévisagea le gamin d'un air perplexe :

— J'ai raté quelque chose ?

52

Danny affichait un sourire énigmatique, qui deviendrait familier à Matt au fil des mois suivants. Il lui tendait une enveloppe Kraft scellée de format A4 :

— Tenez. Quand vous aurez fait votre « petit somme », jetez-y un œil. Mes numéros sont au dos.

— Tes « numéros » ?

Matt retourna l'enveloppe. Au dos, une main (celle de Danny très probablement) avait griffonné plusieurs séries de chiffres.

— Fixe, portable, Twitter, Facebook, plusieurs adresses mail. Vous avez l'embarras du choix.

Matt fit mine de refermer la porte :

— OK, je t'appellerai. Merci.

Il claqua la porte au nez du garçon. Fichus gamins ! La dernière chose dont il avait besoin, c'était d'une bande de mômes accros aux salles d'arcade pour le bombarder de pistes d'articles. Les journaux scolaires n'existaient-ils donc plus ? Raison supplémentaire pour que ce morveux retourne en classe.

Il balança l'enveloppe dans un coin, prit sa douche, puis se prépara un en-cas constitué de trois œufs pochés sur toasts accompagnés d'un demi-paquet de bacon fumé découenné qu'il fit légèrement griller, et d'une boîte de haricots blancs sauce tomate. Il s'installa confortablement devant la télé et mangea devant le journal régional. Le bulletin s'ouvrit sur la saisie de drogue, comme il s'y attendait. Le reportage se rapprochait énormément de l'article qui ne tarderait pas à paraître sous sa plume. Cette coïncidence le refit penser à Danny.

Il sauça son assiette à l'aide d'une tranche de pain complet et la déposa, aussi propre que sortant du placard, au fond de l'évier, avec la vaisselle des deux jours passés. Il considéra d'un air dégoûté la pile grandissante. Il s'en occuperait dans l'après-midi.

Ou peut-être dans la soirée.

Demain au plus tard.

À moins qu'une tâche plus urgente se présente.

Et puis après tout, il n'attendait pas de visiteurs : rien ne pressait.

Il ramassa l'enveloppe que le gamin avait laissée et marcha nonchalamment jusqu'à la fenêtre. Il contempla la Manche. Au large, des véliplanchistes sillonnaient les vagues. C'était une belle journée. Presque trop belle pour rester enfermé. En particulier avec cette vaisselle insidieuse traînant dans l'évier.

Par un mélange de devoir et de curiosité, il finit par ouvrir l'enveloppe de Danny, en réprimant un bâillement, et en retira une liasse de feuilles.

Il irait peut-être se coucher tout compte fait. Quelques heures de sommeil ne lui feraient pas de mal. Claire accepterait peut-être d'aller voir un film dans la soirée. Il parcourut la première page d'un œil distrait. Un nouveau Spielberg sortait en salles cette semaine, dont Sam Ogilvy, l'ex-correspondant artistique, gastronomique, automobile et événements royaux de *Southern Media*, disait beaucoup de bien.

Il parcourut à nouveau la page.

Plus lentement.

Puis une autre fois.

Et une quatrième, la colère et l'incrédulité se mêlant sur son visage.

Il prit le téléphone et tapa le numéro.

Au bout de six sonneries, le gamin répondit :

— Monsieur Burford. Vous avez pris votre temps.

— Tu te rappelles le café sur High Street ?

— *Nero* ?

— Retrouve-moi là-bas dans un quart d'heure.

— Mais je suis en…

— *Caffè Nero*. Dans un quart d'heure. Sois là.

Il raccrocha brutalement.

Foutus gamins !

53

Lorsque Matt était arrivé, il avait trouvé Danny en train de l'attendre devant deux *lattes*. Le morveux avait dû courir. Le journaliste se laissa tomber sur sa chaise et jeta l'enveloppe sur la table.

— Comment tu t'es procuré ça, bordel de merde ?

— C'est pas des manières de parler à son nouveau collaborateur…

Matt resta sans voix.

— Je vous ai pris un café. C'est bon. J'ai payé.

Matt agita l'enveloppe au nez du garçon :

— Qu'est-ce que c'est que tout ça ?

Danny jeta un long regard ostentatoire autour de lui pour s'assurer que personne n'écoutait, puis chuchota :

— Je vous ai dit. Je suis un pirate. Un cracker.

— C'est mes coordonnées bancaires, putain ! Comment t'as mis la main là-dessus ?

— Parlez moins fort. (Le garçon s'amusait visiblement de la mascarade.) Je me suis introduit dans les ordinateurs de votre agence de crédit.

— Tu as fait quoi ?

— Chut. J'ai pas envie que ça se sache.

— Et mon dossier médical ?

— À votre avis ?

Matt inspira profondément. Il avait écrit plusieurs articles sur la cybercriminalité et ressentait une immense admiration pour la dextérité de ceux qui s'y livraient. Mais là, il s'agissait de ses données personnelles…

— Très bien, disons que tu es un petit génie de l'informatique. Tu m'as convaincu. Tu as montré ça à quelqu'un ?

— Non. Mais n'importe qui peut y avoir accès. Suffit d'avoir le matos. (Il sourit de toutes ses dents.) Et la technique.

Matt attrapa distraitement son gobelet.

— Il faut que je réfléchisse un instant.

— J'ai aussi jeté un œil à votre casier judiciaire. Mais je l'ai pas imprimé. J'étais pas sûr que vous apprécieriez.

Matt considérait bouche bée la mine joviale du jeune garçon :

— Je n'ai pas de casier.

— Ivresse sur la voie publique et trouble à l'ordre public, 1980…

— Putain ! Tu as réussi à t'introduire dans l'ordinateur national de la police ?

— Ça m'a pris trop de temps. (Il jeta un regard discret à la ronde.)

La première version était bien moins sécurisée apparemment. Je l'ai pas connue, évidemment. Mais le nouveau programme donne du fil à retordre, des fois.

Matt écoutait avec incrédulité. Encouragé par sa réaction, Danny poursuivit :

— Pour le moment, le système est assez ballot. En plus du centre principal situé à Hendon, il y a plusieurs points de commutation à travers le pays qui permettent d'y accéder, et deux mille cinq cents terminaux, sans parler des quarante et un ordis indépendants de la police.

— Comment tu fais pour savoir tout ça ?

Danny prit son sourire énigmatique.

— Le système ALERT est encore plus compliqué.

— Le système… ? hoqueta Matt, incapable de cacher sa surprise.

— Oui, le programme du NCIS. J'ai réussi à y entrer qu'une seule fois, via leur centre de Bristol. En fait, il dispose de cinq terminaux régionaux : Londres, Birmingham, Wakefield, Manchester et Bristol. Trop puissant.

Matt fixait le gamin avec stupéfaction. En tant que journaliste criminel, il se devait d'être un minimum au fait des développements en matière de sécurité au sein de la police. Et voilà que ce gamin lui déballait d'un ton nonchalant une liste d'opérations du NCIS – le Service national du renseignement criminel – dont lui-même avait à peine connaissance.

— Et ça ? interrogea Matt en montrant du doigt ses relevés de compte.

Danny balaya la question d'un rire :

— Trop facile. On entre dans les ordinateurs des banques comme dans un moulin. Si vous voulez, en quelques clics, j'augmente votre note de crédit. Je vous rends éligible pour une carte Gold. À l'heure qu'il est, vous pouvez toujours courir vu les ordonnances de remboursements que vous traînez derrière vous.

— C'est bon, j'ai capté. Tu es un vrai petit futé. T'as donc pu constater qu'il n'y a rien à soutirer de mon côté. Alors pourquoi te donner autant de mal ?

Danny haussa les épaules avec désinvolture.

— Parce que je peux.

— Je voulais dire : pourquoi moi ?

— Je veux devenir votre collaborateur. Vous ferez appel à moi quand vous aurez besoin d'un renseignement que vous réussissez pas à obtenir autrement.

— Et qu'est-ce qui te fait penser que je pourrai utiliser les renseignements que tu me fourniras ? En supposant que je t'en demande… ce que je ne compte pas faire.

— Vous trouverez un moyen.

Matt s'efforçait de conserver son air irrité. Ce gamin était de la dynamite. Il lui permettrait peut-être de se refaire un nom dans la profession. Il pourrait dire à McIntyre de s'asseoir sur son boulot minable et se remettre en course dans le milieu journalistique de la capitale. Mais… son regard retomba sur Danny : il buvait son café au lait à la paille, une casquette de base-ball vissée à l'envers sur la tête. Ce n'était qu'un môme, bon Dieu.

— Tu ne devrais pas être à l'école ?

À nouveau ce sourire :

— Je me suis désinscrit.

— Tu t'es quoi ?

— Je me suis introduit dans le fichier de l'académie et j'ai modifié mes coordonnées.

— Tu plaisantes ?

Il ne plaisantait pas.

McIntyre fut très impressionné par la mystérieuse « source » de Matt. Toutefois, la collaboration ne s'effectuait pas à sens unique…

En retour, le gamin lui avait réclamé des autographes. Et pas les banales dédicaces d'anciennes vedettes, mais celles de figures tristement célèbres : Danny exigeait des autographes de criminels endurcis.

Matt avait alors mis le holà.

Encourager un petit freluquet vouant un culte aux meurtriers, violeurs, voleurs et autres espions ?

Jamais de la vie !

54

Une chemise rassemblant les articles sur Bristow sous le bras et une revue automobile à la main, Matt gagna l'arrière-salle du *Caffè Nero* et rejoignit le gamin à leur table habituelle.

Calé par le *fish-and-chips* qu'il venait de prendre avec Isaac, il déclina le muffin que Danny lui proposait. Le journaliste et l'enfant bavardèrent de la pluie, du beau temps, des déchets télévisés. De tout, excepté du motif de leur rendez-vous. Lorsqu'ils quittèrent le café ensemble, Matt avait en main l'exemplaire du *Guardian* que le garçon lui avait remis, tandis que Danny semblait captivé par un reportage sur les radars de vitesse.

De retour à son appartement, Matt tira l'enveloppe Kraft d'entre les pages du quotidien et en sortit la copie du casier judiciaire de Bristow avec une mine satisfaite : le jeune prodige lui livrait là le joli fruit d'une nouvelle recherche.

Danny, lui, sauta en selle et rentra chez lui. Il grimpa dans sa chambre et retira l'autographe du magazine, ce dernier terminant dans la corbeille. Saisissant son album sur l'étagère, il y glissa le nouvel ajout. Il s'enfonça alors dans son siège, satisfait de son échange.

Tout le monde savait qu'il était difficile d'avoir accès aux détenus de l'hôpital psychiatrique de Broadmoor. Mais une fois de plus, Matt ne l'avait pas déçu.

Peter Sutcliffe[11], « l'éventreur du Yorkshire », occupait désormais la place d'honneur dans son album d'autographes.

---

11 Tueur en série anglais tristement célèbre, condamné à la perpétuité pour les meurtres de treize prostituées entre 1975 et 1980. (*NdT*)

55

— Ça y est, papa, on peut entrer ?

Randall ferma les robinets et plongea la main parmi les bulles afin de tester la température de l'eau. Il rouvrit le robinet d'eau froide en indiquant à Tamara et Natalie d'attendre. Trois soirs par semaine, Randall se chargeait de faire manger les jumelles et de les coucher à heure fixe. Le bain revenait un jour sur deux.

Avec la nonchalance et l'abandon propres aux enfants de six ans, les petites dynamites ôtèrent leurs habits en les jetant au sol. L'une d'elles entreprit d'escalader le bord de la baignoire pendant que l'autre bataillait avec une chaussette récalcitrante.

Instinctivement, Randall passa les bras autour de la poitrine de l'enfant et la souleva doucement pour la déposer dans l'eau. Il avait accompli ce geste un millier de fois auparavant, sans même y réfléchir.

« Est-il déjà arrivé que vous touchiez vos filles, Greg ? Leurs poitrines ? Leurs parties génitales ? Aussi insignifiant que ce geste ait pu vous paraître sur le moment ? »

Il la lâcha aussitôt, à quelques centimètres de l'eau, avant de se redresser d'un coup. Tamara tomba dans le bain en projetant sur le sol une vague savonneuse.

Indemne, quoique secouée, elle dévisagea son père avec des yeux ronds de surprise et de confusion :

— Quoi, papa ?

Randall esquissa un sourire forcé. Évacuant l'incident d'un rire, il enveloppa Natalie dans une serviette avant de la placer dans la baignoire en face de sa sœur. La serviette glissa dans l'eau en écrasant les bulles, à la plus grande joie des fillettes, et l'incident fut oublié. Du moins pour les jumelles.

Il regarda les deux petites filles à peine visibles derrière la mousse : elles riaient, insouciantes aux tourments qui agitaient l'esprit de leur père. Il avait eu tort, il en était à présent convaincu.

La voix du docteur Quinlan au téléphone lui avait paru rassurante, empreinte d'une compréhension silencieuse, mais en quittant la Fondation, après sa séance avec cette femme, il s'était senti mal à l'aise.

Nerveux.

Inquiet.

Depuis ce jour, et bien que la thérapeute l'eût à maintes reprises assuré de la confidentialité des entretiens, il s'était attendu à ce qu'on vienne frapper à sa porte. La police. Quelqu'un des services sociaux. Un psychologue scolaire. Dieu savait qui d'autre.

Pour lui retirer les petites dynamites.

Pour l'arracher à elles.

Natalie était en train de lui tirer la manche. Il ramena son esprit au moment présent.

— Oui, poupette, qu'est-ce qu'il y a ?

— Tu viens pas avec nous dans le bain, papa ?

— Oui, viens, papa, s'écria à son tour Tamara en lui jetant une poignée de mousse. Viens avant que toutes les bulles éclatent.

Il se passa le gant sur le visage pour essuyer les bulles :

— Non, pas ce soir, mes trésors. Je crois que vous avez passé l'âge, non ?

— Nooon ! affirmèrent les fillettes d'une seule voix. Allez, papa. S'il te plaît, s'il te plaît.

Tamara se redressa maladroitement en tendant les bras vers son père. Il lança aussitôt les bras en avant pour la soutenir, mais s'arrêta d'un coup en prenant conscience de son geste. Déconcertée par la réaction de son père, Tamara resta debout, immobile. Randall regarda les bulles de savon glisser le long du corps nu de la fillette qui scintillait à la lumière.

Les jumelles l'encouragèrent en chœur à les rejoindre :

— Papa dans le bain ! Papa dans le bain !

Il se força à rire :

— Non, pas ce soir, les filles. Vous aurez sept ans à votre prochain anniversaire. Les grandes filles ne prennent pas leur bain avec leur papa.

— Si ! assura Natalie. Stacy, elle le fait, et puis Tina aussi. Et elles ont déjà sept ans. On a été à leurs anniversaires, hein, Tammy ?

Randall rassembla un paquet de mousse au creux de ses paumes et le déposa doucement sur la tête de Tamara. Elle se passa la main dans les cheveux en gloussant.

— Ah oui ? Comment le savez-vous ? dit-il en s'efforçant de paraître naturel.

— On en a parlé à l'école aujourd'hui.

Ce fut comme si la foudre venait de le frapper. Il blêmit. Une faiblesse le saisit. Il sentit ses genoux flancher. Randall se rattrapa au bord de la baignoire et tâcha de contrôler le tremblement dans sa voix :

— Comment ça « vous en avez parlé à l'école » ?

— Avec notre maîtresse, Mme Hollis.

Son cœur se serra et son pouls s'emballa, le sang lui monta au visage. Il saisit une des deux fillettes par le poignet et la tourna brusquement face à lui avant de demander d'une voix sèche et menaçante :

— C'était quand ? Qu'est-ce que vous lui avez dit ?

56

— Tu me fais mal, papa, s'écria Natalie en tentant de libérer son bras. La fillette était terrifiée. Abasourdie.

Randall la lâcha sur-le-champ et ouvrit les bras vers elle pour la consoler, mais l'enfant eut un mouvement de recul. Pétrifiée, elle fondit en larmes.

Tamara assistait à la scène, horrifiée, incapable de s'expliquer la transformation de son père. Sa lèvre inférieure se retroussa et ses grands yeux écarquillés d'incompréhension s'emplirent de pleurs.

— Natalie, excuse-moi. Je ne voulais pas te faire mal, dit-il en s'efforçant de baisser le ton. Ça va, ma puce ?

La fillette hocha la tête, sans toutefois lui rendre son sourire forcé. Il lui prit le bras et lui massa doucement le poignet :

— Voilà, il n'y a plus rien. Excuse-moi, ma poupette. Tamara, raconte-moi ce qui s'est passé à l'école. Qui vous a posé ces questions ?

Ne sachant pas ce qui avait déplu à son père et craignant de le fâcher davantage, Tamara répondit d'une voix hésitante :

— Juste Mme Hollis. Et une dame de la police.

— Une dame de la police ?

Il sentit le sang cogner contre ses tempes. Les veines de son avant-bras se gonflèrent. *Ils étaient au courant*. Cette femme, le docteur Reynolds… c'est elle qui avait dû leur raconter !

Il serra entre ses doigts le poignet de Natalie en tâchant tant bien que mal de se maîtriser :

— À qui ont-elles parlé en premier ? À toi ou à ta sœur ?

Confusion. Incompréhension.

— Ben, à tout le monde.

— À tout le monde ? Comment ça ? Tamara, explique à papa ce qui s'est passé en détail.

— Pourquoi ?

— Explique-moi, bordel !

Les deux fillettes éclatèrent en sanglots. La lèvre inférieure tremblante, Natalie fut la première à retrouver la parole :

— À tous les enfants ensemble. La dame de la police nous a parlé des inconnus. Elle a dit que les enfants devaient faire attention.

Il n'avait plus de salive :

— Continue, poupette. Tout va bien. Raconte juste à papa ce qui s'est passé.

— Elle a dit qu'on devait pas accepter de partir avec des inconnus ni de monter dans leur voiture ni accepter si ils nous offraient des bonbons.

— Et qu'on devait jamais laisser personne nous toucher nulle part. Et surtout pas notre zézette, précisa Tamara qui avait retrouvé un semblant de sourire.

Natalie ajouta avec un rire nerveux :

— Alors Tina Burton a dit qu'elle avait déjà vu le petit oiseau de son papa.

— Et la dame de la police a demandé comment ça se faisait, expliqua Tamara en pouffant, comme l'épisode lui revenait en mémoire. Alors Tina lui a raconté.

Randall retint son souffle :

— Qu'elle prenait des bains avec son papa ?

Tamara acquiesça d'un hochement de tête :

— Alors Natalie a dit que nous aussi on le faisait, et d'autres enfants ont dit pareil. Bobby Wilson. Et Cathy…

— Et qu'a dit cette dame de la police quand vous lui avez expliqué ça ? Est-ce qu'elle vous a posé d'autres questions ? interrogea Randall en conservant son sourire figé.

— Non. Elle a dit qu'on pouvait prendre un bain avec sa maman ou son papa mais pas avec des inconnus.

Il se sentit soulagé d'un poids :

— Et c'est tout ?

— Mmh mmh. Pourquoi, papa ?

Il rayonnait :

— Parce que papa est curieux, évidemment. Quelle question ? Papa s'intéresse à ce que font ses petites dynamites à l'école. Ton bras va mieux maintenant, Natalie ? Je ne voulais pas serrer si fort. Excuse-moi, poupette. Tu me pardonnes ?

— Ça fait un peu mal. On pourra avoir de la glace quand on sera sorties ?

Natalie savait tourner une situation à son avantage.

— Mais bien sûr, mon lapin. Mes petites dynamites peuvent avoir tout ce qu'elles veulent. Et si vous sortez tout de suite, chacune de vous aura droit à une cuillère en plus.

— Mais on s'est pas encore lavé les cheveux, protesta Tamara.

— On les shampouinera la prochaine fois. Maman ne dira rien. Allez, toi d'abord, Tamara.

Il attrapa une serviette et l'enroula autour de la fillette tandis qu'elle se redressait, la souleva hors de la baignoire et la posa délicatement au sol. Elle s'empressa de lever les bras, attendant que son père l'essuie.

— Écoutez, dit-il en déposant Natalie près de sa jumelle, ce soir, je veux que toutes les deux, vous vous séchiez toutes seules comme des grandes, d'accord ? Comme ça, si la maîtresse vous demande un jour, vous pourrez lui répondre que vous n'avez pas besoin de papa pour vous sécher, OK ?

Les jumelles échangèrent des regards perplexes, hésitant sur la réaction à adopter. À quoi bon avoir six ans s'il fallait s'essuyer toute seules après le bain ? Autant être grandes !

— D'accord. Mais tu vas préparer les glaces, négocia Tamara.

— Trois cuillères chacune ! Pour les petites dynamites ! Les plus jolies petites filles du monde.

Il se retint de prodiguer les câlins et les baisers qui suivaient d'ordinaire une telle exclamation. Des changements allaient devoir s'opérer dorénavant. Des changements dans sa manière de se comporter avec les filles. De les tenir dans ses bras. De les toucher. Même dans les mots qu'il employait.

La vie ne vaudrait plus d'être vécue s'il arrivait un jour quelque chose aux petites.

Et peut-être, qui sait, pourrait-il alors aborder le sujet avec Bethan…

57

— Claire ! Je ne t'attendais pas.

La surprise manifeste de son compagnon éveilla aussitôt ses soupçons.

— Excuse-moi. Tu es occupé. J'aurais dû téléphoner.

Ne sachant comment réagir, Claire demeurait sur le perron.

— Viens, entre. C'est juste… J'étais en train de bosser.

Elle le suivit à l'intérieur, un peu gênée :

— J'étais sortie marcher. Et ma promenade m'a conduite jusqu'ici. J'ai vu ta voiture… (Pourquoi se justifiait-elle de la sorte ? Il lui arrivait fréquemment de débarquer sans prévenir. Elle disposait même d'une clef.) Je vais y aller.

— Non, non, tu peux rester. Café ? proposa-t-il en retrouvant son aplomb.

— Tu es sûr que je ne te dérange pas ? Je ne voudrais pas que tu rates un bouclage par ma faute.

Elle balaya la pièce du regard pour déceler les signes d'une présence. L'appartement de Matt était un espace ouvert. Seules la salle de bains et la chambre à coucher disposaient de cloisons, et la porte de cette dernière était ouverte.

Matt cachait-il une fille dans la salle de bains ? Elle chassa cette pensée de son esprit. Il ne ferait pas ça. Pas lui. Et surtout pas en ce moment.

Elle se sentit coupable. Depuis la mort de Rebecca, elle s'était montrée très froide envers lui. Envers tous les hommes, en fait.

Il pouvait le comprendre, sans doute ?

Cela prendrait du temps.

— Tu t'es bien promenée ? demanda-t-il en déclenchant la machine à café.

— Oui.

Elle surprit les regards nerveux qu'il lançait vers son bureau : des papiers s'y étalaient devant son ordinateur. À côté d'eux, elle aperçut un cahier couvert de notes manuscrites. Un mug rempli de café refroidissait sur un sous-verre dans un coin. Pour que Matt abandonne un café sans le boire, ce devait être très sérieux.

— Il y a une brise agréable qui souffle depuis la mer. Et le port est animé. Un magnifique yacht y entrait justement au moment où je suis arrivée. Il a dû passer devant tes fenêtres. Tu l'as vu ?

Elle fit le tour de la pièce d'un pas nonchalant et ramassa distraitement les jumelles. Claire se trouvait irrémédiablement attirée par les mystérieux travaux qui, à l'évidence, absorbaient tant son compagnon à son arrivée. Les coups d'œil impatients qu'il décochait en direction du bureau ne faisaient qu'accroître sa curiosité.

Le percolateur se mit à glouglouter.

— J'ai pas fait gaffe. Quel type de yacht ?

— Un yacht. Tu étais occupé, on dirait ?

— Rien d'important. Juste des recherches complémentaires.

Il alla au bureau, éteignit l'ordinateur et commença à rassembler les papiers. C'était moins anecdotique qu'il ne le prétendait, Claire n'en démordait pas.

La sonnerie du téléphone retentit et, bien que Claire fût la plus proche, Matt bondit à travers la pièce pour décrocher avant qu'elle puisse faire un geste.

— Burford à l'appareil. Ah, Mac, c'est toi. Oui. Demain. Un instant. (Il fit un signe à Claire.) File-moi un stylo, chérie.

Il y en avait un sur le bureau. Elle partit le chercher et s'apprêtait à lui porter lorsqu'elle se ravisa et le lui lança. Elle fit exprès de mal viser. Il dut se baisser pour le ramasser.

— Claire, ne… (Il s'écria rapidement dans le combiné :) Je te rappelle, Mac.

Claire regardait fixement l'une des feuilles qu'elle venait de saisir. Il s'agissait d'un document imprimé. Elle y reconnut un nom : Thomas Martin Bristow.

Elle vit une main se poser sur son bras pour l'éloigner du bureau, tandis qu'une autre lui prenait les feuilles et les reposait près de l'ordinateur :

— Claire, s'il te plaît.

— Que se passe-t-il, Matt ? Ça concerne Rebecca, n'est-ce pas ?

— Le café est bientôt prêt.

— Matt, il y a du nouveau ?

Il répondit d'un ton ferme mais néanmoins rassurant :

— Je ne sais pas toi, mais personnellement j'ai besoin de caféine. Je t'expliquerai tout dans une minute. S'il te plaît.

58

Claire attendit avec une impatience silencieuse que Matt apporte les cafés. Elle ne toucha pas au sien. Elle avait un millier de questions en tête mais n'arrivait pas à en formuler une seule.

— Je comptais t'en parler ce soir. Il n'y a encore rien de définitif ni d'officiel. Je pensais justement que c'était Pitman qui appelait pour confirmer. Il doit me prévenir dès qu'il a du neuf.

Claire le regardait sans comprendre. Il parlait une langue étrangère.

— Il y a quelques jours de ça, j'ai entendu dire que Jeremy Isaac, l'avocat de Bristow, avait contacté Conrad Buckmaster pour prendre en charge sa défense. (Il devina à l'expression de Claire que le nom du *barrister* ne lui disait rien.) C'est une terreur du barreau de Londres. Jeune, ambitieux, rebelle. Son palmarès est impressionnant. C'est ce qui m'a poussé à rencontrer Isaac hier. Officieusement.

— Officieusement ?

— La loi de 1981 sur l'atteinte à l'autorité de la justice m'interdit de rapporter toute conversation susceptible d'influer sur le procès. Mais Isaac a accepté un entretien à titre personnel. En raison de mes liens avec Rebecca… avec toi… et parce qu'il souhaite disposer d'un journaliste favorable à son client.

— Favorable ? Toi ? Matt, je ne comprends pas.

— Je n'ai pas compris non plus. Mais je me suis dit que de toute manière quelqu'un finirait bien par écrire un article sur les dessous de l'affaire, alors autant que ce soit nous. De cette façon, on aura un minimum de contrôle sur ce qui sera publié.

Claire ne semblait pas convaincue :

— C'est lui qui t'a donné ces documents ?

— Houlà, non. Il pourrait dire adieu à sa licence. Non, on s'est contentés de discuter. De Bristow.

— Et ?

— Isaac clame son innocence. Je veux dire qu'il n'en rajoutait pas : il croit véritablement à l'innocence de son client. Tu sais qu'on a signalé d'autres disparitions d'enfants récemment…

— J'ai regardé la spéciale d'« Alerte au crime » hier soir. Ils ont parlé des deux petites Galloises. Et d'un garçon dans le Humberside. Mais ils ont affirmé que rien ne permettait de relier les trois disparitions.

— Si tu veux bien patienter un peu, l'arrêta-t-il en lui prenant la main. Ça te paraîtra plus clair si je te le raconte dans l'ordre. (Il but son café d'un trait.) Isaac a dit que si j'examinais les éléments de manière objective, l'innocence de Bristow dans cette affaire me sauterait aux yeux. Du coup, j'étais en train d'éplucher les renseignements dont on dispose quand tu es arrivée.

— Oh, Matt. Pardonne-moi. L'espace d'une minute, j'ai cru…

Il poursuivit, sans saisir l'arrière-pensée de Claire :

— Je voulais t'en parler, mais j'ai préféré attendre : je tenais à être sûr. Ça n'a peut-être aucun lien. C'est exactement…

— Exactement quoi, Matt ?

— Exactement comme le disait Isaac : seule la mort d'un autre enfant lavera Bristow de tout soupçon.

— Dieu du ciel, ils ont découvert une autre victime.

— C'est pas officiel. Pour l'instant, rien ne permet de rattacher cela à Rebecca.

Claire lui agrippa le bras :

— Qu'est-il arrivé, Matt ? Dis-le-moi.

— On a peut-être retrouvé un corps dans un canal du Cheshire.

— Oh, mon Dieu.

Il lui prit la main et la serra :

— La police impose un black-out sur l'info. Pitman a appelé peu avant que tu frappes à la porte. J'attends sa confirmation.

— Une autre petite fille ?

— On ne sait pas encore. Il peut s'agir d'un accident.

— Mais tu ne crois pas à cette thèse.

— Je ne sais plus trop quoi penser au sujet de Bristow, Claire. Isaac était très… convaincant. Ou du moins, il semblait très convaincu. D'où mes investigations.

— Que peut-on faire ?

— Rien hormis s'asseoir et attendre.

— Tu permets ? demanda-t-elle en prenant les articles en main.

Tandis qu'elle les parcourait en silence, Matt s'approcha :

— Ça, c'est son casier judiciaire. Ses dernières condamnations étaient pour attentats à la pudeur. Avant ça, plusieurs inculpations pour des faits d'exhibition sexuelle, impliquant déjà des enfants. Une mise en garde et deux condamnations pour détention d'images indécentes. J'ai également mis la main sur les documents d'immatriculation de son camion de glaces, à toutes fins utiles. D'après moi, il s'en servait pour attirer les mômes, mais là encore, ce sont des faits qui datent.

Le téléphone sonna. Il se jeta sur le combiné :

— Burford à l'appareil. Dave ? Enfin. Est-ce que… Bon sang, non. (Claire devina aux intonations de Matt ce qu'elle n'entendait pas de leur conversation.) Nom de Dieu. Est-ce qu'ils sont… Dans combien de temps… Non, c'est pas grave. Prévenez-moi dès que… Merci, Dave. Je vous revaudrai ça.

Il griffonna quelques mots, le visage blême. Claire pointait sur lui un regard impatient. Il raccrocha finalement le combiné et, les yeux baissés, restitua l'information d'une voix blanche :

— On a retrouvé deux des enfants. Deux d'un coup. Deux fillettes. Les gamines ont de la peinture sur les ongles. Jaune. Exactement comme… comme Rebecca.

Il serra fort la main de Claire.

Il y eut un silence, puis elle demanda dans un sanglot :

— Et Bristow ? Qu'est-ce qu'il devient ?

Matt répondit presque sans réfléchir :

— Un homme extrêmement riche.

59

Randall avait soigneusement choisi son moment : peu après minuit.

Tandis que Bethan se douchait, il avait préparé deux tasses du lait chaud malté qu'ils buvaient une fois couchés. Ils avaient adopté cette habitude les soirs où elle travaillait : après six heures passées à donner le bain à des vieillards et à changer leurs couches, faire l'amour était la dernière chose à laquelle elle pensait. Les câlins se voyaient donc repoussés au matin.

Cet arrangement qui partait d'un raisonnement logique leur convenait tout autant sur le plan biologique. Randall s'en amusait en disant que de toute manière quelqu'un dans le lit se levait toujours avant lui.

Il restait généralement éveillé passé minuit, écoutant le journal de la nuit sur Radio 4, puis la météo marine, sans raison particulière, avant de prendre un livre pour occuper l'heure qui suivait jusqu'à ce qu'ils décident de l'extinction des feux. Bethan, quant à elle, aimait décompresser avec un bon bouquin. Leurs goûts en matière de lecture différaient énormément : tandis que Randall aimait beaucoup Terry Pratchett, Bethan se satisfaisait tout aussi bien d'un roman d'amour que d'une saga populaire ou d'un bon thriller. Elle avait découvert Grisham sur le tard et avançait laborieusement dans son dernier roman quand son mari interrompit sa lecture :

— Les petites dynamites ont reçu la visite d'une policière à l'école hier, pour leur apprendre à se méfier des inconnus.

Bethan leva les yeux, à moitié intéressée :

— Elles ne m'ont rien dit.

— Ah non ? Comme quoi ça n'a pas beaucoup porté.

— Plus besoin de toute façon. Ils ont eu l'ordure qui a tué Rebecca. Je doute qu'il y ait un deuxième détraqué pareil dans les environs.

Randall se gratta la tête :

— Qu'est-ce qu'on devrait faire de lui d'après toi ?

Elle posa son livre et retapa son oreiller : pourvu qu'il ne soit pas d'humeur à discuter.

— Je commencerais par castrer ces salauds. Ensuite je laisserais les parents s'occuper d'eux. Et s'il reste encore quelque chose après ça, je les pends, pour qu'ils meurent lentement. *Très* lentement. (Elle reprit alors son livre, satisfaite de sa réponse.) Pourquoi tu demandes ça ?

— Pour rien.

60

Derrière la haute et sinistre enceinte évoquant les œuvres de Dickens, les murs de brique effrités et les barreaux des fenêtres rappelaient de manière criante la fonction du lieu. Construite en 1808, avant la création des maisons de travail, la prison de Canterbury portait encore sur sa façade l'inscription archaïque de « Foyer de correction[12] ».

Le parloir, situé à l'écart du bâtiment principal, prenait la forme d'une grande salle close équipée ici et là de tables et de chaises. Les femmes et les enfants qui les occupaient venaient partager un moment la compagnie d'un détenu provisoire. Claire s'était attendue

12 Hospices de travail institués en 1575 pour loger les indigents et « corriger » l'oisiveté des vagabonds, remplacés en 1834 par les « dépôts de mendicité » (ou « maisons de travail »), eux-mêmes abolis en 1930. (*NdT*)

à trouver des vitres de séparation, ainsi que des interphones pour communiquer, comme dans les films. C'en était presque décevant.

Le gardien la conduisit jusqu'à une petite salle, vide à l'exception d'une table et de deux chaises. Elle s'assit et attendit patiemment.

Isaac avait été estomaqué lorsque Claire lui avait formulé sa requête. Il savait cependant que Bristow sauterait sur l'occasion de plaider sa cause et d'exprimer sa peine en personne. En une semaine, la rencontre fut arrangée.

Matt avait insisté pour être présent, mais Claire était restée inflexible sur ce point : c'était quelque chose qu'elle devait faire seule, afin de pouvoir prendre sa propre décision, et ce quelles qu'en fussent les conséquences. Encore maintenant, elle résistait à l'envie de se lever et de partir. Dans un coin de son crâne, elle avait envisagé un scénario cauchemardesque : Bristow venait à sa rencontre, la regardait droit dans les yeux, et lui lançait : « Oui, j'ai tué votre fille. Et j'ai adoré ça. »

Par la porte ouverte, elle observa les détenus et leurs familles. Malgré les gardiens qui arpentaient la salle, l'œil vigilant, et ceux postés devant chaque sortie, l'ambiance était détendue. Une visite au parloir apportait une bouffée d'air salutaire dans la monotonie du quotidien pénitentiaire, et rares étaient les détenus à choisir de compromettre de ce privilège.

Un silence feutré tomba sur la salle lorsque Bristow apparut. Dans les grincements de chaises, visiteurs et visités se retournèrent pour le voir. Debout sur le seuil, il balayait la pièce du regard derrière une paire de lunettes trop étroites qui lui pinçaient le nez et lui écrasaient les oreilles. Il portait toujours son bras gauche en écharpe, afin de le soulager du poids du plâtre entourant ses doigts brisés.

— Enculé de pointeur !

Le cri lancé par un des prisonniers déclencha une volée d'injures similaires à travers la salle :

— Pointeur de gosses !

— Sale pervers !

— Pendez-le !

— On t'aura cette nuit, espèce de dégueulasse !

Claire frémit devant ce déchaînement d'insultes ; Bristow, lui, restait de marbre. Deux gardiens hurlèrent pour réclamer le silence, mais les cris persistèrent. Un troisième, se distinguant par sa chemise blanche, surgit alors de nulle part :

— Un autre éclat de voix et je mets un terme aux visites. C'est clair ?

Le brouhaha s'apaisa après l'intervention du surveillant, dont la chemise blanche constituait à l'évidence une marque d'autorité.

Le gardien fit traverser la salle à Bristow jusqu'à la pièce où l'attendait sa visiteuse.

Claire observait avec une fascination morbide l'homme inculpé du meurtre de sa fille marcher d'un pas lent et louvoyer entre les tables en ignorant les regards fixés sur lui.

Dès qu'il approchait d'une table occupée, les mères serraient leurs enfants contre elles, comme si elles craignaient qu'il les agresse sur place. Les détenus marmonnaient à voix basse des injures et des menaces à son passage. Les gardiens se tenaient aux aguets, craignant un nouveau débordement. La traversée se termina cependant sans histoire, et Bristow arriva devant la pièce. Après s'être assuré de visu que Claire était prête, le gardien le fit entrer et se posta sur le seuil.

Claire considéra Bristow avec un visage sans expression, derrière lequel s'affrontaient une centaine d'émotions qu'elle s'efforçait de dominer. Elle distinguait nettement ses traits à présent. Les hématomes s'y superposaient, certains plus récents en recouvrant d'autres presque guéris. Il piétina un moment sur place près de la table, puis tira la chaise de sa main valide.

— Puis-je ?

Muette de stupeur, Claire opina du chef, et il s'assit. C'était la première fois qu'elle entendait sa voix. Elle était plus douce qu'elle ne l'imaginait. Il n'avait prononcé que deux mots, mais déjà sa conduite s'accordait mal avec ses antécédents judiciaires.

Le gardien s'adressa à elle :

— Voulez-vous que je reste ?

— Non, merci. Ça ira.

— À vous de voir. Je serai juste derrière au cas où.

Il sortit de la pièce en tirant la porte.

Bien qu'elle eût répété les premières paroles qu'elle lui dirait sur tout au long du chemin jusqu'à la prison, Claire se trouvait subitement sans voix. Pouvait-on amorcer une telle entrevue en parlant de la pluie et du beau temps ?

— Madame Meadows... je... je..., commença Bristow d'une voix tâtonnante.

Elle songea que le moment était sans doute difficile pour lui aussi. Retenant son souffle, elle attendit qu'il trouve les mots justes :

— Madame Meadows, je n'ai pas tué votre fille.

61

La brutalité de la déclaration prit Claire au dépourvu et la désarçonna.

— Je... je ne sais pas ce que je dois croire en ce moment.

— Je vous jure que je n'ai jamais croisé sa route.

— Vous diriez la même chose, même si...

— Même si... ? Oui, je comprends, madame Meadows. J'imagine combien cela doit être difficile pour vous. Mais celui qui a tué votre fille court toujours. Il a tué une nouvelle fois. Cela ne fait plus aucun doute à présent. Combien d'autres meurtres faudra-t-il pour qu'ils admettent leur erreur ?

Claire fouilla le regard de Bristow, afin d'y déceler quelque chose. Peut-être un signe indiquant qu'il mentait ? Ou bien un voile d'indifférence laissant penser qu'il jouait simplement un rôle ?

Mais elle n'y vit que tristesse. Tristesse et compassion. Elle lutta contre les larmes que ce regard peiné faisait naître en elle. Claire n'était pas en présence de la bête dépravée qu'elle s'attendait à rencontrer.

— Madame Meadows, je sais que rien de ce que je pourrais dire ne ramènera Rebecca. Mais je veux que vous sachiez combien je suis navré pour vous. Navré qu'elle soit partie. Navré de ce qui lui est arrivé. De l'épreuve que vous avez dû traverser.

Claire hocha la tête, incapable de formuler le moindre remerciement.

— Je regrette beaucoup de choses que j'ai faites dans ma vie, continua-t-il. Beaucoup. Mais jamais, au grand jamais, je n'ai fait de mal à un enfant.

Il y avait une telle sincérité dans ses paroles qu'elle dut se faire violence pour prononcer les mots qui suivirent :

— Ils disent que… vous êtes pédophile.

Bristow resta un moment silencieux. Il la regarda, hésitant sur la réponse à donner, puis finit par avouer :

— C'était il y a longtemps.

— Alors vous le reconnaissez ?

Elle sentit sa poitrine se serrer, sa bouche s'assécher.

— Que je suis pédophile ? Oui, c'est la vérité. Je suis désolé. Ce n'est pas quelque chose dont je suis fier. Mais je dois vivre avec cette croix, chaque jour de ma vie.

Claire se tordait les mains d'hésitation. Elle devait poser la question.

— Mais pourquoi… ? Pourquoi des enfants ?

Il mit la main dans la poche de sa veste et en sortit une bourse en cuir contenant quelques brins de tabac :

— Vous permettez que je…

Elle hocha la tête.

— Merci. Je sais que c'est également un vice, mais en de tels moments, il facilite grandement les choses.

À l'aide d'une feuille de Rizla et de tabac, il se confectionna entre ses doigts valides tremblotants une cigarette d'une incroyable finesse.

Replongeant la main dans sa poche, il sortit alors une mince esquille de bois qui fit office d'allumette. Claire se souvint des explications de Matt : un prisonnier pouvait disséquer une simple allumette domestique en une dizaine d'allumettes utilisables. Chez certains, l'envie de cigarette était si forte qu'ils en arrivaient à fumer des sachets de thé usagés. Et un détenu avait été jusqu'à mettre le feu à un manche à balai pour en inhaler la fumée.

Elle braqua sur l'homme assis en face d'elle un regard intense, attendant sa réponse. La cigarette l'aida finalement à la livrer :

— Madame Meadows, je n'attends pas de vous que vous compreniez. Surtout pas après l'épreuve que vous avez traversée. Tout ce que j'espère, c'est que vous croirez ce que je vous dis. Je n'ai pas tué votre fille. Je suis aussi horrifié que n'importe qui par ce qui lui est arrivé.

Elle le fixa droit dans les yeux, tentant d'y percevoir une trace d'amusement, un signe qu'il mentait, et tirait plaisir de sa douleur et de son chagrin. Mais elle n'y vit rien d'autre que le reflet de sa propre peine.

62

— Je devine ce que vous pensez de moi. Oui, je suis un pédophile. Un abuseur d'enfants. Un pervers. Je me suis livré autrefois à des actes obscènes. Dépravés. Dégoûtants. Je le reconnais. Mais je n'ai jamais cherché intentionnellement à faire du mal à un enfant. Vous devez me croire.

Claire se surprit à vouloir croire le petit homme éloquent et apeuré assis en face d'elle. Il venait pourtant de reconnaître avoir abusé d'enfants.

Il tira une lente et profonde bouffée sur la roulée qui rapetissait à vue d'œil, avant de recracher une longue volute de fumée :

— Madame Meadows, je ne vois pas ce que je peux ajouter. Oui, je corresponds sans doute à l'idée que vous vous faites d'un pervers. Oui, j'ai eu des relations avec un enfant... Des enfants... Il y a de nombreuses années de cela. Je ne le nie pas. Je suis fait ainsi. C'est dans ma nature. Mais je suis incapable de commettre un meurtre. Je n'ai jamais fait de mal à un enfant. Pas de cette façon-là. Les enfants que je... Mes jeunes partenaires... Ils avaient autant d'importance à mes yeux que votre fille en avait aux vôtres, vous pouvez me croire.

Elle le regardait sans ciller, figée d'incompréhension.

— Trois jeunes enfants ont perdu la vie, poursuivit-il tout bas. Et ils savent tous que je n'ai rien à voir avec les deux derniers meurtres. Comment pourrais-je être impliqué ? Je me trouvais incarcéré ici au moment de leur disparition. Par conséquent, le tueur continue de rôder au-dehors. Et de tuer.

Claire sentait ses larmes prêtes à franchir la barrière de ses paupières. Elle faisait son possible pour ne pas perdre contenance :

— Ils disent que vous avez avoué ?

Bristow lui jeta un regard nerveux en tirant sur ce qui restait de sa cigarette :

— Je ne suis pas un homme fort, madame Meadows, comme vous pouvez en juger. Je n'ai jamais été quelqu'un de costaud. Quand la douleur devient insupportable, on est prêt à faire n'importe quoi pour y mettre fin, déclara-t-il en montrant son bras blessé. À faire, dire, ou signer n'importe quoi.

— Vous voulez dire que c'est la police qui est responsable de ça ?

La fin de la cigarette lui brûlait les doigts. Il aspira une dernière fois avant de s'avouer vaincu et d'écraser le mégot dans le cendrier en alu. Il se mit alors à déballer ce qu'il en restait et fit retomber dans sa blague les rares filaments de tabac qui n'avaient pas brûlé.

Il regarda Claire de derrière ses épais verres en clignant des yeux :

— Madame Meadows, tout ce que je vous demande, c'est de me croire lorsque je vous dis que je n'ai jamais touché votre fille.

Claire voulait le croire. Elle en avait terriblement envie.

— Donnez-moi une seule raison…, dit-elle. Une seule raison de vous croire.

Bristow réfléchit.

— Je suis pédophile, madame Meadows. Si cela vous révulse, j'en suis désolé, mais c'est la vérité. Je ne suis pas heureux ainsi, croyez-moi. Je donnerais mon bras droit pour éprouver des désirs sexuels normaux. Je préférerais tirer du plaisir d'une relation normale avec un adulte. Mais le bon Dieu a choisi de me faire naître différent. De diriger ma convoitise vers les enfants. C'est ma nature. Et je suis forcé d'en supporter les conséquences.

Claire attendit la suite avec fébrilité.

— Pour répondre à votre demande : il existe une raison majeure qui devrait vous pousser à croire que je n'ai pas tué Rebecca. Oui, je suis pédophile. Oui, je suis un pervers, un dégueulasse. Un abuseur d'enfants, un dépravé. Un pointeur. Donnez-moi le nom que vous voudrez.

Il marqua une pause.

— Mais je suis également homosexuel. Voilà qui devrait vous convaincre que je n'ai pas touché votre fille.

Il la regarda calmement dans les yeux :

— Je préfère les petits garçons, madame Meadows.

63

Deux semaines seulement s'étaient écoulées depuis sa dernière visite, mais déjà le changement de saison imprimait sa marque, et les verdoyants jardins de la Fondation s'assombrissaient doucement de teintes automnales.

Il hésita devant la porte, savoura une cigarette, et attendit que le taxi parte pour appuyer sur la sonnette.

— J'ai rendez-vous… avec le docteur Reynolds.

Il lui avait coûté de prononcer ces mots. Suite à la dernière séance, il avait insisté pour rencontrer le docteur Quinlan en personne, mais obtenir un tel rendez-vous s'était avéré impossible. Quinlan semblait passer le plus clair de son temps en tournée de conférences. Il avait attendu quelques jours, puis s'était à nouveau rabattu sur Reynolds. Il était certain que ses pulsions s'étaient intensifiées. Ou peut-être en avait-il simplement davantage conscience ? Toujours est-il qu'elles lui semblaient plus fortes.

Randall refusait de prendre ce risque. Dans l'intérêt de ses filles, il faudrait qu'il compose avec Reynolds.

Il fut accueilli par la secrétaire, qui dans son souvenir répondait au prénom de Molly. Molly lui assura que des rafraîchissements arrivaient et l'informa que le docteur Reynolds ne tarderait pas à le retrouver. Elle terminait une séance avec un autre client.

Il se demanda quel trouble pouvait bien conduire ici le client en question. Quelle sordide vie secrète il était, lui, forcé de mener ? Et contre quels fantasmes obscènes il bataillait ?

Ses pas l'entraînèrent jusque devant la bibliothèque. Il en passait distraitement les titres en revue lorsque le nom du docteur Quinlan sur le dos d'un livre capta son attention. Il sortit l'ouvrage et lut l'intitulé : *Nouvelle perspective sur la pédophilie*. Il sourit intérieurement : le docteur Quinlan était expert sur le sujet, il n'y avait pas photo. Il feuilleta l'ouvrage avec un frisson, puis le replaça et en choisit un autre. *Perversion ou paraphilie ? Une approche positive de la déviance sexuelle*. Il était rassurant de constater que le docteur Quinlan était une réelle sommité.

Il ramena ses cheveux en arrière à l'aide d'un vulgaire peigne en plastique et, debout devant le grand miroir encastré dans le mur, adopta une série de poses. Un passage par le coiffeur ne lui ferait pas de mal.

C'était précisément ce que se disait Ruth Reynolds. L'index posé sur ses lèvres pincées, elle l'observait pensivement à travers la glace sans tain. Encore quelques minutes et elle entrerait. Mais pour le moment, le spectacle se révélait instructif.

La porte s'ouvrit et Molly entra, apportant sur un plateau du thé et des biscuits ainsi qu'un cendrier en alu recouvert d'une serviette. Elle déposa soigneusement le tout sur la table :

— Le docteur Reynolds arrive.

Il aurait préféré une bière, mais il ne semblait pas poli de réclamer. Peut-être la thérapeute lui en offrirait-elle une quand elle serait là... « *Ruth* », se reprit-il. Il préférait généralement l'emploi du prénom, plus convivial, mais avec Reynolds, ça ne venait pas spontanément.

Passé les salutations et les banalités d'usage, tous deux reprirent leurs sièges de la fois précédente. Randall descendit son thé avant même d'avoir fini sa première cigarette. Peut-être y verrait-elle un encouragement à lui proposer quelque chose de plus fort... À cet instant, il n'aurait pas refusé un brandy. Voire deux. Mais il se contenterait volontiers d'une bière fraîche.

— Molly m'a dit que vous étiez avec un autre client ?

— Comme je vous l'expliquais la fois passée, Greg, vous n'êtes pas le seul à avoir un problème, déclara la thérapeute avec un sourire mécanique. Sans trop en dévoiler, je peux vous dire que nous recevons ces derniers temps un grand nombre de demandes d'informations. Il en va toujours ainsi au sortir d'une psychose collective. Une quantité d'hommes vivent la même chose que vous. Ils livrent une bataille perdue d'avance pour contrôler leurs désirs et leurs pensées. Et seule une poignée d'entre eux trouve le courage d'agir comme vous l'avez fait. Et de demander de l'aide.

— Est-ce que ça commence pareil pour eux que pour moi ? Est-ce qu'ils se contentent dans un premier temps de regarder et de fantasmer ?

Il n'était pas sûr de vouloir connaître la réponse à sa question.

La thérapeute s'accorda un temps de réflexion :

— Pour être franche, Greg, nous n'en savons rien. C'est possible. Vous reconnaissez vous-même le caractère évolutif de votre situation : vos pulsions semblent se renforcer avec le temps. Je puis toutefois vous assurer qu'avec l'aide de la thérapie votre souci peut être traité, pour peu qu'il soit pris en charge assez tôt.

— Avez-vous discuté de mon cas avec le docteur Quinlan ?

— Pas encore. Il est pour le moment occupé à d'autres tâches. En tant que sommité dans le domaine, ses services sont fortement sollicités, tout particulièrement en ce moment.

— J'étais en train de jeter un coup d'œil à certains de ses livres, dit-il avec un geste vers la bibliothèque. J'aurais jamais cru qu'on puisse écrire autant sur un sujet aussi obscur. Remarquez, je n'avais jamais vraiment réfléchi tout court à ce genre de choses jusqu'à récemment.

— C'est seulement quand les gens rencontrent directement ce type de problèmes qu'ils commencent en général à s'y intéresser. Parce qu'ils ressentent eux-mêmes ces émotions ou qu'un de leurs proches connaît un souci. Je suppose que vous n'avez toujours rien dit à votre femme ?

— Je n'ose pas.

— Il est quelquefois bon d'associer le partenaire au traitement, Greg. Une difficulté partagée est à…

— Elle ne comprendrait pas.

— Peut-être que non. Mais affronter une difficulté seul peut s'avérer encore plus dur. Vous disposez bien évidemment du plein soutien du docteur Quinlan et de moi-même, et vous pouvez faire appel à nous à *tout* moment, mais en définitive, on ne peut pas être à vos côtés vingt-quatre heures sur vingt-quatre. Il n'est pas inutile d'avoir chez soi quelqu'un à qui parler. Quelqu'un pour vous soutenir quand l'envie vous prend et que votre volonté vous fait défaut.

— Impossible. J'ignore comment Bethan réagirait. Elle pourrait…

— Partir avec les enfants ?

Il opina du chef, se refusant à verbaliser la peur qui l'obsédait.

— Commençons par parler de vous et Bethan, si vous le voulez bien.

Il ne le voulait pas vraiment, mais avait-il le choix ? Il songea à Tamara et Natalie. L'autre soir dans la baignoire. Il ne pouvait plus faire marche arrière :

— Si vous y tenez…

— Une bière faciliterait-elle les choses ?

— Je me demandais quand vous alliez vous décider ! répondit-il en s'égayant subitement.

La thérapeute s'avança aussitôt vers le meuble-bar, sans lui retourner son sourire : il espérait qu'elle ne l'avait pas trouvé grossier. Sans doute préparait-elle mentalement ses volées de questions. Il vit que cette fois-ci un pack de quatre l'attendait au frais. Reynolds n'était peut-être pas la peau de vache qu'il s'imaginait après tout.

— Greg. Afin de pouvoir vous aider, nous avons besoin de vous connaître à un niveau très… intime. Il est impératif que vous répondiez avec sincérité et sans réserve. Je ne veux aucune cachotterie. Ne gardez rien pour vous. Bon. Quelle note donneriez-vous à votre vie sexuelle ?

64

— Ma vie sexuelle ?

— J'entends par là celle de votre couple.

Il décapsula la canette et avala quelques gorgées. Elle ne brillait pas par son tact. Il décida de jouer le jeu. Il faudrait qu'elle se donne un peu plus de mal que ça si elle comptait le mettre à nouveau mal à l'aise. Il s'était préparé toute la semaine en vue de cette séance.

— Une assez bonne note, je crois.

Il alluma une deuxième cigarette.

— Sur une échelle de un à dix ?

Bref silence.

— Neuf. J'y prends du plaisir. Bethan également. C'est l'essentiel.

— Comment le savez-vous ? Est-ce qu'elle vous le dit ?

— Oui. Mais je m'en rends compte de toute manière. Vous savez comment ça se passe.

— Non, Greg, vous êtes le seul à savoir comment ça se passe. C'est pourquoi je vous pose la question. (Elle sirota son gin.) Que faites-vous exactement ?

— Je suis comptable, répondit-il.

— Je veux dire : avec votre femme.

Il haussa les épaules avec nonchalance.

— Eh bien, l'amour. Le truc classique. Vous savez.

— Ne soyez pas gêné, Greg. Tout le monde le fait, et chacun d'une manière différente. J'essaie simplement d'établir une toile de fond.

— OK, dit-il, et il tira sur sa cigarette. On baise. Vous voyez : les va-et-vient habituels.

— Y a-t-il beaucoup de préliminaires ?

— Des fois. Ça varie.

— Je vois. Et vous y prenez tous les deux autant de plaisir ?

— Bien sûr.

— Avez-vous jamais envisagé que votre femme puisse vous mentir ? Histoire de ne pas vous blesser.

— Non !

La salope ! Jamais l'idée ne l'avait effleuré auparavant, mais désormais il savait qu'il ne se passerait pas une fois sans qu'il se pose la question. *Pas une seule fois.*

— À quel âge avez-vous perdu votre virginité ?

Haussement d'épaules :

— Seize ans. Peut-être quinze. Ça date. Ouais, quinze ans.

— Vous ne semblez pas très sûr. La plupart des hommes se

souviennent de leur première fois jusque dans les moindres détails. C'est un événement important dans une vie, une expérience qui marque le passage à l'âge adulte.

Plongeant dans ses souvenirs, Randall tâcha de se remémorer une petite affaire réglée en quelques minutes, bien des années plus tôt, sur le terrain de sport de son école.

— J'avais quinze ans.

— Et elle ?

Il ne parvenait même pas à se rappeler son prénom.

— Le même âge que moi.

— Quinze ans ?

— Ou peut-être quatorze. Ouais, quatorze. On était encore gamins. (Il se rendit compte de ce qu'il venait de dire.) Enfin, ça n'était pas une petite fille ni rien. On était presque adultes.

— Presque adultes… ? À quatorze ans ?

Il lui jeta un regard noir.

— Étiez-vous attiré par les enfants en ce temps-là ?

— Pas par les enfants, non. Les filles de treize ans, oui, bien sûr. C'est assez normal, non, quand on a soi-même quinze ans ?

— Mon travail n'est pas de définir ce qui est normal ou pas, Greg, mais d'essayer de comprendre. Cela a-t-il été une mauvaise expérience ?

— Quoi donc ?

— Votre première fois.

Randall fouilla sa mémoire.

— Tout s'est passé très vite. Pas mal de tâtonnements. Vous savez comment ça se passe à cet âge.

— Éjaculation précoce ?

— Non.

— Vous êtes certain ?

— Je vous ai répondu, non ?

— Comment s'appelait-elle ?

— J'ai oublié. (Le prénom lui revint subitement.) Caroline.

— Vous l'aimiez bien ?

— Bien sûr, sans quoi j'aurais jamais…

— Remontons plus loin, Greg. Avant Caroline.

— Avant ? Mais c'était elle la première.

— Greg, on ne décide pas comme ça un beau jour de faire l'amour. C'est quelque chose qui arrive petit à petit. D'abord des baisers, puis des mains baladeuses peut-être. Ce genre de chose. Vous rappelez-vous votre puberté ?

Nouveau haussement d'épaules :

— Pas spécialement, non.

— Vous avez bien dû vous masturber avant de rencontrer Caroline.

— J'imagine que oui.

— Vous « imaginez » ? Vous ne vous en souvenez plus ?

— C'est bon, grommela Randall, oui, je me suis masturbé. Je suis pas le seul, non ?

— De quelle façon ?

— Quoi !?

— De quelle manière ? Je veux dire que ce n'est pas une technique qu'on acquiert à la naissance. La masturbation n'est pas un exercice inné. Il s'agit d'une pratique que l'on apprend, ou parfois qu'on nous enseigne. De quelle façon cela s'est-il passé pour vous, Greg ?

65

Il descendit sa bière, laissant son esprit vagabonder. Il n'y avait jamais repensé, mais voilà qu'aujourd'hui les images brillaient soudain de tous leurs feux sous les projecteurs de sa mémoire, comme si la thérapeute venait d'allumer un interrupteur dans son esprit.

Des images très nettes, et extrêmement embarrassantes…

Il se revit s'évertuant à atteindre son premier orgasme, insaisissable, cherchant à développer une technique alors qu'il ne savait même pas comment se prendre en main. Le souvenir lui tira un léger sourire :

— Je me rappelle pas.

La thérapeute fit une moue dubitative.

— Après Caroline, êtes-vous sorti avec des filles plus jeunes ?

— Je suppose qu'elles avaient le même âge.

— L'âge de vos petites amies augmentait-il en fonction du vôtre ?

— Plus ou moins.

— Avez-vous eu des relations sérieuses avant Bethan ?

— Pas vraiment. Rien que les histoires de cul d'ados ordinaires. J'ai rencontré Bethan à la fac. En première année. J'avais un boulot de comptable qui m'attendait. Un copain de mon père. Bethan étudiait les langues : le français, l'allemand, et l'espagnol. Elle voulait travailler en Europe. Elle avait de bien meilleures notes que moi. Elle aurait pu faire le boulot qu'elle voulait.

— Il semble qu'elle soit finalement tombée enceinte.

Il sourit :

— Des petites dynamites.

— Nous reviendrons bientôt à elles. Quand diriez-vous avoir pris conscience de votre attirance pour les très jeunes filles ? J'entends les enfants prépubères, pas les adolescentes. Les réponses que vous avez données sur le questionnaire étaient un peu évasives.

Randall réfléchit un instant à la question :

— Franchement, je sais pas. Ça fait un moment que j'y pense, que j'essaie de prendre du recul. C'est pas arrivé comme ça du jour au lendemain, mais… mais plus le temps passait, plus elles étaient jeunes.

— Expliquez-moi ça, Greg.

— J'ai jamais cessé d'aimer les filles plus âgées… Une fille, ça reste une fille. Je me souviens pas avoir à un moment donné arrêté d'être attiré par une fille de seize ou dix-sept ans. Après tout, elles sont adultes à cet âge. Je veux dire, physiquement. Mais les filles plus jeunes… Les enfants… C'est venu petit à petit.

Le docteur Reynolds l'encouragea d'un hochement de tête.

— J'étais pas du tout attiré par les petites filles quand j'étais à la fac. Il y avait une sorte de barrière entre l'école et la fac. Vous savez ce que c'est : inconciliables comme l'Est et l'Ouest. Beaucoup de mes potes avaient des petites sœurs, mais à l'époque je les regardais même pas. Je les voyais juste comme des gamines chiantes. Vous savez, elles vous grimpent dessus dans leurs petites robes en montrant leurs culottes. Et ça provoquait absolument rien en moi. Alors qu'aujourd'hui, je rêverais… (Il s'arrêta en prenant conscience de ses paroles.) Bref. Ensuite j'ai rencontré Bethan et on s'est mariés.

— C'est donc seulement depuis que vous connaissez Bethan que vous ressentez une attirance pour les petites filles ?

Il retourna longuement la question dans sa tête avant de répondre, incertain du terrain sur lequel elle cherchait à l'entraîner :

— Je vois aucun lien, mais oui.

— Nous nous occuperons des liens plus tard, Greg. Je dois d'abord situer à quel moment naît votre attirance pour les enfants, ensuite je pourrai me pencher sur les causes, et de là, sur la manière de mettre au point l'approche thérapeutique qui vous aidera à gérer cette attirance.

— OK. C'est vous la psy.

— Il ne s'agit pas de psychiatrie, Greg. Je suis psychothérapeute, pas psychiatre. Je pensais vous avoir expliqué la différence la dernière fois.

— Disons que vous l'avez fait. J'ai pas tout pigé.

— Hormis vos propres filles, êtes-vous en contact avec beaucoup d'autres enfants ?

— Pas vraiment. Enfin, les jumelles invitent parfois des camarades. Mais en règle générale, non. Maintenant j'évite.

— Les camarades de vos filles ? Filles ou garçons ?

— La plupart sont des filles. Mais ça, c'est elles qui l'ont choisi, pas moi.

— Les jumelles sont bien âgées de six ans ?

— Elles en auront sept à la fin de l'année.

— Vous disiez l'autre fois que votre attirance vous poussait vers les fillettes plus âgées.

— Neuf, dix ans. Dans ces âges.

— Pourquoi pas celles de six ans ?

Randall fouilla le regard de la thérapeute, mais n'y trouva aucune réponse. Une gêne le saisit :

— Je vois pas les dynamites avec le même regard. Je vous ai expliqué la dernière fois.

— Je vous crois, Greg. Sincèrement. Mais je dois vous poser la question. Qu'en est-il des amies de vos filles ?

— Comment ça ?

— Ça ne doit pas vous déplaire d'avoir autant de petites filles sous votre toit…

Il eut un geste d'indifférence :

— J'y avais jamais pensé.

La thérapeute posa son verre et le fixa droit dans les yeux :

— Greg, je ne peux pas vous aider si vous ne faites pas preuve de sincérité. Il faut que vous compreniez ça. Les amies de vos filles ont-elles déjà passé la nuit à la maison ?

Il revoyait à présent le questionnaire. Et il se rappela la question anodine.

66

Ç'avait été plus facile à l'époque : il n'avait eu qu'à inscrire ses réponses, sans personne pour le harceler de questions en retour. Il tenta de se souvenir de ce qu'il avait écrit.

— À une occasion, oui.

— Je vous écoute, fit la thérapeute avec un signe de tête.

— Les jumelles avaient invité leurs camarades. Pour passer la nuit. C'était pendant les petites vacances ou quelque chose comme ça. Le soir venu, comme Bethan travaillait, j'ai dû m'occuper des quatre gamines à la fois.

— Vous vous êtes retrouvé entièrement seul avec quatre fillettes ?

Il lui lança un regard sévère :

— Il ne s'est rien passé.

— Ai-je insinué le contraire ? rétorqua-t-elle.

— Et donc elles ont pris leur bain et…

— Les quatre ? Vous avez aussi donné le bain aux amies de vos filles ?

Randall rougit d'embarras. Tout cela avait paru très innocent sur le moment.

— Je… Les petites dynamites… C'était le soir de leur bain. Leurs camarades ont simplement demandé si elles pouvaient les rejoindre dans la baignoire. C'est tout.

— Et vous avez accepté ?

— Qu'est-ce que je pouvais faire ?

— Refuser.

— Docteur Reynolds, tout ce que j'ai fait, c'est les déposer dans la baignoire. Je l'ai dit à leur mère le lendemain et elle a trouvé ça très bien.

— Les mères sont comme ça, Greg. Une femme change quand elle devient mère. Que s'est-il passé ?

— Rien.

— Dans le questionnaire, vous avez écrit que…

— C'est bon, c'est bon… Mais je ne les ai pas touchées ni rien.

— Je vous écoute.

— Une fois sorties du bain, je les ai installées devant une vidéo et j'ai pris un bain à mon tour. Juste un bain. Tout seul. Je me suis pas branlé en repensant aux gamines nues dans leur bain.

— Ai-je insinué que vous l'aviez fait ?

— Vous y avez pensé.

— Alors que s'est-il passé au juste, Greg ?

— Rien. J'ai enfilé mon peignoir pour les rejoindre. On a bu quelque chose. Juste des chocolats chauds. Un repas léger. On regardait un DVD. Un Disney ou autre chose. *Dumbo*, je crois. Et puis soudain, je me suis rendu compte qu'elles pouffaient de rire. Les gamines. J'ai baissé les yeux et je me suis aperçu que mon peignoir s'était ouvert. C'était absolument pas fait exprès, mais elles ont tout vu. Je me suis dépêché de me couvrir, histoire… vous comprenez, qu'elles racontent pas partout que je m'exhibais.

— Était-ce le cas ?

— *Non !* C'était un accident.

— Mais ça vous a plu, pas vrai, Greg ? C'est en tout cas ce que vous aviez répondu.

Il maudit dans sa barbe le questionnaire.

— Je m'en rappelle plus.

— Vous vous étiez déjà montré nu quand vous étiez enfant, Greg, vous vous souvenez ? À l'école ? Vous avez raconté qu'un jour dans la cour vous…

Putain de questionnaire !

— J'étais qu'un gamin. J'ai pas envie de revenir là-dessus.

— Très bien, reparlons dans ce cas des amies de vos filles. Quel âge avaient-elles ?

— Six ans, comme les jumelles.

— Les trouviez-vous attirantes ?

— Non. Mignonnes, peut-être, mais ça n'avait rien de sexuel.

— Mais vous aimez regarder les petites filles un peu plus âgées. Huit, neuf ans.

— Je l'ai déjà dit.

— Parlons à présent du trou dans la cabine. De quelle piscine s'agissait-il ?

Il prit de longues inspirations, regrettant amèrement d'avoir consigné autant de choses par écrit. Il ne se rappelait pas avoir été aussi bavard. Qu'avait-il avoué d'autre ? S'il avait su que ce papelard finirait entre les mains de cette femme au lieu de celles du docteur Quinlan, il aurait fait preuve de plus de réserve.

— C'est rien du tout. Juste un vestiaire en commun. Et il y avait un trou dans la cloison.

— Je vois, oui. Ce trou bien commode, donnant dans la cabine voisine, où les enfants se changent…

— Ouais. Il avait sans doute été percé par un pervers.

— « Un » pervers, Greg ?

Randall sentit son visage s'empourprer :

— Pas par moi !

67

— Amenez-vous souvent vos filles à la piscine ?

— Je trouve important qu'elles apprennent à nager, oui.

— Et vous fréquentez toujours la même piscine ? Celle où il y a ce trou ?

— Pas toujours. Ça fait une trotte.

— Il vous arrive cependant d'y aller ?

— Oui.

— Dans le seul but de reluquer… les femmes ? les petites filles ?

Il hésita.

— Les petites filles.

— Des fillettes de l'âge de vos jumelles ?

— Plus âgées.

— Les fillettes de six ans ne vous excitent pas ?

— Je vous l'ai dit : non. Combien de fois il faut vous le répéter…

— En revanche, dès qu'elles atteignent neuf ou dix ans, votre libido se réveille.

La canette serrée dans sa main, il répondit d'un ton agacé :

— Ça n'est pas aussi simple. Je les trouve pas tout d'un coup attirantes le jour de leur neuvième anniversaire. Je crois que c'est lié a à leur corps qui change. Je parle pas de la puberté. Avant ça. Il suffit de les regarder. La manière dont elles se tiennent. Leur façon de bouger. Il y a autant de différence entre une enfant de six ans et une de neuf ans qu'entre une de six et une de seize.

— Et c'est ce changement qui vous séduit ? Que vous trouvez sexuellement attirant ?

— Quelque chose comme ça.

— Vous fantasmez sur les jeunes filles de cet âge ?

Il hésita :

— En me masturbant, vous voulez dire ?

— Disons ça, oui.

— Au début, je me contentais de les regarder. Mais maintenant oui, ça m'arrive. Depuis quelques années.

Il n'arrivait pas à croire ce qu'il venait d'avouer. Après une seule bière. Il écrasa la canette dans sa main.

La femme la remplaça aussitôt par une neuve. Elle se pencha pour attraper un ordinateur portable sur la table basse. Il en profita pour allumer une autre cigarette.

— Comment décririez-vous votre enfance, Greg ?

Il hésita.

— Je vous l'ai dit la dernière fois : mon père n'a pas abusé de moi.

— Je ne veux pas que vous me parliez de votre père cette fois. Seulement de votre enfance. A-t-elle été heureuse ? En gardez-vous de bons souvenirs ? Ou est-ce le trou noir ?

— Ça allait.

— Rappelez-vous, Greg, qu'il est primordial que vous soyez sincère. Réfléchissez à vos premières années. Voilà, prenez votre temps. Replongez-vous en arrière. Quels sont les souvenirs qui ressortent ?

— Vous voulez quoi ? Que je vous raconte ma vie ?

— Bien sûr que non. Seulement comprendre d'où vous vient

cette attirance pour les petites filles. Rappelez-moi si vous avez des frères ou sœurs ?

— Une sœur.

— Plus jeune ou plus âgée ?

— Plus jeune.

— Comment s'appelle-t-elle ?

— Je ne vois pas en quoi c'est important.

La thérapeute ignora sa remarque et poursuivit :

— Vos parents ont divorcé. Pour quelle raison ?

— Je tiens pas à parler d'eux. Il s'agit de ma famille. Je veux pas qu'on mêle ma famille à tout ça.

— Moins j'en saurai et plus le risque est grand que je commette une erreur de jugement dans l'évaluation de votre problème.

— Je prends le risque. Je vous ai parlé de ma femme, de mes filles. C'est suffisant.

— Aviez-vous beaucoup d'amis quand vous étiez enfant ?

— Normal, quoi.

— C'est quoi, « normal » ?

— J'avais des copains d'école, d'autres là où j'habitais, vous voyez, quoi. Quand on a déménagé, je me suis fait de nouveaux copains. Je tenais pas un compte, bordel !

— Greg, il n'y a pas lieu de vous énerver. Mes questions sont tout ce qu'il y a de plus innocent. Je n'essaie pas de vous piéger ni quoi que ce soit. Seulement de comprendre.

— Désolé…

Il s'interrompit. De quoi s'excusait-il au juste ?

— À quoi a ressemblé votre éducation ? En termes d'éveil sexuel ? Vos parents parlaient-ils librement de sexualité, ou était-ce quelque chose dont on ne discutait pas ?

— Ils faisaient pas l'amour devant moi si c'est ce que vous demandez, mais sinon ouais, c'était abordé assez ouvertement. La sexualité, je veux dire. La nudité. Tout ça. Ils nous encourageaient à avoir une attitude saine à l'égard de nos corps, sans en avoir honte. On verrouillait jamais la porte de la salle de bains.

— Preniez-vous vos bains ensemble ?

— Pas avec mes parents, non. Enfin, c'est peut-être arrivé bébés bien sûr, mais jamais après. Je me souviens que je me baignais avec ma sœur, quand on avait encore l'âge de tenir à deux dans la baignoire, mais ça s'arrête là.

— Vous avez donc vu votre sœur nue ?

Randall porta la bière à ses lèvres :

— Ouais, quand elle était encore gamine. Quand on prenait notre bain ensemble. Je l'ai jamais matée, bordel.

— Je n'ai jamais dit ça, Greg. C'est un sujet sur lequel vous êtes très sensible. Y a-t-il une raison particulière ?

— Non !

— Je crois que si, Greg. Je crois que vous cachez un souvenir quelque part au fond de votre subconscient. Un souvenir désagréable. Vous comprenez de quoi je parle, Greg ? Je crois que pour une certaine raison, vous avez refoulé ces souvenirs. C'est ce qui explique votre tension dès qu'il s'agit de répondre à des questions somme toute très innocentes.

— C'est ridicule. Et d'ailleurs vos questions n'ont rien d'innocent. Vous essayez de me faire admettre quelque chose qui n'a jamais eu lieu.

La thérapeute s'en défendit avec une sincérité presque convaincante :

— Greg, s'il vous plaît, ce n'est pas vrai. J'essaie juste de me montrer objective. Pour une raison qu'on ignore, vous êtes attiré par les petites filles. Vous êtes venu ici nous demander de l'aide. Or, comme je l'ai déjà dit, l'aide que nous pourrons vous offrir dépendra de la franchise de vos réponses.

Pour la seconde fois, il se surprit à s'excuser. Mais ce coup-ci, le mensonge était bel et bien délibéré : dans l'intérêt des petites dynamites, il devait en passer par là.

— Vous aviez certains fantasmes inhabituels quand vous étiez enfant. Pouvez-vous m'en parler ?

— J'ai oublié.

— Vraiment ?

La salope. Elle savait.

Ce foutu questionnaire.

68

Aux dires du docteur Quinlan, ce questionnaire ne devait être vu que de lui seul. Jamais il n'avait mentionné cette femme. Randall songea aux jumelles. Dans leur intérêt, il se devait d'être fixé. Fermant les yeux, il s'obligea à scruter les sombres recoins de son esprit.

Il avait neuf ans. Il courait dans un champ de blé, vêtu seulement d'un tee-shirt et de sandalettes. Il sentait les épis frotter contre ses parties génitales d'enfant.

Il se redressa en sursaut, choqué, et ouvrit grands les yeux. La thérapeute attendait patiemment, le regard rivé sur lui :

— Greg ?

— Allez-y, posez vos questions.

— Dans le questionnaire, vous parliez d'être attaché, nu, à un… un arbre. C'est exact ?

La gêne s'afficha sur ses traits. Avait-il réellement écrit ça ?

— Quelque chose comme ça, oui, mais c'est très vague à présent. Ça fait si longtemps…

— Très pratique. Ça n'aide donc pas vraiment. Avez-vous déjà été hypnotisé ?

— Non.

— Y verriez-vous une objection ?

— Pas question.

Il ignorait en quoi cet exercice consistait exactement mais devinait qu'il signifiait dévoiler son âme, ses plus noirs secrets et ses sentiments les plus intimes à cette femme. Jamais plus il ne pourrait la regarder dans les yeux.

Il pensa à ses petites dynamites. Natalie et Tamara.

À la fillette morte. Rebecca.

Aux deux nouvelles victimes qu'on venait d'annoncer.

Il songea encore aux jumelles.

— Faites ce qu'il faut, dit-il.

— Nous essaierons lors de la prochaine séance. Ne vous en faites pas, ça ne vous coûtera rien. Cela constituera la dernière étape de l'évaluation, après quoi le docteur Quinlan vous rencontrera en personne afin de vous exposer nos conclusions et d'aborder la question des honoraires.

— C'est terminé ?

— Presque. Avant de partir, j'aimerais juste que vous jetiez un coup d'œil sur ceci. (Elle déplaça le portable dans sa direction.) Comment avez-vous réagi en apprenant le meurtre des deux autres fillettes ?

— J'ai été bouleversé. Absolument bouleversé. Et terrifié. Je peux comprendre les attouchements, je crois. J'imagine comment ils peuvent se produire. Une personne ressent les mêmes envies que moi et s'avère incapable de les contrôler… Mais *tuer* un enfant ? (Il eut un frisson.) Docteur Reynolds, dites-moi que je ne commettrai jamais un tel acte, s'il vous plaît. Promettez-le-moi.

— Je suis navrée, Greg, mais je ne peux pas vous faire une telle promesse. Il est trop tôt encore. Je dois d'abord en savoir plus à votre sujet. D'où l'importance de ces entretiens. Et la nécessité pour vous d'être entièrement sincère avec moi, quelle que soit votre gêne.

Randall posa son regard sur l'ordinateur :

— À quoi il sert ?

— Je veux que vous regardiez certaines images, et que vous me disiez lesquelles provoquent une réaction.

Elle pressa une touche et l'écran s'éclaira d'un coup, lançant un diaporama d'images colorées. La première dizaine représentait des mannequins femmes adultes défilant sur un podium. Il les visionna d'un œil indifférent :

— Qu'est-ce que vous voulez que je vous dise ?

— Contentez-vous de les regarder. Et dès que vous tombez sur une photo qui vous excite d'une manière ou d'une autre, indiquez-la-moi. C'est tout. Il n'y a aucun piège. Mais je vous demande, s'il vous plaît, de répondre honnêtement.

— OK. Celles-ci sont… plutôt jolies.

— Jolies à regarder ? À la manière d'un beau paysage ? Ou « jolies » dans le sens de « sexuellement attirantes » ?

— Les deux.

— Très bien. Continuez.

Les images changèrent. Les femmes sur les photos furent bientôt seins nus, puis entièrement nues. Elles adoptaient des poses de magazine classiques.

— Elles sont pas mal. Sans plus. Pas vilaines, mais quand même un peu fades. Banales.

Arrivèrent des photos d'hommes, d'abord habillés, puis déshabillés.

— Je vous ai dit, je suis pas une tapette.

La thérapeute se composa un sourire amusé :

— Vous n'êtes pas non plus un modèle de tolérance.

À nouveau des femmes. Dans des poses plus explicites. Puis des hommes et des femmes, dans des scènes qu'il considérait comme *hard*.

— Que pensez-vous de celles-ci, Greg ?

La bière avait à présent envahi son sang. Il décapsula une troisième canette :

— Je dirais qu'elles méritent un petit coup vite fait.

— Sexuellement attirantes, donc ?

— Éventuellement ouais, fit-il en examinant les images sur l'écran, sans plus du tout se préoccuper du regard perçant de la thérapeute fixé sur lui.

Tout à coup, les adultes disparurent pour faire place à des photos d'enfants. Des garçonnets et des fillettes en train de s'amuser.

Habillés. Il hésita sur la réaction à adopter :

— Ils sont… Ils sont mignons.

— Et celles-ci ?

Il ne savait plus sur quel pied danser. Des enfants sur une plage exotique. Des enfants nus :

— Où vous les avez eues ?

— Ce sont juste des photos naturistes. Prises par des familles adeptes du nudisme. C'est une pratique répandue sur le continent. Les Européens ont une approche plus libérée de la nudité que nous autres Britanniques. Que ressentez-vous ?

— Je sais plus trop. Elles sont… Je les trouve jolies, mais…

— Excitantes ?

— Non. Elles m'excitent pas. (Il sentit qu'elle attendait une suite.) Elles pourraient, oui. Ce sont que des enfants qui s'amusent sans vêtements. Ouais, elles ont quelque chose. Elles sont agréables à regarder, mais…

— Seulement les filles ?

— Oui, seulement les filles.

— Et les garçons ?

Il secoua la tête.

— Juste des gamins tout nus qui s'amusent. Point barre. Les filles par contre…

La thérapeute leva la main pour l'arrêter :

— Il y en a d'autres…

69

Randall restait figé devant la nouvelle image sur l'écran, secouant la tête avec incrédulité.

Il éloigna l'ordinateur.

La femme le poussa de nouveau vers lui.

Son regard était attiré malgré lui par les photographies. Toute excitation que les poses explicites auraient pu déclencher en lui retombait devant la souffrance, la peur et la terreur affichées sur les visages des jeunes victimes.

Il demanda au bout d'un moment :

— Où vous avez eu ces trucs ?

— Ces fichiers proviennent du ministère de l'Intérieur. Il s'agit d'images de pornographie enfantine confisquées. Nous y avons accès grâce à une autorisation spéciale, afin de mener des recherches, ou des thérapies comme celle-ci.

— J'avais encore jamais rien vu de tel.

— Vraiment ?

— Je vous assure. Ces trucs sont à des kilomètres de mes fantasmes. Ils sont immondes. Obscènes.

— C'est effectivement ainsi que la loi les définit. Enfin, le dernier terme qu'ils ont trouvé, c'est « indécent ». Certaines personnes jugent ces pratiques très acceptables. Il y a bien pire. Le « porno snuff », ça vous dit quelque chose ?

— Je suis pas branché par ces trucs, docteur Reynolds. Si c'est ce que vous pensez, vous faites erreur.

— « Ruth », s'il vous plaît, Greg. Appelez-moi « Ruth ». Et soyez tranquille, je ne crois pas cela de vous. Mais vous risquez un jour de vous diriger vers ce genre de pratiques si vous ne suivez pas de thérapie.

Randall secouait la tête, incapable de croire ce qu'il venait de voir.

— J'ai jamais rien vu d'aussi… d'aussi épouvantable. Ces gamins souffraient. Ils avaient peur. Ils avaient mal.

— La maltraitance peut prendre de nombreuses formes, Greg. Croyez-moi, il existe des comportements bien pires que ceux-là. Bien, bien pires. Mais vous disiez trouver les premières photos agréables à regarder : les clichés naturistes, les groupes d'enfants s'amusant dans le plus simple appareil. Les fillettes.

— Voilà, oui. Mais juste elles, pas les dernières. Qu'est-ce qu'on a fait à ces gens ?

— Ceux qu'on a pu identifier ont été jugés. Certains sont même suivis actuellement.

— Comment ça ? Ici ?

— Je ne suis pas autorisée à le révéler, comme vous le savez.

— Ils restent soignables ? Même après être allés aussi loin ?

La thérapeute referma le portable et adopta son sourire le plus sincère :

— Je vais être franche avec vous, Greg. Le client principal de la Fondation est le ministère de l'Intérieur. Nos patients sont pour la plupart des hommes condamnés pour des infractions sexuelles graves envers des enfants, d'autres adultes, voire des animaux. Le traitement des délinquants condamnés constitue le pivot de cette Fondation.

La canette de bière oubliée dans sa main, Randall écoutait avec beaucoup d'attention les paroles de la thérapeute.

— J'aimerais tellement que plus de gens suivent votre exemple, Greg… Si seulement ils se manifestaient *avant* qu'il soit trop tard, leurs victimes, femmes ou enfants, seraient peut-être moins nombreuses. Ça n'a rien de plaisant, Greg, mais c'est nécessaire. Quelqu'un doit assumer cette fonction. Le ministère de l'Intérieur prévoit une prise en charge thérapeutique pour tout délinquant sexuel purgeant une peine de quatre ans ou plus. Beaucoup sont traités ici. Leur libération conditionnelle est subordonnée à cette prise en charge. Tout cela est bien sûr confidentiel. Strictement confidentiel.

— Dans ce cas, pourquoi vous m'en parlez ?

— Je vous en parle parce que je tiens à m'assurer que vous reviendrez suivre cette thérapie maintenant, Greg, *de votre plein gré*, avant qu'il soit trop tard.

Randall la fixait d'un air interloqué.

— Je n'irai pas par quatre chemins : dans un avenir pas si éloigné, l'homme derrière les scénarios de ces photos et de ces scènes qui, aujourd'hui, vous inspirent un dégoût que je crois volontiers sincère pourrait être vous.

Il secoua lentement la tête tout en murmurant :

— Non. Jamais je serais capable de…

— Réfléchissez-y, Greg, l'avertit le docteur Reynolds en découpant lentement ses paroles.

— *Un jour, ce pourrait être vos filles à la place de ces enfants.*

70

Il marcha d'un pas assuré jusqu'au garage, une serviette en cuir dans une main, dans l'autre une valise en fibre marron, et ouvrit la porte sur le côté pour dévoiler les reflets étincelants d'un cabriolet BMW Z3 bleu.

La route se déroula tranquillement jusqu'à Gatwick, la circulation restant tolérable sans engendrer aucun retard imprévu. Il pénétra dans le parking longue durée de l'aéroport et circula prudemment jusqu'à trouver un coin discret, hors de vue des caméras de sécurité.

Éjectant le CD du lecteur, il le glissa dans la poche de sa veste avant de déverrouiller d'une pichenette la serrure de la valise. L'abattant s'ouvrit aussitôt, révélant à l'intérieur une valise en cuir noir plus petite.

Il sortit la seconde valise, balança la première dans le coffre et verrouilla le véhicule avant de prendre le chemin du terminal.

Il lut l'éditorial du *Guardian* autour d'une tisane et d'un muffin à la myrtille dans un *Costa Café*, puis ramassa son bagage et prit l'escalator en direction de la gare ferroviaire.

Il monta dans le train qui descendait vers Brighton et choisit une voiture déserte. Il ouvrit alors sa serviette et, sous un paquet de feuilles volantes, débloqua une trappe dissimulée, mettant ainsi au jour un second compartiment. Parmi une foule d'autres documents, il piocha un permis de conduire qu'il rangea dans la poche de sa veste avant de refermer la serviette.

Arrivé à mi-chemin, il sortit du train à Hayward's Heath et

se rendit en taxi jusqu'à l'agence de location de voitures la plus proche. Une heure plus tard, maudissant en silence les travaux routiers, il remontait au ralenti la M25 au nord-ouest de Londres afin de rejoindre la M1.

Montant vers le nord, il prit la sortie 13 et continua jusqu'à la ville nouvelle de Milton Keynes. La sortie 14 aurait été plus rapide, mais il avait du temps devant lui.

Il restait encore quelques heures avant la sortie des classes.

71

— *Pendez-le ! Descendez-le ! À mort ! À mort ! À mort !*

Claire comprit qu'il s'agissait là d'une réaction pavlovienne déclenchée par l'apparition d'un délinquant sexuel.

Elle rectifia mentalement : un délinquant sexuel *présumé.*

Elle se corrigea de nouveau, presque aussi vite : il s'en était tout de même pris à des enfants par le passé.

« Des petits garçons. » Il avait reconnu ces faits.

Tandis que le gardien refermait la porte, Bristow la salua d'un sourire prudent, et lui tendit sa main valide. Elle l'accepta après une hésitation. La poignée de main s'avéra un rien trop longue, un rien trop vigoureuse. Ces mains n'étaient pas celles qui avaient tué sa fille, elle était au moins certaine de cela à présent.

Mais elles avaient touché d'autres enfants. « Des petits garçons. »

Elle retira brusquement sa main, avant de se lancer dans une série d'excuses embarrassées.

Bristow prit timidement place :

— Il n'y a pas lieu de vous excuser, madame Meadows. Je comprends. Vous permettez que je…, dit-il en entreprenant aussitôt la confection d'une cigarette filiforme.

Ses hématomes étaient maintenant quasiment guéris. Les lunettes bon marché que la prison lui avait fournies n'arrangeaient pas son apparence, mais Claire se surprit à penser que l'homme assis devant elle avait dû posséder un certain charme dans sa jeunesse. Joli garçon. Très certainement bien éduqué. Pas le genre à ramer pour se trouver un partenaire, gay ou autre.

— Merci beaucoup, dit-il.

— De quoi ?

— De vos visites. Vous êtes la seule personne à venir me voir à l'exception de Jeremy, mon avocat. Et de la police, évidemment. Ils continuent de croire que je…

— Je sais. Ils m'ont conseillé de rester à l'écart.

Il secoua la tête d'un air triste :

— Je n'arrive pas à croire qu'ils maintiennent les charges. Combien d'enfants devront donc mourir avant qu'ils admettent leur erreur ?

— Je ne devrais pas vous dire ça, mais nous avons des raisons de croire que la police et les services du Procureur s'apprêtent à annoncer qu'il existe un lien entre les meurtres. Ce qui vous mettra définitivement hors de cause.

Bristow lui lança un regard suspicieux :

— Comment sauriez-vous cela ?

— Par l'ami d'un ami. Nous l'avons appris à votre avocat dans la matinée. Il m'a demandé de vous transmettre la bonne nouvelle.

Bristow hésitait à croire ce qu'il entendait.

— Merci mon Dieu. Ils ont fini par entendre raison.

— Monsieur Isaac dit que vous ne devez pas être trop optimiste. La procédure de remise en liberté risque de prendre encore une dizaine de jours.

— Jeremy est un homme bon. Est-ce la raison de votre visite ? Jeremy vous a-t-il demandé de revenir ?

— Non. Je suis venue parce que je tenais à ce qu'on discute à nouveau. Je voulais… J'avais besoin d'être sûre. D'être absolument sûre que ce n'était pas vous qui aviez…

Bristow la regarda dans les yeux :

— En êtes-vous sûre à présent ?

— Oui. Je crois bien, oui.

— Merci. (Il sourit pour la première fois.) C'est très important à mes yeux. Extrêmement important. (Il tira sur sa cigarette roulée.) C'est bon d'avoir quelqu'un à qui parler.

— Vous n'avez pas de famille ?

— J'ai une sœur. Mais voyager lui est impossible. Elle est plus âgée que moi. C'est à peine si elle parvient à marcher, même à l'aide de son déambulateur.

— C'est triste.

— J'ai également un frère, bien qu'il ne m'ait pas parlé depuis que… (Il fixa le vide.) Depuis ma première arrestation, il y a des années de cela. Il n'arrivait tout simplement pas à accepter ce que j'étais devenu. Kathy a été plus compréhensive. J'allais lui rendre visite quand la police m'a arrêté.

— La police de Londres ?

— Je ne veux pas vous embêter avec cette histoire.

— S'il vous plaît. J'aimerais l'entendre, au contraire. Votre version…

Bristow tira sur sa cigarette avant de commencer :

— On m'a conduit jusqu'à un poste de police, où l'on m'a tabassé et extorqué des aveux… (Il indiqua d'un geste sa main et son bras, toujours plâtrés.) On m'a ensuite relâché dans une ruelle je ne sais où. L'instant d'après, on m'inculpait du meurtre de l'enfant… La fillette, Rebecca. Votre fille.

— Mais pourquoi vous ?

— Je pense qu'ils me croyaient véritablement coupable, au début du moins.

Claire hocha la tête :

— Racontez-moi ce qui s'est passé.

— J'étais en route vers Hayes pour aller voir Kathy. Vous connaissez Hayes ?

— Vaguement. Dans l'ouest de Londres ? Près d'Heathrow ?

— Pas très loin de Southall.

— Oh…

— Précisément. Quand on a retrouvé le… quand on a retrouvé votre fille dans le canal juste à côté, on m'a naturellement aussitôt suspecté.

— Mais la police locale vous avait déjà interrogé auparavant, non ?

— Vous semblez en savoir plus que vous n'en dites.

Claire eut un mouvement de gêne.

— Quelques bribes par-ci, par-là. Continuez, s'il vous plaît.

— Je vous jure que je n'ai rien à cacher. Oui, j'ai été interrogé à plusieurs reprises quand Rebecca a disparu, et bien sûr une nouvelle fois quand on a retrouvé son corps. Comprenez bien que ça ne me pose aucun problème. Une enfant venait d'être tuée. J'ai collaboré à cent pour cent avec la police. À deux cents pour cent. Je ne présentais évidemment aucun lien avec le meurtre, à l'exception de mon camion de glaces. Et de mes antécédents.

— Impliquant des petits garçons.

— Exactement.

— Voudriez-vous…, commença-t-elle. (*Comment formuler cela ?*) Voudriez-vous me parler d'eux ?

— Des garçons ?

— J'aimerais juste que vous me disiez… pourquoi ? Pourquoi des enfants ? Pourquoi ne pas choisir des adultes, comme les gens normaux ? C'est ce que j'ai du mal à comprendre. Vous semblez pourtant normal.

Un sourire amusé joua sur ses lèvres.

— Madame Meadows, si vous pensez que cela peut atténuer votre souffrance de quelque manière, j'essaierai de bonne grâce de vous l'expliquer. Mais je vous préviens : ce ne sera pas plaisant à entendre. Mais… me rendriez-vous d'abord un service ? demanda-t-il d'une voix hésitante.

Elle retint son souffle. Quel service pouvait-il bien attendre d'elle ?

— Si je peux.

— Auriez-vous la gentillesse d'aller me chercher un thé ? Je suis confus de devoir vous demander ça, mais je n'ai pas d'argent sur moi ici.

— C'est moi qui suis confuse. (Elle s'en voulut de ne pas lui en avoir proposé. Les visiteurs dans la grande salle ramenaient fréquemment des boissons chaudes à leurs tables.) Vous devez penser que je n'ai aucune manière.

— Non, non, pas du tout. Je comprends parfaitement que vous ayez d'autres soucis en tête. Vous êtes une femme très courageuse, madame Meadows.

— Claire.

— Claire… Merci. Mon prénom à moi est Thomas, comme vous le savez. (Il marqua une pause.) Je ne crois pas que j'aurais pu supporter une telle épreuve à votre place. Une chose est certaine : je n'aurais jamais eu la force de venir ici aujourd'hui comme vous le faites.

Elle se leva pour aller jusqu'à la machine à café, jetant au passage un regard aux hématomes de Bristow. Malgré les épreuves qu'il avait subies, il continuait de penser en priorité aux autres. Pour la première fois, elle ressentit une forme de sympathie pour l'homme assis là. Ce sentiment dissipa les derniers doutes qui lui restaient sur son innocence.

Plongeant la main dans son sac, elle en sortit un paquet de Benson & Hedges :

— J'ai pensé que celles-ci pourraient faire l'affaire, dit-elle en laissant tomber les cigarettes sur la table.

Bristow leva vers elle des yeux larmoyants et ouvrit la bouche pour parler, mais aucun mot ne sortit. Elle se retourna hâtivement et s'en alla chercher les thés.

72

Il stationna derrière The Point, non loin du cinéma multiplex, et passa une heure à arpenter les allées de thecentre:mk, histoire de tuer le temps. Deux collégiens d'une douzaine d'années avaient séché les cours pour aller flâner dans le gigantesque *mall*, récemment classé pour son architecture. Il les suivit discrètement pendant un moment puis entra dans un McDonald's pour y prendre une collation. Il choisit un siège contre la vitre.

Et commanda seulement un jus de fruit.

Ainsi placé, il avait vue sur la rangée d'arrêts de bus : il savait qu'ils se rempliraient bientôt d'écoliers.

Un sourire apparut sur ses lèvres.

Rien ne lui plaisait autant qu'une fillette en uniforme.

73

Bristow savoura la cigarette roulée à la machine, la manipulant entre ses doigts, palpant le cylindre épais et régulier rempli de tabac. Tout en buvant son thé, il commença à raconter.

Claire le laissa aller à son rythme. Elle prit peu à peu conscience, à mesure qu'il parlait, que l'homme en face d'elle n'avait rien du monstre décérébré dépeint par les médias.

— Vous avez employé le terme « normal » tout à l'heure. Ordinaire. Je sais qu'à vos yeux, je ne suis pas normal. Il va de soi que stricto sensu je ne le suis pas. Il est clair que mes… disons « désirs », faute de terme plus approprié, diffèrent de la norme. Ou du moins, de la norme acceptable. Mais je les crois assez naturels.

Claire réprima un frisson :

— Permettez-moi de ne pas partager votre avis.

— Ce qu'une certaine culture ou société juge contre-nature peut s'avérer tout à fait acceptable pour une autre. Dans certaines sociétés… comment dire… « moins développées », la sexualité et l'enfance vont de pair. Me tromperais-je si j'avançais que vous n'avez jamais étudié l'anthropologie ?

— Je regardais « Un monde qui disparaît[13] » à l'époque.

Bristow accueillit la remarque avec un sourire :

— Les Indiens Mehinaku d'Amérique du Sud illustrent tout à fait mon propos. Ils vivent au bord d'un affluent du rio Xingu au centre du Brésil. Dans leur société, les rôles de l'homme et de la femme sont définis très tôt, y compris celui de la reproduction. Ce que j'essaie de démontrer, c'est que l'idée d'une enfance et d'une sexualité incompatibles est propre à la culture moderne occidentale. Il n'y a rien de plus normal pour les enfants Mehinaku prépubères de simuler un acte sexuel dans leurs jeux.

Il s'arrêta de parler de son propre chef.

— Désolé. Vous n'êtes pas venue écouter un cours d'anthropologie. J'essaie seulement de dire que chaque société a des positions variables sur ce qui est ou non acceptable entre un adulte et un enfant. Le rôle de l'enfant est différent dans d'autres cultures. Si le P.I.E. s'en était tenu à ces positions et à débattre des principes au lieu de verser dans l'activisme, il aurait peut-être obtenu plus de résultats.

— « Le PIE » ?

Il décortiqua le sigle :

— *Paedophile Information Exchange* : réseau d'échange d'informations pédophile. Vous en avez sans doute entendu parler ?

— Jamais.

Bristow parut surpris.

— Il s'agissait soi-disant d'un groupe d'entraide, destiné à des individus partageant les mêmes sensibilités. Aux pédophiles.

---

13 « Disappearing World » (« Un monde qui disparaît ») : série très acclamée de documentaires anthropologiques télévisés diffusée sur la BBC dans les années 1980.

Claire commençait à remettre en question la sagesse de sa démarche.

— Continuez, dit-elle cependant.

— C'était il y a maintenant longtemps. Le PIE a rencontré des problèmes avec les autorités vers la fin des années 1970. C'est à peu près l'époque à laquelle j'ai rejoint le groupe. 1978, il me semble. J'étais très jeune. Ce n'est plus qu'un lointain souvenir aujourd'hui. Bien évidemment, le groupe est depuis longtemps dissous. Notre président, Tom O'Carroll – Dieu le bénisse –, a fait deux ans de prison suite à des accusations de corruption des mœurs forgées de toutes pièces.

Il s'interrompit afin de déguster son thé, puis tira lentement une deuxième cigarette du paquet doré et l'alluma avant de souffler la fumée dans l'air.

— Avec le recul, je crois qu'il a fait plus de mal que de bien à notre cause. Ses motivations étaient justes. Il a aidé beaucoup de personnes en leur montrant qu'elles n'étaient pas seules et qu'elles pouvaient donner plus libre cours à leurs fantasmes. À l'étranger du moins. On a fait tout un plat du tourisme sexuel ces dernières années, mais il n'y a là rien de nouveau. Il y a trente ans de cela, le PIE organisait déjà des voyages vers l'Asie du Sud-Est.

Il s'arrêta devant la réaction de Claire :

— Mon intention n'est pas de vous choquer, Claire. Seulement de mon… de *notre* point de vue, la pédophilie n'est qu'une préférence sexuelle parmi tant d'autres, quel que soit le dégoût qu'elle vous inspire. C'est une pratique bien plus répandue qu'on ne veut bien le croire.

Claire le regardait fixement.

— Je lis le doute dans vos yeux, pourtant les chiffres parlent d'eux-mêmes. Rien qu'aux Philippines, on estime à soixante mille le nombre d'enfants prostitués. C'est la même chose dans tous les pays pauvres d'Asie et d'Amérique latine, voire, bien qu'à un degré moindre, dans les pays développés : l'Amérique du Nord et l'Europe – en particulier l'Europe de l'Est. Bien sûr, oui, ils y sont poussés par la pauvreté, tout comme les adultes. Mais ce commerce sexuel existe uniquement parce qu'il y a une demande. Des hommes du monde entier – mais aussi des femmes – se rendent là-bas pour profiter des services proposés par ces enfants. Tant de gens peuvent-ils réellement être dans l'erreur ?

74

Claire sentit une sueur froide lui glacer le dos. Elle lutta pour contenir sa répugnance.

— Je n'avais aucune idée…

— Le PIE a commis l'erreur de vouloir prêcher son message à un trop large public. Au lieu de rester une simple association permettant aux personnes de même sensibilité de discuter de leurs problèmes, il s'est mis en tête de gagner l'acceptation de la population. Leur projet s'est retourné contre eux. Il était beaucoup trop tôt. La société n'était pas prête pour ça. Nous venions à peine d'obtenir la légalisation de l'homosexualité. Jamais l'opinion n'aurait toléré la tenue d'un débat, et encore moins la conclusion d'un accord sur la pédophilie. Pas à l'époque.

Claire écoutait sans rien dire tout en s'efforçant de masquer son dégoût. Et de comprendre.

— J'avais vigoureusement critiqué cette position dans notre bulletin, *Magpie*. J'en étais un des rédacteurs réguliers.

— « Magpie » ? « La pie. » Ce n'était pas le titre d'une émission télévisée pour enfants ?

— Une coïncidence fort amusante, dit-il avec un sourire. « Une pie, tant pis ! Deux pies, tant mieux ! Trois pies, c'est mon ami ! Quatre pies, il est parti… »

Claire ne put retenir un frisson en l'entendant fredonner la comptine du générique.

— Toute la structure a implosé dès l'instant où l'on a laissé notre bulletin devenir un vecteur de contacts. Au lieu de générer un débat modéré, éclairé et civilisé sur la pédophilie, ils ont tout fichu en l'air en offrant comme cibles aux médias une poignée de fous qui n'avaient aucune considération pour les enfants. Et qui ne cherchaient qu'à en faire des objets sexuels pour abuser d'eux, expliqua-t-il, le regard fixé sur les volutes de fumée, avant de poursuivre sans prêter apparemment attention aux réactions de Claire.

— Le souci fut qu'une fois le PIE dissous, nous n'avions plus nulle part où aller. Le programme de gestion des délinquants sexuels mis en place par le ministère de l'Intérieur en 1992 proposait des thérapies, mais il fallait pour y avoir droit avoir déjà purgé quatre ans minimum. Et elles n'offraient par ailleurs aucun espoir de succès. *Aucun espoir du tout.*

— Pourquoi ça ?

— Parce qu'elles abordent le problème par le mauvais bout. La pédophilie n'est pas une maladie que l'on peut guérir.

— Ah non ?

— Bien sûr que non.

Claire ne pouvait cacher sa confusion :

— Mais vous disiez la dernière fois que vous n'étiez pas heureux d'être p… d'être attiré par les enfants.

— Vous ne comprenez pas, Claire. Je regrette que ma préférence fasse de moi un paria. Je regrette que mon honnêteté me vaille l'aversion des gens. Mon honnêteté et l'affection que je porte aux enfants.

Claire sentit sa voix monter dans les aigus :

— L'affection ?

— Une immense affection, dit-il en opinant du chef.

— Mais vous avez reconnu avoir agressé des petits garçons !

— Je n'ai jamais employé le terme « agresser ».

— Comment appelez-vous ça alors ?

Bristow tira sur sa cigarette.

— Le problème de notre société, Claire, réside dans le fait que les gens – les adultes – n'aiment pas réellement les enfants.

— Certains, sûrement, mais…

— La majorité, affirma Bristow. Même les parents. Bien sûr, oui, ils chérissent leurs propres progénitures. Par instinct naturel. Je parle, moi, d'aimer les enfants pour eux-mêmes, en tant qu'individus. La plupart des gens ne les aiment pas.

— Moi si.

Il haussa un sourcil d'un air dubitatif :

— Vraiment ?

— Bien sûr.

— Pouvez-vous honnêtement dire que vous vous réjouissiez lorsque votre fille… lorsque Rebecca invitait ses amis à venir s'amuser chez vous ?

— Absolument. Ça lui faisait énormément plaisir. Elle s'amusait beaucoup.

— Il s'agissait donc d'une démarche égoïste. Vous acceptiez ces enfants dans votre maison parce que votre fille s'amusait avec eux. Mais auriez-vous apprécié leur compagnie s'ils avaient été seuls ?

Elle réfléchit.

— C'est pas pareil. Je ne les connaissais pas personnellement. Ce n'étaient pas mes amis à moi. C'étaient juste des mômes.

— *Juste* des mômes ? Mais c'est précisément le sens de mon argument, madame Meadows. Claire. C'est en compagnie d'adultes que vous choisissez de passer votre temps, et ce parce qu'aussi sincère qu'ait été l'amour que vous portiez à votre propre enfant, les enfants en tant que tels ne faisaient pas partie de votre vie. Parce que la compagnie des enfants n'était *pas* quelque chose que vous appréciiez.

Claire n'avait aucune réponse à offrir. Bristow poursuivit :

— Nous traitons les enfants comme des citoyens de seconde zone, Claire. Notre société n'a pas de temps pour eux. Bien sûr, on manifeste notre indignation pour la forme sitôt qu'on s'en prend à eux. Et ce sont les agressions sexuelles qui suscitent les plus vives émotions, mais ce n'est pas sincère. Quand on m'a conduit au tribunal pour mon audience préliminaire, j'ai trouvé à l'extérieur une foule réclamant ma tête. Mais une heure plus tard, ces mêmes personnes, de retour chez elles, tabassaient leurs propres enfants pour une remarque déplacée, dépensaient en vinasse ou jouaient au Loto l'argent des allocs. Elles sont par ailleurs pleinement conscientes qu'à l'autre bout du monde des enfants meurent de faim et de maladies à cause de l'eau souillée, ou se font estropier par des armes fabriquées dans notre propre pays, vendues par notre propre gouvernement. Notre société n'a jamais su accepter ses enfants. Il y a à peine cent ans de cela, on envoyait nos progénitures ramoner les cheminées et creuser les mines.

Claire écoutait avec un sentiment mitigé. Ses paroles exprimaient un attachement pour les enfants qu'il lui avait rarement été donné d'entendre auparavant :

— Vous étiez enseignant, n'est-ce pas ?

— C'était il y a longtemps, mais oui, en effet. J'aimais beaucoup ce métier. L'enseignement est mon… était mon premier amour. La littérature. C'était ma matière.

— Mais si vous saviez… si vous saviez que vous étiez pédophile… que vous étiez attiré par les enfants, pourquoi être devenu enseignant ? N'était-ce pas chercher les ennuis ? Vous exposer vous-même à la tentation ?

Bristow retint un sourire :

— Claire, au risque de vous apparaître très vulgaire : avez-vous personnellement une vie sexuelle active ?

Elle ne put cacher sa surprise :

— Oui. Mais…

— Hétérosexuelle ? Vous préférez les hommes aux femmes ? Les hommes adultes ?

— Oui, répondit-elle, curieuse de connaître l'aboutissement de ses questions.

— Éprouvez-vous l'envie de coucher avec chaque homme dont vous croisez le chemin ? Chaque homme avec qui vous partagez un espace clos ? Chaque homme à qui vous serrez la main ?

— Bien sûr que non. C'est absurde !

— Pardonnez cette attaque personnelle. Et permettez que je poursuive. Avez-vous des amis gays ?

— Un ou deux.

— Est-ce qu'ils convoitent chaque individu de leur propre sexe qu'ils croisent ou qu'ils voient ? Vous sentiriez-vous nerveuse dans une pièce pleine de lesbiennes ? Ou plus à votre aise dans une pièce remplie d'hommes gays ?

— Ni l'un ni l'autre, évidemment, mais…

— Pourquoi un pédophile serait-il donc différent ? Pourquoi ne pourrais-je pas me trouver dans une salle remplie d'enfants sans pour autant éprouver le besoin de profiter d'eux ?

75

— Lorsqu'on m'a demandé de démissionner après ma première arrestation, je suis resté sans voix. C'était tellement… injustifié. Il s'agissait d'une école de filles. Uniquement pour filles. Il n'y avait pas un seul garçon dans l'établissement. S'ils avaient raisonné avec logique, ils se seraient rendu compte qu'il n'y avait pas de poste plus approprié pour moi. Je ne ressentais pas plus de désir pour les filles que je n'en ressentais pour les animaux. Elles ne craignaient absolument rien avec moi.

Claire écoutait attentivement tout en buvant son thé.

— C'est ce qui m'avait poussé à postuler pour ce poste en premier lieu. Enseigner avait toujours été une vocation. Je savais ressusciter Shakespeare ou Chaucer[14] comme personne. J'étais né pour enseigner, Claire. (Bristow tira sur sa cigarette.) M'entourer ainsi de filles semblait la solution la plus raisonnable : le risque même de la tentation s'en trouvait écarté. Pourtant, Dieu sait qu'elles étaient de taille à faire se damner un saint. La jupe remontée, le col déboutonné. Vous savez comment sont les adolescentes ?

Claire répondit d'un sourire entendu.

— Mais ça n'avait aucun effet sur moi. Absolument aucun. La rumeur s'est installée. On disait que je devais être gay. J'ai nié évidemment. On n'avait pas le choix en ce temps-là. L'époque était moins libérale.

Il fit une pause pour boire son thé, puis reprit :

— L'une des filles a commencé à avoir le béguin pour moi. J'aurais dû voir la chose venir à un kilomètre, mais ça n'a pas fait tilt. Pas immédiatement. J'ai cru à une farce. Elle avait quinze ans. Ses sentiments se sont bientôt exprimés avec davantage d'audace. Elle faisait des remarques en classe, confiait aux autres filles qu'elle m'aimait. Je trouvais tout ce manège détestable. Maintenant que j'y repense, je regrette de ne pas en avoir informé la directrice pour y mettre fin sur-le-champ. J'ai jugé plus sage d'ignorer cette adolescente. Je craignais de la vexer. C'est ce qui m'a perdu.

Il s'arrêta et tira longuement sur sa cigarette.

— Que s'est-il passé ?

— Elle a débarqué un soir à mon appartement, en pleurs. Passablement effondrée. Je l'ai invitée à entrer. Proposer cela à n'importe quel enfant constituait une stupide erreur. Et plus encore avec elle. Mais je la croyais blessée. Elle prétendait être tombée de sa bicyclette.

Il s'arrêta et regarda au loin. Les souvenirs affluaient. De douloureux souvenirs.

---

14 Geoffrey Chaucer (1343-1400) : poète anglais auteur des *Contes de Canterbury.*

Claire lui toucha le bras :

— Continuez.

— Je l'ai invitée à s'asseoir. Elle disait qu'elle s'était blessée à la cuisse. Tout en haut. Elle insistait pour que j'examine la plaie. Je n'ai rien soupçonné. L'idée qu'elle puisse manigancer quelque chose ne m'effleurait même pas. Elle a voulu que je passe ma main pour toucher. J'ai refusé, disant que ça ne se faisait pas, que j'étais son professeur, mais elle a tout de même soulevé sa jupe. Elle n'avait pas mis de culotte. J'aurais dû la mettre à la porte sur-le-champ, évidemment.

— Mais vous ne l'avez pas fait.

— Je lui ai demandé de partir, mais elle n'a pas voulu. Elle disait qu'elle m'aimait, que je la faisais fantasmer. Elle nous imaginait elle et moi faisant l'amour. J'avais les nerfs en pelote. Elle… Elle s'est mise à me toucher. Elle a tenté de m'embrasser. Je ne savais pas quoi faire. J'ai paniqué. Je l'ai frappée. Pas fort, bien sûr. Juste une claque. Il le fallait. Je devais trouver un moyen de l'arrêter. Elle est restée là, sous le choc.

Claire vit les yeux de l'homme se charger de larmes.

— J'ai agi par égoïsme. Pur égoïsme. Pas un instant je n'ai pensé à ses sentiments. Je me suis fendu d'une remarque vacharde sur les écolières boutonneuses. Je n'arrive toujours pas à croire que j'aie dit ça. Jamais, au grand jamais je n'aurais traité un élève ainsi d'ordinaire, garçon ou fille. Elle a dû se sentir profondément, terriblement, blessée. Ce n'était qu'une enfant. Une enfant dans un corps de femme. Je l'ai prise par le bras et je l'ai flanquée dehors. En lui disant de ne jamais revenir.

Il s'arrêta à nouveau pour boire une gorgée de thé. Ses mains tremblaient.

— Le lendemain matin, j'appris qu'elle s'était pendue.

76

— Dieu du ciel. Je suis sincèrement désolée.

— Ce fut le pire moment que j'eus à vivre dans ma vie. Je ne me le suis jamais pardonné, Claire. La police a bien évidemment enquêté sur le suicide. Son journal intime foisonnait de descriptions de ses fantasmes à mon sujet. Des fantasmes inimaginables. Si seulement elle avait pu exploiter cette imagination dans sa prose. J'ai finalement été dégagé de toute responsabilité. Ses camarades confirmèrent que je n'avais jamais rien fait pour l'encourager. Mais le mal avait été fait.

Une larme roula sur sa joue, et Claire sentit ses yeux s'humecter de sympathie. De sa main valide, il alluma en tremblant une autre cigarette.

— La police connaissait évidemment mes antécédents. En fouillant mon appartement, ils découvrirent des magazines. Attention, il ne s'agissait pas de pornographie enfantine. Juste de photos bien innocentes, au regard des standards actuels. Voire artistiques. Mais elles prêtaient au malentendu. Le jour même, le conseil d'administration réclama ma démission. Soi-disant suite au suicide de la fille. Ils arguèrent qu'il était inconvenant que je reste à mon poste.

— C'était une école de la région ? Une école du Kent ?

— C'était à Harrow, dans la banlieue ouest de Londres. Je n'habitais pas loin de chez Kathy. Après l'incident, j'ai naturellement perdu toute perspective d'emploi. Ma responsabilité n'était pas engagée dans la mort de la fille. L'enquête m'avait entièrement disculpé. Mais l'histoire des magazines s'est ébruitée. La machine à rumeurs s'est mise à tourner à plein régime. Ma vie est devenue un enfer. J'ai été forcé de déménager.

— C'est à ce moment-là que vous êtes venu dans le Kent ?

— Il y a maintenant quinze ans. À Newington. Nous avions l'habitude de descendre à Broadstairs quand nous étions enfants,

Kathy, mon frère et moi, avec nos parents, aussi le choix s'est imposé tout naturellement. J'avais quelques économies. Ça semblait une bonne idée à l'époque. Un nouveau départ. Mais je continuais à tirer mon boulet. J'ai postulé pour des emplois, sans jamais dépasser l'entretien d'embauche. Dès que nous abordions la question des références, c'était fini. Même s'ils ignoraient pour les magazines, le fait que j'eusse démissionné à la suite d'un incident ayant conduit au suicide d'une élève suffisait à me discréditer. Les conclusions négatives de l'enquête judiciaire comptaient pour du beurre. J'ai essayé de déménager à nouveau, mais personne ne voulut se porter acquéreur du domicile d'un pervers. J'étais coincé : pas d'emploi, aucune perspective d'embauche, et dans l'impossibilité de déménager.

Il tira une lente et profonde bouffée sur sa cigarette, recrachant dans l'air une volute de fumée.

— C'est à cette époque que je me suis acheté le camion de glaces. Inutile de préciser que l'entreprise a capoté. J'ai fini criblé de dettes. L'affaire n'a pas duré longtemps. Je vous jure que j'étais pourtant animé des meilleures intentions. Jamais je n'ai tenté d'attirer des enfants à coups de glaces gratuites, comme les journaux l'ont écrit.

— Je vous crois.

— Je suis donc revenu à l'enseignement. Il faut que vous compreniez que la compagnie des enfants me manquait. Leur proximité. Mais pas pour des raisons sexuelles, simplement parce que j'aime être en leur présence. J'ai fini par abandonner l'idée de décrocher un poste dans un établissement et commencé à proposer mes services en tant que professeur particulier. Je m'efforçais de ne sélectionner que des filles, pour naturellement éloigner la tentation, mais ce n'était pas viable. Les filles sont différentes des garçons. Je sais qu'il est mal vu de tenir ce genre de propos, mais elles n'apprennent pas de la même manière. Elles n'ont pas le même comportement en classe. Demandez à n'importe quelle personne qui comprend les enfants – je ne parle pas des enseignants, mais de personnes aimant vraiment les enfants. Bref, il y avait tout simplement trop peu de filles ayant besoin de cours particuliers pour me permettre d'en vivre.

— Vous avez donc décidé d'accepter des garçons ?

— Je n'avais pas le choix. Au départ je me suis montré très prudent. Je faisais en sorte de ne jamais rester seul avec eux. Je m'assurais au mieux que ni moi ni eux ne sortions de nos rôles. Mais à mesure que je m'habituais à eux, et que leurs parents apprenaient à me connaître, une certaine décontraction a commencé à s'installer. Ma relation avec un des garçons, Kevin, a pris des proportions dépassant ce que la société juge acceptable.

Il s'arrêta à nouveau, perdu dans ses pensées, les yeux humides.

— Votre thé refroidit.

Il porta distraitement le gobelet à ses lèvres et but une gorgée :

— Je ne lui ai jamais fait de mal, vous voyez. Il ne s'agissait pas d'une relation sexuelle à proprement parler.

— Dans ce cas, qu'est-ce que c'était... ? demanda Claire en se rapprochant, surprise de sa propre curiosité.

— De l'amour. De l'amour et de l'amitié. Je ne dis pas que je ne le trouvais pas attirant. Il... Kevin était magnifique. Les cheveux blonds. Un teint parfait. Des yeux d'un bleu clair où dansaient les rayons du soleil. C'est drôle, mais il ressemblait davantage à une fille qu'à un garçon. On pourrait penser que cela me l'aurait rendu moins séduisant, pourtant non. Je suis tombé amoureux, tout bêtement.

La question eut du mal à passer ses lèvres. Mais il fallait qu'elle sache :

— Quel âge avait Kevin ?

— Dix ans.

Dix ans. L'âge de Rebecca. Incapable de retenir un mouvement de recul, elle fit mine de changer de position. Claire considérait l'homme assis en face d'elle avec une incompréhension cependant mêlée de sympathie. Malgré le dégoût que lui inspiraient ses propos, elle se sentait touchée par l'émotion qui perçait dans sa voix.

— Notre relation a duré un an. Nous étions devenus très proches. Kevin avait commencé à venir chez moi après la classe. Ses parents travaillant tard, je le gardais en plus de lui donner des cours supplémentaires. Cet arrangement satisfaisait tout le monde.

Il éclusa son gobelet, le regard perdu dans le vide.

— Les parents de Kevin m'ont demandé de lui apprendre à nager. Ils savaient que j'allais régulièrement à la piscine. J'ai accepté, sans aucune arrière-pensée. Puis un beau jour, Kevin a ramené un camarade. J'aurais dû mettre le holà sur-le-champ, mais je pensais pouvoir me contrôler. J'avais tort. C'était tout simplement trop dur.

Il finit sa cigarette et en alluma aussitôt une autre :

— J'ai toujours eu un faible pour les garçons, Dieu seul sait depuis quand. Déjà enfant, je trouvais les autres garçons attirants. Excitants. J'étais toujours le dernier à sortir des douches après les cours de sport. Je ne voyais pas ça sous un angle sexuel à l'époque. Je savais juste qu'ils me plaisaient. Et puis un jour j'ai…

Claire se pencha vers lui :

— Thomas ?

— Un jour j'ai touché un autre garçon sous les douches. C'est arrivé tout seul. Il m'a mis la tête au carré, sur place, encouragé par les autres garçons. Quand le prof de gym est arrivé dans les douches et qu'on lui a dit ce que j'avais fait, il m'a traîné jusque chez le directeur. Littéralement traîné. Par l'oreille. Tout nu devant mes camarades. Il m'a fait traverser la cour jusqu'au bureau du directeur à l'autre bout de l'école, devant les garçons et les filles réunis. C'était extrêmement humiliant. J'ai été sévèrement corrigé, au point d'avoir du mal à m'asseoir après coup. Mais quelque part, cela m'a plu. Pas la correction, ni la douleur en tant que telle. Mais ce rapport entre mon geste et cette douleur. Le fait d'avoir été traîné nu à travers la cour, devant tout le monde. Quelque part j'ai trouvé cela excitant. Ce souvenir m'a fait fantasmer pendant des mois.

Il surprit la grimace involontaire de Claire :

— Pardonnez-moi. Je ne voulais pas être cru.

— Ce n'est rien. Je vous assure. (Pitoyable mensonge, mais il fallait qu'elle en sache plus.) Continuez, s'il vous plaît.

77

— C'est à ce moment-là que j'ai pris conscience que j'étais gay. J'avais à peu près quatorze ans. En pleine puberté. Le garçon dans les douches avait le même âge, mais il faisait plus jeune, vous voyez. Je crois qu'il s'agissait du benjamin de la classe. C'était en tout cas le moins développé physiquement. Bien que ça ne l'ait pas empêché de me massacrer.

Bristow fixa le vide.

— Le directeur m'envoya voir une conseillère. C'était ça ou l'expulsion. Mes parents étaient furieux. Mon père m'infligea des coups de ceinture, par-dessus les marques de la trique. Mais ça n'a fait que renforcer mon envie d'être différent. Quant à la conseillère, elle a juste perdu son temps. Cette idiote m'expliqua que ça me passerait avec l'âge. Elle alla jusqu'à me donner des revues osées à ramener chez moi, pour tenter de me remettre dans le « droit chemin ». Vous voyez le genre : des femmes nues, une jambe par ici, l'autre par là. Tout ça parce qu'ils me pensaient homosexuel ! J'ai balancé les revues à la poubelle. Elles n'ont servi à rien. Strictement à rien. (Il s'arrêta.) Ai-je trop parlé ?

— Non. Continuez, s'il vous plaît. J'ai vraiment besoin de comprendre.

— Ma grande erreur a été d'emmener Kevin et son ami à la piscine. S'ils avaient été bons nageurs, j'aurais pu me contenter de les regarder. Mais je devais leur apprendre. Les tenir dans l'eau. Et de fil en aiguille…

Il s'arrêta de nouveau, le regard plongé au fond du gobelet vide. Claire lui tapota doucement le bras pour l'encourager à poursuivre.

— J'ai toujours eu un faible pour les piscines. C'est assez logique. Quel meilleur endroit y a-t-il pour un pédéraste qui veut voir de jeunes garçons nus ? J'adorais rester dans les douches, à regarder les enfants défiler. Est-ce que cela vous choque ?

Claire fit non de la tête. Elle mentait, mais il fallait qu'elle entende ses explications.

— Et Kevin ?

— Tout cela était très innocent. Je les aidais à s'essuyer. À s'habiller. Je jouais le rôle de père. J'ai commencé à tomber amoureux de Timothy, comme je l'avais fait pour Kevin. Ils se ressemblaient tant, surtout quand ils étaient nus. Les garçons sont ainsi. Associez la candeur d'un visage d'enfant et la pureté de leurs corps et vous obtenez… eh bien, quelque chose de spécial. Aucune trace de ces vilains poils. Ni de ces muscles bulbeux. Rien que la blancheur de leur peau immaculée. Pareille à du satin.

La porte s'ouvrit.

— Bristow ! C'est l'heure !

Le cri du gardien ramena Claire à la réalité. Elle regarda Bristow. Il avait les yeux humides. Les larmes n'étaient pas loin. Il paraissait gêné.

— S'il vous plaît, il faut que je sache.

— Timothy l'a dit à ses parents. Pas pour me nuire : c'est juste qu'il ne s'est pas rendu compte. Ils ont prévenu la police. J'ai encore peine à croire ce qui s'est passé ensuite. Ils ont placé Kevin en détention. Kevin ! À cause de ce que j'avais fait, moi ! On m'a également mis en prison, comme vous le savez sans doute. Quelque part je le méritais, même si j'avais fait ça par amour. Mais punir Kevin…

— Que lui est-il arrivé ?

— Je ne sais pas. Sa famille avait déménagé à ma sortie de prison. Il doit être adulte aujourd'hui. J'espère seulement qu'il est heureux.

— Bristow ! tonna la voix du gardien. Allez !

— Je m'excuse de vous avoir mise mal à l'aise, Claire. J'imagine que ça n'a pas dû être agréable à entendre pour vous. Merci de m'avoir cependant écouté. J'espère seulement que vous pourrez comprendre. J'aimais vraiment Kevin, tout comme vous deviez aimer Rebecca.

Comme il se levait pour partir, Claire tendit le bras et lui prit la main :

— J'en suis sûre.

Elle n'arrivait pas à croire qu'elle ait dit ça.

Elle n'arrivait pas à croire qu'elle l'ait pensé.

Elle se rassit et le regarda partir, sous un chapelet de sifflets et d'insultes. La scène faisait peine à voir.

Un gardien le fouilla, puis on l'emmena.

78

Chaque ville a son quartier rouge. Et chaque quartier rouge a ses mineures.

Pendant des années, Nottingham et Cardiff avaient été ses destinations de prédilection, mais aujourd'hui Cardiff ne se trouvait pas sur sa route, et il n'avait plus remis les pieds à Nottingham depuis le jour où il avait failli finir au poste, pour avoir malencontreusement fait des avances à une gamine de douze ans qui attendait sa mère au bord du trottoir.

Il se rendit au box, récupéra la camionnette et glissa le CD dans le lecteur.

Il rejoignit alors l'autoroute M1 à la sortie de Milton Keynes et la suivit sur plus de deux cents kilomètres, avant de la quitter pour la M62 et de bifurquer sur la route menant à Bradford, où il arriva en milieu de soirée.

Il gara le fourgon blanc sur le parking d'un hôtel premier prix et se dirigea vers sa chambre. Sa fenêtre offrait une vue déprimante sur l'axe Lumb Lane-Manningham Lane et Oak Lane, qui délimitait sans doute le quartier rouge le plus tristement célèbre du pays[15]. Il s'amusait parfois à suivre le circuit touristique retraçant les crimes de l'égorgeur du Yorkshire, et souriait en songeant que Peter Sutcliffe avait foulé ces mêmes trottoirs avant lui. Hormis cela, Bradford n'avait pas grand-chose d'autre à proposer.

L'hôtel était des plus basiques. Il avait de quoi se payer beaucoup mieux, mais s'installer dans les bas-fonds faisait partie du jeu.

Il s'allongea un moment sur le lit, suivant d'un œil un film de série B, la tête ailleurs. À vingt et une heures, il descendit au bar et engagea la conversation avec le barman, lui servant l'histoire classique du type bien décidé à se coucher tôt après une longue journée de travail. Il imita si parfaitement l'accent local que l'employé, lui-même originaire du Yorkshire, n'y vit que du feu. Il était vingt-deux heures lorsqu'il lui souhaita une bonne fin de soirée. Il fit alors un crochet par l'un des téléphones du vestibule, simulant une conversation dans le combiné.

Sitôt que le réceptionniste fut appelé ailleurs, il sortit discrètement dans la nuit.

79

Le chauffeur de taxi ne voulut rien savoir. Il refusait les courses vers l'extérieur de la ville à cette heure-là de la nuit.

Le client sortit une liasse de billets de sa poche, qu'il fit mine de compter afin d'attirer l'attention de l'homme au volant.

Dans l'hôtel miteux où il venait de descendre, perdu en bordure de la Great Northern Road et suffisamment près de la ligne Leeds-Manchester pour qu'on ressente le passage des trains

15 Lieu de prostitution où furent retrouvés les corps de trois victimes du tueur en série Peter Sutcliffe en 1977 et 1978.

dans les chambres, il était déjà d'assez mauvais poil. Mais tandis qu'il regardait la fille se déshabiller, assis au pied du lit, ses traits s'assombrirent davantage. Jacob lui avait promis quelque chose de spécial pour ce soir. Pour l'instant, il ne voyait rien d'exceptionnel.

La fille s'effeuillait sans se soucier du regard expert que l'homme posait sur son corps. Une maigreur d'anorexique. Une expérience apparente du métier. Des formes à peine ébauchées. De là à lui donner treize ans ?

Elle laissa tomber sa petite culotte le long de ses jambes, et attendit debout devant lui. Le regard menaçant qu'il lui renvoya la mit mal à l'aise. Elle s'efforça de soutenir son regard, mais finit par renoncer. Il lui semblait que ces yeux sombres et froids, presque dépourvus de couleur, lui ravageaient l'âme. Elle jeta des coups d'œil nerveux autour d'elle.

Premier soupçon de peur.

Il parcourait son corps du regard. En prenant son temps.

Certains clients aimaient mater avant de commencer. D'autres se contentaient à vrai dire de mater. Ceux-là bénéficiaient d'un tarif spécial, mais elle savait que celui-ci avait payé plein pot. « Aucune restriction. » Elle ambitionnait de se barrer un jour à Londres, en loucedé, et d'y trouver un boulot normal à Soho. Mais pour le moment, son employeur se nommait Jacob. Elle bossait protégée, en sécurité, et au chaud.

L'homme continuait d'examiner son corps de son regard froid, vide de toute réaction. Aucune trace d'intérêt. Ni de désir. Ni d'excitation. Rien que du mépris.

Les mots sortirent difficilement mais il fallait qu'elle brise le silence :

— Tu veux que j'enfile quelque chose ?

Il releva le regard. Elle sentit un frisson lui glacer l'échine. À cet instant-là, elle aurait donné cher pour être ailleurs.

— Que je passe un vêtement particulier ? précisa-t-elle. Mon uniforme ? Ma tenue d'école ?

Certains prenaient leur pied comme ça. La robe chasuble. Les chaussettes blanches.

Il la regarda fixement, comme s'il réfléchissait à la question. Il dit alors :

— Viens là.

Elle s'approcha.

Nerveuse.

Elle était trop jeune pour avoir connu Peter Sutcliffe, mais l'héritage de l'égorgeur du Yorkshire était toujours présent dans les esprits, tout spécialement dans ces environs.

Elle savait que c'était là plus que de simples rumeurs. Même une fois Sutcliffe condamné, des femmes, des prostituées, avaient continué de trouver la mort sur le trottoir. Que dans les seules dernières années près de trente prostituées avaient été assassinées, dont une vingtaine par un ou des tueurs non identifiés.

Elles étaient toutes au courant. Cela faisait rarement les gros titres, mais dans le métier tout le monde le savait. L'égorgeur du Yorkshire, aujourd'hui à moitié aveugle, croupissait à Broadmoor, et malgré ça, des filles continuaient de mourir.

Mais il s'agissait de tapineuses, de sans-abri ou de gitanes, pas de privilégiées travaillant à l'intérieur d'un hôtel.

Elle se rappela qu'il suffisait qu'elle crie pour que Jacob rapplique.

— Comment t'appelles-tu ? demanda-t-il.

Elle se détendit légèrement. Certains aimaient savoir le nom de la fille qu'ils se tapaient. Quelques détails personnels. Rien ne l'obligeait à dire la vérité.

— Mary.

C'était son vrai prénom. Elle ne prenait aucun risque à le lui révéler.

— Tu es du coin ?

— Oui. (À nouveau une réponse franche.) J'ai besoin de fric, dit-elle, comme s'il était nécessaire de lui préciser qu'elle ne se livrait pas à cette activité par hobby.

Elle se tenait debout devant lui, tremblante, couvrant son corps de ses mains, comme soudain devenue timide. Lui restait assis, rivant son regard au sien.

— Quel âge tu as ?

Elle hésita :

— Treize ans.

Il se pencha pour ramasser les collants en nylon dont elle s'était débarrassée plus tôt :

— Viens un peu t'étendre ici… Mary.

Elle contourna le pied du lit et monta avec prudence, ignorant à quoi s'attendre.

80

Au moment où son genou touchait le matelas, elle sentit un mouvement derrière elle. Une seconde plus tard, elle se retrouva allongée sur le dos, le souffle coupé sous les cent kilos de l'homme. Elle tenta de pousser un cri, mais une énorme main se colla sur sa bouche pour l'en empêcher. Elle sentit soudain le collant s'enrouler autour de son cou et se resserrer en l'étranglant.

— Essayons encore, tu veux, fillette ? Quel âge as-tu ?

Il souleva légèrement sa main.

— Treize, articula-t-elle.

Elle reprit son souffle. Le collant se resserra autour de sa gorge et comprima sa trachée. L'empoignant par les cheveux, il lui redressa brusquement la tête. La douleur lui cisailla la nuque et elle manqua s'évanouir. Les yeux froids et sombres la fixaient sans ciller :

— Dernière chance.

Craignant pour sa vie, elle abandonna tout simulacre et hoqueta :

— Seize. Bientôt dix-sept.

Il imprima alors une nouvelle torsion au collant avant de lui plaquer violemment la tête sur le lit. Elle chercha à reprendre son souffle, les bras toujours cloués à ses côtés sous le poids de l'homme. Elle vit un couteau briller dans sa main droite et tenta de hurler, mais il lui colla sa main sur la bouche avant qu'elle puisse émettre un son. Ses yeux s'écarquillèrent de peur, son corps anorexique livrant une lutte pathétique contre la masse de l'homme. Elle sentit la pointe du couteau contre son cou.

— Tu cries et je te tranche la gorge. Compris, pétasse ?

Elle hocha craintivement la tête et il retira sa main. Elle aspira de grandes goulées d'air et reprit péniblement son souffle. La lame froide se pressa contre son cou. Elle la sentit descendre le long de sa gorge en direction de son torse, passer sur sa clavicule et s'enfoncer dans la chair avant de glisser vers son sein gauche. La pointe de la lame s'arrêta sur le téton. Elle retint sa respiration, les yeux agrandis de peur.

— Treize ans ? Qui a eu l'idée, pétasse ?

— Jacob. C'est Jacob qui m'a forcée.

Attrapant son téton entre le pouce et l'index, il le tira jusqu'à ce que tout son corps se soulève, en provoquant une douleur atroce. Elle serra les dents pour retenir un cri. Des larmes roulèrent sur ses pommettes, jusqu'à ses oreilles et dans ses cheveux. Il appuya la pointe contre sa peau :

— Que dirais-tu d'une petite chirurgie plastique ? Histoire que tu paraisses bien ton âge.

Elle secoua la tête avec force, les yeux écarquillés de terreur, n'osant émettre un son.

Tout à coup, elle sentit son poids se dégager et, avant qu'elle puisse dire ouf !, vit qu'il s'était levé du lit. Elle resta là un moment, n'osant pas bouger, souffrant horriblement.

— Disparais de ma vue, pétasse, cracha-t-il avec hargne. Avant que je change d'avis.

Elle sortit en courant de la chambre, nue et sanglotante.

Quelques secondes plus tard, une silhouette noueuse au teint hâlé apparut sur le seuil.

— Il s'passe quoi, mon ami ? Un problème ?

Le rapport de force était loin d'être égal. La masse de l'homme dominait le mètre soixante du proxénète.

Jacob tira une bouffée sur sa cigarette et souffla un long filet de fumée au visage de son client :

— J't'écoute, mon ami. T'as un problème, là ?

— Tu m'avais promis quelque chose de spécial pour ce soir, Jacob.

— Ouais ouais. Y a pas plus spécial que Mary. Une de mes meilleures filles. Tiens, pour te dire, moi-même des fois j'me la tape.

— J'avais demandé ta plus jeune fille.

— Elle a même pas treize ans. Qu'est-ce qui t'faut ?

— Ta pute n'avait pas treize ans.

— J'te jure que si ! Qu'est-ce qu'elle t'a raconté comme bobards ?

— Te fous pas de ma gueule, Jacob.

— Sur ma vie. Elle sort de la crèche !

En un éclair la main de l'homme jaillit et saisit le maquereau à la gorge avant de le soulever à bout de bras de plusieurs centimètres :

— Je t'ai dit d'arrêter de te foutre de ma gueule.

Les bras courts et noueux de Jacob agrippèrent en vain les biceps durs comme l'acier, tandis qu'il luttait pour respirer, ses jambes battant l'air.

— Repose-le, mec.

Le client se retourna, sans lâcher le proxénète, et vit deux videurs noirs baraqués au coin de la porte. L'un d'eux tenait une machette. Il faisait désormais pâle figure, armé de son seul couteau. Il soutint leurs regards sans ciller, le proxénète continuant de s'étrangler au bout de son bras, puis soudain relâcha son étreinte. Jacob s'effondra au sol, le souffle court.

Les deux videurs adressèrent un regard à leur patron, attendant ses instructions, mais celui-ci les congédia d'un geste de la main, tandis qu'il massait sa gorge de l'autre. Ils repartirent à contrecœur.

L'homme mit la main à sa poche :

— Sage décision, Jacob.

Il tira cinq billets de vingt livres, qu'il effeuilla l'un après l'autre entre le pouce et l'index avant de les laisser tomber dans la main avide du maquereau.

— Ça, c'est un acompte pour le mois prochain. Tu sais ce que je recherche, Jacob. Essaie encore de me rouler avec une petite pute boutonneuse déjà ado et je te casse en deux, c'est compris ? Et tes deux acolytes avec.

Jacob lui sourit :

— T'inquiète, mon ami, tu seras pas déçu.

— Je ne te donnerai pas l'occasion de me décevoir une troisième fois.

81

Tandis que les derniers inspecteurs entraient dans la salle, Weisman s'avança au centre de l'estrade et leva la main pour réclamer le calme. Le silence tomba sur l'assemblée, alors que trente paires d'yeux se tournaient vers lui.

— Messieurs, bonjour. Madame, ajouta-t-il avec un signe de tête à l'intention de l'unique policière de l'auditoire assise au deuxième rang.

L'agent June Lockhart lui retourna un sourire obligé. Aux yeux de sa hiérarchie, une femme n'avait pas sa place dans une enquête pour meurtre, et la fonctionnaire était pleinement consciente de ne devoir son affectation qu'au manque de sensibilité attribué aux « gars » lorsqu'il s'agissait de gérer les relations avec les parents des victimes.

— Pour ceux qui n'ont pas encore eu le plaisir de faire ma connaissance, je suis le surintendant John Weisman. Nous avons aujourd'hui parmi nous plusieurs invités. Vous les aurez certainement déjà rencontrés pour la plupart, mais je vais tout de même faire les présentations dans les règles. Venus de Galles du Nord, et détachés des polices des comtés du Flintshire et du Denbighshire, nous avons… (il jeta un rapide coup d'œil à ses notes) l'inspecteur Williams et les agents Jones et Tremayne. La police métropolitaine de Londres nous envoie l'inspecteur Blythe, du service médico-légal, et l'inspecteur principal Saltburn, de la TO-29. Vous n'êtes pas sans savoir qu'en plus d'avoir repêché le corps de l'enfant Meadows de l'écluse de Southall, la brigade de la Tamise a également aidé à fouiller le canal de Trent & Mersey dans le Cheshire. Ce qui nous amène tout droit à l'inspecteur principal Cavendish, de la police du Cheshire.

Chaque annonce entraînait des raclements de chaises à mesure que les policiers se retournaient pour associer noms et visages. Weisman attendit patiemment le retour du silence.

— Pour ne pas reprendre une énième fois l'historique des affaires, je me contenterai de dire ceci : la décision de lier les meurtres commis en Galles du Nord à celui perpétré dans notre propre juridiction sur l'enfant Rebecca Meadows n'a pas été prise à la légère. (Il se tourna vers l'homme à ses côtés.) Ce qui me conduit tout naturellement à mon dernier invité : le professeur Colin Dunst. Je suis certain que vous connaissez tous le professeur Dunst, tout au moins de réputation.

Dunst se leva brièvement pour saluer l'auditoire. Le costume Armani à veston croisé et les chaussures cirées contrastaient radicalement avec les tenues modestes des policiers en civil.

— Le professeur Dunst, pour ceux d'entre vous qui reviendraient d'un exil en Mongolie extérieure, est psychocriminologue, anciennement membre de l'Institut de psychiatrie de Londres, et avant cela conseiller principal à la clinique John-Hopkins pour les désordres sexuels, de Baltimore. Il a eu le privilège de travailler aux côtés du FBI, avec un certain succès, et d'apporter sa contribution à leur très illustre unité de science comportementale, au centre de formation du FBI en Virginie. Je ne crois pas exagérer en affirmant que Colin est aujourd'hui l'un des plus grands experts du pays en matière de profilage psychologique. (Après une pause destinée à imprimer ces renseignements dans les esprits, il conclut :) Messieurs, le professeur Colin Dunst.

Une vague d'applaudissements polis traversa la salle tandis que Dunst s'avançait sur le devant de l'estrade.

— Merci pour cet accueil cordial. Je dois d'abord modérer les généreux éloges de votre surintendant, et préciser qu'il y a d'autres spécialistes dans mon domaine, aux états de service égaux, sinon supérieurs aux miens. Je pense tout particulièrement à David Canter et Glen Wilson. Paul Britton, bien entendu. Je pourrais continuer. En revanche, il est vrai que dans ce domaine je suis le premier dans tout le Royaume-Uni, et pour autant que je sache le seul, à me consacrer exclusivement aux affaires criminelles, MM. Canter, Wilson et leurs confrères poursuivant quant à eux leurs brillantes activités dans leurs universités respectives. De ce point de vue, je dirais que j'ai un avantage.

Une main se leva dans l'auditoire :

— Je ne croyais pas la demande suffisante pour justifier la création d'un tel poste, monsieur.

Dunst accueillit la remarque d'un sourire aimable :

— Vous avez raison. Elle est effectivement insuffisante au seul Royaume-Uni. Les affaires dans lesquelles le recours à la psychologie criminelle appliquée peut s'avérer financièrement rentable sont en effet rarissimes. Beaucoup des grandes forces de police du pays disposent aujourd'hui de psychologues criminels dans leurs équipes – généralement des agents ayant suivi une formation spéciale. Il n'existe cependant pas d'experts dédiés au profilage au sein des services, tels qu'il y en a en Amérique. J'ai cru comprendre que le ministre de l'Intérieur envisageait des développements dans ce sens, mais compte tenu des restrictions budgétaires habituelles, il semble peu probable qu'ils aboutissent. Du moins pas avant les prochaines élections.

Il s'interrompit pour nettoyer ses lunettes, avec une lenteur délibérée, posant pour son auditoire.

— Certains d'entre vous n'étant peut-être pas au fait de cette discipline, je vais brièvement en résumer les principes, afin que vous saisissiez mieux mes conclusions. En psychologie, nous considérons que toute action ou interaction d'une personne avec une autre, ou avec un objet, laisse une certaine empreinte psychologique, tout comme elle laisse une empreinte physique, repérable par la médecine légale traditionnelle. Je dois préciser que le profilage psychologique n'est en aucun cas une science exacte, contrairement à la médecine légale, et qu'il n'apporte aucune garantie de succès. Il a connu au fil des années quelques échecs retentissants et quelques succès tout aussi spectaculaires. Je suis certain que vous avez tous des exemples en tête. Mais en dépit de ses ratés occasionnels, le profilage peut avoir un réel impact dans une enquête criminelle, en pointant des caractéristiques du délinquant qui n'apparaîtraient pas autrement.

Il s'arrêta pour boire un peu d'eau, profitant de cette interruption pour vérifier l'attention de son auditoire.

— Le meilleur conseil que je peux vous donner, c'est : n'en attendez pas trop. Le cas classique de profilage criminel est celui de James Brussel, le père de la psychologie légiste, qui dans les années 1950 dressa le profil du « fou à la bombe », le poseur de bombes qui terrorisait New York : il décrivit jusqu'à sa manière de boutonner son veston. Bien qu'il s'agisse d'un exemple classique, l'affaire était loin d'être typique. Brussel a continué sur sa lancée en établissant le profil de l'étrangleur de Boston. Il a commis de lourdes erreurs de jugement sur ce cas, l'une d'elles étant d'évoquer un suspect impuissant alors que ce dernier avait en réalité été condamné pour viol. Ne vous attendez donc pas à des miracles.

Il s'arrêta à nouveau et observa son auditoire.

— Ce que nous ne sommes pas en mesure de faire, c'est produire une liste de suspects détaillée avec noms et adresses. En revanche, nous pouvons dans la plupart des cas dresser une liste de caractéristiques : par exemple l'âge approximatif d'un suspect, la probabilité de précédentes condamnations et leur nature, le type d'emploi qu'il occupe et le milieu familial dont il est issu, autant d'informations qui, appliquées conjointement aux techniques d'investigation traditionnelles, peuvent s'avérer très utiles. J'insiste sur ce point. Je me suis par le passé heurté à des inspecteurs qui se méprenaient sur mes intentions et craignaient de me voir saper leur autorité ou jeter le doute sur leurs capacités. Or il n'en est rien. Le profilage psychologique est un simple outil, à l'instar des analyses ADN auxquelles vous, les « véritables inspecteurs », avez régulièrement recours. (Il marqua une nouvelle pause, et constata avec satisfaction qu'un ou deux policiers dans la salle prenaient des notes.) Je suis certain que la plupart d'entre vous connaissent le film *Le Silence des agneaux* ?

Un murmure animé parut confirmer le fait.

— Eh bien, oubliez ça. C'est un ramassis d'âneries. Un pur fantasme hollywoodien. Et j'ai beaucoup de choses à reprocher à Jodie Foster. Comprenons-nous bien. C'est un très bon divertissement. Et Jodie Foster est une excellente actrice. Je suis fan depuis le jour où j'ai…

Weisman laissa entendre un toussotement d'impatience. Dunst saisit le message.

— Voici ce que je vous propose : je vais reprendre les faits tels qu'ils sont établis, et j'émettrai mes propres commentaires au fil de l'eau. Certaines de mes remarques seront pour vous des évidences, mais avec un peu de chance, la plupart n'en seront pas. Et si c'était le cas, ça signifierait que vous vous êtes trompés de boulot.

82

Dunst s'approcha d'un grand tableau blanc derrière lui et choisit un marqueur violet. À mesure qu'il parlait, il notait les points saillants, puis les reliait grossièrement par des flèches.

— À ce stade, nous avons donc l'agression sexuelle et le meurtre de trois jeunes filles. J'insiste sur le fait qu'il s'agisse de filles. Qu'elles soient de sexe féminin. Le tueur est par conséquent un individu de sexe masculin hétérosexuel. Aucune des trois filles n'était pubère. J'insiste là encore sur ce point. La plus âgée allait bientôt avoir onze ans, mais était physiquement peu développée. Les autres étaient à l'évidence plus jeunes et plus petites. Que peut-on en déduire ? Quelqu'un a-t-il une idée ?

— Que c'est un sale détraqué et qu'il faut les lui couper.

— J'avais en tête quelque chose de légèrement plus subtil.

— Que les femmes l'effraient ?

— C'est mieux. Là vous réfléchissez. Elles ne l'effraient pas nécessairement, mais elles le mettent résolument mal à l'aise. Deux écoles de pensée à ce sujet. D'après la première, le suspect serait incapable de contrôler ses pulsions sexuelles, peut-être en raison d'un trouble organique : un dérèglement hormonal, une lésion cérébrale, ou quelque chose de ce genre. Mais les meurtres sont relativement méthodiques, aussi je pencherais pour la seconde école : celle des prémisses psychologiques. Le suspect aurait un problème vis-à-vis des femmes, il manquerait de pratique dans le domaine sexuel et pourrait fort bien avoir à un moment de sa vie subi une mauvaise expérience qui l'aura monté contre le sexe opposé. La mère dominatrice est bien entendu l'exemple classique. Nous avons tous vu *Psychose*. On peut donc raisonnablement affirmer qu'il a besoin d'exercer un certain contrôle sur ses victimes, de leur imposer sa propre sexualité. C'est le scénario traditionnel du violeur. S'agissant d'enfants, cela peut également être une question de taille.

— Quoi ? Vous voulez dire qu'il a une toute petite bite ?

Un tonnerre de rires roula à travers la salle. Weisman fusilla du regard le plaisantin au deuxième rang.

Dunst sourit avec indulgence :

— Je songeais plutôt à une stature générale faible. Il se peut que le tueur n'ait tout simplement pas la force physique suffisante pour s'attaquer à des femmes adultes : il préfère donc s'en prendre aux enfants. Là encore, le groupe d'âge visé tendrait à valider cette hypothèse. Les victimes sont des enfants sans défense, mais certains éléments montrent tout de même qu'il a dû les maîtriser, avant et durant l'agression, comme l'indiquent les marques sur leurs poignets. La nécessité d'un contrôle total de la victime est un trait manifeste et récurrent dans cette affaire, comme dans beaucoup d'autres. Les crimes sexuels sont très rarement liés au sexe. Ils sont affaire de contrôle. De domination. De pouvoir.

— Mais aucune des enfants n'a effectivement été violée.

— Très juste. Alors maintenant je suis psychologue, pas expert médico-légal. Mon rôle se limite à collationner les renseignements disponibles et à tenter de les ordonner. D'après ce que j'ai compris, les trois affaires font état d'une interférence sexuelle sous une forme ou une autre, bien qu'il soit quasiment certain qu'elle n'implique pas le pénis de l'agresseur. L'insertion post mortem de la carte de visite suppose une forme de viol par substitution. Ce qui en revanche ne fait aucun doute, c'est que le tueur a soigneusement nettoyé les corps de ses victimes, probablement après la mort, avant de s'en débarrasser. Des idées ?

— Afin d'effacer les traces de sperme s'il s'est masturbé sur ses victimes ?

— C'est une possibilité, oui. Mais quelle information cela nous donne-t-il à propos de l'agresseur ?

La question fut accueillie par un haussement d'épaules général, les novices dans l'auditoire se trouvant réellement à court de suggestions et les plus avisés peu enclins à encourager les élans condescendants du criminologue.

— Qu'en est-il de la salive ? surenchérit Dunst. Des échantillons de peau ? Les corps présentent à l'extérieur des marques de manipulation tactile et orale, sur la poitrine et le torse. À chaque fois, le corps de l'enfant avait été nettoyé, à l'aide d'une solution savonneuse, dont je crois savoir qu'on a identifié la marque : *Imperial Leather*, il me semble. Les cheveux avaient été brossés et tressés, et les parties génitales nettoyées en profondeur.

— Comme pour un lavement, vous voulez dire ?

— Exactement.

— Possible qu'il s'agisse d'un médecin véreux. Peut-être un pédiatre pédophile.

La touche d'humour allitératif suscita quelques rires et les policiers se mirent à discuter entre eux. Tous commençaient à trouver le temps long. Dunst laissa les bavardages se poursuivre, indiquant à Weisman d'un signe de la main qu'il contrôlait la situation. Il frappa deux fois du poing sur la table, et le silence revint bientôt dans la salle.

— Très bien. Je vois que vous êtes impatients. Il vous tarde de sortir d'ici et de vous occuper plutôt que de rester assis à m'écouter palabrer. Venons-en donc au fait.

Le sourire disparut du visage du psychologue. Son ton se fit grave.

83

Dunst balaya l'auditoire d'un regard perçant.

— Nous sommes à la recherche d'un homme blanc d'environ trente-cinq ans, de stature mince, condamné plusieurs fois par le passé pour des attentats à la pudeur sur mineurs.

L'assemblée était silencieuse, tous les yeux rivés sur l'orateur.

— Il peut avoir passé du temps dans la marine, éventuellement la marine militaire, mais dans tous les cas un milieu en lien avec les bateaux, et travaille actuellement soit à son compte, comme commerçant indépendant, soit plus probablement comme ouvrier semi-qualifié, sur un poste impliquant le recours au travail occasionnel ou en roulements. Il a peut-être à un certain moment été livreur et à coup sûr conduit encore aujourd'hui. Il possède une camionnette, probablement un utilitaire blanc. Sans fenêtres. Son véhicule est âgé de cinq à dix ans, en relativement bon état, vignette, assurance et contrôle technique à jour, mais peut avoir de fausses plaques. Il est droitier, d'une intelligence ne dépassant pas la moyenne, célibataire, sans enfants, et vit seul, dans un logement qu'il loue. Vraisemblablement un petit appartement. Certainement pas une maison ni un meublé. Probablement à proximité, ou tout au moins à portée de vue d'une école ou d'un parc de jeux.

Dunst parcourut l'assemblée du regard, notant avec satisfaction leurs mines circonspectes.

— Notre suspect est issu d'une famille nombreuse, il est le benjamin d'une fratrie probable de six enfants, et le seul garçon parmi cinq filles. D'apparence propre et soignée, il s'habille bien mais sans suivre la mode. Les cheveux courts. Rasé de près, peut-être une moustache. Il a sans doute un petit groupe d'amis hommes qu'il retrouve régulièrement dans les bars, mais aucun ami proche ni aucune partenaire féminine significative. C'est très certainement un gros buveur, avec probablement plusieurs condamnations pour conduite en état d'ivresse en plus des antécédents de délits sexuels déjà mentionnés.

Plusieurs mains se levèrent, que Dunst choisit d'ignorer.

— Je dirais que le suspect réside soit dans le nord-est, soit dans le sud-ouest du pays. Il ne connaissait pas ses victimes et n'avait pas programmé par avance leurs enlèvements, mais peut avoir autrefois résidé dans l'une des zones ou dans les deux. Les victimes ont été agressées près du lieu de leur enlèvement, à l'arrière de sa camionnette. Il ne les en a sorties que pour se débarrasser de leurs corps. Je suis catégorique sur le fait que cet homme continuera de tuer jusqu'à ce qu'on l'attrape.

Les mains s'étaient baissées dans l'auditoire, bluffé par l'audacieux déluge d'informations déversées à son encontre. Dunst ayant cessé de parler, quelques agents levèrent timidement la main, avant de la rebaisser aussitôt en voyant Weisman se lever avec un large sourire, conquis par la prestation. Voilà qui balayait les critiques sur sa décision de faire intervenir Dunst dans l'enquête. Comme il se tournait vers Pitman avec un sourire vantard, il vit avec surprise que son inspecteur principal affichait une expression sceptique.

— Colin, vous venez de nous livrer là un exposé tout à fait bluffant. Au vu de la quantité d'éléments présents dans l'enquête, vous avez dû consacrer beaucoup de temps et d'énergie pour produire un profil aussi concis. Je ne vous cacherai pas que je suis impressionné. Très impressionné. Mais je ne pense pas être le seul quand je dis que le raisonnement qui sous-tend en grande partie votre analyse m'échappe entièrement. Peut-être accepteriez-vous de dévoiler celui-ci aux simples mortels que nous sommes ?

— Avec plaisir.

Weisman se rassit, et Dunst reprit sa place au centre de l'estrade, bénéficiant cette fois-ci de toute leur attention. Il entourait un à un les points clefs sur le tableau à mesure qu'il les expliquait.

— Un homme, de faible stature, j'ai expliqué pourquoi. Blanc ? Parce que les victimes l'étaient toutes. D'après mon expérience, les Noirs et les personnes de couleur sont peu enclins à franchir la barrière raciale lorsqu'ils commettent des agressions sexuelles. En règle générale, un homme blanc s'en prendra à une femme blanche ou noire, mais pas l'inverse. Étrangement, la principale exception concerne les femmes âgées. Les auteurs d'agressions sexuelles sur des femmes âgées blanches sont souvent de jeunes hommes noirs. Le plus connu est sans doute Carlton Gary, « l'étrangleur au collant » qui sévissait en Géorgie dans les années 1970. Plus près de chez nous, nous avons Kenneth Erskine, notre « étrangleur de Stockwell », et plus récemment bien sûr, Adrian Babb, à Birmingham.

— Les négros s'en tamponnent de l'âge !

Weisman lança un regard furieux à travers la salle afin d'identifier le policier fautif.

Dunst rayonnait au centre de l'estrade, heureux d'accaparer l'attention.

— La méticulosité dont fait preuve le tueur pour nettoyer le corps peut témoigner d'une obsession pour l'hygiène. Peut-être des TOC. Il y a de très grandes chances qu'il soit lui-même très propre. Il utilise un produit *Imperial Leather*, une marque haut de gamme. Quelqu'un s'intéressant peu à son hygiène se contentera de la première savonnette bon marché qui lui tombera sous la main dans le rayon du supermarché. Mais l'attention portée ici à l'hygiène, en particulier le nettoyage des corps, indique presque à coup sûr une familiarité avec les méthodes médico-légales. Cela oriente vers un individu ayant déjà fait l'objet d'une condamnation pour un délit, dans laquelle la médecine légale a joué un rôle. Je pense à un attentat à la pudeur, dont on peut raisonnablement supposer qu'il lui a valu une courte peine d'emprisonnement. S'il était adolescent à l'époque de son arrestation, il est probable qu'il ait aujourd'hui un peu plus de la vingtaine.

Il balaya son public du regard.

— L'expérience nous montre que la propension à l'agression sexuelle diminue passé quarante ans : cela situe donc son âge entre environ vingt-cinq et quarante ans. Le fait qu'il tue de façon rituelle oriente là encore vers un homme plus âgé. Les meurtres commis par des ados, en particulier les crimes sexuels, sont marqués par un manque très net de contrôle – une impulsivité. Leur tendance criminelle se manifeste généralement à l'adolescence avant de se développer par la suite. Ici les meurtres laissent deviner un homme qui a une totale maîtrise de lui-même. Expérimenté. À l'aise avec la nature sordide de la tâche. Je pencherais donc pour un âge approchant la quarantaine. Ce qui nous amène à la camionnette.

— La camionnette « blanche » ? Avec assurance, contrôle technique et taxe auto en règle ? Arrêtez, prof. Vous avez aucun moyen de savoir un tel truc.

Dunst se fendit d'un large sourire condescendant :

— Bien au contraire, c'est assez simple.

84

— Tout d'abord, dites-vous bien que ces rituels demandent du temps. Le tueur doit les accomplir dans un lieu où il s'estime en sécurité. On suppose d'ordinaire qu'il conduit ses victimes chez lui, mais ici, la distance entre les lieux des meurtres écarte clairement cette possibilité.

Dunst s'arrêta pour nettoyer ses lunettes.

— Je pense, reprit-il, qu'il agresse ses victimes dans le même véhicule qui lui sert à les enlever. La hauteur à laquelle les filles ont, selon les légistes, été attachées suppose un espace compact. On a évoqué l'éventualité d'une cave, mais d'après moi, une camionnette expliquerait mieux certains éléments. Il va de soi que le suspect est mobile : on voit qu'il circule à travers le pays, et je privilégie l'absence de fenêtres pour des raisons évidentes. Il peut ainsi attraper sa victime puis partir au volant dans la foulée sans craindre de voir l'enfant attirer l'attention sur elle.

— Alors ce n'est pas un camion de glaces ?

— Absolument pas. Il n'est pas idiot.

— Mais quand même… de là à déterminer que la camionnette est blanche ? Avec une assurance et un CT à jour ?

— Il n'y a là aucun mystère. La dernière chose qu'il souhaite, c'est attirer l'attention sur lui, en particulier s'il sillonne le pays avec une enfant kidnappée à l'arrière. Les camionnettes blanches sont légion, au point qu'elles passent inaperçues. La vignette de taxe est clairement visible. Son absence susciterait à coup sûr l'intérêt de vos collègues en uniforme, et risquerait d'être enregistrée par les caméras lectrices de plaques. Une attestation de contrôle technique et un certificat d'assurance sont nécessaires pour obtenir une vignette de taxe. Tout bêtement. Quant à l'âge du véhicule, il s'agit d'une fourchette. Entre cinq et dix ans. Compte tenu de son revenu probable – c'est généralement dans les groupes à faible revenu qu'on trouve les tueurs en série, à quelques exceptions notables près –, on peut raisonnablement supposer qu'il n'a pas de quoi se payer un nouveau véhicule. Mais une camionnette trop ancienne lui ferait courir un risque de panne, avec tous les soucis afférents. Pas idéal quand on se déplace à travers le pays, vraisemblablement sur le réseau autoroutier. Un véhicule dans cette tranche d'âge, en relativement bon état, est donc probable.

Tout en parlant, il inscrivait les éléments saillants au tableau.

— Plusieurs points orientent vers une expérience maritime, et notamment les nœuds utilisés pour ligoter les filles, qui s'accordent avec un profil habitué à manipuler des cordages. La marine militaire ? Forte éventualité. Le manque d'expérience déjà évoqué avec les femmes : il va de soi que quelqu'un passant du temps en mer s'exposerait logiquement à un tel problème. S'ajoute à cela le fait qu'il se soit débarrassé des corps en les jetant dans l'eau. L'ensemble de ces points laisse entrevoir un lien. Droitier : les légistes l'ont montré. Et là encore, les nœuds le confirment.

— Et pour son boulot, alors ?

— Plusieurs indicateurs. Les trois enlèvements se sont produits en journée, un vendredi, un dimanche, et un lundi. Il semble évident qu'il s'est débarrassé des corps durant la nuit : je privilégie donc l'hypothèse d'un poste en roulements offrant des week-ends de trois jours, ou du travail temporaire. Une telle mobilité suggère une activité indépendante, mais plus vraisemblablement un travail par roulements, lui laissant quelques journées libres pour prendre la route, commettre son crime, se débarrasser des preuves, puis regagner son travail.

— Alors il n'est pas marchand de glaces ?

— Pas actuellement, mais il peut exister un lien quelque part dans son passé. Il semble en tout cas évident qu'il travaille, car il peut se permettre de voyager sur de grandes distances. À ce stade, nous pouvons tracer à vue de nez une ligne géographique allant du sud-est de l'Angleterre aux Galles du Nord, avec des corps retrouvés autour de l'axe autoroutier M1-M6. Comme il a été dit, les victimes sont choisies au hasard. Les meurtres rituels de cette nature sont invariablement le fait d'inconnus, tandis qu'à l'inverse les meurtres impulsifs sont plus fréquemment commis par un proche de la victime. Le rituel étrange auquel il se livre suggère une dépersonnalisation totale de la victime, post mortem, bien qu'il ait pu tenter de communiquer avec elles d'une manière ou d'une autre avant de porter le coup fatal. Là encore, les meurtres rituels se produisent généralement sur le territoire du suspect. En terrain familier. Il est donc possible que dans le passé celui-ci ait résidé dans la région. Mais il ne sévit pas sur son lieu de résidence actuel. Au vu du soin pris pour ne laisser aucune trace utile aux légistes, on peut raisonnablement penser qu'il est connu des services de police de sa région : il vit donc probablement loin du secteur où il sévit. Si sa prochaine attaque survenait, disons dans le sud-ouest, il faudrait sans doute, par conséquent, diriger notre attention vers la partie est du pays.

— Pourquoi pensez-vous qu'il connaît les lieux des meurtres ?

— Un enlèvement commis en plein jour implique un degré d'assurance qui suppose une familiarité, afin de déterminer les routes discrètes et les voies de fuite. Tous les enlèvements se sont produits à proximité de routes de classe A. Conduite en état d'ivresse ? Quiconque souffre d'un complexe d'infériorité deviendra généralement par dépit l'un des piliers du bar du coin, ce qui l'amènera à boire avec excès. Compte tenu qu'il connaît bien le pays, ou tout au moins la ceinture que nous avons délimitée, il a pu être employé par le passé comme chauffeur-livreur. Emploi qu'il a peut-être perdu en raison d'une condamnation pour conduite en état d'ébriété. Je doute qu'il travaille aujourd'hui derrière un volant. Une entreprise employant quelqu'un à conduire à travers le pays profiterait de l'occasion pour se faire de la publicité, et tout véhicule estampillé d'une marque aurait retenu l'attention de quelqu'un se trouvant près du lieu de l'enlèvement. Or nous n'avons aucun témoignage. Par conséquent, il semble certain qu'il s'agisse d'un véhicule personnel, appartenant au suspect. Une camionnette anonyme, de couleur blanche. De fausses plaques restent bien entendu une éventualité, bien qu'il faille se garder de surestimer son intelligence et ses capacités, mais c'est toutefois une précaution qu'il a pu prendre. On peut se procurer un ancien jeu de plaques dans n'importe quelle casse auto.

— Célibataire, sans enfants ?

— Là encore, cela correspond au profil général du délinquant sexuel. N'ayant eu que peu de relations avec les femmes, il a par conséquent moins de chances d'être père.

— Est-il vierge ?

— Pas nécessairement. Mais il est sans doute forcé d'avoir recours à des prostituées mineures et, au vu de l'âge de ses victimes, à des fantasmes masturbatoires mettant en scène des jeunes filles. Son retour sur la scène de crime dans ce but précis est très bien démontré. La troisième fille ayant été enlevée dans la foulée de la deuxième, à une distance relativement proche, on peut éventuellement en déduire qu'il a séjourné en Galles du Nord afin de revivre la deuxième agression, et qu'une trop forte excitation l'a poussé à frapper de nouveau.

— Mais il y a eu qu'une seule gamine de tuée par ici, fit remarquer une voix qui rappela l'enlèvement de Rebecca, survenu à quelques kilomètres à peine de l'endroit où ils étaient maintenant assis.

— Ma théorie est qu'il est revenu ici après avoir tué la première fille, tout comme il est retourné à Rhyl après avoir tué la troisième, mais qu'il est parvenu à ces occasions à se satisfaire de ses souvenirs. Ou peut-être l'opportunité ne s'est-elle tout simplement pas présentée. De toute évidence, dénicher une jeune enfant dans un coin isolé, sans témoin autour, tient pour lui du petit bonheur la chance. Là encore, le fait qu'il n'ait pas sévi à proximité d'écoles ou de parcs de jeux indique qu'il prend particulièrement garde à ne pas se faire prendre, ce qui renforce la probabilité qu'il ait un casier.

— Pourquoi laisse-t-il une carte de visite ?

— Vous me posez une colle. Ça peut être une forme de défi adressé à la police. Ou bien masquer un raisonnement qu'on ne peut pas encore percer à ce stade. Le logo du cornet de glace est probablement symbolique. Un pénis qui éjacule ? Ses prochains meurtres apporteront peut-être des éléments qui nous permettront d'éclaircir ce point.

La remarque fit tomber un sombre silence sur la salle.

— D'autres questions ? demanda Dunst en affichant un sourire rassurant.

— De quelle couleur est son caleçon ?

— Il ne porte pas de caleçon, répondit Dunst par-dessus les rires. Il préfère les slips kangourou blancs, qu'il achète chez *Marks & Spencer*. Réfléchissez-y.

Il se tourna pour chercher le soutien de son hôte et Weisman se leva prestement :

— Très bien, messieurs. Vous savez maintenant qui chercher. Alors mettons le grappin sur ce salopard.

85

— Il est sorti ! Rentré chez lui ! Qu'est-ce que tu veux de plus, bon sang ?

— C'est venu comme ça, OK ? Il me faisait de la peine et ça m'a échappé. Je pouvais difficilement faire machine arrière après coup.

— Tu en as déjà fait bien assez pour ce salopard, Claire. C'est ridicule de te sentir coupable. S'il n'avait pas été au départ le pointeur vicelard et dégueulasse qu'il est, jamais il se serait trouvé mêlé à ça.

— Tu n'es pas juste, Matt.

— Ah non ? OK, il n'avait rien à voir avec Rebecca. Mais il en reste pas moins un putain de pointeur. Il n'en a pas moins tripoté ces jeunes, et Dieu sait combien d'autres mômes dont on n'a jamais entendu parler. Ça ne signifie rien à tes yeux ?

— Tu ne le connais pas, Matt.

— Parce que toi tu le connais ? Tu l'as rencontré deux fois, bon sang. Au parloir de la foutue prison de Canterbury ! Pourquoi est-ce que tu voulais l'appeler, d'abord ?

— Pour voir s'il n'avait besoin de rien ?

Matt la fixa d'un air incrédule.

— Ça n'est pas un monstre, Matt. Il a des sentiments, comme toi et moi. Ce n'est pas comme s'il avait agressé un inconnu dans une ruelle. Il aimait ces enfants.

— Tout ce qu'il aimait chez eux, c'était leurs couilles.

Claire se leva, agacée, et partit se poster à la fenêtre d'où elle regarda la Manche :

— Matt. Essaie juste une fois de réfléchir plutôt que de réagir. Je ne dis pas que ce qu'il a fait était bien. Simplement qu'il l'a fait par amour, pas… pas par concupiscence. Celui qui a tué Rebecca n'avait rien à voir avec Thomas Bristow.

— On sait maintenant que ce n'est pas lui, oui. Ça ne change pas ce qu'il a fait.

— Je veux dire qu'il est différent de cette personne. Il n'a jamais eu l'intention de faire du mal à ces gamins. C'est juste une manifestation d'affection qui est allée trop loin.

— C'est sa version.

— Ça n'est pas un menteur, Matt.

— Non. Juste un putain de bon comédien. Il t'a complètement embobinée.

— Il ne joue pas la comédie. Il cligne trop pour ça.

— Il quoi ?

Elle revint s'asseoir, décidée à défendre sa position :

— Il cligne des yeux. Un acteur ne cligne les yeux que sur commande. Tu n'as jamais remarqué ça ? Thomas est totalement incapable de jouer un rôle.

— Oh, alors tu l'appelles « Thomas » maintenant, hein ? Claire, ce qu'il a fait n'était pas seulement illégal. C'était *mal*. Malsain. Contraire à la décence. Immonde. Oublie cette histoire d'affection. C'est un pédophile déclaré. Un pervers. Un pédéraste. Il s'en prenait aux petits garçons, bon sang de merde.

Claire plongea son regard dans le sien, essayant de percer sa colère :

— Je pensais te connaître.

— Et moi donc. Jamais j'aurais cru t'entendre un jour défendre les types de son espèce.

— Je ne le défends pas, Matt. J'essaie seulement de comprendre.

— Il n'y a rien à comprendre. Le type a été arrêté à tort. Ça arrive. Il sera indemnisé. Mais pense un peu aux mômes qu'il a bel et bien tripotés ? Ils ont vu leurs vies gâchées à cause de… comment tu viens de dire, « l'affection » que ce type leur a manifestée ? Bon Dieu, Claire, ils en garderont des cicatrices pour le restant de leurs vies. Je crois qu'ils seront eux-mêmes incapables de mener une vie sexuelle normale. Y as-tu déjà songé ?

Claire le regardait sans comprendre :

— Depuis quand es-tu un expert ?

— C'est bien connu. Les enfants abusés subissent un traumatisme. Ils n'en guérissent jamais tout à fait. Ils deviendront sans doute eux-mêmes des pervers. C'est toujours la même histoire.

— Toujours ?

— Oui. Que peut-il arriver de pire à un enfant ? C'est malsain, putain. Carrément malsain. Et toi, voilà que tu veux servir de chauffeur à cette ordure ? Il est sorti. Il est libre. Oublie-le, Claire. Il n'en vaut pas la peine.

— Dieu du ciel, Matt, tu es si… Tu es tellement rempli de préjugés.

Il ne tenait pas à se disputer avec elle.

Surtout pas à ce sujet, et surtout pas en ce moment.

Peut-être passaient-ils trop de temps l'un chez l'autre ?

— Je suis aussi tolérant que n'importe qui en matière de sexe, Claire, tu le sais, dit-il calmement. Ce qui se passe entre adultes consentants ne regarde qu'eux. Mais comme toute personne normalement constituée, je mets les enfants à part. Ce n'est pas une question de préjugés.

— Tu as déjà entendu parler du réseau d'échange d'informations pédophile ?

— Le PIE ? Bien sûr. Une bande de pervers dans les années 1970 qui voulaient légaliser les relations sexuelles avec les gamins. La plupart ont fini en taule. On aurait dû balancer la clef.

— Alors tu connaissais ? Tu ne m'en as jamais parlé.

— Eh bien, quoi ? fit-il avec un haussement d'épaules.

— Thomas en était membre.

— Quelle surprise…

— J'ai d'abord été dégoûtée en l'apprenant, mais quand il m'a expliqué, j'ai en quelque sorte compris.

— Bon Dieu, Claire, qu'est-ce qui t'arrive ? En quoi le viol d'enfants peut-il être compréhensible ?

— Je n'ai pas dit ça, Matt. Mais s'il y a une chose que j'ai réalisée en rencontrant Thomas Bristow, c'est que les pédophiles ne sont pas tous des fous furieux. Il y a parmi eux des individus intelligents, qui réfléchissent aux moyens de s'assumer tels qu'ils sont. Tels que la nature les a faits.

— Ah, parce que maintenant c'est la nature ? C'est naturel de fantasmer sur des mômes au lieu d'être attirés par les adultes comme les gens normaux ?

— Je ne dis pas que c'est bien, Matt. Bien sûr que c'est inacceptable. Il faut protéger les enfants. Mais on n'arrivera à rien avec des réactions à l'emporte-pièce telles que les tiennes. C'est précisément ces amalgames faits entre des personnes comme Thomas et des détraqués comme oncle Tom qui ont conduit à emprisonner un innocent pendant que deux autres enfants perdaient la vie.

Ses larmes se mirent à couler sans retenue. Il lui tendit une boîte de mouchoirs :

— Excuse-moi. Je ne voulais pas… Je vais faire du café.

Il ajouta depuis la cuisine :

— Si tu poursuis dans ton projet, alors je t'accompagne.

Claire réussit à esquisser un sourire :

— Matt, ce n'est pas comme si je ne l'avais jamais rencontré.

— Tu ne l'as jamais rencontré seul.

— Thomas est tout à fait inoffensif.

— Va dire ça aux mômes qu'il a pelotés.

— Matt, je ne suis pas une enfant. Je peux faire face à Thomas Bristow.

86

Claire se leva de bonne heure, prit un petit déjeuner léger, et regarda le petit livreur de journaux remonter l'allée, en se demandant si Thomas l'aurait trouvé attirant. Elle chassa cette pensée de son esprit. Matt disait vrai : elle s'impliquait effectivement trop. Elle ferait clairement comprendre à Bristow qu'il n'y aurait pas de seconde visite.

Elle identifia immédiatement la maison, avec son jardin en friche menant à des fenêtres bardées de planches et à une porte d'entrée barbouillée de graffitis. Elle avait beau se dire qu'ils avaient été peints avant qu'on ne s'aperçoive de la méprise, elle n'en fut pas moins écœurée. Elle ne pouvait se résoudre à les condamner, mais eut une pensée pour Bristow, forcé de vivre avec ces inscriptions. Sous la haine aveugle.

Comme elle remontait l'allée, des rideaux bougèrent aux fenêtres des maisons voisines, où des regards curieux épiaient ses moindres mouvements. Sans faire preuve d'aucune discrétion. Elle se sentit comme un animal dans un zoo. Claire tira machinalement sur le bas de sa robe, avant de sourire en surprenant son geste : elle pouvait sans doute entrer dans la maison complètement nue sans que Thomas ne s'en émeuve.

Elle frappa une quatrième fois à la porte. Toujours pas de réponse. Les voisins guettaient.

Elle frappa à nouveau, encore plus fort. Rien.

Elle jeta un coup d'œil à sa montre. Elle était en avance, mais de quelques minutes à peine. Elle poussa la porte, mais celle-ci tenait bon. L'intérieur de la maison n'était pas visible derrière les fenêtres condamnées du rez-de-chaussée. Elle recula pour apercevoir les fenêtres à l'étage, dont l'une était miraculeusement sortie intacte du saccage. Il n'y avait aucun signe de vie.

Contournant la maison d'un pas hésitant, elle vit que le jardin à l'arrière présentait un spectacle de vandalisme aveugle similaire. Elle frappa énergiquement à la porte de derrière et celle-ci s'ouvrit en grand, sa serrure fracturée.

Elle franchit le seuil.

— Thomas ?

Elle chercha à tâtons l'interrupteur et recula sous le choc quand la cuisine sombre s'illumina. Les vandales n'avaient épargné aucune pièce. Les murs, les placards, le frigo, et même la cuisinière étaient couverts d'inscriptions obscènes. Des monceaux de vaisselle cassée avaient été balayés dans les coins en attendant d'être évacués. Elle fut prise d'un sentiment de culpabilité à l'idée qu'il vivait ainsi depuis une semaine.

— Thomas, vous êtes là ?

Claire se fraya tant bien que mal un chemin jusqu'au living, allumant les lumières sur son passage. La télévision gisait à terre, fracassée. On avait tailladé le sofa et le fauteuil en y laissant planté le couteau de cuisine. Les débris de l'aquarium jonchaient le sol, l'eau depuis longtemps évaporée. Le plus gros avait été balayé dans un coin dans une vague tentative de déblayer.

L'escalier n'avait pas moins souffert, entre les graffitis qui s'étalaient sur les murs et la peinture renversée sur le tapis. Elle monta les marches une à une.

Avec appréhension.

Et prudence.

La salle de bains était dévastée, le lavabo et la cuvette des toilettes fracassés, la baignoire couverte de peinture, les murs barbouillés d'obscénités.

— Thomas, vous allez bien ?

Il n'y avait qu'une seule chambre. Une myriade d'images lui traversèrent l'esprit.

— Thomas ? C'est Claire.

Elle hésita en arrivant à la porte.

— Thomas ?

Elle frappa doucement, priant pour l'entendre répondre depuis le lit, d'une petite voix enrouée. Une grippe. *N'importe quoi.*

Aucune réponse.

Elle poussa la porte et son cœur se souleva comme une puanteur d'excréments assaillait ses narines. Elle appuya sur l'interrupteur, sans résultat. Les rideaux étaient tirés mais la lumière vacillante d'un écran d'ordinateur éclairait suffisamment pour permettre de distinguer la silhouette sur le lit.

Elle entra, redoutant le pire et préparée à découvrir n'importe quoi, ou presque.

N'importe quoi ou presque…

Mais pas ça.

L'espace d'une longue minute, elle se contenta de fixer la scène, incapable de réaliser. Ses jambes faiblirent et elle se sentit défaillir.

Elle se rattrapa au mur et sortit son inhalateur. Agrippa son portable entre ses doigts.

L'ambulance.

La police.

N'importe qui.

Elle n'avait encore jamais vu de cadavre, excepté à la télé. Cette fois-ci, il n'y avait pas de trucage.

C'était la version non édulcorée.

Bristow était étendu en travers du lit, la tête pendant d'un côté, les jambes de l'autre, nu à l'exception de chaussettes marron en nylon. Un sachet en polyéthylène recouvrait de près sa tête, suivant chaque contour. Quelque chose qui ressemblait à une petite orange dépassait de sa bouche. Le sang avait afflué vers sa tête et ses pieds, plus bas que le reste du corps, colorant leur peau de taches pourpres. La mort avait déclenché le relâchement du sphincter, d'où la puanteur.

Le visage la fixait de derrière le sachet plastique tendu. Ses traits déformés et sa coloration bleuâtre frappaient le regard tout autant que ses yeux exorbités, le sachet donnant à sa peau un éclat étrange et inquiétant dans la lueur diffuse.

Pauvre Thomas. Pauvre... pauvre Thomas.

Avoir traversé toutes ces terribles épreuves, tout ça pour mettre fin à ses jours de cette façon horrible, au moment même où se profilait un possible nouveau départ.

Son regard fut attiré par le moniteur. L'écran de veille Windows classique. Elle s'en approcha prudemment. Le corps nu l'angoissait, mais la curiosité l'emporta. Elle agita doucement la souris, et l'écran s'éveilla.

Le titre parlait de lui-même :

Loverboys.

Ça ne se comparait à rien qu'elle eût pu imaginer.

Un seul regard suffit à l'écœurer, mais une fascination morbide la poussa à fixer l'écran jusqu'à ce que son estomac se soulève et qu'elle parvienne tout de même à fermer les yeux.

Elle se retourna avec colère vers le cadavre de Bristow, prise d'une envie de cracher, de crier, de hurler.

Sa trahison la blessait au vif.

Elle l'avait cru.

Elle avait cru ses mots quand il parlait de relations tendres et affectueuses.

De ne jamais faire de mal à un enfant.

— Espèce d'ordure ! Espèce d'ordure !

Elle jeta la souris sur le cadavre de Bristow et sortit en courant de la maison, en pleurs, tremblant de colère, et s'enferma dans la voiture jusqu'à l'arrivée de la police.

87

Il se trouvait au dernier étage du parking Riverside quand il la vit, penchée au-dessus du parapet et lançant des regards impatients vers la passerelle enjambant la Severn.

Il s'arrêta pour la regarder, contemplant le haut moulant coloré et les leggings près du corps en nylon descendant jusqu'aux mollets. Le nœud dans ses cheveux rappelait le rose de ses collants. Quelque chose dans sa démarche, dans sa façon de se tenir, le fit saliver. Il se lécha les babines, plongé dans ses pensées, et vérifia la date du jour sur sa montre. À trois reprises.

— Maman ! Maman ! Je suis en haut ! cria la fillette en agitant frénétiquement la main en direction d'une silhouette en contrebas. On se retrouve à l'ascenseur !

Il farfouilla entre ses sachets de courses, trouva le rouleau de Scotch, et le rangea dans sa poche. Tandis qu'elle approchait, il ôta sa ceinture et la laissa tomber dans le coffre, à portée de main.

Une poignée de secondes suffirent.

Il l'attrapa par derrière quand elle passa et lui colla une main sur les lèvres pour l'empêcher de crier. De l'autre, il déroula le Scotch avant qu'elle songe à se débattre, et le lui appliqua en travers de la bouche.

Sans prendre le temps de finasser, il lui enroula le mètre de bande adhésive autour de la tête. L'enfant se défendit comme un beau diable, mais de ses deux mains désormais libres, il lui ramena les bras dans le dos et lui ligota les poignets aux chevilles à l'aide de sa ceinture, avant de la balancer dans son coffre, entre les sachets d'épicerie *Marks & Spencer*.

88

Il quitta la ville par l'autoroute et regagna le motel sur l'aire de services de la M6, stationnant à côté de la camionnette tout au bout du parking, hors de portée de vue du bâtiment principal. Déplacer la gamine de jour était trop risqué. Il jeta un coup d'œil alentour pour s'assurer que personne ne regardait, puis ouvrit le coffre et se pencha à l'intérieur. L'enfant traumatisée se débattait en vain contre ses liens. Il prit soin de desserrer l'adhésif devant son nez et retourna le corps de la fillette, lui appuyant la tête contre un plaid de voiture, résolu à lui ménager un certain confort.

Il passa la soirée comme si de rien n'était, commandant une tourte au bœuf et à la bière au restaurant, accompagnée de deux tasses de thé brûlant, avant de se retirer dans sa chambre pour y regarder la télé. Il avait besoin de se détendre. Il se lava les mains une demi-douzaine de fois, arpentant la pièce, transpirant d'inquiétude. Il tenta de se dire qu'une journée de plus ou de moins n'y changeait rien. Mais il savait que c'était faux. Il maudit son manque de contrôle.

Il s'étendit sur le lit et tenta de s'intéresser au film, d'oublier la fille cinq minutes. L'air du soir était chaud, la clim inefficace, son corps las. Ses yeux se fermèrent peu à peu.

89

Jeff volait des voitures depuis qu'il avait douze ans.

Il lui semblait que plus il prenait de l'âge, plus cela devenait difficile. Ou peut-être les systèmes de sécurité des véhicules étaient-ils tout simplement plus efficaces ?

Quoi qu'il en soit, il dut se rabattre sur la berline. Ses potes allaient être morts de rire. Mais cela faisait vingt minutes qu'il traînait sur le parking : le temps pressait. Ce soir, le choix n'était pas terrible, et les meilleures caisses étaient garées à des endroits qui ne l'arrangeaient pas. Des zones bien éclairées, à proximité du hall du motel.

En moins de quinze secondes, il avait ouvert la voiture et démarré, et s'éloignait lentement pour éviter d'attirer l'attention. L'autoroute était déserte, mais il roula néanmoins sans dépasser les cent kilomètres heure et prit la sortie 12 pour rejoindre l'A5 et retrouver ses amis à Crackleybank.

Assis ensemble sur le toit, ils rirent et plaisantèrent jusqu'au petit matin en buvant des bières premier prix du supermarché. La jauge du réservoir indiquait qu'il n'y avait presque plus d'essence. Ils l'essayèrent un dernier coup. Teggs faisait hurler le moteur à plus de cent cinquante quand elle se mit à crachoter. La voiture finit par s'arrêter sur l'A5, un peu plus loin que Weston-under-Lizard.

Avec sa prudence habituelle, Jeff essuya l'intérieur du véhicule à l'aide d'un mouchoir. Ses empreintes n'étaient pas fichées mais il préférait ne pas prendre de risques. Il récupéra un bidon d'essence dans la voiture derrière lui et arrosa copieusement la berline, au-dedans comme au-dehors, par précaution.

Ils se contentaient d'emprunter les caisses pour faire des virées, ils ne les volaient pas.

À aucun moment ils ne songèrent à regarder dans le coffre.

La fillette sentit la chaleur avant de sentir la fumée.

Elle mourut d'asphyxie juste avant que les flammes l'atteignent.

90

Il se réveilla en sursaut, sauta hors du lit et courut à la fenêtre.

C'était l'aube.

Il maudit sa négligence. Il n'aurait plus la possibilité de la transférer avant la tombée de la nuit. Il réserva la chambre une nuit de plus en allant prendre son petit déjeuner.

Ce n'est qu'en faisant marche arrière avec la camionnette qu'il remarqua la disparition de la voiture. Il s'éloigna au volant du véhicule, ses traits trahissant à peine le remous des pensées qui l'agitait.

Il régla la radio sur la station locale en arrivant sur la M54 en direction de Telford.

La police du Shropshire continuait de ratisser le centre-ville de Shrewsbury à la recherche de la petite Michelle Morgan, la fillette de neuf ans portée disparue, dernièrement aperçue par sa mère la veille, en fin d'après-midi, dans le parking à plusieurs niveaux. On craignait de plus en plus pour sa sécurité.

Il avait encore à l'esprit l'image de son corps saucissonné. Les collants roses. Le nombril dévoilé.

Il la lui fallait.

Elle ou une autre.

Sa décision était prise.

Direction Telford.

91

La ville de Telford affichait en temps normal une présence policière assez faible, et aujourd'hui, une bonne partie des policiers du Shropshire fourmillaient dans le centre de Shrewsbury.

Aucun lien apparent n'avait encore été établi entre Michelle et les meurtres d'oncle Tom, mais la pensée envahissait maintenant tous les esprits, et les journalistes présents sur place n'attendaient qu'un mot pour l'exploiter.

En l'absence d'une annonce allant dans ce sens, ils tirèrent parti au mieux des spéculations et de la peur des parents des environs pour animer leurs bulletins de la mi-journée.

Une foule d'enfants sur le chemin de l'école inondaient les rues, mais il se contenta d'en apprécier la vue, car quand ils n'étaient pas en groupes, ils étaient accompagnés d'un adulte ou entourés de monde.

C'est alors qu'il l'aperçut, sortant du bureau de presse, le journal de son père sous le bras.

Seule.

Sept ans. Peut-être huit. Vêtue d'une blouse vert pastel et de chaussettes blanches montant aux genoux.

Il la fila dans la camionnette, s'assurant de l'absence de caméras de sécurité dans la rue, puis se rangea juste devant l'arrêt de bus. Il n'y avait personne d'autre à l'horizon.

Il reprit l'autoroute A5 et repartit vers l'est, dépassant Crackleybank, les cris pitoyables de l'enfant étouffés par les parois insonorisées de l'utilitaire. Lorsqu'il passa le cordon de police juste après Weston-upon-Lizard, en roulant au pas, il garda la tête droite. Mais son regard ne quitta pas le véhicule brûlé sur le bas-côté. Une voiture de police était arrêtée juste derrière.

Il sourit intérieurement, avant d'enfoncer l'accélérateur. Il appela sur son portable et fit annuler la réservation du motel, avant de détruire la carte SIM.

92

Le bulletin d'infos de midi à la radio s'ouvrit sur la découverte horrible à l'intérieur du coffre.

Les services de police du Shropshire confirmèrent qu'il s'agissait bien de Michelle Morgan, l'écolière disparue la veille sur le parking d'un centre commercial très fréquenté. Un porte-parole précisa que rien ne les amenait à lier cela avec la série de meurtres d'enfants d'« oncle Tom ».

L'information principale du bulletin de treize heures était qu'une autre fillette, Andrea Whiteman, âgée de huit ans, avait disparu dans la matinée alors qu'elle revenait du bureau de presse. Tandis que tous les médias du pays fondaient sur la ville, on conseillait aux parents de la région de faire preuve d'une extrême prudence.

Il sortit sur l'aire de services de Toddington en direction du sud après la sortie 12 et réserva une chambre pour la nuit, qu'il paya d'avance en liquide. Puis il remonta sur Milton Keynes pour y passer l'après-midi, stationnant près de la voiture dans laquelle il était arrivé il y avait quelques jours de cela, et qu'il récupérerait plus tard.

Il entra voir un film au multiplex, puis reprit la camionnette pour se rendre à la marina, où il trouva un coin tranquille pour rejoindre Andrea à l'arrière du véhicule.

C'était sympathique de pouvoir pour une fois mettre un prénom sur le visage.

Mis en appétit, il se dirigea vers le *Toby Grill* et dîna au bord du canal : filets de plie panés accompagnés d'allumettes et de petits pois à la menthe, suivis d'une tisane, qu'il but en se demandant où il jetterait le corps.

En bon professionnel, il attendit d'avoir terminé son repas et attaqué son dessert avant de prendre sa décision.

93

Confortablement installé au fond de son fauteuil, le professeur Gavin Large se servit un autre scotch et parcourut à nouveau la copie. Il avait sous les yeux le devoir d'une de ses étudiantes.

Il avait l'impression d'être le professeur de droit dans *L'Affaire*

Pélican, à qui sa brillante élève, qu'il se tape en douce, vient de remettre la thèse essentielle grâce à laquelle il chope le méchant et résout l'énigme.

Sauf qu'il ne s'agissait pas d'une brillante élève.

Que le devoir n'était pas une thèse.

Et qu'il n'apportait pas la solution de l'énigme, pas plus qu'il ne donnait le nom du méchant.

Et qu'en plus de ça, il ne se la tapait pas en cachette. Ç'eût été trop beau.

En dépit de ces réserves, il se versa un troisième scotch et compulsa de nouveau l'exposé.

Ceri Jones n'avait rien d'une Julia Roberts. Elle avait peu de chances d'obtenir le moindre diplôme, même de justesse, et encore moins de devenir son étudiante vedette. Elle rendait rarement ses devoirs dans les temps, arrivait toujours en retard en classe, et bavardait trop…

Malgré tout, l'enseignant avait relu son exposé trois fois de suite, et le lisait maintenant une quatrième.

Le travail demandé était des plus simples : prendre le tueur condamné de son choix, analyser les profils produits durant sa traque, et les comparer aux informations révélées après sa condamnation. Un exercice de deuxième année classique. Tous avaient opté pour les figures préférées des tabloïdes. Nilsen, Dahmer, Gacy, Bundy et Sutcliffe étaient ressortis comme chaque année.

De la part de Ceri Jones, il s'était attendu à un personnage plus obscur : Pedro Lopez ou Robert Hansen. Peut-être Leonard Lake. Albert Fish était favori.

Il aurait dû s'en douter.

Elle avait choisi d'étudier le profil d'un tueur qui ne figurait pas sur la liste, ce qui n'annonçait rien de bon du point de vue de la notation. Son exposé était hors sujet. Il n'avait d'autre choix que de lui coller un F.

Mais le profil était bon.

Original.

Audacieux.

Impertinent.

Crédible.

De loin le meilleur travail qu'on lui ait rendu depuis toutes ces années. Il regrettait vraiment de devoir la recaler.

Mais en dehors du fait qu'elle ait ignoré les objectifs du devoir, Ceri avait établi un profil qu'il lui était impossible de noter. Pour la simple raison que le tueur qu'elle avait sélectionné n'avait pas encore été capturé.

94

C'était Matt qui avait décidé du lieu, et pour une fois il ne s'agissait pas d'un *Caffè Nero*. Ils trouvèrent une table libre au *Caesar's*, dans St Peter's Street à Canterbury, et s'installèrent pour déguster des plats de pâtes, qu'ils accompagnèrent d'un chianti abordable mais cependant grisant.

— Elle est quoi ? s'exclama Claire. (Après le coup de Bristow, elle n'était *résolument pas* d'humeur à entendre cela.) Étudiante de deuxième année ?

— En psychologie appliquée, précisa Matt. Gavin dit que ça mérite un coup d'œil.

— Et cette... cette « étudiante »... je suppose qu'elle a pondu ça à la cafétéria, un jour qu'elle avait une ou deux heures de libre entre deux TD ?

— Claire, j'imagine ce que tu ressens en ce moment. Mais oublie Bristow. Pense à Rebecca. Rappelle-toi ce que tu m'as dit l'autre jour, sur ton intention de jouer les Miss Marple.

— Ça, c'était *avant*. Je suis pas sûre d'être prête à m'y réessayer.

— Claire, la famille de cette fille vit à Rhyl. En Galles du Nord. Sa sœur fréquentait la même école qu'une des victimes.

Claire poussa son assiette sur le côté et prit la chemise à contrecœur ; elle jeta un vague regard sur les premières pages pour faire plaisir à Matt.

C'était pour elle qu'il déployait ces efforts.

Le moins qu'elle puisse faire était de simuler un intérêt.

Le lendemain matin, elle prenait le premier train pour Liverpool.

95

— C'est un peu comme la divination, expliqua le professeur Large entre deux bouchées de frites au jus de viande. Tu sais, les « horoscopes » ? Si tu t'en tiens à des informations basiques, ça collera avec une infinité de scénarios. C'est quand on commence à rentrer dans les détails que ça se corse.

Assise dans la cafétéria de l'université de Liverpool, Claire écoutait attentivement l'enseignant tandis qu'il combinait conversation et déglutition.

— Attends. Je n'ai pas dit qu'il n'y avait pas eu de succès spectaculaires. Tu te rappelles ce bambin, Jamie Bulger[16] ?

Claire opina du chef. *Qui pouvait oublier ?*

— L'heure de gloire de Paul Britton. Il avait mis dans le mille. L'âge des gamins, l'environnement familial, les parents. Tout. Un truc dingue. Mes étudiants l'idolâtraient. Tu te souviens d'Abbie Humphries, le bébé kidnappé ? De Stephanie Slater, l'agente immobilière ? Toutes ces affaires d'enlèvement ont été résolues grâce à Paul Britton. (Une autre bouchée de frites.) Et puis l'affaire Rachel Nickell est arrivée : le fiasco. Une jeune femme agressée avec son enfant à Wimbledon Common, par un malade armé d'un

16 Bébé de deux ans, enlevé, torturé, puis tué par deux enfants âgés de dix ans en 1993 à Liverpool. L'affaire avait défrayé la chronique.

couteau. Poignardée quarante-neuf fois et violée en plein jour, sans qu'il y ait aucun témoin. Un mec a été arrêté et inculpé avant d'être relâché. Le juge a limite accusé la police d'avoir monté le dossier de toutes pièces.

Large s'arrêta pour recouvrir ses frites de sel.

— OK, Britton s'est bien rattrapé sur l'affaire Fred et Rosemary West. Ça prouve bien qu'on ne peut pas gagner à tous les coups. Un autre raté ? Le siège de Waco au Texas. Un illuminé qui se prenait pour le Messie. Les profileurs ont fait : « OK, allez-y. Il a pas le type suicidaire. » Résultat, toute la baraque est partie en flammes. Il s'est pas contenté de se suicider… il a emporté quatre-vingts innocents avec lui. Alors oui, parfois ça marche, mais t'y fies pas trop tout de même.

— J'essaierai, répondit Claire en déplaçant sur le côté un morceau de pomme de terre avec sa fourchette : voir Large manger lui avait coupé tout début d'appétit.

— Même « l'ancien », James Brussel, s'est parfois planté. Son gros coup a été le « fou à la bombe » de New York dans les années 1950. Ça faisait seize ans qu'un timbré faisait tourner en bourrique la police de la Grosse Pomme. Et là Brussel est arrivé. Il a dressé la liste des caractéristiques du terroriste avec une justesse impressionnante. Âge moyen, paranoïaque, immigré, vivant avec sa sœur. Il a été jusqu'à décrire sa façon de s'habiller : il porterait un gilet à veston boutonné. Il a mis dans le mille !

Claire hocha poliment la tête. La leçon d'histoire pouvait être intéressante, pour peu qu'on n'eût pas à le regarder parler.

— Bien sûr, le profilage a fait beaucoup de chemin depuis. Les Ricains y sont passés maîtres aujourd'hui. Tu as vu *Le Silence des agneaux* ? J'adore ce film. Je donnerais mon bras droit pour visiter l'académie du FBI à Quantico. Aucun service au monde ne leur arrive à la cheville. Faut dire que les États-Unis détiennent aussi le record du nombre de tueurs à la masse.

— Ça, je veux bien le croire.

Large prit la remarque comme un encouragement à poursuivre :

— Tu comprends, les crimes sexuels sont un phénomène relativement « récent ». Je veux dire, bien sûr l'histoire est truffée de viols et de pillages. Mais les criminels sexuels en série, les pédophiles, toutes ces histoires ? C'est un phénomène moderne. Et non, ça n'est pas seulement dû au fait qu'ils soient mieux détectés ou davantage signalés. Abraham Maslow, ça te dit quelque chose ?

Il s'interrompit pour enfourner davantage de nourriture dans sa bouche. Claire secoua la tête pour signifier qu'elle l'ignorait.

— C'est un génie. Dans les années 1940 il a mis en avant le concept de « hiérarchie des besoins ». Il expliquait que la motivation ne provenait pas du désir mais du besoin. Il affirmait qu'il existait quatre niveaux de besoin : le besoin physiologique, la sécurité, la stabilité émotionnelle et la respectabilité. On retrouve ça dans chaque groupe ou classe sociale. Quand l'homme existait à l'état naturel, son seul souci était de se nourrir. Manger. Les premiers hommes.

Cette référence à la nourriture l'incita à enfourner une nouvelle bouchée :

— Une fois la question de la nourriture réglée, c'est celle de trouver un toit qui s'impose. Prends n'importe quel groupe d'animaux. Plus ils sont évolués, plus ils accordent d'importance à la sécurité : le fait d'avoir un abri en plus d'avoir de quoi manger constituera dès lors leur cycle de vie standard. Ce qui distingue l'homme de l'animal, c'est le besoin de stabilité émotionnelle. D'établir des relations. Une fois de plus, les mammifères évolués présentent des traits similaires : les dauphins, les chimpanzés, les chiens.

Large s'arrêta de mâcher juste assez longtemps pour écluser son mug de thé :

— En dernier lieu vient le besoin de respectabilité. L'estime de soi. C'est ce qui pousse le prolo de base à se pointer à l'agence pour l'emploi et à prendre le premier boulot venu, pour trouver la

« dignité » par le travail, quand bien même il s'agirait de déplacer de la merde d'un seau à un autre. Peu importe. Ça reste un travail, avec l'estime de soi qu'il apporte. Bien sûr, s'il n'a pas de toit sur la tête ou de quoi manger dans son assiette, alors le mec ne se préoccupera pas de cette dignité. Pas plus que de ses relations avec autrui.

Claire s'efforçait de paraître intéressée. Le voyage jusqu'à Liverpool avait été long. La dernière chose qu'elle était venue entendre, c'était un cours de sociologie.

96

— Le crime reflète cette hiérarchie, continua Large, visiblement passionné. Les premiers hommes tuaient pour manger. À l'école on enseigne aux enfants que les lois du Moyen Âge étaient barbares, mais les lois de cette époque reflétaient simplement les priorités d'alors. Tu risquais la corde pour avoir braconné du saumon, mais tout le monde se fichait que tu assassines ton voisin. L'économie se développant, les crimes ont commencé à être dictés par l'argent, mais la motivation profonde restait la même : manger et se mettre à l'abri. Qui irait voler un agneau aujourd'hui ? La plupart des gens ne sauraient même pas comment s'y prendre pour le tuer, et encore moins pour le dépecer et s'en faire un repas.

Claire lui indiqua qu'elle comprenait.

— L'homme s'est ensuite mis à voler de l'argent pour acheter de la viande, poursuivit Large. Aujourd'hui il la vole directement au supermarché. À mesure que la société s'est développée, les crimes violents se sont en grande partie concentrés sur le foyer. Une fois révolue l'époque des viols et des pillages, les crimes sexuels ont pratiquement disparu. Alors il y a plusieurs raisons à ça, mais la principale est la disponibilité des femmes. Te vexe pas, Claire, mais à l'époque les femmes étaient financièrement abordables.

Claire grimaça. Elle voulait simplement qu'il lui parle du profil établi par Ceri. Matt l'avait avertie que Gavin donnait ses conférences à l'intérieur comme à l'extérieur de sa salle de classe.

— Sérieusement, continua Large. Les riches avaient leurs esclaves, les pauvres, leurs prostituées. Un homme pouvait assouvir ses désirs pour quelques sous. Les femmes actives n'existaient pas, hormis dans une poignée d'industries artisanales balbutiantes. La prostitution représentait l'unique source de revenu indépendant dont une femme disposait.

Claire haussa un sourcil dubitatif.

— Il faut que tu comprennes, Claire, qu'à l'époque l'attitude vis-à-vis de la sexualité était différente. Les pauvres vivaient entassés dans des maisons minuscules, dormant les uns sur les autres. Hommes, femmes et enfants ensemble. Le sexe se pratiquait assez ouvertement, à la vue des enfants. (Il s'arrêta pour savourer une pleine fourchetée de frites.) La sexualité infantile dans les classes les plus pauvres est peu documentée, mais ça ne signifie pas qu'elle n'a pas existé. En tout cas dans les milieux éclairés, elle constituait très clairement la norme.

Claire frissonna en songeant à Bristow.

— Puis l'ère victorienne est arrivée. Soixante glorieuses années durant lesquelles on n'osait même pas dévoiler le pied d'une chaise de peur de choquer quelqu'un. Et avec elle la répression des mœurs, refoulant le sexe et la sexualité dans la clandestinité. Tout d'un coup, le sexe a cessé d'être facilement accessible. Ce changement s'est traduit dans la criminalité. Les criminels sexuels sont apparus.

Large s'interrompit pour saluer un collègue qui passait, puis reprit de plus belle :

— La figure classique, c'est bien sûr Jack l'éventreur. Le crime domestique a naturellement évolué vers le crime sexuel. Comme les femmes devenaient plus indépendantes, de même les prostituées sont devenues plus chères, moins abordables. Un homme enclin à la violence, qui aurait jadis assouvi ses désirs sur une fille pour quelques sous, s'apercevait qu'elle était aujourd'hui trop chère pour lui. Les prostituées sont devenues le symbole de leur infériorité, et pour certains, un moyen de prendre leur revanche, des cibles faciles.

— Plus faciles que les enfants ?

— Bonne question, répondit-il en piquant quelques petits pois. Tu sais, les crimes sexuels n'ont rien à voir avec le sexe.

— Avec quoi alors ? demanda Claire, l'air surpris.

— Avec le pouvoir. On en revient à la hiérarchie des besoins de Maslow. La plupart des tueurs ont des styles de vie assez stables. Une maison, un travail, quelquefois même une brillante carrière. Je pense à John Gacy, à Ted Bundy, ou chez nous à Dennis Nilsen ou Frederick West. Certains, à ce qu'on raconte, vivaient heureux en couple. Peter Sutcliffe, par exemple. Colin Pitchfork avait une femme et des gosses. Ted Bundy était un tombeur notoire. Ils avaient réglé les trois premiers besoins : la nourriture, la sécurité et la stabilité émotionnelle. Même si Nilsen prétendait garder les cadavres dans sa chambre pour avoir de la compagnie, précisa-t-il avec un haussement d'épaules indifférent. Mais en dépit de leurs succès, ils recherchaient l'estime de soi qui leur faisait défaut. L'amour-propre et le pouvoir vont de pair. Le besoin de contrôle. C'est ce qui pousse les hommes au viol et au meurtre, pas l'acte sexuel en lui-même. Contrôler autrui au point de pouvoir le tuer de sang-froid constitue l'acte de pouvoir ultime. Et dans la logique pervertie du tueur, il constitue l'acte d'estime de soi ultime.

— Tu veux dire qu'oncle Tom n'est rien d'autre qu'un mégalo ?

Large soupesa la question :

— Les enfants sont naturellement plus faciles à contrôler pour un adulte, pour la simple raison qu'ils sont plus petits. Mais ça n'est pas la seule explication.

Il brisa un petit pain en deux et enfourna une moitié dans sa bouche :

— Le problème est que certaines techniques de profilage qui fonctionnent bien dans le cas d'une agression sexuelle sur adulte tendent à s'effondrer dès qu'il s'agit d'enfants. C'est l'une des faiblesses de Colin Dunst. Il n'arrive pas à admettre que certaines personnes puissent bel et bien trouver un enfant sexuellement attirant pour ce qu'il est.

— Comme Thomas Bristow ?

— Précisément.

— Mais Bristow était mentalement dérangé, pas vrai ?

Large eut un mouvement d'indifférence :

— L'était-il réellement ?

97

— Mais les enfants… Les jeunes garçons ?

Large s'envoya une nouvelle goulée de frites :

— On rentre là au cœur même du débat sur les abus envers les enfants, Claire. Il va de soi qu'un type qui prend son pied en maltraitant physiquement ou en tuant un enfant est sérieusement dérangé. Y a pas d'ambiguïté là-dessus. Mais l'attirance sexuelle sous-jacente est une tout autre question. La position morale est facile à prendre, mais pour ce qui est des faits scientifiques stricts, le débat n'est pas aussi tranché.

— Pourquoi ça ?

— Ironiquement, les mêmes garde-fous que la société a mis en place pour protéger les enfants de l'exploitation empêchent toute recherche sérieuse sur l'attirance des adultes envers les enfants, recherches qui pourraient éventuellement solutionner le problème. Je veux dire : à partir de quand l'affection devient-elle abusive ? Une mère aurait le droit de caresser affectueusement son enfant, mais pas le père ? Et si on le tolère de la part du père, alors pourquoi pas de la part d'un autre homme ? Un frère ? Un oncle ? Un beau-père ? Les hommes sont-ils plus susceptibles d'abuser des enfants ? Statistiquement, oui, mais les statistiques peuvent prouver tout et son contraire. Un comportement qu'on tolère entre une femme et un enfant est parfois toléré différemment quand il vient d'un homme. Exemple classique : la mère qui embrasse les fesses de son bébé. *Elles le font toutes.* Mais si un homme s'avisait de faire la même chose…

Claire hocha pensivement la tête :

— Je vois ce que tu veux dire.

— Et au cœur de la question, il y a le sujet ô combien tabou de la sexualité des enfants. Les enfants sont-ils des êtres sexuels ? Ont-ils des désirs sexuels ? Une libido ? Le fait est que nous l'ignorons. La société n'accepte pas qu'on collecte des renseignements touchant à l'attitude des enfants vis-à-vis du sexe, donc il est impossible de le savoir. À partir de quel moment un jeu d'enfants innocent – disons jouer au docteur – tourne-t-il à l'abus sexuel ? Il existe un certain nombre de cas où des jeunes filles de douze ans sont tombées enceintes de camarades du même âge. Si ces gamins avaient des rapports consommés à douze ans, à quel âge ont-ils connu leurs premiers émois sexuels ? Onze ans ? Dix ans ? Encore avant ?

Claire était heureuse que la question ne fût que rhétorique.

Large se chargea une pleine fourchette de petits pois :

— Maintenant, les pédophiles te diront que les enfants sont bel et bien capables d'une réponse sexuelle. Un agresseur essaiera toujours de minimiser ses actes, en prétendant qu'il y a été encouragé par sa victime. Alors oui, c'est évidemment ce qu'ils rétorqueraient, mais… est-ce pour autant faux ?

Il descendit bruyamment sa deuxième tasse de thé :

— C'est en ça d'après moi que Ceri a l'avantage sur Dunst : elle tente de comprendre oncle Tom en se plaçant de son point de vue à lui, pas du sien.

Enfin on y arrive ! songea-t-elle.

— Parle-moi de Ceri, dit-elle simplement.

Large engloutit l'autre moitié du petit pain. Il semblait prendre davantage de plaisir à parler avec la bouche pleine.

— Que peut-on en dire ? Élève de deuxième année. S'imagine être la future pointure des psychologues légistes. Ils en rêvent tous…, fit-il en soupirant. Un esprit vif, mais peu disposée à l'exploiter. Extrêmement désordonnée dans son travail. Maîtrise mal le clavier. Préfère rédiger ses devoirs à la main – ce qui est loin d'améliorer ses notes. Dernière chose : elle vient du pays de Galles, ajouta-t-il comme si cette précision recouvrait une multitude de défauts.

— Mais manifestement, tu penses qu'elle a mis le doigt sur quelque chose ?

Large opina du chef :

— Je suis bien évidemment l'affaire dans les journaux. Par intérêt professionnel.

— Et ?

— Pour être franc, Claire, quand le profil dressé par Dunst est sorti dans la presse, je suis tombé de haut. J'ai eu l'impression qu'il était davantage destiné à rassurer la population qu'à servir de base à une enquête scientifique sérieuse.

— Ce qui veut dire… ?

— Pour parler sans ambages : qu'on l'a délibérément laissé filtrer pour *donner* l'impression que les flics savaient ce qu'ils faisaient.

— Tu penses que ce n'est pas le cas ?

— Crois-moi, Claire : ils sont largués.

98

Il fallut à Jeff trois longues journées de tourments pour trouver le courage ; et même alors, ce fut à sa mère qu'il abandonna la décision.

Ils étaient quatre à savoir pour la voiture, et ne parlaient de rien d'autre quand ils se retrouvaient. Mais à voix basse, et par murmures.

Ils avaient peur.

Extrêmement peur.

La famille et les amis se répandaient en soupçons et en spéculations. Ils savaient que le gamin y était mêlé d'une manière ou d'une autre, mais frémissaient rien que d'envisager cette éventualité. Après quelque temps, ils finirent par cesser d'y penser et reprirent leurs routines, comme si de rien n'était.

Tous, sauf la mère de Jeff. À voir son fils rivé devant le journal télé régional, ou l'oreille collée à la radio, il sautait aux yeux que l'affaire l'intéressait. L'impliquait ?

Elle aurait voulu lui poser directement la question, mais n'était pas sûre de pouvoir entendre sa réponse.

Elle savait que ses fils volaient des voitures. Qu'ils commettaient de petits délits. Tout le monde était au courant. Il pouvait difficilement en être autrement, avec son premier à l'ombre et son deuxième qui passait ses nuits dehors.

Mais là, c'était différent.

Terriblement différent.

Elle entra un soir dans sa chambre, une tasse de lait malté à la main en guise de prétexte.

Il remarqua à peine sa présence tandis qu'elle posait la tasse brûlante sur son meuble de chevet. La radio diffusait tout bas une station locale. Ces derniers temps, il ne l'éteignait même plus. Elle s'assit au pied du lit, incapable de croiser son regard, et les mots sortirent au compte-gouttes, d'une voix chargée d'émotion :

— Tu resteras toujours mon fils, Jeffrey. Tu le sais, n'est-ce pas ?

Il avait horreur qu'on l'appelle « Jeffrey ». Il se retourna face au mur et grommela :

— Va-t'en.

— Tu seras toujours spécial à mes yeux, quoi qu'il arrive. Je voulais juste que tu le saches.

Il se redressa comme les paroles de sa mère s'imprimaient dans son esprit tourmenté. Il l'entendait mais la comprenait à peine.

— Ce n'est pas parce que ton frère est en prison que je l'aime moins pour autant. Il reste mon fils. Vous êtes tous les deux mes garçons. Quoi qu'il ait fait, je continue de l'aimer. Et quoi que tu aies fait, je continuerai de t'aimer.

M'man savait. On ne pouvait rien lui cacher.

Il dit d'une voix hésitante :

— On l'a juste empruntée pour déconner. C'est tout. C'était pour déconner.

Sa mère lui prit la main, comme elle ne l'avait plus fait depuis dix ans.

— Tu as juste volé la voiture, hein ! Tu l'as juste volée !

Il ne s'agissait pas d'une question, mais d'une affirmation.

Elle ne voulait pas d'autre réponse.

Elle voulait qu'il n'y eût pas d'autre réponse.

Les mots de l'adolescent sortirent dans un murmure effrayé :

— Comment je pouvais savoir qu'y avait une môme dans le coffre ? (Il avait les larmes aux yeux. Il tâcha de les retenir, mais la bataille était perdue d'avance.) Je savais pas. Je te jure que je savais pas.

— Qui d'autre était là ?

— William. Teggs. Dess. Mais aucun de nous savait pour la gamine. C'est le lendemain qu'on l'a appris. Aux infos.

Les larmes coulaient sur ses joues, et tandis qu'il pleurait contre l'épaule de sa mère, l'adolescent ne ressentait pas la moindre honte. Rien qu'un soulagement.

Il s'en était débarrassé.

Enfin.

Elle le serra dans ses bras et se joignit à ses pleurs, et le temps d'une minute, ils restèrent assis en silence, à sangloter ensemble. Elle dit alors :

— Jeffrey. Je crois que tu sais ce que tu as à faire.

Le jeune homme ne bougeait pas. Il restait appuyé contre sa mère, s'efforçant d'étancher ses larmes.

— M'man, dit-il enfin.

— Oui, chéri ?

— Je t'aime.

99

— Dis-moi, quels sont d'après toi les trois événements de ces cent dernières années qui ont eu le plus d'impact sur l'enfance britannique ?

Claire haussa les épaules. Le cours d'histoire sociale commençait à l'agacer, mais elle hasarda une réponse par politesse :

— La Seconde Guerre mondiale ? L'école obligatoire ? Je sais pas.

Large se remplit la bouche :

— Les meurtres de la lande[17]. Le scandale du Cleveland[18]. Et la tuerie de Dunblane[19].

L'expression de surprise de Claire suffit à relancer l'enseignant dans son argumentation :

— Jusqu'à ce qu'on capture Myra Hindley et Ian Brady en 1965, jamais on n'avait entendu parler d'enlèvements de gamins par des inconnus. Ça arrivait – mais officiellement, ça n'existait pas. Un peu comme les indiscrétions de la famille royale. On les passait sous silence. Il n'était pas jugé décent de se gargariser de détails sordides. Les « meurtres de la lande » ont changé la donne. Le fait

---

17 Série de cinq meurtres d'enfants âgés de dix à dix-sept ans, accompagnés de tortures et d'abus sexuels, commis entre 1963 et 1965. On avait retrouvé certains enfants enterrés dans la lande entourant Manchester. (*NdT*)

18 Scandale autour de cent vingt et un cas d'enfants du comté anglais du Cleveland dont les familles avaient été soupçonnées à tort d'abus sexuels, suite à un examen médical controversé réalisé par une pédiatre, Marietta Higgs. (*NdT*)

19 Tuerie ayant coûté la vie à seize enfants âgés de quatre à six ans et à leur institutrice, perpétrée en mars 1996 dans une école près d'Édimbourg par un homme soupçonné de pédophilie. (*NdT*)

qu'ils impliquent une femme, j'imagine. Avant Hindley et Brady, si un homme allait voir un gosse dans la rue pour lui offrir des bonbons, les gens se disaient : « Comme c'est gentil ! Quel chic type ! » Et du jour au lendemain, tout ça a changé. Chaque homme est devenu une menace potentielle pour les petits gamins. Aucun parent britannique ne laissait plus sortir son enfant sans lui donner d'abord la consigne devenue classique : « *Stranger, danger !* » Autrement dit : « Inconnu = danger. »

Il s'arrêta pour terminer sa troisième tasse de thé.

— Ça a constitué le premier changement. Puis est venue « l'affaire Cleveland », vingt ans plus tard. Tu te rappelles Marietta Higgs ? Son récit porta à l'enfance telle qu'on la connaissait le coup fatal. Soudain, la menace ne venait plus seulement des inconnus. *Tout homme* devenait un abuseur en puissance : père, frère, oncle, ami. N'importe qui. Quel que soit le lien de parenté. La tragédie est qu'elle a éclaté au moment précis où le féminisme entrait dans une phase particulièrement militante, et où le spectre du « politiquement correct » se profilait, imposant le silence à toute voix qui s'élevait pour annoncer des vérités fâcheuses. Des vérités qui auraient pu maintenir le bateau à flot… Car les remous du scandale du Cleveland, en transformant tout homme en abuseur potentiel, firent chavirer de façon définitive l'innocence de l'enfance.

Il s'arrêta pour respirer, et en profita pour s'enfoncer dans la bouche une nouvelle goulée de frites. Claire regardait la sauce au jus de viande dégouliner le long de son menton.

— Les choses ne seront plus jamais comme avant. Les enfants d'aujourd'hui ne goûteront jamais aux libertés qu'on avait quand on était mômes. Et par-dessus tout à cette liberté inestimable : se mêler aux adultes sans que plane cette méfiance. Sans que tes motivations ou les leurs soient mises en question.

Claire acquiesça de la tête : elle et Matt avaient eu des conversations similaires.

— Les journaux se plaignent continuellement de voir les gamins s'enfermer chez eux et passer leurs journées devant la télé ou l'ordinateur. Mais la plupart des parents sont terrifiés à l'idée de les laisser franchir la porte du jardin. Les enfants d'aujourd'hui n'ont pas les récréations qu'on avait à leur âge. On créait nos propres jeux. On explorait notre environnement. De nos jours, le danger les guette d'un côté comme de l'autre : si c'est pas des timbrés comme oncle Tom, c'est les chauffards, ou les seringues usagées. Dans les vieux films en noir et blanc, les rues sont remplies de gamins qui s'amusent. Alors qu'aujourd'hui, on ne voit plus de gamins, même pas sur les trottoirs. Il n'y a jamais eu autant de parcs de jeux, mais les parents sont trop paranos pour laisser leurs gamins y aller. Ils n'ont rien en dehors de l'école. Quoi d'étonnant à ce qu'ils se tournent vers la délinquance quand la société vide leur refuse tout loisir imaginatif…

Claire se surprit à hocher la tête.

— Puis il y a eu Dunblane, et l'enfance d'antan a cessé d'exister. L'année 1996 a changé la société d'une manière qu'on commence seulement à réaliser aujourd'hui. Il va sans dire que le massacre de petits écoliers par Thomas Hamilton au printemps a constitué un acte horrible, mais ça n'était que le début. Jamais nous n'avions connu une année comme celle-ci, et je prie pour qu'il n'y en ait pas d'autre. La tuerie de Dunblane qui avait choqué le monde a été suivie d'une vague de meurtres d'enfants horribles qui semblait sans fin. Les perceptions ont changé du jour au lendemain. Littéralement. Prends n'importe quel quotidien ou journal télé avant Dunblane : jamais on n'y aurait trouvé le mot « pédophile ». C'était du jargon académique. Un mot totalement inconnu de l'homme de la rue. En revanche, l'été 1996 n'avait pas entamé sa seconde moitié que déjà le terme « pédophile » était entré dans tous les foyers. Il suffisait qu'un mec sourie à un bébé dans la rue pour qu'une troupe de lyncheurs se forme sous ses fenêtres. Les politiques ont bien sûr suivi le mouvement en instaurant le registre des pédophiles. Les associations de parents antipédophiles ont essaimé un peu partout.

Tout d'un coup, un homme ne pouvait plus marcher sur le même trottoir qu'un enfant sans craindre qu'on l'accuse de quelque chose.

Claire écoutait attentivement.

— Ajoute à ça la série retentissante de procès de meurtriers d'enfants le même été, suivie des enquêtes pour abus sexuels dans plusieurs foyers d'enfants à travers le pays, et les gamins ont fini par prendre un air d'espèce en voie d'extinction. Quand le scandale Dutroux a éclaté en Belgique, avec ces pauvres gamines enchaînées dans la cave, toute dernière trace de débat rationnel est passée à la trappe. Bien sûr, la « protection de l'enfance » est devenue le mot d'ordre de chaque politicien, mais aucun n'était disposé à y réfléchir sérieusement. À mesurer les dommages que des réponses inconsidérées telles que le registre des pédophiles pouvaient causer. Avance rapide jusqu'à Ian Huntley et les meurtres de Soham[20]. Le dernier coup de clou dans le cercueil de l'enfance telle qu'on l'a connue était donné.

100

— Mais quel est le rapport entre tout ça et le profil établi par Dunst ?

Nouvelle poignée de frites.

— Ah, oui, notre ami Colin Dunst. Par où je commence ? Il se fait appeler « professeur », mais il s'agit probablement d'un de ces titres qu'ils galvaudent aux États-Unis. Ou bien il l'a acheté sur Internet. Il a, cela dit, eu son lot de succès. Mais il n'arrive pas à la cheville de Wilson ou de Canter[21]. Ceri vénère littéralement

20 Enlèvement et meurtre de deux fillettes de dix ans par le concierge d'un collège près de Cambridge en 2002. (*NdT*)

21 David Canter, psychologue britannique né en 1944, pionnier du profilage criminel et de la psychologie d'enquête. (*NdT*)

David Canter. Elle adorerait l'avoir comme prof à ma place. La petite félonne, dit-il en souriant.

— Mais Dunst… Dunst est en vérité un freudien pur et dur. Il n'y a pas de juste milieu avec lui. Sigmund est un dieu à ses yeux. Non, je reformule : pas *un* dieu. Il *est* Dieu. Tu te rappelles les posters du Che qu'on accrochait aux murs à la fac ? Dunst avait le poster de Freud au-dessus de son lit. Tu imagines ? Avec Dunst, chaque problème, chaque crime imaginable est ramené au sexe. Et pas simplement au sexe, mais plus précisément au fait d'avoir été abusé dans l'enfance. Un cambrioleur ? Abusé durant l'enfance. Un voleur de voitures ? Abusé durant l'enfance. Plus le caractère sexuel du crime est marqué, plus son auteur a été abusé.

— J'en déduis que tu es en désaccord, dit Claire en poussant son assiette à moitié vide sur le côté. Large s'avança pour piquer avec sa fourchette la pomme de terre à moitié mangée.

— Excuse-moi. Suis affamé. Ma femme m'a quitté il y a un moment de ça. Je me suis pas encore mis à la cuisine. Alors j'en profite.

Il fourra la pomme de terre dans sa bouche :

— Le problème avec Freud, c'est que la psychothérapie américaine de bas étage a monté ses théories en épingle. Ça n'a plus rien à voir avec de la psychologie. Il s'agit juste de faire du fric ! Tu sais ce qu'on dit à propos du business de la psychiatrie ? « Le névrosé construit des châteaux en Espagne, le psychopathe les habite et le psychiatre touche les loyers. » Encore du thé ?

Il commanda deux autres thés et parcourut la carte des desserts :

— Deux *Death-by-Chocolate*[22], s'il vous plaît.

— Pas pour moi, merci, fit Claire avec un geste de la main auquel Large répondit par un regard accusateur :

— Ils sont pour moi. Mettez-y beaucoup de crème. Le truc,

22 Dessert anglais (littéralement « la mort par le chocolat »). (*NdT*)

c'est que Freud raconte à quatre-vingt-dix-neuf pour cent des couillonnades. Excuse-moi l'expression. L'idée de Dunst établissant le profil d'un tueur d'enfants est tout simplement risible. Il est capable de démontrer qu'oncle Tom a subi des sévices durant l'enfance et qu'il s'en prend à d'autres enfants pour purifier son âme. Qu'est-ce qu'il a dit ? « Le benjamin de six sœurs » ? Quelles conneries… Mais il faut admettre qu'il en a dans le pantalon.

— Tu crois qu'il est fou ?

— Colin Dunst ? À coup sûr ! (Il rit à sa blague. Claire restait quant à elle insensible à son humour.) Désolé. Fou ? Tu veux dire : est-ce qu'oncle Tom est poussé à tuer par des pulsions incontrôlables ? Possible. Les vrais psychopathes n'ont aucun contrôle sur leurs actions. Ils sortent, tuent ou font ce qu'ils ont à faire, puis reprennent leur vie normale, parfois sans en garder aucun souvenir conscient. Mais ce n'est pas parce que leurs actes nous semblent dingues qu'ils sont forcément fous.

— Pour moi, si.

— C'est plus compliqué que ça, Claire. Prends Jeffrey Dahmer. Cas classique. Il a tué des jeunes hommes. Dix-sept, je crois. Il a fait l'amour à leurs cadavres, puis cuisiné et mangé leurs corps, morceau par morceau. J'adore ce gâteau. T'es sûre que tu n'en veux pas ? Mais « fou » ? Non. Pareil pour notre spécimen national, Dennis Nilsen. Il savait *exactement* ce qu'il faisait. Sans quoi il n'aurait pas échappé si longtemps à la police. Il ne s'agit pas de psychopathes. Pas même de fous. Ou de malades mentaux. Ça ne veut pas dire qu'ils n'avaient pas un problème au niveau du ciboulot, mais ce n'est plus ainsi qu'on définit la folie. Ça peut provenir de n'importe quoi, d'une simple calcification jusqu'à une malformation congénitale. On appelle ça des anomalies organiques. On ne le saura qu'une fois qu'ils seront morts. Et même là, il n'y aura aucun moyen de prouver que c'était la cause de leurs – comment dire – comportements « inhabituels ».

— Tu veux dire qu'il peut avoir une anomalie au niveau du cerveau sans pour autant être fou ?

— Tu es calée en biologie ?

— Je sais de quel côté se trouve mon cœur.

— Tu me rassures. Tu as entendu parler des gènes ?

— Les chromosomes X et Y ?

— Exactement. Tu sais que nous en avons vingt-trois paires. Deux chromosomes X donnent une femme, un X et un Y donnent un homme. Tu te souviens dans *Jurassic Park* ? Tous les dinosaures étaient des femelles. C'est pareil pour les humains. Tous les fœtus commencent par être féminins. Puis certains deviennent masculins. C'est à ce stade que se situe le risque. Si la transformation connaît des complications, toutes sortes d'anomalies peuvent en découler. Des anomalies dans la structure même du cerveau. Des anomalies qui n'affecteront pas tant la détermination de notre sexe que notre sexualité elle-même. Ce qui nous excitera. Ce qui nous dégoûtera.

Large jeta un coup d'œil à sa montre.

— Il est déjà cette heure ! J'ai un cours qui va bientôt démarrer, Claire. Désolé. Mais bon, il est temps que tu rencontres l'étonnante Mlle Jones. Je vais te déposer chez elle, mais il faudra que tu prennes un taxi pour retourner à la gare. Je suis occupé jusqu'à tard dans la soirée. Oh, et à propos, Claire…

Claire leva la tête.

— Ne t'emballe pas trop avec elle. Son devoir m'a bien sûr intrigué, mais comme je l'ai dit à Matt, au final, elle reste une étudiante médiocre dans une de mes classes les plus nulles.

101

Weisman se frottait les mains de jubilation :

— C'était les collègues du Shropshire. Leurs experts viennent de trouver une trace sur le corps.

— Une trace ?

— De nicotine. On dirait qu'il ne pouvait pas s'empêcher de toucher la gamine.

— Putain. Quel sale dégueulasse !

— Ils doivent mener des tests plus approfondis, mais ça s'annonce bien…

— Que peut-on espérer ?

— Au mieux ? Une marque de cigarettes. Bon, il ne faut pas trop rêver. Quoi qu'il en soit, on sait maintenant qu'il fume. C'est un premier pas, dit-il en sortant une bouteille de Glenmorangie. Ça s'arrose.

Un seul policier dans le commissariat déclina la proposition. L'abstinence de Pitman n'était un secret pour personne.

— Attelons l'équipe à la tâche, David. Je veux connaître les habitudes tabagiques de chacun des suspects de la liste avant la fin de la journée. Mais restez discrets. Plus tard la presse l'apprendra, mieux ce sera.

102

Étrangement, le parfum envahissant paraissait agréable après l'odeur piquante de l'après-rasage bon marché du professeur Large.

Suivant les indications de ce dernier, Claire montait les marches usées d'un immeuble d'Aintree, au dernier étage duquel Ceri Jones occupait un meublé. La rampe était branlante, les murs avaient besoin d'un nouveau papier peint et les boiseries, d'un bon coup de vernis. L'éclairage ne fonctionnait pas, et la crasse sur les fenêtres des paliers donnait à la lumière d'après-midi des airs de crépuscule.

La situation du logement étudiant n'avait guère évolué depuis son époque, songea-t-elle.

La bouilloire mettait du temps à chauffer et les deux jeunes femmes en profitèrent pour faire connaissance. Elles bavardèrent du voyage depuis Margate, du régime alimentaire du professeur Large… de tout, excepté le sujet de leur entrevue. Ceri versa l'eau en ébullition sur la poudre de lait et les granulés de café premier prix, qui finirent par se dissoudre après quelques tours de cuillère. Claire aperçut un frigo ; Ceri expliqua qu'il ne fonctionnait pas mais qu'elle aimait cependant l'idée d'en avoir un.

— Ça doit être intéressant comme travail, journaliste…

La remarque prit Claire au dépourvu. Apparemment, Large ne lui avait pas spécifié la nature exacte de son intérêt.

— À vrai dire, ce n'est pas moi la journaliste, mais mon compagnon, Matt. Je suis… Je l'aide sur l'enquête.

Ceri hocha la tête :

— Le professeur Large vous a précisé qu'il s'agissait d'une entrevue officieuse ? Vous ne reprendrez pas mes propos.

— Absolument.

— C'est la première fois que je me livre à un tel exercice, dit-elle avec une certaine nervosité dans la voix.

Claire sourit pour la rassurer :

— Votre professeur m'a dit le plus grand bien de vous.

— Ah oui ? fit Ceri d'un air étonné.

— Il a trouvé votre profil d'oncle Tom remarquable.

— Il abuse, dit Ceri en riant. Il n'a même pas voulu le noter !

Ce fut au tour de Claire d'être surprise :

— Je croyais pourtant…

— C'est ma faute, avoua Ceri en souriant. En réalité, je n'ai pas fait ce qu'on nous demandait. On était censés dresser le profil d'un meurtrier déjà condamné. Évidemment, tout le monde a choisi les célébrités. Vous savez : Dahmer, Nilsen. Pas très appétissant. (Elle marqua une pause, scrutant le visage de Claire pour voir si elle avait compris.)

Elle lâcha alors un rire embarrassé :

— Pas très appétissant. Ces gars étaient bien cannibales, non ?

Claire s'autorisa un faible sourire :

— Pourquoi avoir choisi oncle Tom dans ce cas ?

— Je voulais prendre un tueur d'enfants. Je trouve ça tellement dingue. Attendez, j'ai pas dit que choper des mecs dans la rue pour ensuite leur faire bouillir la tête était normal, mais les enfants… Bref, je passais en revue les choix disponibles : Brady, Black, Fish, Lopez… quand la fille a disparu dans l'école de ma sœur. Elles étaient pas copines, ni rien. Mais… (sa voix s'étrangla) ç'aurait très bien pu arriver à Gwynra.

Elle serrait sa tasse au point d'en faire presque blanchir ses phalanges, mais son visage restait de marbre :

— Et s'il traînait toujours dans le coin, attendant l'occasion de frapper à nouveau…

Claire lui tendit la main avec sympathie.

— J'ai passé plusieurs nuits blanches, confia Ceri. Mais je crois qu'il a quitté la région à présent.

— J'ai lu ça dans votre devoir, oui. Pourriez-vous me l'expliquer ? J'en ai apporté une copie.

Ceri prit le document et s'enfonça dans le fauteuil, en parcourant le profil afin de se rafraîchir la mémoire :

— Qui d'autre l'a vu ?

— Seulement Matt et moi, et le professeur Large, bien sûr.

Ceri parut satisfaite :

— Je me suis contentée d'essayer de dresser un portrait du tueur : principaux déplacements, corrélation des dates et des lieux, toutes similarités entre les victimes. C'était assez facile au vu des informations disponibles dans la presse. Mais pour établir un profil sérieux, il faut savoir comment le tueur opère dans les détails sordides. Ce qu'il fait exactement à ses victimes. Comment il les a tuées au juste. Ce genre de renseignements.

— Mais on le sait, non, ce qu'il leur a fait ?

— On sait seulement ce qu'en ont dit les médias. Ce qu'il me faut véritablement, ce sont les rapports d'autopsie et les analyses post mortem. Il y a bien sûr cette histoire de peinture sur les ongles. Très révélateur au premier abord. C'est souvent ce genre d'anomalies singulières qui permet d'identifier le tueur. Vous comprenez, sur dix suspects partageant les mêmes antécédents d'agressions sur enfants, un seul sera assez tordu pour décorer ses victimes de cette façon. Colin Dunst a attribué ça à du fétichisme. Au départ, j'étais d'accord avec lui, et puis je me suis dit que si le tueur faisait une fixation sur le vernis à ongles, alors seul le vernis à ongles ferait l'affaire.

— Pourquoi ?

— La peinture et le vernis à ongles n'ont pas du tout la même odeur.

— Et alors ?

Ceri sourit :

— Vous savez comment les fétichismes se développent ?

— Je dois reconnaître que je n'ai pas passé ma vie à étudier la question.

— Il existe plusieurs théories, mais je privilégie celle comme quoi l'objet – le fétiche – ravive d'une manière ou d'une autre des souvenirs inconscients d'expériences agréables vécues dans l'adolescence, voire dans l'enfance. Dans le cas d'oncle Tom, il peut s'agir d'une expérience avec une femme qui se vernissait les ongles en jaune. C'est en tout cas le raisonnement de Dunst. Mais comme je l'ai dit, pourquoi dans ce cas utiliser de la peinture ? Ça ne produirait pas du tout la même association olfactive. Et par-dessus le marché, une peinture pour entreprises au lieu d'une peinture pour particuliers, ou pour maquettes, toutes deux plus faciles à se procurer. C'est bizarre, *franchement* bizarre. Et puis j'ai lu la déclaration d'un flic disant que les ongles avaient été peints avec « un soin méticuleux ». Si c'est vrai, alors Dunst met complètement à côté.

— Je ne vous suis pas.

— C'est pas compliqué. Si les ongles ont été peints avec un soin méticuleux, je suis prête à parier que les filles étaient déjà mortes quand il l'a fait. Si elles avaient été encore en vie, même attachées, elles se seraient débattues. Il y aurait des taches de peinture : on n'aurait pas ce travail « méticuleux ».

Revivant son enquête, Ceri décortiquait le raisonnement de Dunst comme elle l'avait fait en préparant son exposé. Elle parlait d'une voix chargée d'excitation, sans remarquer les traits de Claire qui se décomposaient.

— Ensuite il y a la question de savoir comment il agressait ses victimes. La police n'a pas été très bavarde à ce sujet, à part démentir le fait qu'il y ait eu viol. Les articles dans la presse se contentaient de parler d'agression sexuelle et de strangulation. Quel type d'agression ? Est-ce qu'il les a sodomisées ? Quelle partie de son corps à lui a-t-il utilisée ? Est-ce qu'il y a eu un contact oral ? S'est-il servi d'un objet ? Ont-elles été étranglées avant ou après ? À ce que j'ai compris, la première fille, Rebecca, était vivante quand l'agression a commencé. Ç'a dû être atroce pour elle. C'est vrai quoi, il…

Elle se rendit compte que Claire pleurait à chaudes larmes :

— Je suis désolée. Ça va ? Attendez, j'ai des mouchoirs.

Elle attrapa une boîte de Kleenex sous le lit. Claire les accepta en la remerciant et s'essuya les yeux.

— Excusez-moi, Ceri. J'aurais dû être honnête avec vous dès le début. Il faut que vous sachiez quelque chose : Rebecca était ma fille.

103

— Début du PV d'audition. Où as-tu volé la voiture, fiston ?

— Sur l'aire de services de Hilton Park. Sur la M6.

— Où exactement ?

— Sur le parking.

— Le parking principal ou celui du motel ?

— Celui du motel.

— Quelle heure était-il ?

— Environ minuit.

— Peux-tu être plus précis ?

Jeff haussa les épaules.

— Je crois que tu ne te rends pas bien compte de la gravité des faits, Jeffrey.

— On savait pas. Sérieux. C'était une caisse comme une autre. À aucun moment on s'est approchés du coffre. Je vous jure que je savais pas qu'elle était là. Comment on aurait pu le savoir ?

L'avocat de garde prit la parole :

— Mon client vole des voitures. Il a reconnu avoir subtilisé le véhicule. Il va de soi qu'il ignorait que l'enfant s'y trouvait.

— Peut-être bien. Mais c'est lui qui a craqué l'allumette qui l'a tuée.

— C'est totalement ridicule, inspecteur. Selon vos propres dires, vous attribuez l'enlèvement de cette fillette à cet « oncle Tom ». Vu son tableau de chasse actuel, il semble que cette pauvre enfant aurait d'une manière ou d'une autre été tuée, avec ou sans l'intervention de mon client. Je vous rappelle que mon client n'est pas accusé de meurtre dans cette affaire. Il a simplement volé un véhicule.

Battant froid l'avocat, le policier s'adressa à Jeff :

— Y avait-il autre chose à l'intérieur de la voiture quand tu l'as prise ? Quoi que ce soit qui puisse nous aiguiller sur l'identité du précédent conducteur ?

— Non, rien.

— Pas de sacs ou de valises ? Aucun papier ni document ? Rien du tout ?

— Non, rien. Juste une carte.

Les deux policiers s'avancèrent :

— Une carte ?

— Un plan des rues. De Telford. Dans le vide-poches.

— Où se trouve-t-il à présent ?

— Au milieu des cendres.

— Et il n'y avait rien d'autre à part ça ?

— Non, rien. (Longue pause.) Juste un skeud.

— Un quoi ?

— Un disque. Vous savez : un CD avec de la musique. Enfin, vous, vous appelleriez ça de la musique. Mais c'était juste un vieux gars en train de brailler.

— Et je suppose que ce CD a fini au même endroit que le plan. Dans les flammes ?

L'adolescent hésita.

— Jeff ?

Il inspira profondément :

— Non, j'l'ai donné à m'man. Je m'suis dit qu'elle aimerait sûrement. C'est plus son style. De la musique de vieux.

— Ted, trouve-moi l'agence de location. Je me rends chez Mme McAllister. (Le policier avait presque quitté la pièce quand il s'arrêta et se retourna :) Interrogatoire suspendu à quinze heures cinquante et une. Vous deux, attendez ici. Je vous envoie quelqu'un.

104

— Le bruit court qu'on aurait demandé à un des principaux suspects quelle marque de clopes il fumait ?

— Et alors ? répondit McIntyre avec un haussement d'épaules.

— C'est une nouvelle approche. Ça prouve que l'enquête continue de progresser.

— Me fais pas perdre mon temps avec les pièces de ton puzzle, Matt. J'ai un journal à faire tourner. Préviens-moi quand tu l'auras reconstitué et là je viendrai l'admirer. Entre-temps, je ne saurais trop te suggérer de faire ton boulot de journaliste. Au cas où tu l'aurais oublié, c'est pour ça qu'on te paie. Creuse le dossier avant que ce branleur de Kellerman nous coupe à nouveau l'herbe sous le pied. Proctor m'a pris la tête toute la semaine à ton sujet, Matt. Sérieusement. Il est en pétard. Notre propre correspondant est personnellement impliqué dans l'histoire, et c'est Kellerman qui décroche tous les scoops. Je sais que ça n'a pas été la joie pour toi et Claire, mais le patron n'a pas tort. On a l'affaire criminelle la plus sensationnelle depuis Jack l'éventreur juste à nos pieds, et on se contente de faire du réchauffé.

Matt affichait un air sombre.

Il savait que McIntyre avait Harvey Proctor sur le dos.

Un proprio de journal attendait de pouvoir s'appuyer sur son rédac-chef.

Tout comme un rédac-chef s'appuyait sur ses journalistes.

— Ça fait quinze piges que je fais ce métier, Mac, et je n'avais encore jamais été confronté à une telle affaire. Des gosses assassinés, d'accord, mais là il s'agit d'un scénario unique en son genre. Kellerman n'est qu'un salopard, un vicelard prêt à tout. Il se contrefout que ses papiers puissent blesser des gens. Pas moi.

— Je dirige un journal, Matt, pas un putain de service d'assistance aux victimes.

Matt sortit en claquant la porte :

— Va te faire foutre.

105

À dix-sept heures quarante, Weisman s'adressa à ses hommes d'un ton solennel. Il se mordait la lèvre inférieure d'agacement.

— Ce matin, le jeune qui a volé le véhicule brûlé dans lequel on a retrouvé le corps de la fillette s'est présenté au commissariat de son plein gré. Il est âgé de seize ans. La police criminelle du Shropshire a passé l'après-midi à l'interroger. Ils ont confirmé ce qu'on soupçonnait, à savoir que le véhicule avait été incendié suite à un vol d'usage. Ils sont certains que le jeune ignorait totalement la présence de l'enfant dans le coffre. S'il ne s'est pas manifesté plus tôt, c'est bien entendu par peur.

— L'important pour nous est qu'il l'ait fait, pas vrai ? fit discrètement remarquer Pitman.

— Exactement, David. La bonne nouvelle est que le jeune a fourni deux indices très utiles. D'une part, le vide-poches contenait un plan des rues de Telford. Bien qu'il ait été détruit dans l'incendie, cela indique que le précédent conducteur ne connaissait probablement pas bien cette ville. Le véhicule disposait d'un GPS, mais on n'a rien pu récupérer de l'épave. Toutefois, on peut raisonnablement penser que le conducteur s'abstenait de l'utiliser. Le plan suggère cependant que l'enlèvement de Telford a été planifié par avance, à supposer qu'il soit lié au premier.

— Je ne vois pas ça comme une bonne nouvelle, monsieur. Si vous dites vrai, on en est réduits à attendre la découverte du corps.

— C'est également la réflexion que je me suis faite, David. Mais il faut faire feu de tout bois. La trace de nicotine que j'ai évoquée tout à l'heure… Ils ont réussi à déterminer qu'elle provenait d'un cigare.

— C'est mieux que rien. Dites-moi, qu'est-ce que c'est que cette histoire de CD ?

— Ah, le miracle des communications internes, soupira Weisman. Notre voleur a trouvé un disque dans l'autoradio du véhicule. Ça n'était pas sa tasse de thé, alors il l'a mis dans sa poche et l'a donné à sa mère. On l'a retrouvé. Il est à présent entre les mains de la scientifique. La bonne nouvelle, c'est qu'en plus de celles du gamin et de sa mère, ils ont découvert une troisième série d'empreintes. Il y a de fortes chances qu'il s'agisse de celles du tueur.

— Et la mauvaise nouvelle… ?

— Elles ne correspondent à aucun délinquant connu. Alors trois possibilités : la première est qu'elles proviennent d'un tiers qui n'a rien à voir avec la gamine. Les deux précédents utilisateurs de bonne foi ont été retrouvés, questionnés, et écartés de la liste des suspects. La deuxième possibilité serait que cette affaire n'ait aucun lien avec les autres meurtres. Je pense que c'est peu probable au vu des circonstances. Ce qui nous amène au troisième scénario…

— Dunst se serait planté ?

Weisman semblait embarrassé :

— Colin nous a assuré que d'après lui il ne faisait aucun doute que le tueur avait déjà été condamné. Qu'il figurerait quelque part dans nos fichiers. Pour ma part, je ne remets pas en cause son raisonnement. Le peu que j'ai compris de ses explications m'a paru tenir la route. Mais les derniers éléments tendent à attribuer ces empreintes au tueur. Et si cela se confirme, et que Colin Dunst a commis une erreur sur un point aussi central du profil, alors messieurs, pour employer un euphémisme, je dirais que nous avons un souci.

Les paroles de Weisman s'imprimèrent en silence dans les esprits.

— Dites-moi, chef, juste par curiosité : quel genre de CD était-ce ? Quelle musique, je veux dire. Les chansons qu'il écoute pourraient peut-être nous fournir un indice. Si c'est un fan de heavy metal, il se peut qu'il porte un blouson de cuir, ou un Stetson s'il est amateur de country.

Il s'agissait d'une boutade destinée à briser le silence et susciter quelques rires, mais Weisman n'était pas d'humeur.

— Je gardais ça pour la fin. Le disque est un CD gravé, qui ne comporte qu'une seule chanson jouée en boucle. Messieurs, je ne crois pas qu'il puisse y avoir de doutes quant à l'origine de ces empreintes et au propriétaire de ce disque.

Il marqua une pause dramatique. La salle entière était silencieuse, tout le monde pendu à ses lèvres.

— L'unique titre figurant sur le CD est une chanson de Maurice Chevalier répétée en boucle : « C'est une chance qu'y ait des p'tites filles ».

106

Il aurait pu deviner la présence du docteur Quinlan rien qu'en voyant la Mercedes rutilante sur le parking, mais il avait l'esprit ailleurs. Molly le conduisit jusqu'au bureau du médecin.

Randall serra la main du frêle vieillard en fauteuil roulant avec un sourire, heureux de ne plus avoir en face de lui l'autre mégère. Mais tandis que Quinlan s'installait à son bureau, il s'inquiéta de son expression grave.

— Le docteur Reynolds a jugé préférable que je m'entretienne directement avec vous afin de vous faire part de nos inquiétudes, lança-t-il de but en blanc.

— Inquiétudes ?

— J'irai droit au but, monsieur Randall. Vous êtes venu ici de votre propre chef en raison de l'attirance que vous ressentez pour les enfants. Comme le docteur Reynolds vous l'a sans doute expliqué, votre prédilection pour les petites filles n'a rien d'exceptionnel. Nos nombreuses années d'expérience au sein de la Fondation nous permettent d'identifier les différents stades de ce trouble. (Il marqua une pause.) Je suis navré, je ne sais pas comment vous dire ça : le docteur Reynolds et moi-même sommes extrêmement inquiets pour la sécurité de vos filles.

Randall se figea. Son esprit s'activait à le défendre, mais ses lèvres restaient muettes.

— Ne vous méprenez pas sur mes propos. Nous ne sous-entendons pas qu'il se soit déjà passé quoi que ce soit. Mais nous avons fait face à des situations identiques par le passé, et nous savons d'expérience à quelle vitesse elles peuvent basculer.

Randall hochait la tête machinalement, le regard vitreux.

— Nous craignons que votre intérêt pour les enfants, dont vous nous avez déjà dit qu'il grandissait, puisse dans un espace de temps très court s'aggraver au point de briser la barrière physique. Étant donné que vous avez deux petites filles… je suis persuadé que vous me comprenez. Notre expérience nous montre que dans ce type de paraphilie, le passage du fantasme à la réalité, de la pensée de l'acte à sa réalisation, peut être extrêmement soudain, et dégénérer de manière incontrôlable. Sans vouloir vous alarmer inutilement, le docteur Reynolds et moi-même nous accordons sur le fait que votre état justifie un début de thérapie urgent et immédiat.

Randall assimilait difficilement les propos du médecin. Il songea aux petites dynamites, Natalie et Tamara.

— Et cette thérapie… En quoi consiste-t-elle au juste ?

Quinlan se renfonça dans son fauteuil roulant : la bataille était gagnée. Il s'agissait simplement maintenant de sélectionner les outils appropriés. Il les avait déjà choisis, mais présenta pour la forme une volée d'options.

— Il existe trois méthodes de base pour traiter les dysfonctions sexuelles. Chacune a fait ses preuves et nous les proposons toutes ici. Moyennant, naturellement, un coût. Je crois y avoir fait allusion lors de notre première conversation en… Quand était-ce déjà ? En juin ou juillet ?

— Le 12 aout.

Quinlan hocha la tête.

— Comme vous le savez, nous ne sommes pas un organisme caritatif, mais une organisation privée. Cela dit, nous disposons effectivement d'une échelle mobile de tarifs afin d'arranger le plus grand nombre de clients. Le docteur Reynolds et moi-même avons discuté de votre cas, et il nous semble que nous pourrions vous faire bénéficier d'un traitement approprié pour environ dix mille livres.

Randall fixa le thérapeute avec des yeux ronds, tandis que les chiffres dansaient devant ses yeux :

— *Dix mille* ? (Il s'efforça d'articuler ses pensées.) Je… je ne dispose pas d'une telle somme.

— Je suis vraiment désolé, monsieur Randall. Vous devez comprendre que ce type de traitement demande à la fois du temps et du personnel. Nous avons exclusivement recours aux dernières technologies, cela afin de garantir une qualité de soins optimale. Ces choses-là ne sont pas gratuites.

— Pensez-vous que la Sécurité sociale puisse proposer ce type de traitement ?

Quinlan lui accorda un sourire :

— Il existe quelques centres à travers le pays proposant des traitements pris en charge par l'État, oui. Mais pour être entièrement franc avec vous, je ne saurais trop vous les déconseiller. La Sécurité sociale ne dispose tout simplement pas d'un personnel suffisamment formé et expérimenté dans ce domaine très spécialisé. Je pense en toute honnêteté que vu les deux enfants placés sous votre responsabilité, il serait fort peu raisonnable, et même extrêmement imprudent, de vous contenter d'un traitement au rabais. Comprenez-vous mon point de vue ?

Randall ne le comprenait que trop bien : s'il y allait à l'économie, il faisait courir un risque aux petites dynamites.

Quinlan enfonça le clou :

— Bien sûr, pour qu'un tel traitement soit pris en charge par la Sécurité sociale, il vous faudrait une lettre de recommandation de votre généraliste. À ce que j'ai cru comprendre, vous n'avez pas encore abordé votre problème avec votre médecin ?

— Non. C'est lui qui soigne Bethan et les jumelles. Jamais je ne pourrais lui avouer ça.

— Je pense également à un autre inconvénient. Les serveurs de la Sécurité sociale sont loin d'être les plus sécurisés du service public. Une fois vos informations dans leurs bases de données, elles pourront se retrouver n'importe où. Tandis qu'à la Fondation, nous garantissons une absolue confidentialité.

Randall était mortifié :

— Nous… nous avons des économies, mais pas tant que ça. Pas dix mille livres…

— Je comprends bien, susurra Quinlan, dégoulinant de sympathie. Certains de nos anciens clients ont parfois été jusqu'à renouveler l'hypothèque de leur maison afin d'obtenir l'aide dont ils avaient besoin. Bon, je ne suggère bien évidemment pas un seul instant que vous fassiez de même. Mais il vous faut faire un choix entre la sécurité à long terme de votre famille et le désagrément financier à court terme.

— Nous avons déjà budgété toutes nos dépenses à venir : Noël, puis une semaine de vacances pour les filles. Je ne vois pas comment je pourrais expliquer ça à Bethan.

— Dans ce cas, monsieur Randall, la *seule* alternative, si vous voulez réellement protéger vos filles, est de quitter le domicile. De vous tenir éloigné d'elles. Tant que vous vivrez sous le même toit, ces enfants courront un risque ; un risque qui grandira de jour en jour. Je suis vraiment navré, mais c'est ainsi que nous percevons la situation.

— C'est juste que… je ne dispose pas d'une telle somme. Si je l'avais… Docteur Quinlan, les jumelles représentent tout pour moi. Je ne pourrais pas vivre sans elles.

Quinlan afficha un air soucieux :

— Sans indiscrétion, quelle somme seriez-vous en mesure de réunir ?

— Je sais pas. Je pourrais emprunter, mais pas des mille et des cents. Même la moitié de cette somme serait déjà difficile à obtenir.

Le thérapeute prit un air songeur :

— Je pourrais vous accorder un tarif spécial, au vu des circonstances pour le moins extrêmes. Mes craintes pour la sécurité de vos filles – dans le cas où un traitement ne serait pas mis en place avec l'urgence qui s'impose – justifient de ma part une mesure d'exception : j'accepterais de ramener mes honoraires à sept mille livres pour le traitement complet. Naturellement, un tel geste augmentera la facture pour nos futurs clients, mais notre préoccupation première pour l'instant est la sécurité de Natalie et Tamara.

Pour Randall, rien d'autre n'entrait en ligne de compte. Les petites dynamites représentaient tout à ses yeux. Il ne pouvait risquer de les perdre à cause d'une stupide indiscrétion dont il ne doutait pas qu'elle surviendrait un jour. L'argent n'était rien comparé à l'amour pour sa famille. Comparé à la menace qu'il faisait peser sur les petites dynamites.

— Ça risque de prendre quelques jours.

Quinlan s'avança en tendant la main :

— Excellent, monsieur Randall. Excellent. Les filles peuvent être fières de leur papa.

Randall avait les yeux rivés sur le bureau : il était incapable de regarder Quinlan. Reynolds n'était peut-être pas si vache après tout. Pour l'heure, il se serait bien envoyé une bière.

— Ce traitement… en quoi consiste-t-il au juste ?

107

Le thérapeute joignit ses doigts noueux en pyramide sous son menton et réfléchit à la question :

— Comme je l'ai dit, nous proposons trois méthodes de traitement de base : la thérapie pharmacologique, la thérapie comportementale, et la psychothérapie. Ma spécialité est la pharmacologie. Elle consiste assez simplement dans le traitement d'une dysfonction donnée par des médicaments. Il existe un certain nombre de médicaments antilibido sur le marché qui réduisent le désir sexuel. J'imagine que vous avez entendu parler de l'hormone synthétique Depo-Provera. Elle a un effet assez proche de celui des tranquillisants. Cependant, si ma mémoire est bonne, le docteur Reynolds précisait dans ses notes que tout en fantasmant sur de très jeunes filles, vous mainteniez une activité sexuelle avec votre épouse, par souci des apparences. Est-ce bien le cas ?

Randall était certain de ne pas avoir présenté la chose de cette façon, mais il se surprit à hocher docilement la tête, trop inquiet pour ses filles pour ressentir la moindre honte.

— Dans ce cas, la pharmacologie n'est probablement pas la thérapie la plus adaptée à vos besoins. Les médicaments antilibido supprimeraient en vous tout désir sexuel, pas seulement les pulsions pédophiles. Ce qui, bien entendu, nuirait à votre relation avec votre épouse et votre famille.

— Et les autres méthodes ?

— Eh bien, la psychothérapie est très en vogue, et peut s'avérer très efficace dans certains cas, mais il s'agit d'une démarche longue et laborieuse impliquant des visites régulières sur une longue période, auxquelles vous aurez peut-être du mal à vous astreindre. J'ai cru comprendre que vous aviez actuellement des soucis pour vous rendre ici sans éveiller les soupçons. La durée idéale envisagée pour une psychothérapie est d'au minimum six mois, mais sans doute davantage. Elle peut littéralement se prolonger sur plusieurs années. Loin d'être l'option la plus pratique s'il vous faut assister à ces séances en catimini.

— Il n'y a rien de plus rapide ?

— Si, mais il faut savoir que la thérapie par aversion n'est pas… comment dire ? Pas des plus agréables. Mais elle s'effectue en l'espace de quelques visites et n'a aucun effet secondaire fâcheux.

Randall voyait cela d'un assez mauvais œil. Avec réticence, il fit signe à Quinlan de continuer.

— Le principe de la thérapie par aversion est assez simple, et applicable à tout un éventail de troubles. Une fois que nous avons identifié le stimulus sexuel considéré d'un commun accord comme indésirable, dans votre cas, celui qui vous pousse vers les jeunes filles prépubères, nous nous contentons de l'associer à une expérience désagréable, afin de créer une aversion conditionnée. La méthode la plus efficace, à laquelle moi et la plupart des thérapeutes pratiquant cette forme de traitement avons recours, est celle des chocs électriques contrôlés.

À sa mine, on aurait pu croire que Randall venait d'en recevoir un.

— Des chocs électriques ? s'étrangla-t-il.

Quinlan offrit un sourire rassurant :

— Qu'il n'y ait pas de quiproquo, monsieur Randall. Il ne s'agit que de faibles décharges électriques, pas d'électrochocs ! Il vous est sans doute déjà arrivé de toucher une clôture électrique ? Ce n'est guère plus méchant. Juste assez pour être désagréable et s'assurer que vous ne recommenciez pas. Il n'y a aucun danger, je puis vous le garantir.

— Et ça marcherait ? Je serai guéri ?

— Eh bien, pas exactement guéri. La pédophilie n'est pas une maladie. Mais oui, la thérapie par aversion permettra de supprimer les aspects pédophiles de votre libido. Si dans le même temps nous nous efforçons de diriger votre intérêt vers une… comment dire, une activité sexuelle plus en accord avec « la norme », alors oui, vous serez effectivement, sinon cliniquement, guéri.

Randall en était encore à réfléchir à la perspective de la chaise électrique. Des trois solutions que Quinlan avait brièvement exposées, la thérapie par aversion était la moins attrayante. Le médecin n'avait pas précisé sur quelle partie du corps les décharges seraient appliquées, mais Randall avait une petite idée. En comparaison, même la perspective de séances prolongées avec l'exécrable Ruth Reynolds semblait préférable.

Il pensa à nouveau aux petites dynamites.

À leurs visages gais et souriants.

À leur douceur.

À leur innocence.

Il se rappela l'épisode du bain. La confusion sur leurs traits. Ses propres craintes.

Il prit une profonde inspiration, avant de regarder Quinlan droit dans les yeux et de demander :

— Quand puis-je commencer ?

108

— Ici l'inspecteur principal Pitman de la police criminelle du Kent. Mes collègues de la police du Shropshire ont eu affaire à vous au sujet d'un véhicule volé. C'est ça, celui dans lequel on a retrouvé le corps de l'enfant.

Le stagiaire à sa gauche s'arrêta de travailler. Devant sa surprise, Matt posa sa main contre le combiné et murmura :

— Écoute bien, fils. Écoute et prends-en de la graine.

Le journaliste reprit dans le combiné :

— Ils étaient censés me transmettre les renseignements sur le dossier, mais il y a eu comme un léger cafouillage. Ils ont dû arriver à la mauvaise adresse mail. Si vous pouviez juste me confirmer les renseignements donnés lors de la location du véhicule. Oui, je me rends bien compte que vous l'avez déjà fait, mais comme j'ai dit… Ça avancerait considérablement mon enquête si vous pouviez… Oui, c'est tout ce dont j'ai besoin. (Matt prenait des notes tout en parlant.) Et a-t-il présenté le véritable permis avec photo ? Non, bien sûr. Et il n'y avait aucune caméra ? Non, non, ça ira. Merci beaucoup de votre aide.

Le stagiaire le regarda, stupéfait :

— La police criminelle du Kent ?

— Ma foi, on dit qu'un flic dort dans chaque journaliste. On dirait bien que c'est vrai. (Il composa un nouveau numéro.) Danny ? Ici Matt Burford. Tu peux me retrouver au *Caffè Nero* dans une heure ? À tout de suite.

Il attrapa les Maltesers et tapa un troisième numéro. Quatre minutes et trois standards plus tard, il fut mis en communication avec Gavin Large.

— Matt, qu'est-ce que je peux faire pour toi ? T'appelles pour le plaisir ou pour le boulot ?

— C'est toujours un plaisir de travailler avec toi, Gavin. Enfin, quand j'arrive à te joindre. Vous n'avez donc pas de portable dans les sombres profondeurs du Merseyside ?

— Pas sur le campus, non. Tu m'imagines trimbaler mon portable en classe alors que je casse les couilles de mes étudiants quand ils ramènent les leurs. Bref, après quoi tu cours cette fois ?

— Pas après quoi. Après *qui*. Comment se porte la première de ta classe ?

— Bien, grommela Large dans le téléphone. Mais je doute que tu la connaisses. Elle est trop studieuse pour s'acoquiner avec des crapules dans ton genre. Tu fais peut-être référence à la jeune demoiselle Ceri Jones ?

— Bien vu !

— C'est loin d'être la première de sa classe, Matt, soupira Large dans le combiné. Ceri est à la traîne. Si tu veux mon avis, elle a besoin d'un bon coup de pied au derche.

— Ou peut-être juste de vacances.

— Ouais, bien sûr. Rien de tel qu'une quinzaine de jours aux Caraïbes pour améliorer ses notes. Je n'arrête pas de le répéter à mes étudiants.

— J'avais plus en tête la *White Cliff Experience*.

— La quoi ?

— La *White Cliff*… Laisse tomber. Reste dans tes catacombes. Gavin, j'ai besoin d'un grand service. On aimerait que Ceri descende nous voir quelque temps.

— Nous ?

— Claire et moi. Elle couchera chez Claire. Un petit congé à la mer lui fera le plus grand bien.

— Matt, ses parents habitent Rhyl. Elle peut se balader sur la plage quand bon lui chante.

— Tu as suivi les événements dans le Shropshire ?

Large laissa entendre un reniflement de mépris :

— Madame la profileuse n'a que cette affaire à la bouche. C'est en partie pour ça que je m'apprête à la virer du cours.

— Tu déconnes ?

— Je n'ai jamais été plus sérieux. Elle a du potentiel, Matt. *Un vrai potentiel.* Mais ce cours ne se résume pas à traquer Hannibal le cannibale. J'ai bien peur que ces couillonnades ne lui soient montées à la tête. C'est évidemment ma faute. Je n'aurais jamais dû t'envoyer cet exposé.

— Dans ce cas, peut-être qu'une semaine de congés l'aidera à se sortir ça de la tête.

— Matt, je peux décemment pas cautionner que des étudiants, *mes* étudiants, prennent part à des enquêtes criminelles.

— Tu l'as déjà fait.

— C'était une erreur.

— Gavin, crois-moi, il y a certains éléments qui n'ont pas encore été révélés au public et qui causent quelques frictions par ici. Le profil établi par Dunst est en train de prendre l'eau plus vite que le *Titanic*. On a besoin de quelqu'un ici pour nous décrypter la situation. Ceri affirmait que le tueur serait inconnu des services de police. Eh bien, entre nous, ils disposent d'une empreinte et Ceri a vu juste : aucun fichier, aucun antécédent.

Large ricana à l'autre bout du fil :

— Comme je t'ai dit, Matt : la première de sa classe.

— Alors tu acceptes de la laisser venir ?

— Je doute qu'elle ait jamais mis les pieds plus loin que Birmingham.

— Tu n'as jamais voyagé quand tu étais étudiant ?

— Pas en plein milieu du semestre, non. J'assistais aux cours, je respectais mes professeurs, et je bûchais d'arrache-pied.

— C'est important, Gavin.

— Les notes de Ceri aussi sont importantes. Je ne plaisantais pas quand je parlais de la renvoyer du cours.

— Juste une semaine, Gavin. Cinq tout petits jours.

— Hors de question qu'elle loupe une semaine de cours.

— Un week-end, alors ?

— Pas question… Je sais pas trop, Matt.

— Ce vendredi. Tu la mets dans un train et on la récupère ici. Elle a de quoi payer ?

— Matt, elle est étudiante. Prochaine question à la con ?

— Avance-lui l'argent du billet, plus un extra. Je te rembourserai quand j'aurai ma paye.

— Tu m'as pris pour Crésus ? Tu sais combien gagne un prof d'université ces temps-ci ?

— Tu récupéreras ton argent à la fin du mois. Croix de bois croix de fer.

— Elle n'acceptera jamais si elle pense que tu veux écrire un article.

— Elle a ma parole.

— Ouais, et sinon qu'est-ce que je peux dire pour la rassurer ?

— Merci, Gavin. Envoie-moi un mail dès que tu seras fixé sur les horaires.

— Si elle foire ce module…

— Elle s'en sortira très bien. Je lui vanterai les mérites d'une bonne éducation pendant qu'elle sera là.

— C'est précisément ce qui m'inquiète…

Matt affichait un large sourire en raccrochant le téléphone. Il s'envoya deux Maltesers, posa les pieds sur le bureau et s'étira. C'est le moment que choisit McIntyre pour surgir derrière lui.

— Arrête de pioncer sur le compte de la boîte, Burford. J'essaie de faire tourner un putain de journal. Imagine que Proctor débarque là maintenant ? Et d'abord, qu'est-ce qui te fait sourire comme ça ?

— Oh, juste quelques pièces de puzzle, Mac. Mais rappelle-toi : tu ne veux pas en entendre parler tant que j'aurai pas reconstitué l'ensemble…

— Dans ce cas, aie au moins la foutue correction de paraître occupé !

Matt attrapa sa veste :

— Comme ça, j'ai l'air suffisamment occupé ? Bon, je vais claquer quelques frais de bouche au *Caffè Nero*.

McIntyre le suivit d'un regard noir, avant de remarquer le sourire sur le visage du stagiaire. Le jeune homme se remit aussitôt à taper sur le clavier, prenant l'air occupé.

109

Danny avait presque fini son *mocha* lorsque Matt arriva et s'installa derrière son grand *latte* light. Il fit glisser une feuille de papier en travers de la table. Danny y posa les yeux.

— Qui c'est ?

— Peu importe.

— C'est lié à oncle Tom ?

— C'est pas le seul criminel du pays.

— C'est donc lié à oncle Tom.

— Comment va ta mère ?

— Je pourrais peut-être t'aider, tu sais.

L'offre habituelle. Quelle que soit l'affaire, Danny voulait en être.

— Tu nous aideras énormément en me récupérant le casier de ce type.

— Un nouveau suspect ?

— Ce serait trop beau. Les flics l'ont déjà écarté de l'enquête.

— À quoi bon dans ce cas ?

— Je me raccroche aux brindilles, Danny. Tu peux me le trouver oui ou non ?

— D'abord pourquoi c'est moi qui dois me taper le travail le plus difficile et toi qui récoltes la gloire ?

— Mais bon sang, Danny, tu crois que c'est simple d'obtenir de criminels endurcis qu'ils signent ton foutu bouquin d'autographes ?

— J'aimerais juste qu'on me fasse un peu plus confiance.

— OK, OK. (Matt réfléchit un instant.) Il s'agit du type qui a loué la voiture dans laquelle on a retrouvé la fille. Ou du moins, du nom figurant sur le permis dont on s'est servi.

— Arrête ! Tu veux dire que ça pourrait être oncle Tom lui-même ?

— Ne rêve pas. Les flics pensent que le permis a été volé et qu'on a changé la photo. Claire et moi devons le rencontrer lundi.

— Je peux venir ?

— Hein ? Pour quoi faire ?

— J'ai jamais rencontré un vrai criminel.

— Ça n'est pas un jeu, Danny. Retourne jouer à *Space Invaders*.

Danny lui refit glisser la feuille de papier :

— Va te faire foutre, Matt. Cherche quelqu'un d'autre pour ta sale besogne.

— Le petit con. Voilà qu'il boude.

— Je boude pas. Je suis vexé. J'étais même pas né à l'époque de *Space Invaders*.

Matt soupira :

— C'est super important, Danny.

Danny fixa un moment son *mocha* sans rien dire.

— J'ai lu dans le journal de ce matin que la gamine de Shrewsbury n'avait peut-être rien à voir avec oncle Tom en fin de compte.

— Faut pas croire tout ce que tu lis dans les journaux, Danny.

Danny eut un rictus :

— Surtout si c'est toi qui signes l'article, pas vrai ?

— Ah, ah ! Très drôle. Trouve-moi l'info, Danny, tu veux ?

— Ça te dit d'entendre ma théorie ?

Matt n'en croyait pas ses oreilles. Il avait assez de problèmes comme ça sans que Sherlock Junior ne lui déballe ses théories réchauffées.

— Une autre fois peut-être.

Danny prit de nouveau la mouche :

— J'essaie de me rendre utile.

— Tes seuls intérêts dans la vie sont les ordinateurs et les crimes ?

— Qu'y a-t-il d'autre ?

— T'as pas encore de petite amie ?

Danny rougit légèrement :

— Eh ! Je suis pas gay !

— J'ai dit ça ?

— C'est juste que j'ai pas encore rencontré la bonne personne. Alors, tu veux pas entendre ma théorie ?

— Sur les filles ?

— Sur oncle Tom.

— Danny, j'ai pas le temps pour ça.

— À ta guise. Mais tu pourras pas dire que je te l'ai pas proposé.

— Je m'en souviendrai.

110

— Claire t'a fait visiter le coin ?

— On s'est juste baladées sur la côte pour l'instant. Ramsgate, Margate et Broadstairs. J'ai hâte de voir Canterbury demain. C'est très différent d'où je viens. Les Galles du Nord ont aussi de beaux paysages côtiers, mais vos falaises sont tout simplement magnifiques. Et j'ai carrément pu voir la France de l'autre côté de la Manche !

— Matt a un télescope chez lui. Il passe tout l'été à mater les seins des baigneuses sur les plages de Calais !

Le journaliste afficha l'air penaud qui s'imposait :

— Pas *tout* l'été. Juste de temps en temps.

Attablé devant un tikka masala aux légumes – son initiation à la cuisine végétarienne –, Matt leur résuma ce que Pitman lui avait confié au sujet des mystérieuses empreintes sur le CD.

— J'ai toujours dit qu'oncle Tom n'était pas un prédateur sexuel fiché, exulta Ceri.

— C'est la raison de ta présence ici. Et puis, il y a autre chose : les empreintes étaient probablement celles d'une femme.

— Ils peuvent déduire ça d'une empreinte ? s'étonna Claire.

— Il n'y a pas mieux qu'un CD ou son boîtier pour garder des empreintes, répondit Ceri.

— Même la carte de visite pourrait fournir une empreinte. Il suffit d'y saupoudrer un certain produit chimique, ajouta Matt.

— De la ninhydrine, précisa Ceri. Par coloration des protéines. D'après moi, l'empreinte appartient bien à oncle Tom. Seulement, les flics sont trop butés pour s'en rendre compte.

— Mais… s'il s'agit d'empreintes de femme ? réfléchit Claire. Tu n'insinues quand même pas que c'est une femme qui a tué ces fillettes ?

— Ce serait pas la première fois, répondit Matt. Myra Hindley. Rosemary West. Et il doit y en avoir d'autres.

— Elles sont légion, reconnut Ceri. Catherine Birnie, Joyce Ballard… Vous avez du temps devant vous ? Mais bon, ce n'est pas ce que j'ai voulu dire. Le tueur était à coup sûr un homme, seulement pas celui que Dunst décrit dans son profil.

Matt rapporta deux nouvelles bouteilles de rioja et régla la musique de fond en sourdine. Il déposa sur la table un bloc-notes et un crayon :

— C'est l'heure de gagner ta croûte, Ceri.

111

Ceri s'enfonça dans son fauteuil et but son verre de vin, suivant du regard le liquide vermeil à mesure qu'il remontait la paroi. Elle citait de mémoire, sans toucher au dossier posé sur la table. Matt prenait des notes, tandis que Claire écoutait avec fascination la jeune femme de quinze ans sa cadette disséquer point par point le rapport de Dunst.

Seul le temps validerait ou invaliderait ses remarques, mais pour l'heure, Ceri disposait d'un auditoire réceptif et captivé. Le professeur Large aurait été fier.

— Commençons par les empreintes. Que savez-vous au juste sur le sujet ?

— J'ai écrit un article là-dessus récemment, pour une revue criminelle.

— Tout le monde ici n'est pas aussi calé, glissa Claire.

Matt saisit la perche :

— Eh bien, comme chacun sait, personne n'a la même empreinte. Ce principe trouve son origine en Extrême-Orient. La Chine d'après certains, même si on s'en servait déjà au Japon pour identifier les fabricants de poteries. Cela dit, c'est un Britannique installé en Inde qui a pour la première fois systématisé leur usage.

— William Herschel, un astronome, en 1858, précisa calmement Ceri. Mais le concept circulait depuis les années 1820. C'est le professeur Johann Purkinje qui a lancé l'idée.

— Et n'était-ce pas Francis Galton, le cousin de Charles Darwin, qui l'a développée ? (Encouragé par les hochements de tête de l'étudiante, Matt poursuivit.) Ensuite Edward Henry monta le Bureau central des empreintes digitales de Scotland Yard au début du siècle dernier.

— En 1901, confirma Ceri, avant d'ajouter pour Claire :

— Pas mal pour un journaliste. Mais Matt est passé à côté d'éléments clefs... Je reprends : toute interaction entre un corps humain et une surface laisse une trace de contact. Et comme chacun sait, les parties déterminantes sont les paumes et les doigts des mains, à cause des marques que les dépôts de sueur et les peaux mortes laissent sur les crêtes papillaires. Ce qu'on sait moins, c'est que les empreintes des hommes présentent un plus grand nombre de crêtes que celles des femmes, et qu'indépendamment du sexe, la main droite comporte plus de crêtes que la gauche. Les exceptions sont révélatrices : chez un bon nombre de femmes, il y a davantage de crêtes sur la main gauche. Je parie que c'est parce que les empreintes sur le CD présentent cette irrégularité que la police les attribue à une femme.

— Dans ce cas, ça tendrait à confirmer la position officielle comme quoi elles n'appartiennent pas à oncle Tom ?

— Pas forcément. Il y a plusieurs années de ça, une université canadienne – dans l'Ontario, je crois – a exploré l'idée que l'homosexualité, comme toute variation sexuelle, était attribuable à un dérèglement hormonal prénatal. Vous saviez qu'au cours des premiers stades les fœtus étaient de sexe féminin ?

— Gavin… le professeur Large m'en a parlé, oui, répondit Claire. Ils commencent par être féminins, puis chez certains, le chromosome Y se développe et ils deviennent masculins ?

— Exactement. L'apparition du chromosome Y ralentit la croissance du fœtus, c'est pourquoi les filles sont plus développées que les garçons à la naissance. Ça peut aussi expliquer par la suite les écarts de maturité. Mais là encore, la brigade du politiquement correct fait les gros yeux sitôt qu'on s'intéresse au sujet, du coup la recherche n'accorde pas à ces découvertes l'attention qu'elles méritent. De la même façon qu'on étouffe les statistiques révélant des disparités dans les résultats scolaires entre garçons et filles, ou entre enfants blancs et enfants noirs, en les taxant de sexistes ou de racistes, sans même se pencher sur les principes scientifiques qui sont à l'œuvre.

— Quel rapport avec les empreintes ?

Ceri s'étira dans son fauteuil :

— Eh bien, les Canadiens ont comparé les empreintes d'hommes gays et d'hétéros, et découvert que celles des gays présentaient en général un nombre supérieur de crêtes sur la main gauche, qui concorde avec celui qu'on note habituellement chez les femmes. Alors il se peut que l'empreinte relevée sur le CD soit celle d'une femme, comme l'affirme la police, mais elle peut tout aussi bien appartenir à un homme gay.

Matt remplit les verres de vin.

— Je ne te suis pas, Ceri, dit-il. Un des seuls points auquel j'adhère dans le profil dressé par Dunst, c'est l'hétérosexualité du tueur, du fait qu'il s'en prend exclusivement à des filles.

— À vrai dire, je suis d'accord avec lui sur ce point, mais pas pour les mêmes raisons. Souvenez-vous qu'à aucun moment ils n'ont laissé entendre qu'il s'était servi d'un couteau au cours de ses agressions.

— Un couteau ?

— Un classique de Freud : le couteau symbolise le pénis.

— Ça me rappelle la vieille rengaine comme quoi les hommes qui matent des films gore sont sexuellement frustrés.

— Exactement. Le couteau renvoie au pénis et l'acte de poignarder, à la pénétration. D'après Krafft-Ebbing, il existe un lien direct entre une agression au couteau et l'acte sexuel. « La lame s'enfonce, transperce, pénètre. » Notez bien que je ne suis pas une inconditionnelle de Freud. L'idée qu'on puisse voir un symbole phallique dans un avion ou un building, c'est du n'importe quoi. Mais dans une agression au couteau, c'est plausible. Le couteau est d'ordinaire associé à une agression hétérosexuelle perpétrée par un agresseur souffrant d'impuissance ou de troubles sexuels, mais doté sinon d'une libido masculine classique. Là, rien n'indique qu'oncle Tom s'est servi d'une arme.

Ceri s'arrêta un instant pour laisser Matt prendre des notes, puis reprit :

— D'après Dunst, oncle Tom serait de stature faible. Il s'en prendrait à des enfants parce qu'ils constituent des proies faciles, et qu'il manque de confiance pour s'attaquer à des femmes adultes.

— Je trouve que ça tient assez bien la route, remarqua Matt avec un haussement d'épaules. Un type obligé de courir les gamines pour prendre son pied, c'est sans doute qu'il arrive pas à se taper des femmes adultes. (Il leva les yeux vers Ceri.) Tu crois pas ?

112

— Et tu te bases sur quoi au juste pour affirmer ça ? rétorqua Ceri.

— Ben, c'est logique.

— Logique ? T'as oublié Gary Glitter ?

— Tu parles ! J'ai toujours su que c'était un malade.

— Tu vois, c'était loin d'être un nabot rachitique. Et surtout, il sortait avec une ribambelle de célébrités très *people*. Jusqu'au jour où il s'est fait choper en apportant son ordinateur à réparer. Ses nanas étaient toutes des femmes adultes, aux formes généreuses. De vrais canons. Et malgré ça, il téléchargeait en douce des saletés d'images pornos pédophiles. On a même appris par la suite qu'il avait abusé de mineures en Asie.

Matt haussa les épaules :

— Où tu veux en venir ?

— Au fait que tu raisonnes de manière égocentrique, Matt. Tu tombes dans le même piège que Dunst.

— Ah oui ? dit-il en prenant un air penaud et perplexe.

— Je crois que je vois ce que tu veux dire, Ceri, intervint Claire. Thomas m'en avait fait prendre conscience : on juge les motivations d'autrui à partir de nos propres préconceptions.

— Exactement, répondit l'étudiante. Il se peut que Dunst voie juste. Le tueur est peut-être bien un nabot rachitique, incapable de relations sexuelles dites normales. Mais il y a une seconde possibilité à envisager : il se peut qu'oncle Tom ressente une attirance sexuelle réelle pour les petites filles en tant que telles. Et qu'il tire réellement plaisir à les tuer. On doit essayer d'interpréter les meurtres selon *son* point de vue et pas selon le nôtre. Le professeur Canter l'a très clairement expliqué quand il a contribué à élucider l'affaire Babb à Birmingham dans les années 1980.

— Babb ?

— Adrian Babb. Un jeune homme de vingt ans d'apparence tout

à fait normale, mais qui trouvait son plaisir sexuel en agressant des retraitées. Le juge a considéré qu'il agissait sous le coup d'un désir personnel, plutôt qu'en raison d'un trouble psychique. Il faut qu'on reste ouverts à de tels scénarios dans le cas d'oncle Tom. C'est pas parce qu'il tue des petites qu'il souffre d'un trouble physique ou mental. La plupart des tueurs en série mènent en dehors des vies tout ce qu'il y a de plus banal. Les vrais cinglés, genre Albert Fish, sont heureusement très rares. Ceux qu'on a le plus de mal à identifier, c'est ceux qui sont en apparence normaux, comme Fred et Rosemary West.

— Mais… attends une seconde, Ceri ! coupa Matt en parcourant ses notes. Il est bien question d'une arme quelque part. La police scientifique a établi qu'on s'était servi d'un couteau pour couper les cordes attachant les deux petites Galloises.

— La corde a été sectionnée avec un couteau court et peu tranchant, Matt. Les couteaux utilisés lors d'agressions sexuelles ont en général un manche et une lame beaucoup plus longs, et ils sont impeccablement propres. Oncle Tom semble s'être servi d'un vieux canif. Si les victimes des agressions avaient été des garçons, ou si des éléments indiquaient qu'il y avait eu pénétration anale, là ce serait différent. Mais rien ne laisse supposer qu'il ait tenté de les violer ou de les sodomiser.

Ceri s'aperçut que Claire essuyait ses yeux humides :

— Désolée, Claire, mais on doit examiner tous les aspects. Cela dit, je ne crois pas qu'oncle Tom ait envisagé un quelconque rapport sexuel.

Matt remplit son verre et celui de Claire.

— Tu veux dire que son obsession le pousse à enlever des gamines, à les agresser sexuellement et à les tuer, mais qu'à aucun moment il ne tente de les violer ? Excuse-moi, mais ça tient pas debout.

— Une fois de plus, Matt, il faut essayer de considérer les choses de son point de vue. Pas du tien. Tout le monde n'attache pas la même importance à l'acte sexuel. Prends par exemple Robert Black. Sans doute le tueur d'enfants le plus connu de Grande-Bretagne. On ne saura jamais au juste combien de petites filles il a tuées. Mais pas une seule fois il n'a tenté de les violer. Il les a abusées sexuellement des manières les plus immondes qui soient, mais à aucun moment il n'a fait usage de son pénis.

Ceri s'exprimait sur un ton détaché. Elle analysait les différents éléments d'un œil froid et objectif, employant des termes cliniques pour dépersonnaliser les actes ignobles qu'elle décrivait :

— Dunst affirme que la carte de visite constitue une forme de viol par substitution. Je suis pas d'accord. Oncle Tom tenait simplement à ce qu'on retrouve la carte.

— Dans ce cas, pourquoi il s'est pas contenté de l'attacher au corps ?

— Peut-être pour éviter qu'elle se détache. Mais surtout pour maximiser l'impact médiatique. Pour le côté sensationnel. Il tenait absolument à ce qu'on retrouve les corps.

— Et s'il y a pas eu viol, intervint Claire, pourquoi il a nettoyé les corps aussi scrupuleusement ?

— D'une part, par obsession de l'hygiène. On note assez fréquemment des traits névrotiques obsessionnels chez les délinquants sexuels. Les angoisses sexuelles se manifestent souvent par le biais de TOC. Je ne pense pas qu'oncle Tom soit psychotique, mais ça ne signifie pas pour autant qu'il n'est pas névrotique. Je suppose qu'il a calmement donné le bain à ses victimes après leur mort.

— Par contre, quand il les a agressées, elles vivaient encore ?

— Rien n'indique qu'il y ait eu nécrophilie, donc je dirais que oui.

Claire s'efforçait de se contrôler. Matt lui prit la main :

— Dunst a laissé entendre que c'était une possibilité.

— Ouais… ça lui plairait *grave.*

— Les seuls cas de nécrophilie que je connaisse impliquaient des hommes sur des cadavres d'hommes : Dahmer, Nilsen.

— Ne ferme pas la porte à cette éventualité, Matt. Les cas avérés de dysfonctions nécropédophiles sont extrêmement rares, mais je peux te citer Albert Fish. Il faisait bouillir les petites et les mangeait, quant aux garçons, je préfère pas vous dire quel sort il leur réservait. Oncle Tom est un enfant de chœur en comparaison. Mais je me dis qu'il voit peut-être ce nettoyage post mortem comme une manière de réparer son geste : une espèce de perversion du complexe de culpabilité. Mais c'est de la pure hypothèse. Il faut s'efforcer d'opérer et de raisonner dans le cadre d'un faisceau de possibilités basées sur des faits.

— D'après Dunst, l'obsession de l'hygiène refléterait une connaissance des moyens médico-légaux, et prouverait qu'oncle Tom a été condamné par le passé…

— Dunst se trompe.

— Il se trompe ? Tout bêtement ? Quid du raisonnement et des faisceaux de possibilités ?

— Je pense qu'on peut attribuer son erreur à un aveuglement professionnel.

— À quoi ?

— À un aveuglement professionnel. C'est un processus de raisonnement inconscient et naturel, présent dans tout type de profession, qui pousse les gens à considérer l'activité qu'ils exercent comme spéciale : remplir des étagères dans un supermarché ou ramasser des détritus dans un square serait à la portée du premier venu, mais un travail qualifié dans le journalisme ou l'enseignement supérieur, la psychiatrie ou encore la santé ou la médecine légale, serait spécial, et ceux qui l'occuperaient, au-dessus de tout soupçon. Les bandits viennent toujours d'un autre milieu que le vôtre.

— T'insinues qu'oncle Tom pourrait être flic ?

— Disons simplement qu'il pourrait avoir acquis ses connaissances dans un cadre professionnel plutôt que de la mauvaise façon. J'ai l'impression que la police et Dunst en particulier ont inconsciemment écarté cette éventualité. En se laissant guider par leurs idées préconçues, ils ont exclu la possibilité que la petite dans le coffre soit liée aux autres meurtres.

— Alors tu continues de croire qu'y a un lien entre le meurtre de Shrewsbury et celui de Telford ?

— J'en mettrais ma tête à couper. Mais je n'ai pas encore fini de démonter la théorie de Dunst, glissa-t-elle avec une pointe de malice.

113

— Examinons l'affirmation selon laquelle oncle Tom aurait passé du temps dans la marine, continua Ceri. Dunst s'appuie sur plusieurs raisons : l'agresseur s'en prendrait à des enfants du fait de son inexpérience avec les femmes, qui s'expliquerait elle-même par un passage dans un environnement masculin. Dunst pense à l'armée de marine, suivie d'un séjour en prison. Je comprends son raisonnement : il s'agit de deux milieux masculins où règne le machisme. Je pense également aux liens évoqués avec le monde nautique de par le type de nœuds utilisés pour ligoter les corps aux vélos. Et bien sûr, au fait qu'il se débarrasse des corps dans l'eau. Alors je lui accorde le premier point : j'ai visité plusieurs sites de nautisme sur le Net et il en ressort que ces deux types de nœuds sont couramment utilisés. De toute évidence, ces nœuds font partie de son mode opératoire : rien d'inhabituel ici. L'« étrangleur de Boston » réalisait toujours un type de nœud papillon qui lui était propre.

Elle donna à Matt le temps de rattraper ses notes.

— En revanche, je suis beaucoup moins convaincue par le second point. Je crois que Dunst essaie de rapprocher ça des obsèques en mer. Mais dans ce cas-là, pourquoi choisir des canaux ? Rien ne ressemble moins à la mer qu'un canal, avec ses eaux stagnantes. Pourquoi ne pas se débarrasser des corps dans un port ou un estuaire ? Ou carrément dans la mer ? Quelqu'un doté d'une expérience dans la marine, comme Dunst le suggère, s'y connaîtrait forcément en mouvements des marées. Il pourrait s'assurer que les corps soient entraînés vers le large, plutôt que ramenés vers la rive. Mais comme je le disais, je crois qu'oncle Tom tient précisément à ce qu'on retrouve les corps. Et qu'il n'a pas plus fait de séjour en prison que de passage dans la marine.

— Mais… tu viens de reconnaître que les nœuds prouvent une expérience nautique.

— En effet, oui. Mais il faut pas y attacher trop d'importance. Même si Dunst y va à grands coups de tournures poétiques et qu'il y voit un art, le profilage reste une science inexacte… Mais je crois qu'il peut y avoir une explication toute bête. Regardez comment oncle Tom tue ses victimes : il les étrangle avec un lien, très probablement un accessoire que les petites portent sur elles au moment de leur enlèvement. Et à chaque fois, il réalise un garrot à l'aide d'une sorte de bâtonnet pour serrer le lien.

— Il a une formation médicale ?

— C'est aussi à ça que j'ai d'abord pensé. Mais le garrot est une pratique obsolète. J'ai consulté des sites de premiers secours qui ont confirmé mon idée : toutes les théories modernes de secourisme s'accordent sur le caractère dangereux du garrot et déconseillent formellement son usage. En revanche, dans le passé, il y a disons quelques dizaines d'années, la pose d'un garrot était considérée comme essentielle. Ça pourrait indiquer qu'oncle Tom a acquis ses rudiments de secourisme il y a pas mal de temps, et donc le situer vers la fin de la tranche d'âge établie par Dunst.

— Pas loin de la quarantaine donc ?

— Voire plus. Mais d'ordinaire les hommes âgés commettent rarement des meurtres sexuels, ils se limitent à des abus. N'excluons toutefois aucun scénario. Reprenons l'ensemble des facteurs : une connaissance obsolète des premiers secours, une certaine familiarité avec les nœuds marins, un canif pour couper les cordes. Ça ne vous rappelle rien ?

— Non.

— J'ai dans l'idée qu'oncle Tom pourrait avoir quarante ans ou plus, et avoir fait partie d'un mouvement scout dans son enfance.

— Bah voilà qui réduit le nombre de suspects à quelques millions de gens, s'exclama Claire en déguisant à peine le sarcasme de sa voix.

— C'est un début, Claire. Ce n'est pas tout.

Matt déboucha une quatrième bouteille. Il avait diminué sa prise de notes : la sténo et l'alcool ne faisaient pas bon ménage.

— Revenons à l'enlèvement de Shrewsbury, reprit calmement Ceri. Je suis persuadée que c'est l'œuvre d'oncle Tom.

— D'après Dunst, le fait qu'on l'ait retrouvée dans une voiture prouve le contraire.

— Dunst se trompe. La petite retrouvée dans la voiture a bel et bien été enlevée par oncle Tom, mais il a agi sur un coup de tête, un jour trop tôt : un enlèvement impulsif donc.

C'était trop pour Claire. Elle laissa échapper entre ses larmes :

— Un enlèvement impulsif ? Avec un jour d'avance ? Ceri, on devrait peut-être remettre ça à demain matin. Quand on aura l'esprit clair…

Elle chercha du regard le soutien de Matt, qui le lui signifia par un hochement de tête.

— C'est seulement mon deuxième verre. Matt et toi avez bu tout le reste.

Les coupables adoptèrent une mine honteuse de rigueur. Devant eux, les cadavres des bouteilles témoignaient à charge.

114

Ceri profita de son avantage :

— Depuis que j'ai rédigé ce devoir, j'ai eu le temps de cogiter quelques idées. Un truc en particulier me turlupinait, mais j'arrivais pas à l'imbriquer dans mon raisonnement, jusqu'à ce que je vienne ici cet après-midi. Alors merci à vous.

— Merci de quoi ?

— Attendez que je vous explique : il existe un lien entre les agressions qu'on a tous zappé jusqu'à maintenant. Ça m'étonne vraiment que Dunst soit passé à côté, mais bon, ça arrive. Les indices crèvent tant et si bien les yeux qu'ils vous aveuglent. C'est comme qui dirait l'arbre qui cache la forêt. Reprenez les cinq enlèvements : regardez.

Ceri prit une feuille et un crayon et inscrivit les noms des fillettes sur une colonne, dans l'ordre de leur enlèvement.

— Rebecca, Laura Coverton, Tina Stamp, Michelle Morgan, Andrea Whiteman.

— On n'a encore aucune confirmation officielle que la dernière gamine ait été enlevée, et encore moins par oncle Tom.

— C'est lui, Matt. On finira par retrouver le corps de la petite, affirma Ceri avec gravité, mais sans aucune trace d'émotion dans la voix.

Claire appuyait le mouchoir contre ses yeux :

— Comment tu peux en être aussi sûre ?

— Regardez, dit l'étudiante en ajoutant aux noms des victimes les dates de leurs enlèvements : 2 août, 1er septembre, 30 septembre, 1er octobre.

— Eh ben, quoi ?

— Elles ont toutes été enlevées dans les deux premiers jours du mois.

— Sauf Michelle : le 30 septembre.

— Comme on l'a vu : c'est un enlèvement impulsif, avec un jour d'avance.

Matt balaya l'affirmation d'un revers de main :

— Excuse-moi, Ceri, mais même après quatre bouteilles, c'est un peu gros.

Loin de se laisser démonter, l'étudiante lista les lieux où les fillettes avaient disparu, toujours dans l'ordre chronologique et en colonne :

— Pegwell Bay, Queensferry, Rhyl, Shrewsbury, Telford. Vous ne remarquez rien ?

Claire saisit la liste et l'étudia, mais demeura perplexe. Elle la tendit à Matt.

— Et alors ?

Ceri leur reprit la page et la plia de manière à laisser uniquement apparaître les premières lettres des noms des villes.

— Bon sang ! P, Q, R, S, T. Mais…

— J'avais pas fait gaffe au début. Les journaux avaient écrit que Rebecca avait été enlevée à Ramsgate – la ville la plus proche. C'est seulement quand vous m'avez amenée ici que j'ai réalisé que le lieu s'appelait en fait Pegwell Bay. C'est là que tout s'est imbriqué.

— Comment t'expliques ça ?

— Il y a une infinité d'explications. J'ai d'abord pensé à un trouble obsessionnel : une obsession de l'ordre. Ça collerait bien avec une névrose de l'hygiène.

Le regard rivé sur la liste, Matt recherchait dans ses souvenirs des affaires présentant un caractère similaire. Un tas de tueurs dans l'histoire avaient suivi des scénarios classiques : attaquer les soirs de pleine lune par exemple. Ça n'avait rien d'inédit.

— Tu pourrais développer ?

— Je vais essayer. On s'accorde à supposer que le tueur utilise une camionnette. C'était un des éléments sur lesquels Dunst s'appuyait pour éliminer Michelle de la liste des enlèvements, comme tu l'as dit. Se servir d'une voiture est bien trop risqué. Mais supposons qu'oncle Tom loue une voiture pour se rendre à l'endroit où il range cette camionnette. Une camionnette effectivement adaptée pour faciliter les enlèvements : insonorisée, sans fenêtres, et vue de l'extérieur, tout à fait banale.

— Comme Robert Black ?

— Exactement. Supposons qu'oncle Tom ait programmé d'enlever une petite à Shrewsbury le mardi. Le mardi 1er octobre. Le lundi, il se trouve donc en ville, peut-être pour choisir le lieu de l'enlèvement du lendemain. La dernière fois que sa mère a vu Michelle, la petite lui faisait des signes depuis le sommet du parking. Supposons un instant que, par pure coïncidence, oncle Tom se soit trouvé là sur ce parking à ce moment. L'endroit surplombe la ville : l'endroit idéal pour une reconnaissance des lieux. Le parking est désert. Imaginez la scène : le jour de l'agression approche, il est surexcité et fantasme déjà par avance. Et soudain, voilà qu'une petite débarque sur le parking. Elle est toute seule. C'est trop tentant. Il ne peut pas résister.

Claire frissonna. Elle retenait ses larmes, cherchant en vain une excuse pour reléguer ce récit au rang de simple scénario.

— Pourquoi la laisse-t-il dans la voiture ?

— Parce qu'il se contrôle, il se reprend. Maintenant qu'il a capturé la petite prématurément, il n'a pas d'autre choix que de la ligoter et de la bâillonner. Je suppose qu'il comptait la transférer dans la camionnette – où les agressions se déroulent, ça j'en suis convaincue et je rejoins Dunst sur ce point. Son coup de tête passé, oncle Tom prend le temps de se calmer et se recale sur son planning. Il part chercher la camionnette là où elle se trouve, en laissant la petite dans le coffre de la voiture. Hasard tragique : la voiture est volée. On connaît la suite…

— Alors, d'une manière ou d'une autre, la gamine était condamnée…, murmura Matt.

— Et la fillette de Telford ? demanda Claire. Andrea Whiteman ?

— Si mon raisonnement est bon, tout ce qu'on peut faire c'est attendre que le corps soit découvert.

115

— À t'entendre, ça tient davantage de l'exercice militaire chronométré que de l'œuvre d'un malade. Et pourquoi commencer par le P ? Pourquoi pas par le A ? Ashford ? Andover ? Axminster ?

— C'est trop tôt pour le dire, Matt. Pour l'instant, sa logique reste vague. D'après la définition du professeur Canter, le profilage consiste à traquer les « ombres » des criminels. C'est ce qu'on doit faire maintenant : essayer d'expliciter les traces psychologiques qu'il laisse derrière lui. Je ne crois pas à la théorie de l'attaque aveugle. Ça marcherait dans le cas d'un pétage de plomb isolé, mais pas dans celui d'agressions en série. Ce genre d'acte est toujours planifié d'une manière ou d'une autre. On doit rentrer dans l'esprit d'oncle Tom, comprendre ce qui le pousse à agir. Déterminer le pourquoi, le comment, et ce faisant, prévoir le lieu de sa prochaine attaque.

— Rien que ça ?

— Si le professeur Canter a raison, alors les ombres sont là quelque part. Il faut juste les repérer et les interpréter.

— C'est probablement ce que fait Dunst en ce moment même.

— Mais il est sur la mauvaise piste, Matt. D'après lui, le tueur viendrait d'un groupe à faible QI. Ce serait au mieux un ouvrier non qualifié ou semi-qualifié qui travaillerait en horaires d'équipe ou en temps partiel. Je crois moi qu'on a affaire à quelqu'un de bien plus instruit. Doté d'un QI supérieur à la moyenne. Bonne éducation, exerçant probablement sa profession en indépendant. Revenus confortables. Je crois que le choix des dates, tout comme celui des lieux, découle soit d'un comportement totalement compulsif, soit d'un jeu quelconque auquel il s'amuse.

— La mince barrière séparant le génie de la folie.

— Exactement. Le seul point indiscutable, c'est le schéma alphabétique des meurtres – en supposant que j'aie vu juste pour Michelle.

— En supposant aussi que la gamine de Telford ait bien été enlevée, et par le même type, fit observer Claire. Et Rebecca ? Elle rentre pas dans ta théorie, Ceri. Elle a été enlevée le 2 août. Pour que ça tienne la route, est-ce qu'il faudrait pas qu'une autre enfant ait été tuée la veille ?

— Il y a encore des points que je n'ai pas éclaircis. Mais je suis persuadée d'être sur la bonne piste.

Matt eut un hochement de tête d'encouragement :

— Toute extrapolation mise à part, Ceri, si tu vois juste... et j'avoue que ces quatre bouteilles de vin peuvent fausser mon jugement, mais... *si* tu dis vrai... Tu veux dire qu'on pourrait anticiper la date et le lieu de sa prochaine attaque ?

— S'il suit sa logique, elle se fera dans une ville ou un village commençant par la lettre U, suivie le lendemain d'une autre dans une ville commençant par V, à proximité de la première. Disons trente à cinquante kilomètres, même si la distance tient davantage au côté pratique qu'à une intention précise. On peut évaluer la date au premier ou au deuxième jour du mois, et très raisonnablement supposer qu'il se trouvera dans les parages la veille ou l'avant-veille.

— Bon Dieu, Ceri, si tu vois juste, on pourrait choper ce salopard. Faut avertir la police.

— Matt, on était d'accord : mes théories ne devaient pas sortir d'ici.

— Si ton raisonnement est juste, elles pourraient sauver la vie d'une môme.

— C'est à prendre avec d'énormes pincettes, Matt. Je ne suis qu'une étudiante. Il s'agit seulement d'hypothèses. Rien de plus.

— Tu semblais plutôt sûre de toi il y a une minute. Bon Dieu, Ceri, tu battrais Dunst à son propre jeu. Tu pourras te faire un nom ! Intégrer l'université de ton choix. Et t'imagines même pas les propositions de job !

Ceri semblait mortellement attristée.

— Vous m'aviez donné votre parole, murmura-t-elle.

— On peut pas rester assis sans rien faire, ajouta Claire en posant la main sur le bras de Ceri pour la rassurer. Même si tu mets à côté, on se doit d'essayer. On le doit aux familles de ces fillettes. Je le dois à Rebecca. Pour l'instant, la police fait chou blanc. Si ton profil est juste, même à moitié, alors ils font complètement fausse route. Et de toute manière, oncle Tom ne s'arrêtera pas de lui-même.

Ceri hochait la tête à contrecœur :

— S'il se rend compte que la police se rapproche, il pourrait très bien changer de tactique. À moins qu'il soit véritablement compulsif.

Matt s'avança vers l'étudiante :

— Je crois pas qu'on ait le choix, Ceri. Je te donne ma parole que ton nom n'apparaîtra pas, mais on doit communiquer tes théories. Je connais un inspecteur au commissariat de Margate, Dave Pitman. On peut lui faire confiance.

Assise en silence, Claire réfléchissait :

— Il y a une deuxième option : si nous, on réussissait à le trouver en premier…

— Claire, les forces de police d'Angleterre et du pays de Galles réunies y sont pas parvenues. Pourquoi on ferait mieux ?

Claire attrapa le dossier de Ceri :

— Parce qu'on a la meilleure analyse de profil. Bien sûr qu'il faut remettre une copie à Pitman, Matt. Mais de notre côté, on peut aussi suivre les choses. (Elle adressait à Matt un regard suppliant.) Il faut qu'on essaie. Il reste presque deux semaines avant la prochaine agression.

Matt se tourna vers leur invitée :

— Ceri ?

— Faites comme bon vous semble. Mais ne mentionne *pas* mon nom, Matt. Et s'il te plaît, n'en parle pas au professeur Large.

116

Matt se réveilla sur le sofa. Un filet de lumière filtrait par un interstice entre les rideaux, qui venait agacer ses yeux troubles. Il tendit le bras pour attraper sa montre et tâtonna dans le vide avant de réaliser où il se trouvait. Une vieille odeur de vin flottait dans la pièce. Ses souvenirs de la nuit passée se précisèrent.

Il resta un moment allongé en silence, puis pivota et se redressa pour rassembler les verres vides. Chez lui, Matt avait coutume de renvoyer la vaisselle aux calendes grecques, mais il avait suffisamment de bon sens pour modifier ses habitudes quand il se trouvait chez Claire.

Il attendit que l'évier se remplisse d'eau chaude, une main sur son menton rugueux, l'autre relevant les stores. La vue de Ceri assise sur le pneu balançoire de Rebecca dans le jardin lui noua la gorge.

Elle lui rappela de manière brutale que leur invitée sortait elle-même tout juste de l'enfance. Cette considération changeait son regard sur leur conversation de la veille.

À la lumière froide du jour, l'idée de jouer au détective et de traquer oncle Tom en s'appuyant sur les théories aberrantes d'une étudiante de dix-neuf ans lui paraissait un rien ridicule.

Lorsque la bouilloire se mit à siffler, sa décision était déjà prise.

Il allait lui en toucher un mot.

Il tâcherait de la ménager.

Gavin avait raison. Elle devait s'atteler de nouveau à ses études.

Comme elle se retournait pour le saluer, il vit à ses yeux rougis que quelque chose n'allait pas. Il lui tendit le mug de café, d'un geste gêné et hésitant.

— Ceri ? Tout va bien ?

Elle accepta le café avec un sourire, et but quelques gorgées du liquide brûlant avant de répondre :

— Ce policier dont tu parlais hier, celui que tu connais. Tu comptes le voir ce matin ?

— Ceri, j'ai réfléchi. À propos de la nuit dernière… peut-être… je veux dire, on avait tous un peu trop bu, et…

— Apparemment, tu n'as pas entendu la nouvelle ?

Matt se tendit tout à coup :

— Quelle nouvelle ?

— À la radio. Andrea Whiteman, la petite de Telford. Ils ont repêché son corps ce matin dans un canal.

117

En arrivant chez lui, Matt trouva sous la porte une enveloppe Kraft sans inscription.

Il en sortit une feuille de papier et lut les notes manuscrites griffonnées par Danny. Il siffla tout bas en parcourant la liste des condamnations.

Hors de question que Claire l'accompagne.

118

— Et vous, vous devez être Claire ?

Matt hésita :

— Claire. Michael Bates.

Elle lui serra la main du bout des doigts.

— Claire est la maman de Rebecca, la première victime du tueur.

Bates parut embarrassé :

— Je suis désolé. Sincèrement. Bon Dieu, je sais que je suis pas un ange, mais *des enfants*… J'espère bien qu'ils pendront ce bâtard au bout d'une corde.

— On l'espère tous.

— Je peux vous offrir à boire ? Du thé ? Un café ?

Claire s'apprêtait à refuser poliment, mais Matt la devança :

— Je veux bien un café. Et toi, Claire ?

— Un thé, si ça ne vous dérange pas.

— Pas du tout. Installez-vous.

Il les conduisit dans le living. Aussitôt que Bates fut parti dans la cuisine, Claire se tourna vers Matt :

— Je ne veux pas avoir à sympathiser avec lui.

— Je t'avais proposé de rester avec Ceri. On ne va quand même pas le bombarder de questions sur le seuil de la porte. J'ai besoin de le mettre en confiance.

— Il n'a pas l'air d'un violeur.

— Est-ce que Bristow avait l'air d'un pédophile ?

La porte s'ouvrit.

— Du sucre ?

— Deux pour Matt. Aucun pour moi, merci. J'ai des édulcorants.

Comme Bates revenait avec le plateau, Matt saisit un cadre photo sur le manteau de la cheminée. On y voyait Bates, plus jeune, en compagnie d'une femme et de deux enfants. Un garçon et une fille. Âgés de dix ans, peut-être onze.

— Votre famille ?

— Ancienne. Elle a demandé le divorce pendant que j'étais à l'ombre et les a ramenés à Trinidad.

— Je suis navré. Chouettes gamins.

— Ils étaient super. Je les adorais. Mais il va y avoir trois ans que je leur ai pas parlé. (Sa voix s'étrangla.) Bizarre quand même ce monde. Tu commets une faute, tu purges ta peine, je veux bien. Mais la véritable punition, c'est dehors qu'elle t'attend, quand tu te rends compte que t'as tout perdu.

— Je suis désolée, déclara Claire.

— Y a pas à l'être, répondit Bates avec un rire mal assuré. Je mérite mon sort. Vous connaissez mon histoire je suppose. Mais bon. Que je l'aie paumé ou qu'on me l'ait taxé, les flics sont bien contents que mon permis ait fini entre les mains de cet oncle Tom. Tu parles d'une ironie.

— Que voulez-vous dire ?

— Eh bien, d'habitude, ma couleur de peau fait de moi un suspect d'office. C'est la toute première fois qu'elle sert à me disculper !

119

— Et tu peux pas trouver ça par toi-même ?

Matt affichait un air défiant tandis qu'il remuait son *latte* :

— Tu me tannes sans cesse pour prendre part à l'action : c'est le moment ou jamais.

— Trop facile.

— Il te faut combien de temps ?

— Disons deux heures. Je m'y mettrai dès que je serai rentré. Alors Andrea a confirmé la chose, hein ?

— Confirmé quoi ?

— Le fait que les meurtres suivent un ordre alphabétique.

Matt lui décocha un regard noir :

— Bordel, comment t'es au courant ?

— C'est à la portée du premier idiot venu.

— Tu savais ? Merde, mais pourquoi tu m'as rien dit ?

— T'as dit que ça t'intéressait pas, t'as oublié ?

— Moi ?

— La dernière fois, je t'ai demandé si tu voulais entendre mes théories… mais à quoi bon ? Je suis qu'un môme, non ? Ça dépasse mes compétences. (Il agita la feuille de papier sous le nez de Matt.) Mon rayon, c'est les ordinateurs, pas vrai ?

Matt mitrailla le morveux du regard. Le petit salopard. Sur le moment, il aurait pu le tuer.

— J'ai d'abord cru qu'oncle Tom était un accro de foot. (Matt haussa un sourcil perplexe.) P, Q, R. Tu sais ? QPR. Les Queens Park Rangers, le club de foot londonien ? Bien sûr, après Shrewsbury et Telford, cette théorie a capoté. Et puis quand ils ont découvert le dernier corps, ça a fait clic.

— Tu as d'autres idées lumineuses à partager, Hercule Poirot ?

— Tu m'as pas encore parlé de Michael Bates.

— Y a rien à en dire.

— Arrête de me traiter comme un môme, Matt.

— Quel âge tu as ?

— Quatorze ans.

— Je n'ai rien à ajouter, Votre Honneur.

Danny s'assit au fond de son siège et bouda :

— Que dirais-tu de faire des échanges ?

— Pardon ?

— Des échanges. Comparer nos notes. Tu sais, je t'explique une de mes théories et en échange tu m'expliques une des tiennes.

— Danny, il s'agit pas d'un jeu. Les victimes sont bien réelles. Il s'agit d'enfants. De petites filles.

— Des partenaires sont censés partager leurs idées, pas se faire concurrence.

Matt s'efforça de ravaler une nouvelle volée de jurons :

— On se fait pas concurrence, Danny ! On est dans le même camp.

— Alors passe cet après-midi. Ta liste sera prête. Ensuite, on négociera. J'ai quelques théories en tête.

— Danny, si tu sais quelque chose, dis-le maintenant.

— C'est difficile à expliquer ici. Passe et je te montrerai.

— Passer où ?

— Chez moi, sur Grange Road. Papa passe la journée au bookmaker et maman travaille pour se payer ses clopes. On aura la maison à nous.

— Pas question.

— Mais il faut que tu voies sur place. J'ai des tas de bouquins et de revues et… Et il y a d'autres trucs.

— Qui ont rapport avec ces meurtres ?

Danny haussa nonchalamment les épaules :

— Des trucs que j'ai notés.

— « Des trucs que tu as notés » ?

— Ouais, tout comme j'avais noté avant toi le schéma alphabétique.

— Touché. Et ils se trouvent où au juste, ces « trucs » ?

— Dans ma chambre, tiens.

Matt leva la main de façon théâtrale :

— Ça, tu oublies ! Il est hors de question que je me retrouve seul avec un gamin de quatorze ans dans sa chambre.

— Pourquoi ? Je te fais confiance.

— Sois pas bête, Danny. La confiance n'a rien à voir là-dedans. Il s'agit du regard des gens. Pourquoi tu crois que je te donne rendez-vous ici, dans un endroit public ?

— Parce que t'es accro au café ?

— Danny, je refuse de me retrouver seul dans ta chambre.

— Dans ce cas, amène un ami.

— J'en ai pas.

— Ça, j'ai aucun mal à le croire.

Un sourire élargit soudain le visage de Matt :

— À la réflexion, Danny, je crois savoir qui je vais amener.

— Il bosse avec toi ?

— « Elle », pas « il ».

— Claire ?

— Non, c'est quelqu'un qui m'aide sur l'affaire. Tu vas beaucoup l'aimer. Elle partage ton étrange fascination pour le côté obscur.

— C'est ta maîtresse ?

— Danny, c'est encore une ado. Elle est à peine plus âgée que toi, en fait.

Le regard de Danny s'illumina :

— Vraiment ? Elle est fraîche ?

Matt haussa les épaules :

— Je pense bien. Elle vient de Liverpool.

— T'es vraiment pas à la page, Matt !

120

— J'aurais beaucoup aimé le rencontrer. Pouvoir discuter face à face avec un véritable pédophile. J'aurais eu tellement de questions à lui poser.

— Tu n'aurais peut-être pas aimé les réponses.

Claire et Ceri faisaient la vaisselle en attendant que l'eau bouille.

— C'est drôle, mais vers la fin, je considérais presque Thomas Bristow comme quelqu'un de normal. Mais le voir étendu sur le lit comme ça, devant ces images… je me suis sentie trahie et c'est ce qui m'a fait le plus mal. À la manière dont il parlait des enfants avec qui il avait eu une histoire, j'ai vraiment cru qu'il tenait à eux. Que c'était une histoire d'affection, pas de désir. Il a parlé d'amour. Mais ces images sur son écran… c'était insoutenable. Des enfants. Des petits garçons…

— Il faut faire la part des choses entre le fantasme et la réalité, Claire. Ce n'est pas parce que Bristow avait recours à la pornographie pour se stimuler qu'il traitait forcément les petits garçons de cette façon.

— Vraiment ? (Claire voulait plus que tout se débarrasser de ce sentiment de trahison.) C'est sa sœur que je plains. La pauvre n'a plus personne.

— On dit que ce sont les familles qui souffrent le plus.

— C'est aussi ce que je me disais, jusqu'à ce qu'on discute avec Michael Bates hier. Je me suis prise à éprouver de la pitié pour lui. Tu imagines ? Je dois ramollir du cerveau.

— Qu'est-ce qu'il a fait, au juste ?

— Eh bien, il a démarré comme petit escroc, receleur, puis il est passé aux cambriolages. Après une première agression sexuelle, ç'a été l'escalade. Il s'est mis à s'introduire chez des femmes pour les violer. En tout cas, il a été reconnu coupable de deux viols. Il a pris quatre ans, mais est sorti au bout de deux. Sa femme l'a quitté en emmenant les enfants. Il ne les a pas vus depuis des années. Pour lui, c'est ça, la vraie punition, et je le comprends. Mais qui peut dire qu'il ne va pas violer de nouveau ?

— Le taux de récidive pour la plupart des délinquants sexuels est assez faible. Thé ou café ?

— Thé. Je bois suffisamment de café quand Matt est là. Mais

comment ça se fait ? Je veux dire pour le taux de récidive. Je pensais que c'était précisément l'inverse.

— La perception des médias. Un délinquant sexuel qui récidive, c'est une info, tandis qu'un cambrioleur qui replonge, c'est une statistique. Et il y a davantage d'aide accordée aux délinquants sexuels qu'aux autres criminels. Des thérapies, ce genre de chose.

— Bates a expliqué qu'une des conditions de sa libération conditionnelle était qu'il se rende dans une clinique thérapeutique. Elle se trouve pas loin d'ici, en fait. À Sevenoaks.

Le regard de Ceri s'illumina :

— La Fondation Quinlan ?

— Tu en as entendu parler ?

— Si j'en ai entendu parler ? Claire, je donnerais mon bras droit pour le rencontrer !

— Michael Bates ?

Ceri gloussa.

— Mais non. James Quinlan. Franchement, c'est mon rêve. C'est l'un des plus grands experts actuels sur les troubles sexuels. Il a donné une série de conférences dans le circuit des universités du nord l'année dernière. J'en ai assisté à trois, coup sur coup. C'était formidable. J'ai lu tous ses livres.

— Bizarrement, je ne suis pas surprise.

— Claire, c'est un dieu pour les gens comme moi. Les recherches qu'il mène repoussent les frontières en matière de sexologie. C'est sans doute l'acteur le plus pertinent dans ce domaine depuis Masters et Johnson. Peut-être même depuis Kinsey. *J'adorerais* travailler pour lui après la fac.

— Parfois je m'inquiète pour toi, Ceri.

— On croirait entendre mon père. Il pense qu'à force d'assister à ces cours, je vais finir par me faire tuer ou violer, sans doute les deux !

— C'est loin d'être la carrière dont un père rêve pour sa fille.

— Il sera fier de moi quand on me présentera comme la principale experte britannique sur les perversions sexuelles.

121

— Experte en vieux cochons en imper… c'est pas vraiment l'idée que je me fais d'une carrière.

— C'est juste un cliché, Claire. Maintenant que tu as rencontré Bates et Bristow, tu dois t'en rendre compte. Tout le monde a des fantasmes. Des fantasmes qu'on n'avouerait jamais en public. Je n'ai pas raison ?

Claire sourit d'un air malicieux :

— Je suis obligée de répondre ?

— Tu viens de le faire. On est tous pareils. Ces fantasmes – qu'ils soient ou non conformes aux valeurs que la société juge acceptables – varient en fonction de facteurs génétiques, médicaux ou sociaux, mais on en a tous.

— Sans doute.

— Si tu réfléchis bien, la seule forme de sexualité « normale », c'est le rapport sexuel classique : va, et vient, va-et-vient, un verre avant, une clope après. Il répond à un besoin humain basique : la reproduction. Parce qu'on y trouve du plaisir, on le pratique en dehors du contexte reproductif, mais en vérité, le sexe n'est rien d'autre qu'un instinct humain basique et mécanique visant à perpétuer l'espèce. Par conséquent, il est « naturel » par définition. De la même façon, tout ce qui s'écarte d'une sexualité hétérosexuelle à des fins de reproduction est, par définition, contre-nature. Même le simple fait d'utiliser un préservatif. Les rituels de séduction élaborés de certaines espèces animales mis à part, les préliminaires sexuels sont également contre-nature. Alors ne parlons pas des variations de l'acte reproductif comme la masturbation, l'homosexualité et bien entendu les paraphilies moins acceptables, elles aussi contre-nature.

— Ceri, tu peux pas dire que l'homosexualité est anormale, voyons ! Nous sommes au vingt et unième siècle. Ce genre de discours date d'un autre temps.

— J'ai dit « contre-nature », biologiquement parlant, pas « anormale ». Ni « immorale ». Je ne suis pas homophobe, Claire. S'il y a bien une personne qui se garde de faire des jugements subjectifs, c'est bien moi, vu mon plan de carrière. Je m'exprime en termes cliniques : l'homosexualité, par sa nature même, empêche le processus de reproduction. Il s'agit peut-être d'un dispositif de contrôle démographique programmé par l'évolution.

— Donc, tout en étant contre-nature, ça peut rester « normal » ? « Acceptable » ?

— Tout dépend de ta définition de l'anormalité. De ce que la société considère comme acceptable. En à peu près un demi-siècle, l'homosexualité est passée, à juste titre, d'une abomination inacceptable et illégale à une forme de sexualité légitime et largement acceptée.

— Thomas a aussi fait cette remarque. Mais lui cherchait à défendre la sexualité avec des enfants. À le croire, la pédophilie connaîtra bientôt la même transition. Ce serait juste une question de temps.

— Ça ne m'étonne pas. Les pédophiles défendent généralement leurs crimes en invoquant ce type de raisonnement. Mais vue d'un œil froid et clinique, la pédophilie ne diffère en rien des autres comportements sexuels s'écartant du modèle visant à la reproduction. Ce n'est qu'une variante de plus du désir sexuel de base, causée par des facteurs génétiques, pathologiques ou socio-environnementaux ; probablement une combinaison des trois. Ce n'est pas pour autant que c'est bien ou mal. Le bien et le mal relèvent de la moralité sociale, pas de la biologie. De l'éthique, pas de la science. Les troubles sexuels sont un domaine de la nature humaine qu'on commence à peine à comprendre.

— Je n'en avais jamais entendu parler jusqu'à il y a quelques semaines. Les troubles sexuels, la paraphilie, le je ne sais quoi autoérotique qui a tué Thomas. Tout ça est nouveau pour moi.

— L'asphyxie autoérotique, précisa Ceri avec un grand sourire.

C'est tout à fait mon univers. Disons que je m'intéresse à ce genre de sujet depuis le jour où j'ai trouvé des revues dans le placard de mon père, il y a des années. Tu vois, je fouinais comme font tous les gamins, et je suis tombée dessus par hasard. Des femmes en tenue de latex torturant des hommes nus avec des fouets et d'autres trucs. Sur le moment, j'ai éclaté de rire mais avec le temps, à mesure que mon idée de la sexualité se précisait, j'ai commencé à me demander ce qui amenait un type normal et ordinaire comme mon père à planquer de telles revues. C'était comme une vie secrète. Le jour, c'était un mari aimant, père de deux enfants, et la nuit, il vivait ses fantasmes bizarroïdes.

Le regard perdu dans le vide, Ceri revivait ses souvenirs d'enfance :

— Je sais pas si maman savait. Sans doute que oui. Les magazines étaient juste là dans leur placard. Peut-être que si j'avais fouillé davantage, j'aurais trouvé sa tenue de latex dans un tiroir ou ailleurs. Ou peut-être pas. *Pas maman.* L'idée que des gens puissent faire ça par plaisir, par jeu sexuel, ne m'avait jamais traversé l'esprit. On avait reçu une éducation catholique. Et on ne nous avait rien enseigné sur la reproduction. Le maître n'avait même pas voulu nous expliquer comment les lapins de l'école étaient passés de deux à huit en une nuit. On croyait tous qu'il s'agissait d'un miracle.

Elle s'arrêta de parler pour chercher les sachets de thé. Claire attendit qu'elle retourne à sa rêverie.

— Ce n'est qu'au collège que j'ai appris ce qu'était la véritable sexualité. Enfin, je dis « véritable sexualité », mais ça se limitait à la conception et à la naissance du bébé. Je devais avoir treize ans, en pleine puberté. Tu vois le genre, j'étais là : « Beurk ! C'est dégueulasse. Mes parents font ça ? » J'avais encore du mal à me dire qu'ils puissent le faire. On nous avait appris que si nos parents avaient deux enfants, ça signifiait qu'ils avaient fait deux fois l'amour dans leur vie. Qu'ils puissent faire ça pour le plaisir, c'était inconcevable. Il fallut encore un an pour que je fasse le lien entre l'acte sexuel, la sexualité pour la reproduction dont on nous parlait à l'école, et les magazines que mon père lisait. C'est ce jour-là que j'ai commencé à y réfléchir sérieusement. (La bouilloire se mit à siffler.) Et voilà !

Claire sourit :

— Je ne peux pas m'empêcher de penser que j'ai mené une vie très conventionnelle en comparaison.

— Ce que j'ai appris en regardant mon père, c'était que les gens ordinaires avaient des fantasmes extraordinaires. Je veux dire, comment quelqu'un découvre-t-il un jour qu'il aimerait qu'une femme en tenue de latex l'attache et lui fouette les balloches ? Et de la même manière, comment un mec souffrant d'un vrai trouble se rend-il compte un jour qu'il préfère faire ça avec des animaux, ou des enfants, ou que sais-je ?

Claire hocha la tête :

— Moi, ce que j'ai appris en rencontrant Thomas Bristow et Michael Bates, c'est que les déviants sexuels ne sont pas des monstres aux yeux exorbités, avec une bosse dans le dos et de longues griffes.

— Exactement. Ce sont des gens comme toi et moi, mais qui sont incapables de vivre conformément aux lois de la société.

— Alors c'est le cas d'oncle Tom ? C'est juste un type ordinaire ?

Ceri essora les sachets de thé :

— Non, oncle Tom, c'est autre chose, Claire. Il n'est pas ordinaire. Mais il n'en reste pas moins humain. Il a déjà commis des erreurs. Encore quelques-unes et les flics l'attraperont. Et si ce n'est pas eux, ce sera nous. Du lait ?

— Il y en a un carton neuf dans le frigo.

— Ça me manque, tu sais. Le lait frais. Mais jamais ma proprio n'acceptera de faire réparer mon frigo. C'est une vraie… Tiens, tu es diabétique ? demanda-t-elle en remarquant le pack d'insuline.

— C'était à Rebecca. Je n'ai pas pu me résoudre à le jeter. Tu sais ce que c'est… ces petits objets insignifiants prennent soudain une importance sentimentale énorme.

Le téléphone sonna. Claire prit l'appel en retenant ses larmes, tandis que Ceri s'occupait des thés.

— C'était Matt. Il voudrait te présenter quelqu'un cet après-midi. Il passera te chercher à deux heures et demie.

122

— C'est incroyable, Danny ! J'adore !

Ceri entra presque en courant dans la chambre, excitée comme un enfant dans un magasin de jouets. À mesure que la porte s'ouvrait, les superlatifs de Ceri ne suffisaient plus. Matt savait que Danny n'était pas un gosse ordinaire, mais tout de même…

À l'âge où les autres gamins collectionnaient les timbres, les modèles réduits, ou les dédicaces de sportifs célèbres, Danny traquait les autographes de tristes sires. Ce que Matt n'avait pas réalisé, c'était que là où les autres gamins tapissaient leurs murs de posters de footballeurs ou de stars de la pop, Danny avait au-dessus de son lit les mines patibulaires de criminels notoires : les Kray, Jeffrey Dahmer, Myra Hindley, l'étrangleur de Boston, l'égorgeur du Yorkshire, Ian Huntley.

— Où tu trouves tout ça ? (Ceri parcourait la chambre, ouvrant des livres traitant de crimes et de criminels, examinant des maquettes d'armes, zigzaguant d'un objet à l'autre comme une guêpe autour d'un pot de miel.) Aaron Kosminski ! s'écria-t-elle en montrant une affiche. Alors tu ne souscris pas à la thèse Maybrick ?

— Sûrement pas. C'était forcément Kosminski. Jack était de Londres, pas de Liverpool. C'est l'hypothèse de Begg.

Matt nageait en eaux troubles :

— C'est une conversation privée ou quelqu'un me dira-t-il de quoi il est question ?

Danny adressa un grand sourire à Ceri.

— Il faut que tu pardonnes à Matt. C'est un novice. (Il ajouta pour Matt :) Jack l'Éventreur. Non, à mon avis, il s'agissait de Kosminski. Paraît qu'il se serait confessé sur son lit de mort.

— À l'asile de Colney Hatch, ajouta Ceri. Remarque, si…

— Ouais, ouais, coupa Matt. Danny, si je décide un jour d'écrire un article sur Jack l'éventreur, je saurai à qui m'adresser. Mais on est ici pour quelque chose d'autre. Tu as la liste ?

Danny sortit plusieurs feuilles de papier.

Matt eut un choc en feuilletant les tirages : il avait réfléchi à son plan durant la journée et conclu qu'il serait assez simple, grâce au génie informatique de Danny, d'identifier cinq ou six pistes possibles pour la prochaine attaque d'oncle Tom. Il ne devait pas y avoir trente-six villes ou villages dans la campagne britannique commençant par U et V. Il en avait même noté quelques-unes de tête : Uttoxeter, Uxbridge. Il s'était rassuré en se disant que s'il ne pouvait en trouver que deux, oncle Tom ne ferait guère mieux.

Il parcourut du doigt la liste de lieux classés par ordre alphabétique : de Ubbeston Green, dans le Suffolk, à Uzmaston, dans le Dyfed. Chacune était accompagnée de coordonnées typographiques.

— Bon sang, Danny, je t'ai pas demandé la liste de toutes les rues du royaume ! Je pensais que t'avais compris. Je voulais une liste des villes et des villages. On présuppose qu'oncle Tom se rend dans des endroits qu'il ne connaît pas. Il doit sûrement utiliser un atlas routier classique, pas un index informatisé où figurent d'obscurs patelins dont personne a jamais entendu parler ! Ugborough ? Upper Slaughter ? Upton Scudamore ? T'es sûr que t'en a pas inventés ?

— Matt, toutes ces villes et tous ces villages sont tirés d'une carte au 1.250 000.

— C'est-à-dire ?

— Deux centimètres sur la carte équivalent à cinq kilomètres sur le terrain. Quatre miles pour un pouce dans le système anglo-saxon. Chaque commune de cette liste est assez grande pour figurer sur un atlas classique.

— Tu te fous de moi ? Il doit y avoir une centaine de villes là-dessus.

— Deux cent quarante-sept. C'est moins pire avec le V. Il y en a que trente.

Matt tourna la page et s'avisa des lieux commençant par V. Il en avait cherché sans en trouver un seul.

— Regarde le bon côté des choses, répliqua Danny. Quand oncle Tom arrivera au X, il va être grave dans la merde. Il n'y a pas un seul endroit dans tout le pays qui commence par un X. Peu importe l'échelle de la carte.

La réplique de Danny jeta Matt dans le mutisme. D'ici là, il y aurait eu quatre nouvelles victimes.

— La liste pourrait se rallonger si on réduisait l'échelle, fit observer Danny. Avec la carte *Landranger* au 1.50 000 de l'Institut cartographique national par exemple… Et plus encore si j'avais utilisé la carte pour randonneurs au 1.25 000.

— On va s'en tenir à celle-ci, merci. Bon, alors ça c'est bien le récapitulatif des lieux situés à proximité ?

— Oui mais ça nous avance pas beaucoup. Un rayon de soixante-quinze kilomètres dans un pays aussi petit que le nôtre, ça représente une assez grande surface. Y repérer des paires de villes précises, c'est comme chercher une aiguille dans une botte de foin. Tu verras que j'ai indiqué quelques combinaisons possibles, mais dès qu'on arrive dans le sud-ouest de l'Angleterre, les communes se multiplient comme des petits pains. La plupart des V se concentrent dans le Dorset, le Devon et les Cornouailles.

— C'est peut-être là que se trouve sa prochaine cible, hasarda Ceri. Mettez-vous à la place d'oncle Tom. Qu'il suive cet ordre à cause d'un véritable besoin compulsif, ou qu'il soit simplement en train de s'amuser avec nous, il s'y tiendra aussi longtemps que possible. Ce sera plus fort que lui.

— Je suis d'accord, approuva Danny. Tu crois qu'il a le profil de Ted Bundy ? Ou plutôt de Gerald Schaefer ?

— Il est pire qu'eux deux, Danny. Il arrive que certains tueurs laissent une carte de visite symbolique, mais oncle Tom, lui, en laisse une vraie. Plutôt que d'attendre que les médias l'affublent d'un sobriquet débile, il s'en est donné un lui-même. C'est lui qui mène le jeu.

— Difficile de lui reprocher, ironisa Danny en lançant un regard espiègle vers Matt. Je veux dire… je sais pas qui sont les nazes qui ont trouvé des surnoms comme « l'étrangleur de Boston », « le fou à la bombe », ou « l'égorgeur du Yorkshire » ? Sans doute des journalistes…

— Les secrétaires de rédaction, rectifia Matt. Ils sont incapables de faire le boulot d'un reporter, alors ils passent la journée assis derrière un bureau à pondre des gros titres qui en mettent plein la vue en espérant qu'une info viendra remplir les colonnes.

— Alors je parie qu'ils s'arrachent les cheveux avec des mecs comme Jeffrey Dahmer ou Dennis Nilsen.

— Pourquoi ça ?

Danny adressa un regard complice à Ceri.

— Il est vraiment nul, lui lança-t-il, avant de se tourner vers le journaliste. Dahmer et Nilsen s'en prenaient à des solitaires – surtout des sans-abri. La plupart de leurs victimes n'avaient même pas été portées disparues. Les médias ne donnent des surnoms qu'aux tueurs qui font parler d'eux *avant* qu'on les attrape. Pareil pour Frederick et Rosemary West. Imagine les surnoms crétins que tes copains auraient inventés pour ces deux-là !

123

— Danny a raison ! s'exclama Ceri.

Danny se retourna vers Matt avec un sourire triomphant. Il se lécha le doigt avant d'inscrire un point invisible sur un tableau d'affichage fictif.

— Encore une démonstration d'expertise de la part d'oncle Tom, expliqua Ceri. Il est quasiment maître de la situation. Mais il n'a rien d'un Dahmer ou d'un Nilsen.

— Même moi j'avais compris ça, déclara Matt. Ils étaient nécrophiles.

— Effectivement, mais je ne parlais pas de ça. Oncle Tom est ce qu'on appelle un tueur « non social organisé ».

— Un quoi ?

Ceri et Danny échangèrent des sourires pédants.

— Le FBI a établi que les tueurs motivés par l'avidité sexuelle se divisaient en deux catégories : les « non-sociaux organisés » et les « asociaux désorganisés ». Peter Sutcliffe, l'égorgeur du Yorkshire, est l'exemple type de l'asocial désorganisé.

— C'est-à-dire ?

— Un solitaire, explicita Danny. Il sera mal à l'aise avec le sexe opposé – même si l'égorgeur était marié –, ne dressera pas de plan particulièrement détaillé, abandonnera plus ou moins le corps sur la scène de crime et déploiera très peu d'efforts pour maquiller son crime. Il se servira traditionnellement de toute arme qui lui tombe sous la main.

— Et l'autre catégorie ? Les machins-choses organisés ?

— « Non-sociaux organisés », précisa Danny avec un sourire, et Matt eut soudain envie d'étrangler le morveux.

— L'exemple type, c'est Jack l'éventreur, dit Ceri. Hostilité envers les personnes, mais qu'on ne devinera pas au prime abord. Il donnera l'impression d'un individu très sociable, à l'aise avec les gens quel que soit leur sexe. Manipulateur. Un tueur opérant fréquemment loin de son lieu de résidence, d'où la théorie de Maybrick. Il mutilera généralement ses victimes pour conserver un trophée, puis se débarrassera du corps avec un soin méticuleux. C'est le portrait craché d'oncle Tom. Il placera délibérément le corps sur le lieu de sa découverte, mais en temps voulu. Il est face à un dilemme : d'un côté il prend le risque d'être capturé, de l'autre, il a besoin qu'on découvre le corps. La dernière chose qu'il souhaite, c'est agir dans l'anonymat d'un Dahmer ou d'un Nilsen. Il a soif de reconnaissance, ce qui témoigne d'un énorme problème d'ego.

— Et il utilise ses mains comme arme de contact, ajouta Danny. C'est le pouvoir qui est au centre de ces meurtres. Personnellement, je pense qu'on pourrait voir suivre des mutilations rituelles.

Matt jeta un regard inquiet à Ceri :

— « Mutilations rituelles » ?

— Je suis d'accord. Oncle Tom souffre d'un besoin pathologique de contrôle, mais le contrôle de soi a ses limites. Prends Jack l'éventreur : il a débuté sa série de meurtres calmement, en prenant son temps, en planifiant et en calculant chacun de ses crimes. Puis, à mesure que sa compulsion s'aggravait, il s'est montré moins prudent, plus impulsif. Une de ses agressions s'est vue stopper par un passant, mais ça ne l'a pas empêché d'attaquer de nouveau quelques heures plus tard, mutilant sa victime en pleine rue, sur le lieu même de l'agression, poussé par sa compulsion. Une compulsion assez forte pour l'écarter du calendrier précis qu'il suivait jusque-là. Quitte à être pris sur le fait.

— Et d'après toi, oncle Tom suit le même chemin ?

— À coup sûr. Je suis persuadée que l'attaque de Shrewsbury est le premier symptôme d'une rupture. Mais je doute qu'il commette une erreur fatale à ce stade. Il reste maître de lui-même. Les cartes de visite témoignent d'une arrogance démesurée. Pas d'un complexe suicidaire.

— Ça résoudrait effectivement le problème s'il se foutait en l'air, approuva Matt.

Danny ne put retenir un rire :

— C'est pas ce qu'elle veut dire. Les tueurs motivés par une intention précise – comme la vengeance ou le besoin de prouver quelque chose – continuent bien souvent de tuer sans raison. Mais une fois leur objectif atteint, ils n'en tirent plus aucun plaisir. Ils y trouvent plus aucune justification. Et ils se fichent de leur propre sort.

— La théorie du « tueur aigri » d'Elliott Leyton est assez convaincante, enchaîna Ceri. Le besoin de revanche est un moteur émotionnel puissant. Même le mec le plus sain d'esprit insulte sa voiture quand elle ne démarre pas, ou jette un sale regard au trottoir quand il trébuche. C'est le même phénomène poussé à l'extrême.

— Tu veux me faire croire qu'un type peut se transformer en tueur juste parce qu'il s'est cogné le gros orteil ? T'es pas sérieuse !

— Peter Sutcliffe est devenu l'égorgeur du Yorkshire après qu'une péripatéticienne l'a arnaqué de dix livres, rappela Danny.

Matt lui décocha un sale regard : *foutu monsieur Je-sais-tout...*

— À mon avis, ajouta l'adolescent en lui souriant, il passera en mode suicidaire quand il en arrivera au X.

— Il risque de faire quatre autres victimes d'ici là. N'envisageons pas l'impensable.

Un ange passa.

— Danny, t'as dit tout à l'heure que de ton côté, tu avais noté quelques trucs.

— Rien de fracassant. Et puis je suis sûr que Ceri les a notés aussi.

— Noté quoi ?

— Déjà le fait qu'oncle Tom s'inspire de gars comme Black ou Duffy.

— Duffy ?

— Le « violeur des chemins de fer ».

Un doute traversa les traits de Ceri :

— Rafraîchis-moi la mémoire.

Danny ne put cacher sa joie : pour la première fois, il devançait Ceri.

— Une seconde.

Il se pencha sous son lit et en tira une pile d'albums remplis de coupures de journaux traitant de crimes célèbres.

— Les dossiers rouges, c'est les crimes sexuels. Je les ai triés entre viols, affaires pédophiles et agressions homophobes.

— C'est qui ce Duffy ? s'écria Matt.

— Ça remonte aux années 1980 ? hasarda Ceri. Ce serait pas un des tout premiers succès du professeur Canter ?

— Gagné ! s'exclama Danny en brandissant l'album correspondant. John Duffy, le « violeur des chemins de fer ». (À Matt :) Surnommé ainsi parce qu'il agressait et violait… écoute un peu ça : près des lignes de chemin de fer.

— Je t'ai dit : les secrétaires de rédaction. Mais il agressait uniquement des adultes. Quel est le lien avec oncle Tom ?

— La manière de tuer les victimes : par strangulation.

Matt haussa les épaules :

— J'avoue ne pas être un expert, Danny, tout particulièrement ici parmi vous. Mais je dirais que l'étranglement est une manière de tuer assez classique.

— Avec un garrot ?

Ceri se redressa sur son siège :

— Mais oui. Bien vu, Danny !

Danny afficha un large sourire.

Matt ne semblait guère plus avancé :

— Et alors ?

— Duffy est le premier tueur britannique à avoir étranglé les gens avec cette méthode, Matt. Tu parles d'un correspondant criminel…

Matt le fusilla du regard :

— À l'époque, je couvrais les crimes normaux, Danny. Commis par des criminels standards. Des histoires classiques de gendarmes et de voleurs, pas de tueurs en série. C'est un phénomène récent. Encore une saloperie d'importation américaine.

— Jack l'éventreur est un phénomène récent ?

— Oh, tu fais chier.

Ce foutu morveux avait réponse à tout.

Jubilant, Danny enfonça le couteau dans la plaie :

— Et il était même pas américain.

124

Ceri prit la parole afin de briser la tension :

— Ce que Danny veut dire, Matt, c'est qu'oncle Tom imite peut-être délibérément le mode opératoire d'autres tueurs.

— D'accord. Alors combien de manières y a-t-il d'étrangler quelqu'un ?

— Plein. Tu as l'étranglement par ligature, l'étranglement manuel…

— C'était une question purement rhétorique, Danny.

Danny hésita : le sens du mot « rhétorique » lui échappait quelque peu.

— Bref, à mon avis, oncle Tom copie le mode opératoire du violeur des chemins de fer tout comme il semble avoir imité celui de Robert Black.

— Et pourquoi ferait-il ça ?

Si le morveux voulait jouer dans la cour des grands, Matt n'allait pas le ménager.

— D'après moi, il a étudié tous les types de crimes, et il choisit des méthodes parmi celles de ses idoles. Il veut sa place dans l'histoire du crime.

Matt se tourna vers Ceri :

— Il est pas sérieux ?

— Bien sûr que si. J'adhère à cette théorie. Les cartes de visite prouvent très clairement qu'il recherche la publicité.

— Ensuite il y a ma théorie du « combo », annonça l'adolescent.

— Ta quoi ? firent Matt et Ceri à l'unisson.

— Ma théorie du « combo ». Ils agissent peut-être en couple. Tu vois ce que je veux dire : une version moderne de Brady et Hindley ou de Fred et Rosemary West.

— C'est ridicule, rétorqua Matt.

Ceri accueillit plus volontiers l'hypothèse :

— Tu ne nous dis pas tout ?

— C'est juste une idée. Il y a eu cette affaire y a quelques mois : une femme avait attiré une gamine dans une camionnette blanche. Elle ne l'a pas tuée. Juste abusée sexuellement. C'est à peine s'ils en ont parlé dans la presse. Mais je m'en suis souvenu à cause du caractère inhabituel. Le fait qu'il s'agisse d'une femme. Il y en a bien sûr qui agressent des gamins, comme cette institutrice de maternelle, mais cette affaire m'a paru sortir du schéma classique : les femmes agressent rarement les enfants le long des routes.

— Bien vu, Danny, dit Ceri en secouant la tête pour libérer sa chevelure, qui retomba en cascade sur ses épaules.

Matt vit le regard de Danny s'illuminer. L'adolescent n'avait pratiquement pas quitté Ceri des yeux depuis les dix dernières minutes. Matt n'avait pas manqué de remarquer la chose.

— Tu crois qu'il collectionne les trophées ?

— C'est très probable. Toutes les petites retrouvées jusqu'à maintenant avaient un vêtement manquant. Y compris celle de la voiture.

— Dis tout de suite que c'est un fétichiste des baskets de petites filles, ironisa le journaliste.

— Non, Matt, le fétichisme, c'est autre chose.

— Décidément tu les accumules, lança Danny avec un sourire moqueur.

Matt darda un regard sévère sur lui. Il était loin d'être de taille.

— Le plus marrant, c'est le « bandit aux petites culottes », glissa Danny avec naturel, comme s'il n'y avait rien de plus banal que d'aborder ce genre de sujets avec ses invités. Bruce Lyons. Aux States. Ça date de quand… allez, 88, 89 ?

— 1988, répondit Ceri.

— Il braquait des boutiques de lingerie et ordonnait aux vendeuses et aux clientes d'enlever leurs strings, et puis il se pignolait devant elles !

Matt ne put s'empêcher de sourire.

— Collectionner les trophées, c'est autre chose, expliqua Ceri. Ça répond à un instinct basique de l'homme qui remonte au temps des chasseurs-cueilleurs. Le besoin de chasser pour se nourrir et pour la conquête sexuelle.

— Comme Robert Hanson en Alaska, ajouta Danny. C'était un chasseur de gros gibier qui kidnappait des femmes, les désapait puis les relâchait dans la nature, pour après les traquer à mort.

— Oh, arrête, Danny, s'écria Matt.

Danny attrapa son dossier.

— C'est bon, c'est bon, je te crois !

— Voilà comment je vois ça, reprit Ceri. Le fait de conserver des habits des victimes remplit deux fonctions : ils constituent des souvenirs physiques de l'agression, et serviront de stimuli sexuels pour revivre l'acte en le fantasmant – peut-être pour se conditionner pour une autre attaque.

Tandis que Matt prenait des notes avec frénésie, la conversation entre Ceri et Danny tourna bientôt à l'affrontement, chacun cherchant à surpasser l'autre à coups d'obscurs faits divers. De toute évidence, il semblait qu'il n'apprendrait plus rien sur oncle Tom.

— Je file au *Caffè Nero*, lança-t-il. Ça tente quelqu'un ?

Danny et Ceri étaient trop absorbés pour répondre.

Matt les laissa à leur duel.

125

La circulation vers Huddersfield était laborieuse, et la conversation avec le chauffeur de taxi, fastidieuse. Son accent écossais, malgré son imperfection et ses ratés, fit aisément illusion aux oreilles du conducteur, originaire du Yorkshire. Comme à son habitude, il descendit avant d'arriver à destination, après lui avoir versé un pourboire correct, mais d'une générosité toutefois modérée. Un client trop avare ou trop prodigue risquait de laisser au chauffeur un souvenir trop marqué.

Quelques minutes plus tard, la charpente noueuse de Jacob se tenait devant lui, arborant un sourire garni de dents en or.

— Y aura pas de blème aujourd'hui, mon ami. On se comprend ?

— T'as la marchandise ?

— Elle est à l'étage.

— Quel âge ?

— Onze.

— T'es sûr de ça ?

— Sur la vie de ma mère.

— Je baise ta mère, Jacob. Comment se débrouille mon petit cadeau ?

— Qu'est-ce que j'en sais ? Tu crois que j'essaie la marchandise avant ? Elle est pure comme la rosée. Elle a jamais été touchée.

— J'espère bien, Jacob. Pour elle comme pour toi.

Jacob s'avança en tendant la main :

— Va falloir en rajouter cinquante, mon ami. Cette gamine-là est spéciale.

— Quoi ?

— Rajoutes-en cinquante. T'imagines pas le mal qu'on a à trouver une gamine de son âge vierge dans le coin. Les mômes d'aujourd'hui… ça couche à peine sortis de la maternelle. J'te dis, c'est une honte pour le pays… C'était pas comme ça de mon temps.

126

L'enfant était assise sur le lit, enroulant nerveusement ses longs cheveux noirs autour de ses doigts. Elle eut un mouvement de recul, intimidée par l'imposante silhouette dans l'encadrement de la porte.

Un sourire s'étira sur ses lèvres quand il la vit. Pour une fois, Jacob avait tenu parole. La fille dit s'appeler Rhoda. Il la crut.

Elle venait tout juste d'avoir onze ans, il y avait trois semaines de cela. Il vit qu'elle ne mentait pas. Sa longue chevelure tombait sur des épaules rondelettes et sur un corsage ample dissimulant un corps qui n'avait pas encore subi la puberté. La jupe plissée et les socquettes blanches parachevaient l'image de l'innocence. Laissant ses instincts paternels s'exprimer, il prit une voix rassurante et amicale et eut des gestes doux pour la mettre à l'aise.

— C'est ta première fois ? (Il s'assit sur le lit à côté d'elle, et passa lentement son bras autour de son épaule.) Ne t'inquiète pas. Je ne vais pas te faire de mal. Tiens-moi juste la main un moment. Parlons un peu.

Elle glissa à contrecœur sa petite main dans la sienne et sentit des doigts lourds et épais se refermer doucement sur les siens. Il tendit le bras et posa son autre main sur son genou.

— Nerveuse ? demanda-t-il d'un ton calme et rassurant. Détends-toi. Tu y prendras davantage de plaisir. (Il lui caressa le bras.) Alors, ça fait quoi d'avoir onze ans, Rhoda ?

— Ça va, murmura-t-elle.

— C'est mieux que dix ?

Elle haussa nerveusement les épaules. Elle n'avait pas envie de bavarder à cette heure. Tout ce qu'elle voulait, c'était en finir et rentrer chez elle jouer avec ses poupées.

— Tu aimes l'école ?

Elle hocha timidement la tête.

— C'est ta jupe d'école ? (Il posa sa main sur le bord du tissu, frottant son pouce contre les cuisses de l'enfant pour l'habituer à son contact.) Tu as des cheveux magnifiques. (Il passa sa main dans sa chevelure, en appréciant la texture soyeuse.) Tu as des sœurs ?

— Une.

— Plus jeune ?

Elle secoua la tête.

— Dommage. On aurait pu faire ça à trois la prochaine fois. (Il tapota son portefeuille.) Tu auras peut-être droit à un petit bonus…

(Il se pencha et commença à lui déboutonner son corsage. Elle s'obligea à rester immobile ; sa sœur lui avait expliqué ce qui allait se passer.) Combien on te paie ?

— On me paie pas.

Il dégrafa un deuxième bouton :

— C'est vrai ? Qui a décidé ça ?

— Papa.

— Ton papa ? Tu veux dire qu'il sait que tu es là ?

Il secoua la tête avec perplexité. *On pouvait donc tomber si bas.*

— Et qui est donc ton papa ? Il a l'air d'un monsieur très gentil.

— Il m'attend en bas. Il s'appelle Jacob.

127

— Allô ! C'est Ceri. Tu peux me rappeler ? J'ai presque plus de crédits.

Matt chercha à tâtons sa lampe de chevet :

— Une seconde. (Il appuya sur la touche rappel, encore à moitié endormi.) Tout va bien ? Où tu es ?

— À mon appart.

— Il est arrivé quelque chose ?

— Quoi ? Non, c'est juste que je viens de penser à un truc.

Matt fixa le réveil d'un air incrédule :

— Ah ? Tant mieux, alors. Moi qui croyais que tu m'avais réveillé à deux heures du mat' pour une urgence…

— Deux heures ? Excuse-moi, Matt, j'ai perdu la notion du temps. J'avais pas fait gaffe.

Il jura dans sa barbe :

— C'est pas grave. À quoi tu as pensé ?

— C'est à propos de Rebecca.

Il balança les jambes hors du lit et attrapa son bloc-notes :

— Je t'écoute.

— Rebecca était une diabétique de type 1 ?

— C'est possible, fit Matt avec un geste d'ignorance. Il faudrait demander à Claire.

— Je ne veux pas l'inquiéter. C'est peut-être rien.

— C'est seulement pour me demander ça que tu m'as réveillé au beau milieu de la nuit ?

— Je suis désolée, Matt. C'est juste que… C'est pas grave. J'appellerai Claire demain. Bonne nuit, dit-elle avant de raccrocher.

Matt allait appuyer sur la touche bis, quand ses yeux tombèrent sur l'écran du réveil.

Peu importait l'objet de son appel, ça pouvait attendre.

128

Randall se pencha par-dessus le corps de Bethan à moitié endormie pour éteindre l'alarme du réveil. Il lui caressa doucement les cheveux afin qu'elle se rendorme.

Il avait prétexté un stage d'informatique à Londres.

Il partirait tôt, et rentrerait tard.

Il prit sa douche et s'habilla sans faire de bruit. Il n'avait guère faim.

Il entra à pas de loup dans la chambre des enfants. Les petites dynamites étaient endormies dans le même lit. Chaque soir, on les bordait dans deux lits séparés, mais chaque matin, on les retrouvait immanquablement dans le même lit.

La soirée avait été éreintante pour les jumelles. Leur grand-mère leur avait confectionné des costumes d'Halloween, et les fillettes avaient insisté pour que leur père les y emmène. De toute manière, Bethan travaillait du soir.

La soirée s'éternisant, la fatigue avait eu raison d'elles. Ils étaient revenus tard, et les filles, dispensées du bain prévu, avaient été couchées avec un chocolat chaud, tout autant dans leur intérêt que dans celui de leur père.

Il espérait qu'il ne leur avait pas refilé son rhume.

Il déposa une bise sur le front de chacune avant de quitter la chambre.

— Je vous aime, chuchota-t-il. Je vous aimerai toujours. Quoi qu'il arrive.

Ses mains tremblaient en refermant la porte d'entrée.

129

Matt se réveilla quand on frappa à la porte. Il traversa la maison en robe de chambre, encore ensommeillé, et ouvrit la porte pour se retrouver nez à nez avec Danny. Il posa un regard noir sur son jeune visiteur, mais le laissa néanmoins entrer.

— Je pensais qu'on avait un accord : tu n'es pas censé venir ici.

— Et toi tu étais censé me retrouver au *Caffè Nero* il y a une heure.

Matt jeta un coup d'œil à la pendule :

— Merde ! Désolé. Je me suis pas réveillé. Prépare du café pendant que je m'habille.

Danny s'exécuta avec joie. Se voir invité dans l'appartement de Matt n'était pas un mince exploit. Le temps que son hôte se fût lavé, rasé et habillé, le café fumait dans les mugs.

— Il te faut une machine à expresso, fit remarquer Danny.

— Le Nescafé, c'est parfait pour la maison. Si tu veux du vrai café, va au *Caffè Nero*.

— C'est ce que j'ai fait. T'y étais pas.

— Je me suis excusé.

— Les flics t'ont dit ce qu'ils comptaient faire ?

— Danny, la dernière personne à qui la police dévoilera ses plans, c'est moi. Je suis journaliste. Pour ce qui est de l'échange d'informations, on a une relation particulière : elle va à sens unique.

— Ils t'ont quand même transmis le rapport de Dunst.

— C'était une faveur très spéciale. Mon contact risquait son boulot. Je peux plus faire appel à lui.

— Mais ils tiennent compte de notre théorie, pas vrai ?

— Officieusement oui, mais que ça reste entre nous. Ils concentrent leur attention sur les lieux de la liste. Mais c'est tout ce que je sais, Danny. Franchement.

Danny lui lança un regard méfiant :

— Alors qu'est-ce que tu fichais encore au lit ?

— La nuit a été mouvementée. J'ai reçu un coup de fil de Ceri à deux heures du matin.

— Ah, le veinard ! Qu'est-ce qu'elle voulait ?

— Rien d'important. T'as ma parole.

— Mais encore ?

— Eh bien, en fait elle a demandé de quel type de diabète Rebecca était atteinte.

— Et… ?

— C'est tout, répondit Matt avec un haussement d'épaules.

— Elle t'a appelé au beau milieu de la nuit juste pour te demander ça ?

— Le cerveau féminin reste un mystère pour chacun d'entre nous. Tu t'en rendras compte en grandissant.

— Elle est cool, pas vrai ?

— Qui ça ?

— Ceri.

— Mouais.

— Tu l'as draguée, hein ?

— Danny ! Elle a vingt ans de moins que moi. C'est encore une môme.

— Tu rigoles ! Elle a dix-neuf ans. Presque vingt. C'est une vieille ! N'empêche que je lui mettrais bien…

— Tu lui mettrais bien quoi ?

Danny arborait un petit sourire penaud.

— Danny, tu as quatorze ans. Intéresse-toi à des filles de ton âge plutôt qu'à des adultes.

— Y a cinq secondes, c'était encore une môme.

— En ce qui me concerne, oui.

— On croirait entendre mon grand-père.

— Bon. Quoi de neuf du côté du cybercrime ?

— Ça s'annonce bien.

— Content de l'apprendre. T'as des infos juteuses à me refiler sur le monde de l'ombre ?

— Rêve pas trop.

— Eh bien, tu ferais mieux de rester à l'affût, « partenaire », parce qu'autrement, une fois oncle Tom sous les verrous, je me passerai de tes services.

— Tu vas m'éjecter ?

— Vois ça comme un licenciement économique.

— Rien ne dit qu'ils vont l'attraper.

Matt but une gorgée de café :

— Ils vont l'attraper.

— T'as pas l'air très convaincu.

— Vois le bon côté des choses, Danny. La bataille est à moitié gagnée.

— T'as conscience que la plupart des tueurs se font choper par accident, et pas grâce au brillant travail d'enquête des flics ou des médias…

— Danny, t'as pas d'autre sujet de conversation ?

— Comme quoi ?

— Je sais pas. N'importe quoi.

— Parlons de Ceri.

Matt esquissa un sourire amusé :

— Elle t'a tapé dans l'œil, pas vrai ?

L'adolescent rougit :

— Je crois que je suis amoureux.

130

Molly le conduisit jusqu'au petit salon, où il se vit accueillir par Ruth Reynolds. Il dissimula à peine son désarroi. Elle arborait son sourire figé habituel. Le docteur Quinlan, expliqua-t-elle, avait été appelé à d'autres affaires urgentes.

— Le fait que je sois une femme rendra peut-être l'examen moins pénible, ajouta-t-elle sans grande conviction. Sachez que certains hommes préfèrent.

Le silence de plomb qu'il maintenait signifiait clairement qu'il n'était pas de leur nombre.

— Désirez-vous boire quelque chose avant que nous commencions ? Un café ? Quelque chose de plus fort ?

— S'il vous plaît, docteur Reynolds, je préférerais qu'on règle ça rapidement…

— Comme vous voudrez, Greg. Si vous voulez bien passer dans la pièce à côté. Le docteur Quinlan vous a-t-il décrit la procédure ? (Il fit non.) Ce n'est pas un problème, je vais vous l'expliquer pendant que vous vous changerez.

— Me changer ?

Il fut conduit le long de couloirs anonymes, et la thérapeute s'arrêta devant une porte, seulement distinguée des autres par son nombre. Elle brandit une carte devant un dispositif et lui fit signe d'entrer. Dans la pièce, tout un côté du mur était envahi d'écrans et de moniteurs, un fauteuil inclinable attendait devant.

— La salle de bains se trouve là, Greg. Et là vous avez les toilettes et le vestiaire, ainsi qu'une douche, pour après. Vous trouverez une blouse médicale sur le cintre. Si vous voulez bien la passer, avec l'ouverture sur le devant. Je prépare la suite ici.

— J'enlève tout ?

— Vous pouvez garder vos chaussettes si vous voulez. C'est ce que font généralement les autres hommes. Ce ne sont pas vos pieds qui nous intéressent, n'est-ce pas ? Il faut que je puisse accéder à votre torse et à vos parties. (Elle le détailla de haut en bas.) Eh bien, allons-y, Greg. Vous disiez vouloir régler la chose au plus vite. À moins que vous n'ayez changé d'avis pour ce verre ?

Il tira la porte et commença malaisément à se déshabiller.

— Si vous avez besoin d'aller aux toilettes, allez-y maintenant. Mieux vaut ne pas interrompre la séance si on peut l'éviter. Je présume que le docteur Quinlan vous a averti qu'il fallait vous abstenir de toute activité sexuelle avant le début de la thérapie ?

— Oui, répondit-il d'une voix faible.

— À quand remonte votre dernier rapport sexuel ?

Il détestait ces questions.

— À quelques jours.

— Votre dernière masturbation ?

Il aurait donné cher pour se trouver ailleurs. Il agrippa nerveusement les boutons de sa chemise, les mains tremblantes.

— Ça fait un moment.

— Et à quand remonte votre dernière érection, Greg ?

Il bénissait la porte qui les séparait.

— À ce matin, je crois. En me réveillant.

— Nerveux ?

— Très.

— Il n'y a aucune raison. Détendez-vous. Je sais que c'est embarrassant, Greg, mais nous ne pouvons pas en faire l'économie si nous voulons résoudre votre petit problème. Alors comme vous l'avez dit, plus tôt nous commencerons, plus tôt nous en aurons fini. Prêt ?

— Presque.

— Passez dans la pièce à côté dès que vous vous serez changé.

131

Il laissa tomber son pantalon sur ses chevilles et ôta son caleçon à contrecœur.

Il glissa ses bras dans les manches de la blouse, et ses pieds dans les chaussons fournis. Ils lui allaient comme un gant.

Il poussa timidement la porte, en songeant qu'il s'agissait de la première qu'il voyait ici qui ne fût pas sécurisée.

Reynolds l'attendait près des moniteurs, un rictus figé illuminant son visage.

— Merveilleux, Greg. Que portez-vous là à la main ?

— Un mouchoir.

Une flamme amusée dansa dans le regard de la femme :

— Vous n'en aurez pas besoin.

— Je suis enrhumé.

— Excusez-moi. J'ai cru… laissez tomber. Maintenant installez-vous ici et mettez-vous à l'aise. Ajustez le siège. Vous allez devoir regarder ces écrans, alors choisissez la position la plus confortable.

Il s'assit dans le fauteuil, un fauteuil inclinable en cuir noir lisse avec de grands accoudoirs, et procéda aux réglages.

— C'est bon.

— Parfait. Maintenant si vous voulez bien vous relever et ouvrir votre blouse.

— Ah bon ?

— Greg, l'heure n'est pas à la pudeur. Je m'apprête à vous projeter une série d'images. Je dois mesurer vos réactions.

— Mes réactions ?

Il aurait préféré avoir face à lui le docteur Quinlan au lieu de cette femme.

— Il n'y a pas lieu de vous inquiéter, Greg. Il s'agit juste d'un pléthysmographe.

Il lui adressa un regard perplexe.

— Un pénil-pléthysmographe sert à mesurer l'excitation sexuelle. Ne vous inquiétez pas, ce n'est pas douloureux. Il s'agit simplement d'un anneau de cuir extensible qu'on glisse sur le pénis et qui enregistre les plus faibles stimulations. En plus de mesurer votre rythme cardiaque, votre pouls et vos ondes cérébrales, nous obtiendrons ainsi une image précise de ce qui vous excite réellement. Sexuellement.

— Vous le savez déjà. C'est pour ça que je suis ici.

— Il s'agit d'un instrument d'évaluation clinique standard, Greg. Voyez-vous, il se peut qu'un certain stimulus vous excite sans que vous vous en rendiez compte. Le cerveau humain est très subjectif dans ce domaine. Le pléthysmographe nous donnera une image précise.

Elle se pencha et ramassa l'appareil :

— Tout est là. Ces câbles permettent d'enregistrer toute variation de la réponse pénienne. Maintenant tenez-vous tranquille pendant que je l'enfile.

Randall tressaillit.

— Je peux peut-être le faire tout seul ?

— Greg, vraiment, détendez-vous, s'il vous plaît. Croyez-moi, j'en ai vu d'autres.

Mais vous n'avez pas encore vu la mienne.

Il serra les poings et regarda le plafond tandis qu'elle écartait la blouse. Son visage s'empourpra. Elle n'en finissait pas.

Un moment plus tard, elle se redressa pour fixer des électrodes sur sa poitrine à l'aide de sparadrap.

— Cela contrôlera votre rythme cardiaque, et ceci mesurera votre activité cérébrale, dit-elle en lui glissant un casque métallique souple sur la tête.

Cela ne lui prit que quelques secondes.

Il referma la blouse avec embarras.

— Ne l'attachez pas, Greg. Il ne faut pas gêner vos mouvements. Maintenant rasseyez-vous et mettez-vous à l'aise.

Il suivit docilement les instructions de la thérapeute, songeant aux petites dynamites, gardant en tête qu'il faisait ça dans leur intérêt.

Elle plaça une tablette sur l'accoudoir et se pencha pour en connecter les câbles à une prise.

Comme elle rouvrait la blouse, il sentit ses mains sur lui.

Il retint son souffle.

Après un ultime réglage, elle se redressa en souriant.

— Vous voyez, ce n'était pas si pénible ? Maintenant détendez-vous, Greg. Oubliez que je suis là. Dans un instant, je vais éteindre les lumières. Je veux que vous regardiez l'écran. Je vais vous montrer des images. Je veux que vous vous détendiez et que vous les regardiez. N'essayez pas de contrôler vos réactions. Contentez-vous de vous relaxer et de réagir naturellement.

Elle clipsa la tablette aux bras du fauteuil.

— N'essayez surtout pas de passer les mains sous la tablette, Greg. Il ne doit pas y avoir de stimulation manuelle. C'est très important. OK. Une dernière question ?

— Quand est-ce qu'on commence les chocs électriques ?

— La prochaine fois, répondit-elle en souriant. Aujourd'hui, Greg, nous nous contenterons d'identifier vos stimuli préférés. C'est un préalable obligatoire au début de la thérapie par aversion. Bon, êtes-vous prêt ?

Les lumières baissèrent et une musique douce se fit entendre en fond.

Tchaïkovski.

Un morceau de ballet.

Le Lac des cygnes ?

La Belle au bois dormant ?

Non.

Casse-Noisette.

132

— Je vous le répète, Colin, n'y voyez en aucun cas une critique à votre encontre. Surtout pas. Compte tenu du black-out médiatique, le public ne risque pas d'interpréter notre décision d'une autre façon… dans l'attente de nouvelles, assura pour la troisième fois le surintendant en chef Cedric Walker. Il s'agit simplement de couvrir nos arrières. La coïncidence alphabétique est trop flagrante pour l'ignorer. Vous devez bien l'admettre ?

Weisman acquiesça d'un signe de tête.

Dunst restait renfrogné :

— Je trouve juste lamentable que des responsables de la police puissent accorder un crédit aux théories ridicules d'un pisse-copie de province, qui, comme vous l'avez admis, s'avère être lié à la mère d'une des victimes.

— Ce n'est pas aussi simple, Colin, soupira Walker. Nous…

L'officier de garde passa la tête par la porte avec appréhension :

— Monsieur, une alerte vient de tomber de Teeside. Une fille de onze ans signalée absente à son école. La dernière fois qu'on l'a vue, elle montait dans un véhicule non identifié près de chez elle. On n'a pas d'autres détails, mais vous aviez demandé qu'on vous informe immédiatement.

— Ce n'est pas une agglomération de cette foutue liste, si ?

— Non, monsieur. Ça s'est passé à Middlesbrough. Une autre gamine a été portée disparue sur l'île de Wight, mais l'info tombe à la seconde.

— Merci, Tony. Tenez-moi au courant. (Il se tourna vers Weisman.) Middlesbrough ? L'île de Wight ? Peut-être qu'oncle Tom ne connaît pas son alphabet. Qu'en pensez-vous, Colin ?

— Je parie qu'il n'y a là rien d'alarmant.

Weisman décocha un regard noir à son invité :

— Toute disparition d'enfant est alarmante, Colin. Maintenant vous m'excuserez, messieurs, je dois y aller. J'ai du boulot.

Il alla trouver Pitman dans la salle de crise :

— Du neuf, David ?

— Pas grand-chose pour l'instant, monsieur. Une gamine de onze ans à Middlesbrough. Sahira Singh. Des camarades l'ont vue monter dans la voiture d'un inconnu. Aucun signe de coercition. Elles l'ont dit à leur professeur qui a prévenu par précaution la police locale. À l'évidence, ils ignorent tout de nos inquiétudes concernant les lieux de la liste. Ces temps-ci, oncle Tom est dans toutes les têtes.

— Et l'autre enfant ? Sur l'île de Wight ?

— Pas d'autres détails, monsieur.

— Rien du côté de la liste de Burford alors ?

— Tout est normal pour le moment, monsieur. Comment M. FBI prend-il la chose ?

— Il est en train de s'engueuler avec le chef. Quel petit connard. Et dire qu'on a failli sympathiser à notre première rencontre.

— Les apparences peuvent être trompeuses, monsieur.

— D'ordinaire je m'en ficherais, seulement il joue l'offensé parce qu'on a choisi d'explorer cette piste. Si cette liste n'aboutit à rien, j'ai pas fini d'en entendre parler. On pouvait voir la joie sur son visage quand il s'est avéré que les filles disparues venaient de villes qui ne figuraient pas sur la liste.

— Peut-être qu'oncle Tom ne connaît pas son alphabet.

— Vous n'allez pas vous y mettre, David. Le chef m'a sorti la même réplique. Il est en train de passer à Dunst la pommade habituelle : le travail d'enquête qui change de visage, la liaison avec la collectivité, l'intégration sociale. Le baratin classique.

— Le baratin, monsieur ?

— Ne faites pas l'abruti, David. Et bon Dieu, arrêtez de m'appeler « monsieur ».

— Bien, monsieur.

133

L'écran s'illumina et les premières images apparurent.

Des femmes en tenue légère souriaient et adressaient des signes suggestifs à la caméra.

Il chercha à localiser Reynolds dans la salle obscure autour de lui, mais elle restait invisible. Les moniteurs affichaient des lignes giratoires tout droit sorties d'une série télé hospitalière.

— Regardez l'écran, Greg, fit une voix derrière lui.

Les filles sur la vidéo se déshabillaient maintenant. Dans d'autres circonstances, il aurait pu trouver ça érotique, mais pas aujourd'hui, avec cette femme cachée dans l'ombre qui observait chacun de ses gestes.

Du coin de l'œil, il aperçut un mouvement sur le moniteur.

— C'est ça, Greg, détendez-vous, susurra la voix de la thérapeute.

Une bouteille fraîche de Budweiser apparut à côté de lui. Il l'attrapa. Elle était la bienvenue.

Les courbes sur le moniteur se calmèrent tandis qu'il buvait, avant de s'animer de nouveau comme il ramenait son attention vers l'écran.

— Comment vous sentez-vous, Greg ?

— Là comme ça ? Un peu con.

— Trouvez-vous ces images attirantes ?

— Pas particulièrement. Pas dans ces circonstances.

— Vous voyez, Greg, que le cerveau opère de manière subjective. D'après nos instruments, ces images vous excitent.

Il essaya de se pencher pour vérifier les dires de la thérapeute, mais la tablette en travers des accoudoirs l'en empêchait.

Il se concentra pour tenter de percevoir un signe d'excitation.

Rien.

Une nouvelle série d'images se substitua à la première et la musique baissa pour laisser la place au son de la vidéo. On y voyait deux femmes se dévêtir mutuellement, avant de simuler une relation lesbienne. Il finit par oublier où il se trouvait et par se détendre. Comme la thérapeute se taisait, il fit pendant quelques instants abstraction de sa présence.

Un fondu emporta peu à peu les images.

— Cette vidéo était simplement destinée à vous relaxer, Greg. À vous mettre en condition. Vous allez maintenant voir défiler à l'écran une série de films. Il n'y aura plus d'interruptions. Je veux que vous vous détendiez et que vous les regardiez. Certaines vous paraîtront excitantes, d'autres pas. D'autres encore peut-être vous déplairont franchement. C'est normal. Il est tout aussi essentiel d'établir ce qui vous dégoûte que ce qui vous excite. Nous sommes d'accord ?

L'écran s'illumina. Une série de clichés apparut, chacun demeurant quelques secondes à l'écran.

Il reconnut certaines photos qu'elle lui avait montrées lors de précédentes séances et devina quelle séquence allait suivre : des femmes habillées, puis légèrement vêtues, enfin, nues.

Suivit une séquence similaire, avec des hommes.

Puis la même séquence, avec des couples.

Défilèrent alors des images d'adultes se livrant à des préliminaires, puis à un rapport sexuel.

Tout en étudiant chaque photo, il jetait de petits coups d'œil vers le moniteur afin d'y vérifier ses réactions. Il constata avec un soulagement discret que les courbes s'aplatissaient quasiment lorsqu'il n'y avait que des hommes à l'écran.

La vidéo changea à nouveau. Des enfants s'amusaient.

Il sentit une tension.

On y était.

C'était la raison de sa venue ici.

Il prit une profonde inspiration. D'autres enfants, garçons et filles ensemble.

Puis juste des garçons.

Puis juste des filles.

Des petites filles en tenue d'été dans un parc de jeux : il s'aperçut que les courbes sur le moniteur s'affolaient.

Nouvelles images.

Des enfants nus.

Les photos dont Reynolds avait dit qu'il s'agissait de clichés naturistes. Sauf qu'il ne s'agissait plus d'images fixes mais d'une vidéo. Des enfants jouaient, nues sur une plage.

Les images changèrent à nouveau.

Plus rien de naturiste ici.

Des fillettes vêtues et posant de manière délibérément provocante.

Il prit conscience des envolées brutales de la courbe sur le moniteur et tourna la tête vers l'écran ; il ne savait que trop ce que cela signifiait. Il sentit son entrejambe se réveiller. Nul besoin de gadgets électroniques pour comprendre ce qui se passait.

— Concentrez-vous bien sur l'écran, s'il vous plaît, Greg.

Il devina la silhouette de Reynolds s'approchant dans l'ombre : elle fit pivoter le moniteur afin qu'il ne puisse plus en voir l'écran.

— Comment vous sentez-vous ?

— Pas très à l'aise.

— Excité ?

— Plus ou moins.

— Vous l'êtes, Greg, croyez-moi. Ne soyez pas gêné. C'est une bonne chose.

— Pardon ? En quoi le fait de bander à la vue de petites filles peut-il être une bonne chose ?

134

— Le fait d'avoir formellement identifié les stimuli est une bonne chose, expliqua Reynolds d'une voix qui restait totalement neutre. Maintenant, détendez-vous. Continuez de regarder l'écran. Il est primordial qu'on établisse précisément où vont vos préférences.

— Je pensais qu'on venait de le faire.

— Il faut que nous sachions de quelle manière vous répondez à différents scénarios. Au franchissement de la barrière physique. Au passage à l'acte avec des enfants. Des petites filles.

— Je vous l'ai dit, je n'en suis pas là.

— C'est ce que nous allons vérifier, Greg. Le pléthysmographe ne ment pas. Ne soyez ni gêné ni alarmé si vous sentez monter en vous une excitation que vous savez malsaine. Contentez-vous d'être détendu. Entièrement détendu. Laissez votre corps réagir naturellement.

Les photos cédèrent la place à des vidéos. Certaines amateurs, d'autres très professionnelles. Toutes mettaient en scène des jeunes filles.

Aux images clignotantes des vieux films en Super 8 succédèrent des enregistrements VHS, puis finalement des vidéos HD d'une clarté cristalline.

Il regardait avec une fascination morbide d'authentiques enfants – des petites filles, certaines beaucoup plus jeunes que les jumelles – prendre part à des activités que même dans ses fantasmes les plus pervers, il n'avait osé imaginer.

Il sentit malgré lui l'excitation monter sous la tablette.

Il essaya de fermer les yeux, de penser à autre chose.

Il essaya de se dire que rien de tout cela n'était agréable.

Que ces enfants subissaient des abus.

Qu'ils avaient mal.

Il continuait cependant à regarder.

Il sentit tout à coup une main entre ses jambes.

— Je règle juste le pléthysmographe, Greg. Ne faites pas attention à moi. Regardez l'écran. Vous vous en sortez très bien.

Ses mains étaient douces. Il n'y avait aucune trace de condamnation dans sa voix. Pour la première fois, il lui fit confiance.

Sans le vouloir, il se détendit et se laissa aller dans le fauteuil, s'autorisant à apprécier les images, acceptant même le plaisir que lui procurait ce contact physique un peu plus bas.

Son pouls s'accéléra, son excitation culmina.

Malgré lui, il tirait plaisir de ce qu'il voyait.

De ce qu'il ressentait.

L'espace de quelques secondes, images et réalité fusionnèrent.

Guidé seulement par la vue et le toucher, il en oublia Reynolds.

L'explosion fut soudaine.

Il ne put rien y faire.

Le moment d'euphorie céda la place à une profonde gêne quand il sentit la main de la thérapeute sur son entrejambe, l'essuyant à l'aide d'un mouchoir.

Amolli, il s'effondra au fond du fauteuil, oubliant les images à l'écran pour se réfugier dans l'obscurité providentielle. Il pria pour que les lumières restent éteintes.

Il devina la silhouette de la thérapeute devant lui qui disparaissait sans faire de bruit. Il aurait voulu qu'elle parle.

Dise quelque chose.

N'importe quoi.

Que rien ne s'était passé.

Que ce n'était rien.

Que tout cela n'était qu'un rêve.

Mais il n'y avait que le silence.

Le silence et cet écran qui ne cessait de clignoter.

135

Tout le monde s'accordait à penser qu'oncle Tom ne s'intéressait qu'aux petites filles.

Les deux garçons portés disparus ce jour-là ne suscitèrent qu'une inquiétude passagère, tandis que l'arrivée tardive à l'école de la fille de Middlesbrough déclencha des soupirs de soulagement dans tout le commissariat.

En revanche, la disparition de la fillette de huit ans de Godshill, sur l'île de Wight, restait préoccupante. Mais comme Weisman ne cessait de le rappeler à son inspecteur principal, Godshill ne figurait pas sur la liste de Burford.

Lorsqu'on signala la disparition d'un second enfant sur l'île de Wight, Pitman et Weisman se réunirent dans la salle de crise.

— Fillette de douze ans. Julie Merickson. Habitant Ventnor. Fugueuse régulière figurant sur le registre des enfants à risque des services sociaux. Si la localité n'avait pas commencé par un V, on aurait relégué ça au rang de simple fugue.

— Qui est en charge là-bas ?

— L'inspecteur principal Aspley gère la situation depuis Newport.

Weisman obtint son poste en moins d'une minute :

— Surintendant Weisman. Rien de neuf sur les deux gamines portées disparues depuis que vous avez parlé à mon inspecteur principal ?

— Pas grand-chose, monsieur. Nous avons évidemment bouclé l'île, mais à l'heure qu'il est, elles peuvent fort bien se trouver sur le continent britannique. Dans le pire des cas. Pour tout vous dire, la plus âgée réapparaîtra sans doute dans l'après-midi. Elle joue régulièrement la même comédie. C'est la plus jeune qui nous préoccupe. Inutile de vous préciser que les parents sont fous d'inquiétude.

— À juste titre. Tenez-moi au courant. Au premier changement dans la situation.

— Il s'agit peut-être d'une coïncidence, monsieur, dit Pitman, rabâchant l'hypothèse sans aucune conviction. Seule une des deux localités colle à la liste, et avec cette gamine de Ventnor qui s'avère être une fugueuse récidiviste…

— À supposer encore que cette foutue liste ait une quelconque valeur. (Weisman ne savait pas sur quel pied danser.) C'est le timing des agressions qui me pose problème, David. Même Dunst reconnaît qu'on est en présence d'une sorte de cycle mensuel. Je dois lui reparler.

— Sauf votre respect, monsieur, la dernière chose dont on a besoin, c'est de nouvelles salades comme quoi sa mère ne l'a pas nourri au sein et que ça en a fait un maniaque du couteau.

— Vous exagérez, David. Je reconnais que le profil dressé par Colin ne nous a pas menés bien loin pour l'instant, mais l'homme a fait ses preuves.

— Le problème, c'est qu'à accorder trop d'importance à ces salades, nos gars commencent à les prendre au sérieux. Ils se mettent à écarter certaines pistes sous prétexte qu'elles ne collent pas aux critères…

Weisman soupira. Plus tôt Pitman lâcherait ce qu'il avait sur le cœur, mieux ce serait.

— Et ?

— Au début, j'avais tendance à comparer les profileurs aux médiums de l'époque – c'était avant que vous entriez dans la maison. Mais en fait… je crois qu'ils sont encore pires. De mon temps, les flics consultaient les médiums en douce. Mais aujourd'hui, il suffit qu'il se produise deux meurtres d'affilée avec un mode opératoire similaire pour que tout le monde crie au tueur en série, au violeur en série, au chapardeur en série… et on voit alors débouler des experts diplômés en management et en magie vaudou qui ont jamais rencontré le moindre criminel de leur vie, et qui s'attendent à ce qu'on se plie à leurs quatre volontés et nous envoient courir après un suspect issu d'une famille décomposée, qui suite à un traumatisme subi dans l'enfance s'est mis à porter un gilet à double veston et…

Ayant épuisé son stock de clichés, Pitman se tut.

Weisman esquissa un sourire :

— J'imagine que votre remarque sur les diplômés en management ne visait personne en particulier.

Pitman eut un mouvement de gêne :

— Pardon, monsieur ?

— Écoutez, David, je sais que je manque d'expérience. Je comprends la position de certains hommes à mon sujet. Mais la police est en train de changer. Il faut qu'on s'adapte. Bon gré mal gré.

— C'était juste une façon de parler, monsieur.

Weisman s'approcha lentement du tableau blanc :

— Nous avons cinq enfants tuées, David. Et tous les policiers de l'équipe, quelles que soient leurs formations scolaires, s'accordent sur le fait que quatre d'entre elles ont été tuées par le même homme. Pour accréditer la théorie de Burford, il nous faut deux autres agressions dans des villes commençant par U et V. Je ne crois pas que Godshill entre dans ces catégories. Qu'en pensez-vous, David ?

— Je réserve mon jugement, monsieur.

Weisman fit bruyamment claquer sa langue :

— Dunst dit vrai : l'enchaînement des lieux relève d'une pure coïncidence. Reconnaissez-le, David, oncle Tom n'est qu'un crétin décérébré quasi analphabète. Autant dire qu'il est incapable de planifier ses enlèvements dans un ordre alphabétique.

136

— Ex… excusez-moi. Je ne voulais pas… C'est arrivé sans…

La voix de la thérapeute lui parvint de la salle de bains. Il entendit l'eau couler :

— Vous n'avez pas à vous excuser, Greg. C'était parfait. Tout simplement parfait. Il était nécessaire que vous parveniez à l'orgasme afin qu'on puisse enregistrer votre excitation à son pic, et établir un repère avant de démarrer la thérapie pour de bon. Désolée de ne pas vous avoir averti, mais je craignais que ça ne modifie vos réactions. Ça risquait de fausser le tracé.

— Ces enfants… j'avais encore jamais vu de telles choses.

C'était carrément… J'ai pas pu m'en empêcher. Je savais que c'était mal, mais c'était tellement…

— Érotique ?

La gêne le disputait à la honte dans son esprit. Il se sentait sale :

— Et maintenant ?

Ruth Reynolds revint dans la pièce. Il pria pour qu'elle n'allume pas la lumière.

— Nous devons attendre que vous soyez reposé pour commencer la thérapie. Il n'y a rien de plus à faire pour aujourd'hui. Si vous voulez bien ne pas bouger pendant que je retire le pléthysmographe, vous pourrez ensuite vous doucher et vous rhabiller.

— C'est fini ? Je peux partir ?

— Nous ne démarrerons la thérapie à proprement parler qu'à la prochaine séance, une fois que nous aurons analysé les résultats. Molly vous fixera un nouveau rendez-vous en sortant. Ne vous inquiétez pas, elle n'a pas la moindre idée de ce qui vient de se passer.

Il se rendit dans la salle de bains, et se décontracta sous le jet puissant et chaud de la douche. Il se savonna et se savonna encore, en s'efforçant d'ordonner les pensées qui s'agitaient sous son crâne.

La voix de la thérapeute l'interpella de derrière le rideau :

— Comment vous sentez-vous, Greg ?

— Gêné. Honteux. Sale. Comme un pervers.

— Ne soyez pas si dur avec vous-même.

— Voir comme ça des enfants subir des abus, sur une vidéo, juste devant moi… Mais bon sang, où est-ce que vous pouvez bien vous procurer ce genre de trucs !?

— Dans notre cas, c'est le ministère de l'Intérieur qui nous les communique, sous le manteau. Il s'agit d'images saisies par la brigade antipédophilie de Scotland Yard.

— Mais avant ça ? (Il avait besoin de parler, pour retarder le moment fatidique où il se retrouverait face à elle, en pleine lumière.) D'où est-ce qu'elles provenaient ?

— Au départ, de Scandinavie, bien qu'Internet ait mondialisé le phénomène. J'imagine que vous avez certainement acheté des revues pornos par le passé ?

— Des trucs adultes, oui. Mais rien qui mette en scène des enfants.

— Avez-vous déjà feuilleté des magazines comme *Rodox* ou *Color Climax* ?

C'était le cas, mais il n'allait sûrement pas l'admettre :

— Non.

— Vous m'étonnez. À une époque, ils étaient très en vogue. Surtout dans les sex-shops agréés. Il s'agissait de vraie pornographie, rien à voir avec les magazines de charme qu'on trouve dans les kiosques à journaux. *Rodox* a été fondé dans les années 1960 par Peter Theander. Difficile à croire aujourd'hui, mais à l'époque, dans certains pays scandinaves, la pornographie était légale. Tous les types de pornographie, *y compris* la pornographie infantile. Les scènes que je vous ai passées sont tirées de *Lolita*.

— *Lolita* ? J'ai vu le film. Avec Jeremy Irons. Mais il n'y a rien de…

— Pas celle de Nabokov. « Les » *Lolita*… Cette série de magazines constitua la première entreprise au monde de commercialisation de porno infantile à grande échelle. Elle était autorisée par les lois danoises. La société existe encore, même si elle ne fait évidemment plus dans les enfants. Mais à l'époque, elle a engendré une tripotée de clones, comme *Lolitots*. C'était également une revue danoise, mais dirigée par un Anglais, Eric Cross. *Lolitots* était la plus connue, mais il y en avait d'autres : *Sweet Patti*, *Sweet Linda*… Après que les gouvernements scandinaves y ont mis un terme, elles sont passées dans la clandestinité. Mettre la main sur de la porno infantile est devenu impossible. Mais tout a changé avec l'arrivée d'Internet. Aujourd'hui, en un clic, n'importe qui peut visionner dans son salon des vidéos où des enfants se font abuser. Comme je vous l'expliquais à notre première rencontre, vous n'êtes pas le seul à nourrir ces fantasmes, Greg. Bien loin de là.

— Je commence à m'en rendre compte.

— Certaines personnes considèrent bel et bien la pédophilie comme une activité agréable et inoffensive qu'on devrait légaliser.

— « Légaliser » ?

— J'imagine que vous avez entendu parler du réseau d'échange d'informations pédophile ?

— Plus ou moins. Mais il n'existe plus aujourd'hui, je crois ?

— Officiellement, non. L'organisation est interdite par la loi, mais il ne suffit pas d'interdire quelque chose pour le faire disparaître. Je peux vous garantir que ses membres sont toujours là. Et pas seulement dans le pays, mais dans le monde entier. Avez-vous déjà entendu parler de la société René Guyon ?

— Non, jamais.

— Il s'agit de l'équivalent américain du PIE. Ces gens prônent la légalisation de ce qu'ils appellent la « sexualité transgénérationnelle ». Leur slogan vous plairait, Greg…

Randall glissa une tête intriguée en dehors du rideau :

— C'est quoi ?

La thérapeute sourit :

— *Sex before eight, or else it's too late*[23].

137

Pour la vieille Sally, ce n'était qu'un jour comme un autre dans la froideur de l'hiver.

Comme chaque année à l'approche de Noël, elle voyait son repos sous les porches de la grande rue troublé par les noctambules

---

23 « La sexualité avant huit ans, sinon c'est trop tard. » (*NdT*)

éméchés et les foules sortant des magasins. Et même une fois les trottoirs désertés, les illuminations multicolores lui laissaient peu de répit.

La benne au fond de la ruelle constituait une étape régulière. Dans les rues de Londres, les bennes étaient autant de mines au trésor pour les sans-abri.

Elle y trouva une blouse d'enfant, presque neuve. Elle pourrait peut-être l'échanger contre un vêtement à sa taille dans une boutique caritative. La vieille femme fourra l'habit dans son sac et empoigna un anorak.

Alors qu'elle tirait sur le vêtement, une paire d'yeux inertes se fixèrent sur elle : c'en fut trop pour son cœur affaibli par l'alcool bon marché et l'hypothermie. Elle eut juste la force d'atteindre l'angle de la rue avant de s'écrouler.

Le sac que la vieille clocharde tenait encore à la main retint peu l'attention de l'agent de police Stephen Glover tandis qu'il consignait dans son épais bloc-notes le témoignage du seul passant qui avait pris la peine de l'alerter. Il contenait seulement quelques autres fripes chaudes. Comme l'ambulance s'éloignait, Glover retourna consciencieusement à la benne afin de récupérer ce que Sally avait pu y jeter. C'était la première fois qu'on mourait dans son secteur.

Il ramassa négligemment une première socquette blanche en chemin.

À la vue de la seconde, ses pensées s'emballèrent ; il revit le corsage d'enfant dans le sac de Sally.

Lorsqu'il trouva la jupe plissée grise un peu plus loin, il courut jusqu'à la benne, craignant le pire tout en conservant un espoir.

C'était le genre de découverte qui étoffait la carrière d'un flic.

Pourtant rien de ce qu'il avait appris au centre de formation de Bramshill ne l'avait préparé à ça.

138

Le docteur William Thewliss effectua son premier examen à distance, attendant patiemment que le photographe de la police scientifique ait fini.

Il cacha difficilement son excitation au moment de s'approprier les lieux.

C'était la scène de crime dont rêvait tout médecin légiste.

Les ongles jaunes étaient la première chose qu'on notait, comme un marquage : la signature caractéristique d'oncle Tom. Tandis que Thewliss se chargeait du corps avec des gestes assurés, les techniciens de la scène de crime installèrent des lampes à arcs à bonne distance, afin de repousser la pénombre crépusculaire précoce de décembre. Une tente en tissu dissimula bientôt la scène à la foule de badauds rassemblés derrière le ruban de police.

Satisfait, Thewliss annonça ses constatations dans un dictaphone pendant qu'un cameraman filmait la scène.

Il n'y avait aucun signe d'hypostase – l'accumulation de sang dans les parties basses sous l'effet de la gravitation –, ce qui indiquait une mort récente.

Il lut à voix haute le résultat du thermomètre rectal et, bien qu'il fût capable de calculer mentalement le résultat, entra les données dans son ordinateur portable, par souci de précision. Il fallait soustraire la température affichée de la température corporelle normale de 37 °C. Diviser le nombre obtenu par 1,5. Puis porter le quotient sur un graphique en comptant un taux de refroidissement moyen de 2,5° par heure. L'ordinateur intégrerait la température de l'air et d'autres facteurs, mais Thewliss avait déjà estimé de tête l'heure de la mort.

Une heure s'écoula encore avant qu'il laisse une équipe emmener le corps.

Rien ne permettait d'identifier la fillette, et ce ne fut qu'au petit matin que ses parents, inquiets et ignorant tout du drame qui se tenait à quelques rues de chez eux, cessèrent d'appeler les amies de leur fille pour téléphoner à la police.

Dans l'heure qui suivit, le père confirma qu'il s'agissait bien de son enfant, Victoria Gilham, âgée de dix ans.

Au même moment, sa femme succombait à une douce brume sous l'action de puissants sédatifs.

Victoria était leur seule enfant.

139

Aux dires de tous, Victoria était une jeune fille indépendante qui préférait souvent sa propre compagnie à celle de ses camarades.

Elle avait assisté à la classe ce matin-là, mais à l'heure du déjeuner avait décidé d'aller flâner seule en ville.

Son institutrice l'avait notée absente à l'appel de l'après-midi. Mais on entrait dans les dernières semaines du trimestre, et la pièce de théâtre de Noël accusait déjà un certain retard, aussi n'avait-elle pas pris la peine d'envoyer un texto aux parents. Faire la guerre aux habituées de l'école buissonnière ne constituait pas une priorité.

C'était le genre de décision qu'une enseignante devait prendre au quotidien.

Cette décision-là la hanterait pendant le restant de ses jours.

140

Dans les labos de l'institut médico-légal londonien de Lambeth Road, les recherches progressaient.

Les échantillons de peinture trouvés sur les ongles avaient été soumis à une spectroscopie par émission, puis placés sous un arc électrique entre deux électrodes au carbone. Le spectroscope décomposait les différents éléments du faisceau lumineux : la peinture s'avéra identique à celle retrouvée sur les autres victimes d'oncle Tom.

Les fibres récupérées sur un tuyau de cuivre semblaient indiquer que le tueur portait des gants en coton blanc au moment de ligoter ses victimes.

Des cheveux recueillis sur le cardigan de l'enfant furent soumis à une microscopie comparative et à une analyse par activation neutronique. Les poils d'animaux se révélèrent provenir de l'animal de l'enfant. Un seul des cinquante-trois cheveux humains prélevés sur le vêtement n'appartenait pas à l'enfant. L'analyse ADN montra qu'il correspondait à la trace de sperme également retrouvée sur l'enfant. Le tueur avait les cheveux bruns et courts.

Le mouchoir sale – un carré de coton blanc taché du sang de l'enfant (groupe A) – avait confirmé ces doutes. Le mucus sur le mouchoir appartenait à un groupe O sécréteur et l'ADN concordait avec celui du sperme et du cheveu.

Mais la jubilation initiale fut de courte durée.

Bientôt, l'enquête se mit à piétiner à mesure que les pistes se changeaient en impasses, sous le flot d'informations déversées par un public bien intentionné.

Le 10 décembre, suite à un appel anonyme, on repêcha les corps des fillettes disparues sur l'île de Wight dans le canal de Kennet & Avon, au sud de Reading.

Le lendemain, une nouvelle piste s'ouvrit après la diffusion d'une spéciale d'« Alerte au crime ».

Weisman prit l'appel en personne et confia l'enquête à Pitman.

À midi, une réunion de synthèse se tint dans les locaux des services sociaux du Kent. La police y fut conviée.

Une équipe de travailleurs sociaux menant une enquête de routine sur des enfants maltraités pensait avoir découvert par hasard l'identité d'oncle Tom.

141

Les quatre travailleurs sociaux prirent place côte à côte derrière la longue table de la salle de conférence de Dane Valley Road. L'intervenante extérieure avait prévenu de son retard par téléphone. Pitman, assis seul à l'autre bout de la table, maudit Weisman à voix basse. Ce boulot était bon pour un flic débutant, pas pour un vieux de la vieille chevronné.

Toute tentative d'entamer le dialogue avec l'équipe de travailleurs sociaux avait échoué.

Ils vivaient sur une autre planète.

L'invitée arriva trempée comme une soupe – Pitman en tira une discrète satisfaction. Le policier jeta des regards insistants à sa montre ; les autres semblaient faire peu de cas du temps gaspillé. On s'attarda davantage en apportant une théière à l'intervenante. Pitman suivait la scène d'un œil effaré. Il n'avait pas envie de thé, mais la moindre des politesses eût tout de même été de lui en proposer.

— Merci à tous de vous être déplacés aujourd'hui, commença enfin l'une des femmes. Compte tenu qu'il y a ici de nouvelles têtes, je vais brièvement présenter les personnes assises à cette table. Je suis Vera Kidger, assistante sociale en chef. Sont également parmi nous les assistants de service social Corinne Moon et John Pratt, tous deux désormais en charge de l'enfance, et Michael O'Shea, un collègue assistant social en chef. J'ai le plaisir d'accueillir de l'autre côté de cette table le docteur Ruth Reynolds. Ruth travaille comme psychothérapeute à la prestigieuse Fondation Quinlan de Sevenoaks. (Elle marqua une pause pour que ses collègues puissent prendre conscience de l'honneur qui leur était fait, puis ajouta sur une note presque accessoire :) Est également présent le sergent Pitman.

— Inspecteur, rectifia Pitman. Inspecteur principal, précisa-t-il en se demandant si Weisman l'avait délibérément dégradé.

— « Inspecteur » Pitman, corrigea la fonctionnaire avec un sourire revêche. Le but spécifique de cette réunion est de traiter d'un cas d'abus sexuels commis sur deux jeunes filles. Comme bien souvent, l'auteur de ces abus est leur père biologique. Nous sommes ici pour établir si leur placement sur le registre des enfants à risque est justifié.

— Si ces enfants subissent des abus, je crois que ç'aurait dû être fait depuis longtemps, déclara Pitman.

Vera Kidger lui lança un regard noir :

— Il se trouve, sergent… que nos travailleurs sociaux agissent dans le cadre d'une multitude de procédures et de directives qu'ils sont tenus de respecter. On ne peut pas débarquer comme ça et placer un enfant à l'abri juste parce qu'il a subi des abus.

Pitman haussa un sourcil méfiant :

— D'abord, c'est « inspecteur ». Ensuite, il vous suffit de communiquer vos preuves au premier agent de police venu, et nos services se chargeront de le faire pour vous. Les abus sexuels contre des enfants constituent un crime au cas où vous l'ignoreriez.

La responsable balaya la réponse d'un revers de main :

— Nous ne disposons pas encore de preuves, sergent… C'est précisément pour nous les dévoiler que le docteur Reynolds est ici avec nous aujourd'hui.

Tous les yeux se tournèrent vers la thérapeute, au grand plaisir de celle-ci.

— Voilà quelque temps que le docteur Reynolds, Ruth, suit leur père, poursuivit Vera Kidger, et son travail l'a conduite à mettre au jour des évidences d'abus innommables. La gravité de ses inquiétudes l'a poussée à réclamer expressément la présence à cette réunion d'un représentant de la police.

L'équipe de travailleurs sociaux fit entendre des hoquets de surprise. Ravie par ce crescendo de tension, la psychothérapeute promena son regard souriant sur leurs mines admiratives et intriguées. Pitman trouvait le spectacle écœurant. *Foutus bons samaritains imbus d'eux-mêmes*, songea-t-il en tapotant nerveusement sur la table.

— Sans plus de discours, donc, je passe la parole à Ruth.

La psychothérapeute se leva sous les regards. Elle subjuguait son auditoire. Pitman s'examinait les ongles.

— C'est avec beaucoup de scrupules que je m'apprête aujourd'hui à rompre le lien de confiance qui m'attache à mon client – mon patient –, et ce au nom d'un intérêt supérieur.

142

La thérapeute prit le temps de boire une gorgée de thé pour ménager son effet, sous les regards avides des travailleurs sociaux.

— Il y a de cela quelques mois, nous avons été contactés par un homme blanc de trente-quatre ans, Gregory Alan Randall, qui présentait un cas complexe de penchants paraphiliques multiples, parmi lesquels une attirance sexuelle déjà marquée pour les petites filles.

— Madame Reynolds, j'ai cru comprendre que cette affaire était liée à…

— Sergent, s'il vous plaît ! s'exclama Vera Kidger avec une expression d'indignation outrée. J'ignore très certainement comment on reçoit les gens dans votre commissariat, mais ici, la politesse nous invite à laisser l'intervenant s'exprimer sans l'interrompre.

— Mais je…

— Vous aurez l'occasion de questionner Ruth lorsqu'elle aura terminé, décréta la femme en fixant le policier avec défi.

— Merci, Vera, dit Reynolds en regardant Pitman de haut. Randall s'est donc adressé à nous en août de cette année, quelques semaines après l'incident tragique de la fillette kidnappée dans les environs.

— Rebecca Meadows, précisa Pitman.

Kidger s'accommoda de cette brève interruption.

— Rebecca, c'est cela. Une enfant si douce. Mes pensées vont à ses parents. Quelle terrible épreuve pour eux.

— Terrible, terrible, murmurèrent en chœur les bons samaritains.

— Il est bien sûr courant que des affaires d'agressions sexuelles très médiatisées viennent accroître l'intérêt du public pour des établissements comme le nôtre, reprit la thérapeute.

Les travailleurs sociaux hochaient bêtement la tête, à l'image de Vera Kidger, « béni-oui-oui en chef » dans la classification de Pitman.

— Pour faire court, j'ai conduit en lieu et place du docteur Quinlan les entretiens préliminaires avec Randall. Il en est ressorti qu'il s'agissait d'un pédophile avec une attirance marquée et croissante pour les jeunes filles prépubères. Randall est marié ; il est le père de deux enfants. Deux petites jumelles de six ans.

De nouveaux hoquets de surprise s'élevèrent à mesure que les bonnes âmes tiraient leurs déductions ; la thérapeute confirma leurs craintes.

— Très précisément. Néanmoins, Randall nous avait assuré – et dans un premier temps, nous l'avions cru – que ses penchants pédophiles ne s'appliquaient pas à ses propres petites filles. De son propre aveu, il s'intéressait surtout aux fillettes de huit ou neuf ans. Par conséquent, il s'inquiétait quant à l'avenir. Le battage médiatique autour d'oncle Tom l'avait incité à réclamer notre aide.

Elle fit une pause et but une gorgée, constatant avec joie que Pitman griffonnait sur son carnet.

— À l'issue de cette évaluation, nous avons informé Randall de nos craintes qu'il puisse dans un avenir proche constituer un risque pour ses propres filles ou celles d'autrui, et recommandé qu'il démarre au plus tôt une thérapie prophylactique. Gardez à l'esprit que nos avis se basent uniquement sur ce que nos clients veulent bien nous révéler. Nous n'avions, à ce moment-là, aucun moyen de deviner que Randall utilisait en fait la Fondation pour servir ses vils et sordides projets personnels.

Vera Kidger joignit ses mains, comme pour une prière, et secoua la tête d'un air incrédule. Les bonnes âmes retenaient leur souffle à mesure que le témoignage prenait forme. Pitman écoutait attentivement, attendant des détails et se fichant du prétendu dilemme éthique de la psy.

— Le docteur Quinlan et moi-même avons entrepris avec Randall une thérapie par aversion, naïvement, en pensant apporter une aide à un pauvre homme. Comme vous le savez peut-être, la thérapie par aversion implique en premier lieu de projeter au patient des séries d'images stimulant son désir dysfonctionnel, afin de pouvoir ensuite le décourager. Dans le cas de Randall, il s'agissait de ses fantasmes pédophiles. Nous avons pour cela recours à des documents pédopornographiques, auxquels nous donne accès le ministère de l'Intérieur, et qui je vous le garantis soulèveraient l'estomac de n'importe qui dans cette salle.

Elle marqua un silence et scruta son auditoire, défiant quiconque de garder l'estomac en place.

— Le ministère de l'Intérieur vous fournit des images pornos d'enfants pour que vous les montriez à vos patients !? s'exclama Pitman, incrédule. Il avait dû mal entendre.

La psy expliqua avec un sourire suffisant :

— La Fondation Quinlan est l'un des rares établissements du pays autorisé par le ministère de l'Intérieur, dans le cadre du programme de gestion des délinquants sexuels, à soigner des criminels violents récidivistes. Les documents que nous utilisons proviennent du gigantesque stock de contenus pédopornographiques saisis par la brigade nationale antipédophile, et son prédécesseur, la brigade antipublications obscènes.

— Si j'ai bien compris : vous *montrez* des images pornos d'enfants à des pédophiles !?

— C'est tout à fait exact, inspecteur. Puis-je à présent continuer ?

Pitman laissa échapper un long soupir. Elle au moins avait employé le grade correct…

— Bien entendu, ce n'est que rétrospectivement que nous avons pris conscience que Randall se servait en réalité de notre établissement pour réaliser ses propres fantasmes sadiques. Lesquels, comme nous l'avons maintenant compris, l'ont conduit à tuer à nouveau.

— Tu veux… bredouilla Vera Kidger, la mine décomposée. Tu veux dire que ce Randall est… en réalité… oncle Tom ?

Le reste de l'équipe écarquillait des yeux stupéfaits.

— Très précisément, Vera, répondit la psy, le visage criant de sincérité. C'est pourquoi je t'ai demandé de convier la police à cette réunion.

Les ânes bâtés se remirent à opiner du chef. Pitman se surprit à hocher lui aussi la tête ; il cala aussitôt son menton dans sa main.

— Le mois dernier, comme il apparaissait que la thérapie ne produisait pas d'effet notable, le docteur Quinlan a souhaité obtenir un second avis de la part d'un psychanalyste indépendant. Nous n'avons pas à la Fondation l'outrecuidance de croire que nous avons la science infuse. Il arrive qu'un regard neuf soit utile sur un cas comme celui-ci.

— Quel lien faites-vous entre Randall et oncle Tom ?

— J'y viens, inspecteur, *si l'on veut bien me laisser finir*. Le docteur Quinlan a convaincu Randall d'aller consulter l'un de nos confrères dans une clinique privée du sud de Londres. Randall est allé à son rendez-vous, mais suite à une erreur de planning, ils n'ont pas pu le recevoir.

— Et alors ? fit Pitman avec un haussement d'épaules.

— La clinique en question se trouvait à Woolwich. C'était le matin où l'on a assassiné cette nouvelle enfant…

143

Les travailleurs sociaux émirent des hoquets horrifiés.

— Bien entendu, lorsque nous avons découvert la vérité, nous avons été placés face au dilemme de devoir ou non briser le secret professionnel.

Vera Kidger se redressa sur son siège :

— Pauvre Ruth, nous comprenons tout à fait. Quelle situation atroce…

— Pourquoi ne pas vous être adressée immédiatement à la police ? interrogea Pitman.

Reynolds sourit avec condescendance :

— Randall est le père de deux fillettes, Natalie et Tamara. Maintenant qu'on sait avec quel machiavélisme il s'est servi de la Fondation, il semble tout aussi évident que cet homme abuse de ses petites filles – depuis Dieu sait quand. Sans doute depuis leur naissance.

— Pauvres gosses, minauda l'assistante sociale en chef. Les dommages seront irréparables. Bien sûr nous ferons tout pour leur venir en aide.

Les autres travailleurs sociaux hochaient la tête pour témoigner de leur empressement et de leur dévouement.

— Évidemment, après coup, les indices nous ont sauté aux yeux, regretta la thérapeute. Randall affuble par exemple ses filles d'un surnom : il les appelle ses « petites dynamites ».

Elle balaya du regard son auditoire.

— La connotation sexuelle est explicite. L'image du bâton de dynamite évoque très clairement le pénis. Et l'explosion renvoie évidemment à l'éjaculation. En leur donnant ce surnom, Randall exprime tout simplement son fantasme de violer ses propres filles. S'il ne l'a pas déjà fait.

Les travailleurs sociaux poussèrent aussitôt des oh ! et des ah ! Le regard de Pitman allait alternativement de l'auditoire à la psy. Il se demandait combien de temps encore il pourrait prendre sur lui : les bons samaritains avalaient en bloc la psychologie de comptoir de Reynolds.

Kidger prit la parole.

— Il va sans dire qu'il faudra faire preuve du plus grand tact face à cette situation extrêmement délicate, afin d'épargner à ces enfants d'autres dommages psychologiques. Je ne saurais trop vous mettre en garde, sergent, contre l'impact négatif qu'aurait sur ces jeunes esprits innocents le fait de voir vos hommes débarquer chez elles et arrêter leur père sans que des dispositions adéquates aient été prises pour les protéger.

Les bonnes âmes approuvaient énergiquement. Pitman se mordit la langue devant cette nouvelle rétrogradation. À quoi bon lui expliquer ? Peut-être aurait-il dû lui aussi s'attribuer le titre d'inspecteur « en chef ».

L'assistante sociale en chef enchaîna :

— Notre priorité première doit bien évidemment être d'obtenir une mesure de placement pour les enfants afin de minimiser le traumatisme et la pression qu'elles auront à subir. (Elle consulta sa montre.) Eh bien, le temps passe. Je propose donc d'entamer la prise des mesures d'urgence immédiatement après le déjeuner, et de mettre les enfants à l'abri dès demain, à la première heure. Ça marche pour tout le monde ?

Pitman était abasourdi :

— Pourquoi ne pas intervenir sur-le-champ, si ces enfants courent un danger aussi grave que Mme Reynolds le laisse entendre ?

— Et les enfants ? protesta Vera Kidger, atterrée. Je m'excuse, sergent, mais c'est totalement hors de question.

Pitman prit une profonde inspiration avant de répondre :

— Si ces informations sont exactes, nous parlons d'un des hommes les plus dangereux du pays. Docteur Reynolds, si vous pouviez me communiquer une adresse où trouver cet homme…

L'assistante sociale sortit de ses gonds :

— Elle n'en fera rien. Ces enfants risquent de garder des séquelles à vie si un policier débarque à leur domicile avec ses gros sabots et arrête leur père…

— Cet homme est un criminel violent ! Vos gentillettes procédures de bons samaritains, vous pouvez vous asseoir dessus, mademoiselle Kidger. Je vais immédiatement interpeller cet homme !

Les ânes bâtés étaient pantois devant la manière dont il s'adressait à « l'assistante sociale en chef » !

La femme le foudroya du regard :

— Je suis certaine que le surintendant principal Walker comprendra mon point de vue, sergent. Cedric et moi collaborons de longue date.

Ce fut la goutte d'eau qui fit déborder le vase. Pitman empocha son calepin et se dirigea vers la porte.

— Je me fiche de savoir à quand remonte votre collaboration, mademoiselle Kidger. J'ai le devoir de protéger la population. Ne vous fatiguez pas pour l'adresse, madame Reynolds. Je le trouverai avec ou sans vous. Bien que je doive vous préciser que faire obstruction à un officier de police dans le déroulement d'une enquête constitue une infraction criminelle.

144

Pitman fulminait encore quand il arriva à Fort Hill et fit irruption dans le bureau de Weisman. Le surintendant était au téléphone. Il invita d'un geste Pitman à s'asseoir, mais l'inspecteur resta debout.

— Il entre à la seconde, Vera. Oui, je lui expliquerai. Assurez-vous juste que la paperasse soit réglée. Le surintendant principal m'a accordé quatre officiers. Ils vous accompagneront à la première heure. Je vous rappelle demain lorsqu'il sera chez nous.

Il raccrocha. Pitman s'effondra dans le fauteuil, visiblement à plat.

— Et s'il tue une autre enfant ce soir ? Pendant que vos potes aux grands cœurs remplissent leur paperasse.

— David, vous réagissez de façon excessive. Réfléchissez une minute. On ne peut pas se permettre de bâcler les choses. J'ai tout le soutien du surintendant principal.

— Vous croyez sérieusement que c'est « Cedric » qui portera le chapeau s'il arrive quelque chose à un autre enfant ?

— J'installe dans l'heure une surveillance complète. Randall ne pourra pas lâcher un pet sans que nos hommes en soient informés.

— Et ses propres enfants ? Il a deux gamines.

— Vera semblait rassurée sur ce point. Apparemment la psychothérapeute qui les a rencardés lui a certifié que les enfants ne craignaient rien ce soir.

— Et d'où elle sort ça au juste ?

— David, je ne prétends pas comprendre comment ils tirent leurs conclusions, alors restons-en là, vous voulez ? J'ai convenu avec Vera de lui envoyer quatre policiers demain à la première heure. Peut-être voudrez-vous vous joindre à eux…

— Et passer une minute de plus en compagnie de ces bons samaritains ? J'aime encore mieux me couper… non, merci, monsieur. J'attendrai qu'il soit arrivé ici. Pour quelle heure est-ce programmé ?

— Sept heures.

— La descente à l'aube classique ? En tirant les enfants de leurs lits dans les cris ? Je pensais que ce genre de méthodes gestapistes n'avaient plus cours depuis le scandale du Cleveland.

Weisman s'agita sur son siège :

— Comme je le disais, David, le surintendant principal m'a donné son aval pour tout ceci. Je suggère que nous employions plus utilement notre temps…

— Je vous écoute, monsieur ?

— En nous préparant pour Randall. La suspicion d'abus sur ses propres enfants ne nous permettra de le garder que vingt-quatre heures. Vera a convenu de les faire examiner dès qu'elles seront placées. Mais pour l'instant, nous n'avons aucun élément le liant au meurtre de la petite Meadows. Ensuite, nous devrons nous atteler au dossier Woolwich. Londres va demander son transfert à la seconde où ils apprendront qu'il est chez nous. Naturellement, rien ne nous oblige à les mettre au courant avant qu'on l'interroge à ce sujet... mais l'heure tourne.

— Bien, monsieur.

— Je veux qu'on traite cette affaire avec des pincettes, David. Des pincettes chirurgicales. Je veux un examen médical complet de Randall dès son arrivée au poste, et un second lorsqu'il partira pour Londres. Pas question de réitérer l'affaire Bristow.

145

Il éteignit le gaz sous le bacon, resserra la ceinture de sa robe de chambre et promena son regard dans la pièce, en songeant qu'il aurait dû ranger la planche à repasser. Il jeta un coup d'œil inquiet à la pendule : il n'y avait que le facteur pour frapper à la porte à cette heure-ci.

En ouvrant, il trouva face à lui deux policiers en tenue, et trois personnes derrière en civil. Deux policières fermaient le groupe. Il sut instinctivement pourquoi ils étaient là.

— Gregory Alan Randall ?

Il voulut répondre mais aucun mot ne sortit.

— Gregory Alan Randall, nous avons un mandat d'arrestation contre vous pour suspicion d'abus sur enfants.

Tandis qu'il lui lisait ses droits, le policier saisit le bras de Randall et menotta d'un geste vif son poignet gauche. Avant qu'il puisse réagir, le deuxième policier s'était avancé pour empoigner son autre bras.

C'était le moment qu'il avait redouté en silence pendant tous ces mois : son cauchemar récurrent prenait vie tel qu'il l'avait imaginé.

— Mais je me fais soigner..., fut la seule réponse qu'il put donner avant que sa voix s'éteigne, découragée, oppressée. Il y a forcément une erreur. Tout était sous contrôle.

La voix de Bethan retentit à l'étage :

— Greg, qui est-ce ?

— C'est rien, chérie. Je m'en occupe.

Son regard implorait les policiers de ne pas révéler leur présence à Bethan.

— Où sont les enfants ?

Randall blêmit :

— Elles sont couchées. Laissez-les en dehors de ça, je vous en supplie. Je ne les ai jamais touchées. J'avais entièrement le contrôle. S'il vous plaît...

— Elles sont à vous.

Pendant que l'agent en uniforme faisait entrer Randall dans le living, les trois personnes en civil traversèrent en trombe le vestibule et se dirigèrent vers l'escalier, suivis tant bien que mal par les deux policières.

— Non ! Pas les jumelles. S'il vous plaît ! Oh, bon sang...

Il tenta de faire un pas en avant, mais le policier l'envoya sans ménagement s'asseoir sur le sofa. Il entendit des cris comme Bethan sortait de la douche pour découvrir des inconnus sur le palier.

— Merde, mais qui êtes-vous ? Greg ? Qu'est-ce qui se passe ?

L'intrus lui brandit un document au visage :

— Michael O'Shea, je suis assistant social en chef aux services sociaux du Kent. J'ai là une ordonnance de placement pour Tamara et Natalie Randall nous autorisant à...

— Il faudra me passer sur le corps. Greg ? Où est mon mari ? s'écria Bethan, fermement postée sur le palier.

O'Shea fit signe à ses deux collègues de s'écarter et les deux policières s'avancèrent face à Bethan.

— Mme Randall, nous sommes ici pour faire appliquer une

mesure de protection. Où se trouvent les enfants ?

— Mesure de protection ? Pour les jumelles ? C'est insensé. Touchez à un cheveu de mes filles et vous ressortez sur un brancard !

Bethan se tenait en travers du passage, les cheveux trempés, les yeux jetant des éclairs ; les policières hésitaient sur la méthode à employer.

— Où se trouve mon mari ? Où est Greg ?

— Il est au rez-de-chaussée. Il a été arrêté.

— Arrêté ? répéta Bethan en se cramponnant à la poignée de la porte. Mon Dieu, que se passe-t-il ? Pour l'amour du ciel, qu'est-ce qui se passe ?

— Madame Randall, je comprends que ce soit difficile pour vous. L'ordonnance de placement est une mesure temporaire destinée à protéger les enfants, Natalie et Tamara.

Bethan haussa la voix :

— J'ignore ce qui se passe mais je vous avertis : ne vous approchez pas de mes filles. Vous m'entendez ? Je vous l'interdis.

Le visage terrifié de Tamara apparut dans l'encadrement de la porte :

— Maman ? Qu'est-ce qui se passe ?

Bethan se tourna instinctivement vers sa fille. Les deux policières en profitèrent pour la plaquer contre le mur tandis que les assistantes sociales filaient comme un éclair vers la chambre. Bethan tenta de bondir en avant mais les policières la tenaient fermement. Elle entendit Tamara crier dans la chambre derrière elle, comme une assistante l'attrapait par le bras et la traînait vers la porte. La seconde assistante sociale prit Natalie, encore ensommeillée dans son lit, et la souleva sans ménagement pour l'emmener hors de la chambre.

Voyant sa mère se débattre contre les policières, elle hurla son nom en tendant en vain ses petits bras. Au rez-de-chaussée, on entendait Randall protester, mais les cris de terreur des enfants couvraient ses paroles. Tout au long de la rue, des lumières s'allumaient, des rideaux s'ouvraient.

146

— Natalie ! s'époumona Bethan. Laissez-la tranquille, bande de salauds ! (Les policières s'efforçaient de la maîtriser.) Ne t'inquiète pas, Natalie. Maman est là. Où les emmenez-vous ? Nos enfants chéries ! Par pitié, dites-moi que c'est un cauchemar !

Comme elle s'agitait, sa serviette tomba au sol et O'Shea se rinça l'œil.

La première assistante sociale passa devant eux en tirant Tamara par le bras. L'enfant sanglotait sous le choc. Lorsqu'elle vit que les policières en uniforme retenaient sa mère, elle poussa un cri hystérique. Sa sœur s'égosilla de plus belle tandis que Bethan hurlait leurs prénoms en se débattant.

O'Shea se dirigea vers l'escalier, suivi par la première assistante sociale, tirant la fillette terrifiée par le bras sans prendre un instant pour la rassurer. Tamara agrippait en vain les barreaux de la rampe.

La seconde travailleuse sociale avait enroulé Natalie dans une couverture ; les bras emprisonnés, la fillette pleurait et battait des jambes.

La femme descendit les marches sous le regard embarrassé et choqué des policières qui s'étaient postées au bas de l'escalier.

Bethan les regarda s'éloigner pendant quelques secondes, les yeux hagards et frappés d'incompréhension, puis se précipita dans la chambre et hurla leurs prénoms par la fenêtre. Elle les entendit crier mais les vit à peine dans la brume matinale. Des portières claquèrent, et les hurlements s'étouffèrent.

Penchée à la fenêtre, prise de sanglots irrépressibles, Bethan suivit d'un regard incrédule le véhicule tandis qu'il disparaissait dans le brouillard.

Derrière elle, une des policières lui tendit un peignoir :

— Vous feriez mieux d'enfiler ça, madame Randall.

Bethan accepta le peignoir de mauvaise grâce et l'enfila. Elle alla alors s'asseoir au pied du lit, abasourdie, tremblant de tout son corps, en proie à la confusion. La seconde policière apparut sur le seuil :

— On a besoin de vêtements pour votre mari.

Sans attendre une réponse, la femme se dirigea vers la penderie et fouilla parmi les cintres pour en tirer un pantalon et une chemise.

— Où est Greg ?

— Il est en bas. Nous devons le conduire au commissariat où il sera interrogé.

— Pour quel motif ? Il n'a rien fait.

— Où sont rangés ses chaussettes et ses sous-vêtements ?

Bethan désigna une commode dans un coin de la chambre, sans cesser de secouer la tête d'un air perplexe.

D'abord ses enfants, à présent son mari.

Tout ça était incompréhensible.

— Il faut que je parle à Greg.

— Je suis désolée, mais pas à ce stade de la procédure.

— Mais… Je ne comprends pas.

— Madame Randall, votre mari est en état d'arrestation. Il est soupçonné d'abus sexuels sur des enfants.

— Abus sexuels ? Sur des enfants ? Jamais de la vie ! Pas Greg ! Vous faites erreur. Jamais Greg ne… (Elle prit lentement conscience de l'énormité des accusations.) Vous parlez des jumelles ? Mais non ! Impossible ! C'est ridicule ! Il ne ferait jamais ça. C'est complètement…

Les protestations cédèrent la place au désarroi.

La policière s'assit près d'elle et posa une main rassurante sur son épaule, tandis que sa collègue fouillait dans les tiroirs, la chemise et le pantalon posés sur le bras. Elle se tourna vers Bethan, cinq petites culottes à la main.

— Votre mari a-t-il pour habitude de ranger les sous-vêtements de vos enfants dans son tiroir à lui ? Leurs sous-vêtements sales ?

Bethan leva la tête :

— Leur quoi ?

Elle jeta un coup d'œil aux slips qu'on lui montrait, cherchant une explication à leur présence. Les jumelles avaient leur propre commode dans leur chambre, où elle rangeait leurs vêtements.

— Ils ont dû se mélanger… commença-t-elle.

Elle les regarda à nouveau, et secoua lentement la tête, incrédule :

— Dieu du ciel. Dicu du ciel. Non.

— Madame Randall ? Qu'y a-t-il ?

— Elles n'appartiennent pas aux jumelles. Je ne les ai jamais vues auparavant.

Tout son corps trembla, et sa voix devint hystérique :

— C'est vous qui les avez mises là ! C'est un piège ! Bande de salauds ! Pourquoi vous faites ça ? Jamais Greg n'irait faire une telle…

Au rez-de-chaussée, on entendait Greg clamer son innocence tandis qu'il s'habillait.

Il parlait d'une voix blanche. Éteinte. Sans conviction.

Au moment où on le conduisit vers la porte d'entrée, il cria vers le haut des marches :

— Bethan, ça va ? Jamais je ne ferais de mal aux jumelles, Bethan. Il faut me croire. Je les aime ! Je t'aime ! Crois-moi s'il te plaît.

Elle tenta de répondre, mais resta sans voix.

Elle voulait le croire.

De toute la force de son être.

Mais son regard revenait sans cesse vers les petites culottes sales sur le lit, et elle eut juste la force de pleurer.

147

Les petites dynamites se cramponnaient l'une à l'autre, le pouce dans la bouche, leurs grands yeux écarquillés lançant des regards méfiants aux inconnus autour d'elles.

Assises en pyjama sur le canapé, enroulées dans leur couverture, les joues brillantes de larmes et les cheveux en bataille, elles offraient l'image rêvée pour une campagne d'affichage contre l'enfance maltraitée. L'assistante sociale vint les rejoindre, son bloc-notes à la main. Les jumelles effrayées eurent un mouvement de recul.

— Bonjour, je suis mademoiselle Bamford. Voyons voir, laquelle d'entre vous est Tamara et laquelle est Natalie ! Vous êtes parfaitement identiques, pas vrai ?

Leurs yeux remplis de larmes suivaient chacun de ses gestes.

— Ce n'est pas grave. Vous n'êtes pas obligées de me le dire. Je vais essayer de deviner. Hmm, voyons un peu. Toi tu es Tamara et toi, Natalie, c'est ça ?

Son sourire ne trompait personne. Les jumelles la regardaient fixement, sans rien dire.

— Allons les filles, personne ne va vous faire de mal. Je dois juste discuter un peu avec vous, ensuite vous pourrez retourner avec votre maman.

Les fillettes ne la quittaient pas des yeux.

— C'est bien ce que vous voulez ? Vous voulez revoir maman ?

Aucune réponse.

— Vous avez faim ? Vous voulez prendre un petit déjeuner ? On a tout un tas de céréales. Des Rice Crispies ? Des Coco Pops ? Des Frosties ?

Toujours aucune réponse.

La femme s'énerva :

— Vous ne m'aidez pas beaucoup en jouant les idiotes vous savez. (Elle s'arrêta, et reprit de sa voix douce :) Bon, voilà ce qu'on va faire. Je vais aller chercher des céréales. Ça ira mieux quand vous aurez quelque chose dans le ventre. À mon retour, vous pourrez me parler de vos jouets et de vos friandises préférées. Et d'ici là, je crois que maman sera prête pour venir vous chercher. Et vous ramener à la maison. Qu'en dites-vous ?

Les jumelles continuaient de la regarder sans rien dire.

Elle revint quelques minutes plus tard avec un plateau sur lequel étaient posés des bols de Frosties, un pichet de lait, du sucre et deux cuillères. Elle posa le tout au pied du canapé, et lança avec le même sourire radieux :

— Voilà ! Le petit déjeuner est servi. Quant à moi, je vais aller prendre une tasse de thé, alors je vous laisse seules toutes les deux. C'est d'accord ?

L'assistante sociale attendit d'avoir à moitié franchi la porte pour poser la question suivante :

— Vous aimeriez que je revienne avec des friandises ? Du chocolat ? Des Haribo ? Des Smarties ?

Pendant une seconde, elles ne répondirent rien.

La femme fit mine de refermer lentement la porte.

Comprenant que c'était leur dernière chance, Tamara hocha la tête. Natalie l'imita.

L'assistante sociale ferma la porte en leur adressant un grand sourire.

Premier round pour Bamford.

148

— Monsieur Randall s'est vu offert la possibilité de faire appel à un avocat. Il l'a déclinée, déclara Pitman à la caméra. Pourriez-vous s'il vous plaît confirmer cela pour l'enregistrement audio, monsieur Randall ?

— Je n'ai pas besoin d'un avocat. Je n'ai rien fait de mal.

— Comme vous le souhaitez. Alors, sur la base des informations que nous avons reçues, vos deux filles, Natalie et Tamara, ont été placées temporairement auprès des services sociaux régionaux. Nous avons des raisons de croire qu'elles ont pu être victimes d'abus sexuels. Elles vont être examinées par un pédiatre expert dans ce domaine. Y a-t-il quelque chose que vous souhaiteriez nous dire à ce stade ?

— Je les ai jamais touchées. Ce sont mes filles. Je les aime comme un père aime ses filles.

Pitman fit signe à Lovett de prendre le relais.

— Il faut que je vous avertisse, Greg, que des agents de la police criminelle fouillent votre maison depuis votre arrestation. Souhaiteriez-vous nous parler de ce qu'ils pourraient y trouver ?

— Comme quoi ?

— Ma foi, c'est votre domicile. Pensez-vous qu'ils pourraient y trouver quelque chose d'obscène ? Disons, par exemple, des images indécentes d'enfants ? Les vôtres ou ceux de quelqu'un d'autre ?

Randall repensa à la dernière séance de thérapie à la Fondation :

— Certainement pas.

— Vous en êtes bien sûr ?

— Absolument.

— Quoi que ce soit qui puisse être vu comme obscène ? Des photos de vos enfants prenant leur bain par exemple. Des choses qui vous paraissent innocentes, mais qui le seraient moins pour d'autres personnes.

— Non. On lit suffisamment ce genre d'histoires dans les journaux. Des parents qui se font arrêter après avoir fait développer des photos de leurs enfants. Je fais gaffe avec ça.

— Gaffe, Greg ? Pourquoi ?

— Je fais gaffe, c'est tout.

— Nos agents ont trouvé des DVD, poursuivit Lovett. Avez-vous quelque chose à nous dire à ce sujet ?

— Ce sont juste des DVD.

— Ils ne contiennent rien d'obscène ?

— Non.

— Sachez que nous allons les visionner.

— Eh bien, visionnez-les, bordel ! Je vous ai dit qu'il n'y avait rien dessus. Juste des films.

— Nous n'avons pas trouvé d'ordinateur chez vous, monsieur

Randall, intervint Pitman. Où se trouve-t-il ?

— Je n'en ai pas.

Pitman et Lovett échangèrent un regard :

— Vous n'avez pas d'ordinateur ? Tout le monde a un ordinateur.

— Pas nous.

— Monsieur Randall, nous parlerons plus tard à votre femme, l'avertit Pitman. Pourra-t-elle confirmer que votre foyer ne dispose pas d'ordinateur ?

— Bien sûr.

Lovett reprit :

— Il est donc en réparation quelque part, c'est bien ça ?

— On n'a pas d'ordinateur à la maison. Combien de fois dois-je vous le répéter ?

— Pouvez-vous nous expliquer pourquoi ?

— On a décidé ça quand les jumelles étaient encore petites. Histoire qu'elles ne deviennent pas accros aux jeux vidéo et aux réseaux sociaux.

— Donc vous n'avez jamais eu d'ordinateur dans votre foyer ?

— En quelle langue il faut que je vous le dise ?

— Mais vous en utilisez un au bureau ?

— Évidemment.

— Nos agents iront le saisir dans la journée.

— Bon sang ! Mon chef va mal… Vous ne pouvez pas…

Bien sûr qu'ils le pouvaient, et qu'ils le feraient.

— Souhaiteriez-vous nous dire ce qu'ils risquent de trouver sur le disque dur ?

— Des comptes, répondit Randall avec un regard méchant.

— Quel genre de comptes ?

— Des comptes, bordel de merde. Je suis comptable. C'est mon métier.

— Nous reparlerons des ordinateurs plus tard, monsieur Randall, assura Pitman. Il se trouve à présent que nos agents ont découvert des vêtements d'enfants…

Randall attendit la suite, le souffle court.

— Dans *votre* commode. Des sous-vêtements d'enfants. Des culottes de petites filles.

— J'ai deux filles. En quoi c'est étrange ?

Lovett sortit un sachet de preuves en plastique de dessous la table. Il le descella devant la caméra avant d'en étaler le contenu sur la table.

— Je présente au suspect la pièce à conviction IRB-2. Il s'agit de cinq culottes de petites filles. Greg, nous avons retrouvé ces sous-vêtements dans la commode de votre chambre, à côté de vos propres habits. Est-ce que vous les reconnaissez ?

— Bien sûr. Elles sont aux jumelles. À mes filles. Natalie et Tamara.

— Et quel âge ont vos filles, Greg ?

— Six ans.

— Toutes les deux ?

— Il y a un indice dans le mot « jumelles ».

Lovett attrapa doucement l'une des petites culottes de la pointe d'un crayon :

— Je présente au suspect un slip de coton rose avec un motif de poupée Barbie – un des cinq qui ont été saisis à son domicile. Alors à laquelle de vos filles appartient celui-ci, Greg ? Natalie ou Tamara ?

Randall hésita :

— L'une ou l'autre. Aux deux. Elles sont jumelles. Elles s'échangent tout le temps leurs affaires.

— Qui les a achetés, Greg ? Vous ou votre femme ?

— Bethan, répondit-il nerveusement. C'est elle qui achète les habits des jumelles. Je suis pas très doué pour ce genre de choses.

— Greg, quand nos agents ont trouvé ces habits dans votre tiroir, elles les ont montrés à votre femme Bethan. Elle a répondu qu'elle ne les avait jamais vus auparavant. Comment expliquez-vous ça ?

— Je… Elle aura oublié…

— Greg, vous dites que vos filles sont âgées de six ans. Sont-elles particulièrement grandes pour leur âge ?

— Ce sont des petites filles de six ans tout ce qu'il y a de plus normal.

— Dans ce cas, comment expliquez-vous que l'étiquette de cette petite culotte que je tiens à la main indique une taille de neuf/dix ans ?

149

Lovett saisit une autre petite culotte du bout de son crayon et l'éloigna de lui.

— Je présente maintenant au suspect une petite culotte de fille en satin blanc. Une petite culotte *sale*. Taille onze/douze ans. Greg… ?

— J'ai besoin de réfléchir.

— Elles n'appartiennent pas à vos filles, n'est-ce pas, Greg ?

— C'est difficile à expliquer.

— Nous avons tout notre temps.

Il ne répondit pas.

— Monsieur Randall, nous avons besoin de savoir à qui appartiennent ces sous-vêtements.

— Je ne sais pas. Il…

Sa voix retomba.

— Vous ne savez pas ?

— Non, je ne sais pas.

Lovett prit le relais :

— Greg, nous avons trouvé d'autres choses intéressantes chez vous. Des catalogues d'habillement, par exemple.

Randall haussa les épaules.

— Dans votre penderie.

— Et alors ?

— Des catalogues assez vieux. Votre femme Bethan a semblé

surprise de les trouver là. Elle a reconnu qu'ils étaient à elle – ils provenaient apparemment d'une agence qu'elle dirigeait –, mais elle pensait s'être débarrassée des plus anciens.

— J'ai la manie de tout garder.

— Vous les avez donc conservés sans raison particulière ? Cachés dans votre penderie ?

— C'est ça.

— Greg, sur chaque catalogue, des pages ont été cornées, comme pour les marquer. Comment expliquez-vous que toutes les pages cornées se trouvent dans la section petites filles ? Des sous-vêtements ? Des maillots de bain ?

— J'avais l'intention d'acheter des vêtements pour les jumelles.

— Dans des catalogues périmés ?

— Je...

— Vous venez de nous expliquer que c'était Bethan qui s'occupait d'acheter les affaires de vos enfants. (Il consulta ses notes.) Vous avez dit : « Je suis pas très doué pour ce genre de choses. »

Pitman produisit un second sachet de preuves :

— Je présente à M. Randall la pièce à conviction IRB-9. Monsieur Randall, reconnaissez-vous cette lettre ?

Il déplia une feuille à en-tête de la Fondation Quinlan. Randall retint son souffle tandis que Pitman la brandissait devant la caméra en annonçant :

— La lettre a été retrouvée dans le porte-documents du suspect. Elle porte en destinataire le nom de M. Randall, et comme adresse une boîte postale de Margate. Datée du 21 novembre. L'expéditeur est la Fondation Quinlan, depuis Kemsing, district de Sevenoaks. Elle est signée d'un certain docteur J. T. Quinlan. Je la cite ci-après :

« Cher M. Randall, suite au traitement que vous recevez dans notre établissement, le Dr Reynolds et moi-même pensons d'un commun accord qu'un second avis médical serait souhaitable avant de poursuivre les soins en cours. À cette fin, je vous ai obtenu un rendez-vous auprès de mon confrère, le Dr R. S. Patel, à la clinique de psychologie sexuelle de Londres, située Stratford Road, à Woolwich, pour le 1er décembre à 11 heures. Aucun honoraire supplémentaire ne vous sera réclamé pour cette consultation. En cas d'empêchement, merci d'avertir immédiatement afin d'annuler votre rendez-vous. Bien à vous, James Quinlan. »

— Pouvez-vous nous fournir une explication à ce courrier, monsieur Randall ?

— C'est d'ordre privé.

— Il indique que vous suivez un traitement à la Fondation Quinlan, affirma Lovett. Dans quel but, Greg ?

— C'est pas vos oignons, putain !

Pitman fit claquer sa langue :

— Il n'y a pas de raison d'être grossier, monsieur Randall.

— Tout comme il n'y a pas de raison à ma présence ici.

— Il y a au contraire toutes les raisons, répliqua Lovett. Vous avez dit tout à l'heure que vous suiviez un traitement, Greg. Je vous cite : « Mais je me fais soigner. Il y a forcément une erreur. J'avais les choses en main. » Et plus tard, au moment d'enregistrer votre détention, quand on vous a demandé si vous souhaitiez un avocat, vous avez déclaré : « Je n'ai pas besoin d'un avocat. Je n'ai rien fait de mal. Tout était sous contrôle. » À moins que nous ne l'ayons inventé ?

— J'ai dit que je n'avais rien fait de mal. C'est le cas.

— Qu'est-ce qui était « sous contrôle », Greg ? Pour quoi êtes-vous soigné ?

— Ça ne vous regarde pas. C'est entre moi et le docteur Quinlan.

— Il va de soi, monsieur Randall, intervint Pitman, que si cela touche au domaine médical, nous respectons votre droit à la confidentialité. Avez-vous assisté à ce rendez-vous que le docteur Quinlan avait fixé pour vous ?

— Vous venez de reconnaître que ça relevait de la confidentialité !

— Monsieur Randall, je ne vous demande pas *pourquoi* vous y êtes allé, mais simplement *si*. Avez-vous, quelle qu'en soit la raison privée, assisté à un rendez-vous à Woolwich le 1er décembre ?

— Oui. Mais je refuse de dire pourquoi. De toute manière, il y avait eu une erreur. Ils ne m'attendaient pas.

— Donc vous n'y avez pas assisté ?

— J'y suis allé, mais on m'a refoulé.

— Alors qu'avez-vous fait ?

— Que vouliez-vous que je fasse ? J'ai pris un café et je suis rentré chez moi.

— Quelle heure était-il ?

— Peut-être midi… (Randall haussa les épaules.) Je sais plus.

— Ça ne fait pas si longtemps, monsieur Randall. À quelle heure êtes-vous rentré chez vous ?

— En fin d'après-midi.

— Le trajet de retour vous a pris *toute* la journée !?

— Bethan ne m'attendait pas avant le début de soirée. J'avais du temps à tuer.

— C'est tout ce que vous aviez à tuer ?

Randall regarda Lovett avec perplexité.

— Alors qu'avez-vous fait de la journée ?

— Je suis allé à Greenwich. Au musée maritime.

— Seul ?

— Évidemment.

— Avez-vous rencontré quelqu'un là-bas qui pourrait le confirmer ?

— Non.

— Avez-vous gardé votre billet ?

— Mon billet ? Non. Pourquoi je l'aurais gardé ?

— Vous avez payé par carte ?

— Non. Ce serait apparu sur mon relevé. J'avais dit à Bethan que je me rendais à un stage d'informatique du côté de la City.

— Monsieur Randall, le jour de votre rendez-vous dans cette clinique de Stratford Road à Woolwich – ou plutôt le jour où vous pensiez avoir rendez-vous –, une fillette de neuf ans a été enlevée et tuée. On a retrouvé son corps mutilé dans une benne, à moins de cinq cents mètres de là.

Randall secouait une tête incrédule à mesure que la gravité des insinuations lui apparaissait. Il tenta de se disculper, mais les mots restèrent bloqués dans sa gorge sèche :

— Victoria… Vous… pensez quand même pas…

— Vous connaissez son prénom, Greg ?

— Je… je suis les nouvelles.

Lovett produisit un sachet de preuves contenant un mouchoir :

— S'agit-il de votre mouchoir, Greg ?

— L'inspecteur Lovett présente maintenant au suspect la pièce à conviction IRB-7, un mouchoir en coton blanc trouvé au domicile du suspect, annonça Pitman sans quitter des yeux le visage de Randall ; il n'y vit qu'une incompréhension effrayée.

— Monsieur Randall, nous avons retrouvé un mouchoir *identique* à celui-ci près du corps de l'enfant assassinée. À Woolwich. Le jour de votre présence sur les lieux.

Randall continuait d'agiter la tête, incapable de croire ce qu'il entendait :

— C'est une erreur. Dites-moi que je vais me réveiller.

Lovett consulta ses notes :

— Greg, une de nos agentes a parlé à votre épouse ce matin. Elle nous a confirmé que vous aviez reçu un lot de trois mouchoirs identiques pour votre anniversaire. De votre mère… Votre épouse a également confirmé que vous aviez perdu l'un d'entre eux récemment.

Randall fixait le vide devant lui, le regard absent.

— Monsieur Randall, vous avez reconnu que vous vous trouviez à Woolwich le jour où l'enfant a été tuée. Vous n'avez aucun alibi à nous fournir et rien pour rendre compte de vos déplacements. Et on a retrouvé près de la victime un mouchoir identique à celui que vous avez – comme par hasard – perdu. Êtes-vous absolument certain de ne pas vouloir parler à un avocat ?

150

Mlle Bamford récupéra quelques affaires d'enfants du stock de vêtements et acheta des friandises à la cafétéria. Elle prit soin de conserver le ticket de caisse pour se faire rembourser ultérieurement. Pas question de payer de sa poche les gueulardises des mioches.

Elle jeta un coup d'œil au ticket et constata en souriant qu'il n'affichait que le prix. Elle rajouta une cartouche de Rothmans King Size – elle les ferait passer dans la note de frais – et profita des dix minutes qui lui restaient pour s'asseoir et en griller une autour d'un thé.

Une demi-heure plus tard, elle frappait à la porte. Elle attendit quelques secondes en tendant l'oreille, et devina aux bruits précipités que les jumelles regagnaient leurs places sur le canapé.

Elle ouvrit la porte et entra, tout sourire, en déposant les habits sur une chaise.

Les jumelles étaient blotties sur le canapé, suçant toujours leur pouce. Les miettes et les taches de lait sur leurs pyjamas indiquaient cependant que, comme elle l'avait prévu, la faim l'avait emporté sur la peur. Le plateau était couvert de lait et de céréales.

Petites souillons.

— Alors, dit-elle sans se départir de son sourire, je parie que ça va mieux, pas vrai ?

Elle écarta le plateau et s'assit sur le canapé à côté des fillettes. Elles reculèrent, sans la quitter des yeux.

— Ça y est, vous êtes prêtes à me donner vos noms ? Qui est Tamara et qui est Natalie ?

Les jumelles se contentaient de la fixer.

L'assistante sociale sortit des friandises de sa poche. Pour la première fois, les jumelles détournèrent leurs regards de la femme.

— Mmmh. Des Smarties. J'adore les Smarties ! Pas vous ?

Aucune réponse.

— Mes préférés, ce sont les jaunes. (Elle secoua le tube.) Le jaune est ma couleur préférée. Et la vôtre, c'est quoi ?

Le regard des petites filles zigzaguait entre la femme et le tube de Smarties qu'elle agitait dans sa main. Elle sortit un second tube du sac.

— Voilà, un chacune ! Vous les voulez ?

Tamara fit oui de la tête avec méfiance.

— Alors dites-moi d'abord vos noms.

Les jumelles la fixaient en silence. La femme secoua les tubes de plus belle :

— Juste vos noms, c'est tout. Je sais qu'une de vous s'appelle Tamara et l'autre Natalie, mais je ne sais pas qui est qui ! Vous ne voulez pas me le dire ?

Les jumelles restaient muettes.

L'assistante sociale fit une moue :

— Très bien, dans ce cas je vais garder les Smarties pour moi. D'accord ?

Elle approcha lentement les chocolats de son sac.

Ce fut Natalie qui céda la première :

— Je m'appelle Natalie, dit-elle en tendant timidement la main.

La moue de Mlle Bamford fit place à un sourire. Elle se tourna vers Tamara :

— Et toi ?

Tamara la dévisageait. Natalie continuait de tendre la main. Les Smarties étaient toujours en possession de la femme. Le regard de Tamara passa du tube à sa sœur puis revint sur l'assistante sociale. Celle-ci reçut le message cinq sur cinq : à contrecœur, elle offrit un des tubes à Natalie. Ses petits doigts s'emparèrent du tube et l'enfant retourna se blottir contre sa sœur.

Tamara hésitait, pesant le pour et le contre. Elle savait que Natalie partagerait ses chocolats : elles partageaient tout. Mais un tube entier chacune, c'était mieux qu'un demi-tube. Tandis que Natalie bataillait avec le couvercle, Mlle Bamford agita le second tube.

— Dernière chance…

— Je m'appelle Tamara.

Les jumelles se serrèrent l'une contre l'autre sur le canapé. L'assistante sociale quitta la pièce pour revenir quelques minutes plus tard avec un gant humide, qu'elle leur passa sur le visage tandis qu'elles croquaient leurs Smarties. Elle sortit une brosse de son sac et commença à s'occuper de leurs cheveux, tout en les couvrant de compliments et de douces paroles afin de gagner leur confiance, ainsi qu'on le lui avait enseigné. Chaque réaction obtenue devait entraîner une parole appropriée.

— Regardez, je vous ai rapporté des vêtements. J'espère qu'ils vous iront. Qui commence ?

Comme il n'y avait aucune volontaire, la femme prit gentiment Natalie par le bras et la fit descendre du canapé ; l'enfant se retourna vers sa sœur mais n'opposa aucune résistance. L'assistante sociale avait établi son autorité : deuxième round pour Bamford.

Les vêtements n'étaient pas à leur taille, mais ils firent l'affaire. Tandis qu'elle les aidait à s'habiller, Mlle Bamford inspecta leurs corps d'un regard exercé. Elle s'attarda au moment de leur passer leurs sous-vêtements, afin de les examiner sous tous les angles.

Elle ne vit rien, mais se consola en songeant que le médecin trouverait certainement quelque chose.

Pauvres mioches.

Miracle des sucreries, les filles avaient retrouvé le sourire, une fois habillées, même s'il subsistait une méfiance. L'assistante sociale nota sur son carnet que Tamara portait le cardigan rose, et Natalie le blanc.

Elle les emmena dans la pièce voisine, dont l'un des murs était pourvu d'un grand miroir. D'un côté, le papier peint arborait des motifs rose pastel, papillons et Barbie, de l'autre, des voitures, des trains, des ballons de foot et une explosion de couleurs primaires. À gauche, une maison de poupées ; à droite, un garage. Au milieu, un canapé et deux fauteuils constituaient le seul mobilier adulte.

Les filles se ruèrent sur la maison de poupées et, constatant que l'horrible femme n'émettait pas d'objection, s'abandonnèrent bientôt à leurs jeux.

Durant trente minutes, elle les laissa jouer seules et se défouler dans la pièce, tout en les observant derrière le miroir sans tain. Barbara Simmons, l'assistante sociale en chef, arriva alors :

— On a quelque chose pour l'instant ?

— Aucune trace visible.

— Elles n'ont pas l'air malheureuses.

— C'est dingue ce qu'on peut obtenir avec un tube de Smarties. Impossible de leur tirer un mot il y a quelques heures. Elles étaient murées dans le silence.

— C'est classique chez les jumelles. Cela dit, on peut tourner ça à notre avantage. Le docteur Satay aura du retard, au fait. Il n'arrivera qu'en fin d'après-midi, alors les examens devront attendre. J'aimerais commencer les entretiens directement après le déjeuner, vu les circonstances.

— Est-ce que je les fais manger avant ?

— Non, ça ne va pas les tuer de sauter un repas. Assurez-vous aussi qu'elles n'aient plus de sucreries. On aura besoin de tous les moyens de persuasion à notre disposition si on veut qu'elles nous disent ce qu'on attend.

151

Mlle Bamford regagna la salle d'entretien. Les jumelles levèrent la tête à son entrée. Elle afficha son sourire :

— Je suis de retour, les filles. Tout va bien ?

— Quand est-ce que maman sera là ?

Le cardigan rose : Tamara.

— Bientôt, Tamara. Mais d'abord une autre dame va venir vous parler à toutes les deux.

— Je veux pas lui parler. Je veux maman.

— Moi aussi.

— Après.

— Pourquoi maman peut pas être là tout de suite ?

— Natalie, ta maman est très occupée.

— Elle est au travail ?

— C'est ça.

Tamara lui jeta un regard suspicieux :

— Il fait pas nuit dehors. Et maman travaille seulement la nuit, quand il fait noir.

— On ne répond pas, Tamara.

— Je réponds pas.

— Si, tu réponds. Arrête ça.

— Et papa ? demanda Natalie. Il va venir, papa ?

L'assistante sociale s'engouffra dans la brèche. Elle prit Natalie par la main, et s'accroupit devant l'enfant :

— Ton papa te manque ?

Natalie hocha la tête.

— Et toi, Tamara, ton papa te manque aussi ?

Tamara la regarda comme si elle venait de poser une question stupide :

— Quand est-ce qu'il viendra ?

— Plus tard. Je parie qu'il voudra vous prendre dans ses bras et vous faire des bisous quand il sera là. Papa aimc prendre ses petites filles dans ses bras et les embrasser ?

Tamara et Natalie hochèrent la tête ensemble :

— Des fois il nous prend toutes les deux ensemble dans ses bras et il nous serre jusqu'à ce qu'on peut plus respirer.

Le sourire disparut du visage de la femme :

— Est-ce qu'il vous fait mal ?

— Ben non, nounouille, répondit Tamara en riant. C'est juste pour s'amuser.

Bamford se força à sourire. Son regard trahit cependant une

brève lueur de déception :

— Je parie qu'il vous fait aussi des gros bisous.

— Avant, oui, mais plus trop, maintenant.

L'assistante sociale nota la réponse dans un coin de sa tête :

— Et quand vous êtes vraiment vilaines ? Est-ce qu'il vous donne des claques ?

Les jumelles secouèrent la tête à l'unisson :

— Jamais, jamais, jamais. Papa dit que c'est pas bien quand quelqu'un tape quelqu'un d'autre. Surtout si c'est des enfants. Papy nous a donné une claque un jour et papa lui a crié après très fort. Papy nous a plus jamais mis de claque.

— Mais quand vous êtes vraiment très vilaines, Tamara ? Vous ne pouvez pas être sages tout le temps ? Hein ?

Les fillettes échangèrent un sourire espiègle :

— Si on est vraiment vilaines, alors on doit aller dans notre chambre, et y rester pendant très, très, très, très, très longtemps. Et on n'a même pas le droit de regarder un DVD !

— Je suis sûre que ça ne doit pas arriver souvent. Et à l'heure du bain ? Qui vous met dans la baignoire ? Maman ou papa ?

Natalie gloussa.

— On y va toutes seules. On n'est pas des bébés.

— Comment ça ? Personne ne vous aide ?

— Ben… si. Maman et papa.

— Tu veux dire tous les deux ensemble ?

Ce fut au tour de Tamara de glousser :

— Non, nounouille. Chacun leur tour. Quand maman travaille, c'est papa qui nous fait prendre notre bain, et quand maman est à la maison, c'est maman qui nous fait prendre notre bain.

— Alors c'est papa qui vous baigne quand maman est au travail ? Lui tout seul ?

— Ben oui !

— Ça ne vous embête pas ?

— De quoi ?

— Que votre papa vous donne le bain.

— Ben pourquoi ?

— Il vous aide à vous laver ?

— Ben oui. On n'a que six ans. On n'arrive pas à se laver les cheveux comme il faut. Il y a que les grands qui savent laver les cheveux.

— Et pour… vous savez, en bas ? C'est papa qui vous lave là ?

Toutes les deux secouèrent la tête :

— On le fait nous-mêmes. Papa dit qu'on doit pas laisser personne nous toucher ici.

— Même pas les papas ? (L'assistante sociale ne put masquer sa déception.) Papa ne vous touche pas à cet endroit ? Jamais ?

Les fillettes la regardèrent comme si elle était idiote. Elles venaient juste de lui dire !

Tamara se retourna vers la maison de poupées :

— Papa dit que le Père Noël nous apportera peut-être une maison de poupées si on est vraiment, vraiment sages.

— On veut aussi un ordinateur, ajouta Natalie, mais papa dit que c'est pas bien de demander au Père Noël des choses qui coûtent trop cher parce qu'il faut qu'il achète des cadeaux pour les enfants du monde entier – même pour les Esquimaux –, alors peut-être qu'il n'aura pas assez d'argent.

Bamford n'avait aucune envie de savoir ce qu'elles attendaient à Noël. *Petites pourries gâtées.*

— Les filles, je dois aller travailler, autrement je vais me faire disputer par ma chef. Vous ne voulez pas que je me fasse disputer, pas vrai ?

Les jumelles étaient trop polies pour lui avouer qu'elles s'en fichaient.

— Vous deux, vous restez jouer ici. Quand je reviendrai, je serai avec la dame dont je vous ai parlé. Et après, je crois que maman viendra vous chercher.

— Avec papa ?

— Bien sûr. Il vient de me téléphoner pour dire qu'il arrivait. Il m'a dit de vous dire que vous deviez être très, très sages et raconter à la dame *tout* ce qu'il fait avec vous quand maman est au travail, *même* si c'est un secret. Il a dit que si vous lui racontiez suffisamment de choses, alors il parlera au Père Noël de cet ordinateur que vous avez demandé.

152

L'assistante sociale entendit les pleurs depuis le couloir.

Elle enfonça nerveusement la clef dans la serrure et poussa la porte, pour découvrir Tamara, tenant dans ses bras sa sœur en larmes.

L'enfant lui jetait un regard accusateur.

— Qu'est-ce qui s'est passé ? Est-ce qu'elle s'est fait mal ? demanda la femme avec une pointe de panique.

Elle n'aurait pas dû les laisser seules aussi longtemps.

Et si quelqu'un d'autre les avait entendues…

Elle aurait pu se faire taper sur les doigts.

— Natalie a fait pipi dans sa culotte. Elle a pas fait *esprès*. La porte était fermée, expliqua Tamara, elle-même au bord des larmes.

Dans son jeune esprit, c'étaient elles les fautives.

L'assistante sociale lâcha un profond soupir de soulagement. Elle s'adressa à Natalie :

— Espèce de petite cochonne. Tu ne pouvais pas attendre ? Tu es dégoûtante ! Je me suis juste absentée cinq minutes.

Elle savait pertinemment qu'il s'était en réalité écoulé plus d'une heure.

Natalie pleura de plus belle. La voix de Tamara monta dans les aigus comme elle défendait sa sœur :

— On a appelé mais personne est venu ! On a appelé maman et papa, mais personne est venu. On a appelé ! Elle a pas fait *esprès* !

— Je veux ma maman !

La mine de la femme se décomposa. Elle jeta un coup d'œil à la pendule. Barbara Simmons devait arriver d'une minute à l'autre.

Elle attrapa Natalie par le bras et la releva sans ménagement.

— Toi, tu restes ici, dit-elle à Tamara. Je vais aller changer ta souillon de petite sœur, et je ne veux pas entendre un bruit pendant mon absence. C'est clair ?

Tamara hocha la tête, trop terrifiée pour répondre, et ses yeux marron s'emplirent de larmes. Elle regarda l'horrible femme emmener Natalie, en priant pour que ses parents arrivent. S'accroupissant près de la maison de poupées, elle se mit à pleurer.

Quelques minutes plus tard, l'assistante sociale en chef apparut dans l'encadrement de la porte. Tamara l'accueillit d'un regard méfiant.

— Bonjour. Tu dois être une des jumelles. Pourquoi est-ce que tu pleures ? Arrête ça. (Elle regarda autour d'elle.) Où est Mlle Bamford ? Et où est ta sœur ?

Tamara la regarda sans rien dire. Sa voix était plus douce que celle de l'autre femme, mais elle avait le même regard froid. Tamara décida qu'elle ne l'aimait pas. Elle mit son pouce dans sa bouche et se roula en boule.

— Je t'ai posé une question.

Aucune réponse.

— Tu es sourde ? Retire ce pouce de ta bouche, bon sang ! Tu vas te déformer les dents !

Tamara continuait de la fixer.

La femme affecta un sourire amical et prit un ton plus doux :

— Es-tu Tamara ou Natalie ?

La petite fille hésita. C'était moins facile de tenir tête maintenant qu'elle était toute seule. Elle murmura entre ses lèvres :

— Tamara.

— Tamara ? Quel joli nom. Dans ce cas, ta sœur doit s'appeler Natalie.

Tamara hocha la tête.

— Où est passée Natalie ? Est-ce qu'elle est avec Mlle Bamford ?

— Aux WC.

L'assistante sociale en chef étira son sourire. Elle se pencha et souleva Tamara, avant de l'asseoir près d'elle sur le canapé :

— Allons, n'aies pas peur. Tu es en sécurité ici.

Tamara se tenait droite comme un i.

— Allons, assieds-toi confortablement et… oh ! excuse-moi. Tu arrives à t'asseoir, au moins ? Où as-tu mal ?

— Je veux ma maman.

— Oui, oui. Tu la verras bientôt, ne t'en fais pas. Mais dis-moi où tu as mal ?

Tamara la regarda avec des yeux ronds.

— Quand Mlle Bamford reviendra avec Natalie, j'aurai quelques questions à vous poser à toutes les deux. D'accord ? Ce sera comme un petit jeu. Si vous donnez les bonnes réponses, vous gagnerez des bonbons. Qu'en dis-tu ?

— Je veux mon papa.

— Ton papa ? Les grandes filles comme toi n'ont pas besoin de leur papa. Tu ne crois pas ?

— Si !

— Il viendra plus tard. Alors, veux-tu qu'on joue à ce jeu ?

— Quand est-ce que Natalie va revenir ?

— D'un instant à l'autre. Mlle Bamford est avec elle. Elle s'occupe d'elle.

— Je l'aime pas.

— C'est ta sœur, voyons.

— Non, la dame. Je l'aime pas. Elle est méchante !

— Voyons, Tamara, ce n'est pas très… commença la femme, avant de s'arrêter et de réfléchir. Ma foi, c'est vrai que Mlle Bamford n'est pas très gentille, tu as raison, Tamara. (Elle se pencha et lui chuchota à l'oreille.) Voilà ce qu'on va faire : quand Natalie reviendra, je demanderai à Mlle Bamford de s'en aller, ainsi il n'y aura plus que toi, ta sœur et moi. Qu'en penses-tu ?

Tamara hocha la tête. Elle esquissa un sourire.

— Ainsi nous pourrons jouer au jeu et nous partager tous les bonbons, et cette méchante et horrible Mlle Bamford restera dehors dans le couloir, toute seule.

Tamara ne put s'empêcher de sourire à cette idée.

Barbara Simmons prit sa petite main dans la sienne :

— Écoute, je crois que quelqu'un arrive.

Tamara se redressa en entendant des pas approcher, et courut à la rencontre de sa sœur, qui avait troqué sa robe mouillée pour un jean baggy. La responsable fit signe à son employée de rester dans le couloir, et la rejoignit avant de fermer la porte.

— Que s'est-il passé ?

— La petite bourrique s'est pissée dessus. Je me suis seulement absentée cinq minutes. Le téléphone a sonné. Quand je suis revenue, elle était là en train de pisser par terre. Elle n'a même pas appelé ni rien. Cette gosse a besoin d'une bonne paire de gifles.

— Elle a peut-être des problèmes de vessie.

— En tout cas, elle n'a pas de problème pour la vider. J'ai dû la changer entièrement, même ses chaussettes.

— Avez-vous pu tirer quelque chose d'elles ?

— Pas mal d'éléments, oui. Figurez-vous que leur père leur donne régulièrement le bain. *Tout seul*. Pendant que leur mère travaille. Vous imaginez ? Quel genre de mère peut laisser un homme seul avec des enfants dans une salle de bains ?

La responsable opina pour signifier son plein accord. Certaines femmes n'étaient tout simplement pas faites pour être mères.

— Je ne les ai pas interrogées davantage sur le sujet, assura Mlle Bamford. J'ai pensé que vous préféreriez vous en charger. On devine facilement ce qui s'est passé. Mais malgré ça, elles parlent tout de même de lui en termes assez affectueux.

— À cet âge, elles pensent sans doute que c'est normal. Vous observerez l'entretien, j'imagine ?

— Bien sûr. Dites, vous voulez pimenter les choses ?

— Je vous écoute.

— Je vous parie un billet de dix que vous n'arriverez pas à leur faire avouer. Elles sont trop soudées.

L'assistante sociale en chef poussa la porte et adressa un grand sourire aux filles. Elle fit un clin d'œil à Tamara.

Le lien de complicité s'était créé.

— Je double la mise.

153

Isaac laissa échapper un petit sifflement :

— Et il m'a demandé en personne ?

— Expressément.

— Je suis flatté. Faites-moi le topo ?

— Au départ, les services sociaux ont reçu des informations comme quoi Randall abusait de ses deux filles.

— Sexuellement ?

— D'après vous ?

— Il s'est avéré que Randall suivait un traitement dans une clinique de sexologie. En raison de penchants pédophiles pour les petites filles.

— Aucun crime commis à ce jour, donc, déclara l'avocat d'un ton serein.

— Le jour même où la petite Gilham a été tuée, Randall se trouvait à Woolwich.

— C'est un lien assez mince, inspecteur. Vous ne pouvez pas accuser quelqu'un de meurtre simplement parce qu'il se trouvait dans la même ville. Fût-il bel et bien oncle Tom. Et vous ne m'avez pour l'instant rien dit sur ce qui vous amène à le supposer.

Lovett sourit : il aimait beaucoup le style de cet avocat.

— Les services sociaux ont obtenu une mesure de protection

temporaire pour les deux fillettes. Elles doivent être examinées dans la journée. Nous saurons alors à quoi nous en tenir.

— C'est tout ?

— Encore autre chose : on a trouvé des culottes de petites filles cachées à son domicile.

— Qui n'appartiennent pas à ses filles, je présume.

— Exact. Il s'agit de sous-vêtements de jeunes filles, d'âges divers, mais ne dépassant jamais douze ans. Ils pourraient correspondre à ceux des victimes d'oncle Tom.

— « Pourraient » ? releva l'avocat. Donc ils n'ont pas encore été identifiés ? Peut-être qu'il les a simplement volés sur une corde à linge.

— Des sous-vêtements *sales* ?

Isaac respira à fond. Il sentit monter l'adrénaline. Avait-il remporté le gros lot ? Était-il sur le point de représenter l'homme le plus recherché de Grande-Bretagne ?

— Quoi qu'il en soit, il peut y avoir une explication innocente.

— S'il y en a une, il n'a pas été en mesure de – ou n'a pas souhaité – nous la fournir.

— Vous l'avez déjà interrogé ? Sans la présence d'un avocat ?

— Nous lui avons proposé de faire appel à un conseil juridique mais il a refusé. C'est seulement quand on lui a notifié sa seconde arrestation au nom de la police de Londres, pour le meurtre de la gamine de Woolwich, qu'il a réclamé un avocat.

— Est-ce que ça figure sur la vidéo ?

— Bien sûr.

— J'aimerais visionner l'enregistrement avant de lui parler. A-t-il dit d'où il me connaissait ?

— Apparemment, il est incollable en ce qui vous concerne vous et Bristow. Il montre une connaissance du dossier qui va bien au-delà de ce que j'estime être un simple intérêt.

— L'affaire a fait du bruit. Ce genre de médiatisation engendre un tas d'experts en pantoufles.

— À qui le dites-vous !

— Quand lui avez-vous signifié sa seconde arrestation ?

— Il y a moins d'une heure. On vous a ensuite contacté *sur-le-champ*.

— Pourquoi cet empressement ?

— M. Isaac, le meurtre de la petite Gilham relève de Scotland Yard. Pour l'instant, on n'a pu établir aucun lien entre Randall et l'affaire Meadows. Il est donc peu probable qu'il fasse de vieux os chez nous. À moins que les services sociaux ne trouvent quelque chose, on ne pourra pas le garder : il ne sera plus de notre ressort. Vous comprenez ce que je veux dire ?

Isaac ne comprenait que trop bien.

— Je veux un examen médical complet avant son transfert. Avec photos à l'appui.

— Déjà en cours. On n'a pas plus que vous envie d'une nouvelle affaire Bristow.

154

Barbara Simmons s'assit sur le canapé avec un bloc de papier et une poignée de feutres et se mit à dessiner. Elle froissa plusieurs feuilles afin d'attirer l'attention des jumelles. Sans surprise, les fillettes abandonnèrent leurs jouets pour venir voir ce qu'elle faisait.

Le visage de Natalie s'illumina :

— C'est Mickey !

L'assistante sociale en chef jeta un coup d'œil à la fillette. Elle portait un jean. La pisseuse. Ce devait être Natalie.

— Bravo, Tamara. Tu l'as reconnu.

La petite fille gloussa :

— Je suis pas Tamara. Moi je suis Natalie.

— C'est moi, Tamara, dit l'autre fillette en rejoignant sa sœur.

— Bonté divine, je ne me rappelle jamais qui est qui. Regardez ce qu'on va faire. Toi, Natalie, tu te tiens là sur le côté. Et toi, Tamara, tu restes où tu es. Je vais écrire vos prénoms sur ce bloc et ainsi je ne vous confondrai plus.

Elle nota rapidement les prénoms des filles.

L'idée sembla ravir les jumelles. Tamara grimpa lentement sur le canapé. Natalie l'imita. La responsable tint dès lors pour acquis qu'elles calqueraient leurs actions l'une sur l'autre. Jetant un coup d'œil vers le miroir, elle commença à dépenser mentalement l'argent du pari.

— Vous aimez Mickey ?

— Oui.

— Moi aussi.

— Et Minnie ? (Elle dessina une autre souris, identique à la première.) Et voilà. Mickey et Minnie. Qu'en dites-vous ?

Natalie contempla les personnages.

— On dirait qu'ils sont pareils.

— Ils *sont* pareils, corrigea Tamara.

— Ils sont peut-être jumeaux, comme vous deux.

La remarque fit rire les fillettes :

— Mickey et Minnie sont pas jumeaux. Mickey est un petit garçon et Minnie est une petite fille.

Sans rectifier l'erreur, l'assistante sociale en chef demanda :

— Quelle différence y a-t-il entre les garçons et les filles ?

Les jumelles échangèrent un regard plein de fierté et se mirent à pouffer : elle ne savait pas ?

La responsable prit un air dérouté :

— Qu'est-ce qui vous fait rire ? Quelle différence y a-t-il entre les garçons et les filles ? Dis-le-moi, tiens, Tamara.

La fillette réfléchit soigneusement avant de répondre :

— Les garçons sont plus forts que les filles ?

— Parfois oui. Pas toujours. Quoi d'autre ?

— Les garçons tapent les filles à l'école.

— Ah oui ? Est-ce que vous l'avez dit à votre maîtresse ?

— Mmh-mmh.

— Il faut toujours le dire à la maîtresse. Quoi d'autre ? Quelles autres différences y a-t-il ?

— Les garçons ont des pantalons.

— Alors Natalie est un garçon ? Elle porte un pantalon.

— J'suis pas un garçon !

— Comment le sais-tu ? À quoi tu le vois ?

Les fillettes se regardèrent en pouffant.

— Qu'est-ce que j'ai dit de drôle ?

— Natalie peut pas être un garçon. Elle a pas de… répondit Tamara sans terminer sa phrase.

— Pas de quoi ?

— Tu sais bien… dit Tamara en gloussant, avant de chuchoter : un zizi.

— Un zizi ? Comment pouvez-vous savoir ça à votre âge ?

Nouveau gloussement.

— Tout le monde le sait.

— Tous les garçons ont des zizis, déclara Tamara.

— Même les grandes personnes, ajouta Natalie. Enfin je veux dire les monsieurs.

— Comment ça, même ton papa ? Zut !

Les jumelles rigolaient comme des petites folles :

— Ben oui.

— Vraiment ?

La responsable laissa tomber le bloc à dessin et se redressa pour passer ses bras autour des petites filles, renforçant la complicité. Elle se pencha et leur posa la question tout bas :

— Est-ce que vous l'avez vu ?

Les fillettes firent oui de la tête.

La femme adressa un sourire fanfaron au miroir.

155

Barbara Simmons se pencha vers les fillettes avec un air grave :

— Je suis sûre que ce n'est pas vrai. Vous inventez.

— Si, c'est vrai ! protesta Natalie.

— Quand est-ce que c'était ?

— Quand on était petites. Papa prenait son bain avec nous.

— Comment ça ? Il se mettait tout nu ?

Les petites filles éclatèrent de rire :

— Ben oui, nounouille. On prend pas un bain tout habillé.

— Tu as dit « quand on était petites ». Il ne prend plus son bain avec vous maintenant ?

— Non. Il le fait plus.

— Il ne le fait plus ? Ah bon, pourquoi ça ?

— Parce qu'on est trop grandes. La baignoire est trop petite.

— Ah, d'accord. Mais dis-moi, c'est la *vraie* raison ?

Les fillettes la dévisagèrent avec des mines perplexes. La femme crut lire une inquiétude dans le regard de Natalie.

— Est-ce que c'est uniquement pour cette raison que papa ne prend plus de bain avec vous ?

Les filles ne disaient plus un mot. L'assistante sociale en chef porta le coup de grâce :

— Ou est-ce qu'il s'est passé quelque chose qui fait qu'il a arrêté ? Vous pouvez me le dire, les filles. Je ne le dirai à personne, promis.

Il y eut un long silence. Natalie adressa un regard nerveux à sa sœur. Tamara réprima un sourire.

— Ben, il y a quelque chose d'autre, dit lentement Tamara.

— Non, Tamara ! (Natalie se pencha pour essayer de frapper sa sœur.) T'as promis de pas le dire !

La femme les sépara. Elle lança un regard triomphant au miroir. Derrière la vitre, l'assistante sociale se préparait à mettre la main à la poche. Elle vérifia le voyant de la caméra pour s'assurer qu'elle enregistrait. Un aveu de l'enfant dans les dix premières minutes ! Il y aurait à coup sûr tournée générale de gin-tonics ce soir-là après le travail.

Simmons continua sur un ton rassurant :

— Tu peux me le dire, Tamara. Que s'est-il passé ?

Natalie était au bord des larmes.

— Non, Tamara ! C'est un secret !

Tamara considéra le visage furieux de sa sœur, puis tourna la tête vers la femme : son regard grave était chargé d'attente.

— Je le dirai à papa si tu le dis, Tamara !

— Je suis sûre que ton papa ne sera pas fâché, Natalie. C'est lui qui vous a interdit de le raconter ?

Tamara hocha la tête.

— Il a dit que c'était notre petit secret. Juste à nous.

Derrière la glace, Mlle Bamford retenait son souffle.

Sa supérieure réfléchit à toute vitesse :

— Moi je crois que votre papa ne sera pas fâché si vous me le dites. Nous sommes entre filles. Ce sera aussi notre petit secret à nous.

— Tamara, si tu lui dis, je suis plus ta copine. Et pis toi non plus.

La femme prit Natalie sur ses genoux :

— Allons, allons, les filles. Vous êtes sœurs. Il faut être amies. On va *toutes* être amies. Et entre amies, on partage ses secrets. N'est-ce pas, Tamara ?

Natalie adressa à sa sœur un regard de mise en garde.

— Alors papa est le seul à connaître votre secret ?

— Et maman.

— Maman !? (L'assistante sociale en chef tourna la tête vers le miroir pour indiquer son dégoût : *la mère était au courant !*) Et qu'est-ce qu'elle en dit, maman ? Tamara ?

— Elle dit que c'est *dégoûtant*.

Natalie trépignait :

— Tamara !

— Ben c'est vrai que c'est dégoûtant, déclara Tamara. Moi, je le ferai *jamais* !

Barbara Simmons devait réfléchir en hâte : la collusion parentale aggravait encore la situation.

— Alors, qui veut me le dire ?

Il n'y avait aucune volontaire. Sans conteste, Natalie était en l'occurrence la jumelle dominante.

— Et si nous mangions des bonbons ? Vous devez avoir faim depuis le temps. (La responsable savait que les fillettes avaient sauté un repas. Elle plongea la main dans son sac et en sortit un rouleau.) Qui aime les gommes aux fruits ?

Les fillettes reluquèrent les sucreries avec envie.

L'assistante sociale en chef sentit la victoire à sa portée :

— Miam. J'adore les vertes. Lesquelles préférez-vous ?

— Les meilleures, c'est les rouges ! s'écria Natalie.

— Mais les noires aussi elles sont les meilleures, s'exclama Tamara.

— Ah, mais je n'ai qu'un seul sachet, fit remarquer la femme d'un ton songeur. Mince. Comment vais-je faire ?

— On n'a qu'à se les partager, nounouille.

— Il faut que vous soyez amies pour partager. Je croyais que vous étiez fâchées.

— Plus maintenant, répondirent-elles sans quitter les bonbons des yeux. On est redevenues copines.

— Et moi alors ? Je suis votre copine ?

Les filles se regardèrent, puis zieutèrent les bonbons, puis la femme. Tamara hocha la tête avec réticence.

— Merci, Tamara. Et toi, Natalie, je suis aussi ta copine ?

Natalie regarda la responsable séparer le rouleau en deux et en offrir une moitié à Tamara :

— Euh… je crois que oui.

L'assistante sociale en chef donna l'autre moitié à Natalie et lui fit un câlin :

— Alors n'oubliez pas : entre copines, on se raconte tous ses secrets. Pas vrai ?

— Mais j'ai honte…

— Tu n'as pas à avoir honte, Natalie. Ce n'est pas de ta faute. Tu n'as rien à te reprocher. Quand est-ce que ça arrive ? À l'heure du bain ? Dis-moi.

Tamara pouffa :

— Toujours quand elle est dans le bain.

— Tamara ! protesta Natalie tout en mâchonnant ses bonbons.

— Ben on peut lui dire, Natalie. Elle nous a donné des pastilles.

Natalie réfléchit :

— D'accord, mais c'est toi qui lui dis. Moi je lui dis pas.

Tamara engouffra davantage de sucreries dans sa bouche :

— C'est toi qui le fais, alors c'est toi qui le dis.

La fillette secoua la tête.

— Allez, Natalie. Chuchote-le si tu ne veux pas le dire fort, suggéra la femme en lui tendant son oreille pour l'encourager.

— Tu promets de pas te fâcher ?

— Bien sûr que non. J'ai une idée, pourquoi tu ne ferais pas semblant de te le dire à toi-même ? Marche jusqu'à ce mur et dis-le dans le miroir. Ainsi ce sera moins embarrassant pour toi. Dis simplement au miroir pourquoi ton papa ne va plus dans le bain avec toi.

Derrière le miroir, l'assistante sociale salua le coup de maître d'un sourire.

Un aveu direct à la caméra.

Nickel !

Natalie attendit de finir ses bonbons puis marcha jusqu'au miroir.

De l'autre côté de la vitre, Bamford n'y tenait plus.

— Allez, Natalie. Dis au miroir ce qui se passe à l'heure du bain, et qui est si dégoûtant.

Dans un fort chuchotement, les traits coupables, Natalie avoua :

— Je fais pipi dans l'eau.

156

— Reprise de l'interrogatoire à quatorze heures zéro deux. En présence des mêmes personnes, auxquelles s'ajoute M. Jeremy Isaac, en sa capacité de représentant juridique du suspect. Greg, nous souhaiterions à nouveau vous interroger au sujet de vos activités à Woolwich la journée du 1er décembre.

Randall jeta un regard à Isaac. L'avocat hocha la tête. Il avait promis à Randall d'intervenir et de mettre immédiatement fin à l'interrogatoire si jamais la police outrepassait ses prérogatives.

— Redites-nous quel était exactement le but de votre visite ?

— Je me rendais dans une clinique, comme vous le savez déjà.

— Cela a déjà été établi, coupa Isaac. Comptez-vous reposer à nouveau les mêmes questions, inspecteur ?

Ignorant l'intervention, Lovett demanda :

— À quelle heure avez-vous quitté votre domicile ?

— Il devait être six heures et demie.

— Six heures et demie !? répéta Lovett, incrédule.

— J'avais un long trajet à faire. Je devais prendre un bus jusqu'à la gare, changer deux fois de train, puis…

— Une minute. Vous y êtes allé en train ?

— Vous pensiez que j'étais allé jusqu'à Londres à pied ?

— Vous n'avez pas pris votre voiture ?

— Non.

— Pour quelle raison ?

— Je ne conduis pas.

— Vous ne conduisez pas ?

— Inspecteur, je n'avais pas conscience que mon client était inculpé en vertu d'un sombre article du Code de la route…

Pitman et Lovett échangèrent un regard.

— Monsieur Randall, êtes-vous en train de nous dire que vous n'avez pas le permis ?

— Inspecteur Pitman, en quoi cela concerne-t-il l'affaire ?

— Il y avait une voiture garée dans l'allée de M. Randall. Nos agents l'ont fouillée.

— C'est la voiture de ma femme.

— Et comme elle en avait besoin pour emmener les enfants à l'école, vous avez pris le train pour vous rendre à Woolwich ? suggéra Lovett.

— Inspecteur, je crois que M. Randall a été suffisamment clair sur le fait qu'il ne conduisait pas.

— Y a-t-il une raison ?

— Je ne pense pas que ça ait un quelconque rapport avec le dossier, inspecteur.

— Laissez, Jeremy. Si ça peut m'aider à sortir d'ici… On venait de se marier, Bethan était enceinte et on venait de contracter le prêt de la maison. Le budget était serré. On avait seulement de quoi payer des séances de conduite pour l'un de nous deux, et avec trois bébés en route, Bethan allait davantage avoir besoin que moi d'une voiture.

— Trois bébés ? Je pensais que vous aviez des jumelles.

La mine de Randall s'assombrit.

— Terri est décédée de mort subite. Elle n'avait que trois mois. Il s'agissait de triplées à la base. Quand on a appris qu'on allait avoir trois filles, on s'est dit qu'elles formeraient un trio explosif, alors on les a appelées Terri, Natalie et Tamara. (Il sourit.) T-N-T. C'est pour ça qu'aujourd'hui, on surnomme les jumelles les « petites dynamites ». Elles sont tout pour moi. J'y tiens comme à la prunelle de mes yeux.

Le récit touchant de Randall suscitait chez Pitman des sentiments mitigés. L'affection qu'il affichait semblait sincère. Mais combien de fois avait-il vu des criminels ignobles jouer un rôle à la perfection ? Il se souvint de l'explication donnée par le docteur Reynolds au surnom des jumelles lors de la réunion de synthèse des services sociaux. *Quelle odieuse bonne femme.*

— Monsieur Randall, avez-vous gardé les billets de train ? Un reçu ? La facturette de votre carte bancaire, peut-être ?

— J'ai payé en espèces.

— Comme par hasard.

— Je ne voulais pas que Bethan sache. Elle n'est pas au courant. Enfin, elle ne l'était pas. Jusqu'à ce matin. Qu'est-ce que vous lui avez dit au juste ?

— Très peu de choses pour l'instant, répondit Pitman. Elle est uniquement au courant pour ce qu'on a découvert chez vous. Mais je voudrais qu'on mette bien les choses au point, monsieur Randall : non seulement vous n'avez pas conduit ce jour-là, mais vous n'avez même jamais passé votre examen de conduite. Est-ce exact ?

— Inspecteur Pitman, mon client a déjà expliqué ça de façon on ne peut plus claire.

— Si vous voulez bien nous excuser un instant ? Interrogatoire suspendu à quatorze heures onze.

Une fois dans le couloir, Lovett exprima ses doutes :

— Je saisis pas, inspecteur. S'il a pas le permis, ça le met hors de cause, non ?

— Vérifie auprès de Swansea. Il pourrait être en train de nous mener en bateau. Il faut aussi vérifier dans les dossiers médicaux la mort subite de ce nouveau-né. Il semblait sincère, mais on a besoin d'être sûrs.

Tandis que Lovett se dirigeait vers la salle informatique, Pitman alla frapper à la porte de Weisman.

— David ? Déjà !

— Monsieur, il semble que tout ne soit pas aussi noir et blanc que les apparences le laissaient croire.

Le sourire de Weisman s'effaça.

— Randall prétend qu'il n'a pas son permis. Qu'il ne l'a jamais passé. Lovett est en train de vérifier auprès du service des permis et des immatriculations, mais si ça se confirme, c'est une sacrée épine dans notre pied.

— Des tas de gens conduisent sans avoir leur permis, David. Ne me dites pas que vous avez également des doutes sur la culpabilité de celui-ci ? Ça vire à l'habitude, vous ne croyez pas ?

— J'essaie juste d'être objectif, monsieur.

— Il a tout de même reconnu qu'il se trouvait à Woolwich le jour où cette enfant a été assassinée. Nous avons le courrier.

— Comme l'a fait remarquer son avocat, c'est en soi un lien assez ténu.

— Et les sous-vêtements…

— Nous savons d'ores et déjà qu'aucun d'eux n'appartenait à la petite de Margate, Rebecca. Évidemment, s'il s'avère qu'ils correspondent aux autres victimes, alors c'est dans la poche. Mais il va nous falloir du temps pour confirmer ou infirmer la chose.

— Il a tout de même reconnu sa pédophilie. Nous avons la déposition de cette psychothérapeute.

— Je ne crois pas qu'il y ait de doutes sur ses penchants, monsieur. Mais ça n'en fait pas automatiquement oncle Tom. Il ne paraît pas coller au stéréotype du tueur en série.

— Et combien de tueurs en série avez-vous au juste croisés dans votre longue et illustre carrière, David ?

— Vous marquez un point, monsieur.

Pitman sortit pour rejoindre Lovett dans la salle d'interrogatoire.

157

— Un problème, inspecteur Pitman ? demanda Isaac.

— Pas de quoi vous inquiéter. *Si* tant est que M. Randall joue franc jeu avec nous.

— Mon client n'apprécie pas cette insinuation, inspecteur Pitman. Avez-vous des nouvelles des enfants ?

— Pas encore. Nous vous tiendrons informés. Reprise de l'interrogatoire à quatorze heures vingt-six, en présence des mêmes personnes. M. Randall, je souhaiterais vous interroger au sujet de vos déplacements à certaines dates au cours des six derniers mois. À commencer par la soirée du vendredi 2 août.

— J'étais à la maison avec Bethan. On a regardé un vieux *Batman* en DVD. *Batman Forever*. Bethan est fan de Val Kilmer.

— Vous arrivez à vous rappeler quel film vous regardiez un soir précis il y a six mois de ça ?

— C'est le soir où Rebecca a disparu. Ce genre d'événements reste gravé.

Lovett ne semblait pas convaincu :

— Je n'ai pas la moindre idée de ce que je faisais ce soir-là, et pourtant je suis ce dossier depuis le premier jour.

— Ils en ont parlé le lendemain. Ils ont dit qu'elle avait disparu.

— Et pour le 1er et le 2 septembre ? demanda Pitman.

— Les deux petites Galloises ? Laura Coverton et Tina Stamp.

Lovett haussa un sourcil.

— Y a-t-il une raison particulière à ce que vous connaissiez leurs noms ?

— Messieurs, s'il vous plaît, protesta Isaac. Ces informations sont publiques. Vous n'éluciderez pas cette affaire en posant à mon client des questions tendancieuses.

— Alors, où vous trouviez-vous à ces dates, Greg ? Vous regardiez la suite des *Batman* ?

Randall haussa les épaules, l'air soucieux :

— Je sais pas. Je ne m'en rappelle plus.

— Et le 1er octobre ? Et en novembre ? Et en décembre ?

Randall semblait nerveux :

— Comment voulez-vous que je le sache ? Rebecca était une gamine du coin. Rien d'étonnant à ce que je m'en souvienne. Mais les autres… (Il se tut et chercha dans sa mémoire. Puis tout d'un coup :) En octobre, nous étions en Écosse. Oui ! (Il se redressa comme il percevait une porte de sortie.) La sœur de Bethan habite en Écosse. Son mari est dans l'armée de l'air. Sur la base de Leuchars, à St-Andrews. (Il sourit à mesure que les souvenirs lui revenaient.) Nous y avons passé *toute* la semaine, *y compris les jours où les fillettes ont disparu.*

— J'imagine que votre famille sera en mesure de confirmer ?

— Bien sûr. Bethan vous fournira leur adresse.

— On va vérifier ça, assura Lovett d'un air déçu. Revenons-en à vos déplacements la journée du 1er décembre. Je présente maintenant au suspect un plan du district de Woolwich. La gare se trouve ici. Là, c'est la clinique. Il doit y avoir, allez, deux gros kilomètres ? Pouvez-vous me montrer l'itinéraire que vous avez emprunté pour vous rendre de la gare à la clinique ? Vous avez marché, ou pris un taxi ?

— J'ai pris un taxi.

— Jusqu'à la clinique ?

— Non, je ne voulais pas que le chauffeur sache où j'allais. Il m'a déposé au bout de la rue.

— Donc, ici. Eh bien, figurez-vous qu'on a retrouvé le corps de l'enfant juste là, à quoi, cinq minutes de marche.

— Inspecteur Pitman, intervint Isaac. Vous avez d'ores et déjà établi que Greg n'avait pas le permis. Sa présence à Woolwich ce jour-là relève d'une pure coïncidence. Il disposait d'un motif légitime pour se trouver là, comme le prouve le courrier. Vous n'avez pas pu établir le moindre lien entre mon client et le meurtre de Woolwich, pas plus qu'avec les meurtres précédents. Les sous-entendus incessants de votre subalterne insinuant le contraire sont tout à fait inacceptables.

— Sauf votre respect, monsieur Isaac, nous détenons cinq culottes de petites filles – des petites culottes qui ont été *portées*, des petites culottes *sales* – dont votre client n'a pas été en mesure d'expliquer la provenance.

Isaac lança un regard à Randall. Ils s'étaient accordés sur la stratégie à adopter avant la reprise de l'interrogatoire.

— Mon client souhaiterait faire une déclaration à ce sujet, afin de régler définitivement cette question.

— Allez-y. Faites-nous rire.

— Ça suffit, Mike ! lança sèchement Pitman à son collègue.

Nous vous écoutons, monsieur Randall.

— Les sous-vêtements, je les ai… trouvés.

158

Lovett affichait un rictus sarcastique.

— Si j'ai bien compris : vous marchiez tranquillement dans la rue un beau jour, quand cinq petites culottes sales de petites filles sont apparues sur le trottoir. Alors ni une ni deux, vous les fourrez dans votre poche et les rangez dans votre tiroir une fois rentré ? Sans doute les gardiez-vous en attendant que vos filles grandissent ?

Il y eut un long silence. Puis :

— Je les ai trouvées à la piscine.

— Allons, Greg, nous prenez pas pour des idiots !

— Si vous voulez bien laisser mon client finir, inspecteur, lança sévèrement Isaac.

— Je les ai trouvées. Pas en même temps, mais en plusieurs fois. J'emmène souvent les jumelles nager. J'essaie de changer régulièrement de piscine, pour éviter qu'elles se lassent. On prend des bus différents, d'autres lignes de train.

— Évidemment… étant donné que vous ne conduisez pas, ironisa Lovett.

— Mike…, avertit Pitman. Continuez, monsieur Randall. Dans quelle piscine avez-vous trouvé ces sous-vêtements ?

— Dans diverses piscines. Certaines ont des vestiaires communs. Vous savez, là où hommes et femmes se changent ensemble.

— « Ensemble » ?

— Dans des cabines, bien sûr. Mais les vestiaires sont mixtes.

— Poursuivez.

— Il arrive fréquemment que des gens oublient des affaires. Des serviettes, du shampooing, des maillots.

— Des sous-vêtements ?

— Aussi.

Lovett éclata de rire :

— Alors ces petites filles anonymes sont toutes reparties en oubliant de remettre leurs petites culottes ? Vous ne croyez pas qu'elles auraient senti un courant d'air ?

— Elles sont sans doute rentrées chez elles en maillot, inspecteur, suggéra Isaac. Je fréquente régulièrement la piscine de Whitstable, qui dispose de vestiaires mixtes, et je confirme qu'on retrouve souvent des affaires oubliées dans les cabines.

— Y compris des petites culottes ?

— Parfois oui. Renseignez-vous à l'accueil au sujet des objets trouvés.

— Mais vous, monsieur Isaac, vous ne les volez pas. Or c'est précisément ce que Greg ici présent semble admettre faire. Dites-nous, Greg, vous vous contentez de voler les culottes des petites filles ? Ou est-ce qu'on risque aussi de retrouver chez vous une collection de slips de garçons, de serviettes et de flacons de shampooing à moitié vides ?

Randall baissa les yeux :

— Disons que je les ai ramassées comme ça, à différents moments.

— « Disons » que vous les avez ramassées ? répéta Lovett. Dans ce cas, « disons » aussi que vous nous prenez pour des buses.

— Pourquoi, monsieur Randall ? demanda calmement Pitman.

Randall détourna le regard :

— À votre avis ?

— Je crois que vous êtes un fétichiste des petites culottes, Greg. Voilà ce que je crois.

— Ça n'a rien de répréhensible, inspecteur, fit remarquer l'avocat.

— Des culottes de petites filles, continua Lovett. Des culottes de petites filles *souillées*. À mes yeux, ça fait de vous un pédophile, Greg.

— Les fantasmes personnels de mon client sont exactement

ce qu'ils sont, inspecteur : des fantasmes *personnels*. Avoir des penchants pédophiles ne constitue pas un crime.

— Ah ouais ? Eh bien, si ça tenait qu'à moi…

— Ça suffit, Mike, gronda Pitman avec fermeté. Monsieur Randall, souhaitez-vous ajouter autre chose ? Sachez que nous allons comparer ces… habits avec ceux qui manquaient sur les victimes des meurtres.

— Inspecteur Pitman, intervint l'avocat, j'ai cru comprendre qu'on avait retrouvé une trace de sperme sur l'enfant assassinée. Une simple analyse ADN pourra certainement régler la question une fois pour toutes ?

— Nous avons déjà procédé aux prélèvements de salive comme c'est l'usage, répliqua Pitman. Voulez-vous dire que M. Randall accepterait de son plein gré de se prêter également à un prélèvement de sperme ?

— J'imagine que cela devrait amplement suffire à prouver son innocence.

— Ou sa culpabilité, fit remarquer Lovett.

— Monsieur Randall ?

Randall opina du chef :

— Si ça peut m'aider à sortir d'ici.

— Je prendrai les dispositions nécessaires, monsieur Isaac. J'ai bon espoir qu'on pourra accélérer la procédure, vu la gravité des charges.

— Combien de temps cela demandera-t-il ?

Pitman haussa les épaules :

— Je n'en sais pas plus que vous. D'ici là, M. Randall demeurera bien sûr notre invité, jusqu'à ce que Scotland Yard le réclame officiellement et qu'on procède à son transfert vers un commissariat de Londres.

Le visage de Randall se décomposa :

— Mais c'est bientôt Noël… Les jumelles… Jeremy ?

— Je suis navré, Greg, mais tant que nous n'aurons pas eu les résultats des analyses, il n'y a absolument rien que je puisse faire.

159

— Excuse-moi, Matt.

— Non, j'aurais dû y penser, Claire.

— Mon premier Noël sans Rebecca. C'est trop dur, Matt. Elle n'avait que dix ans l'an dernier. À son *dernier* Noël.

Matt prit sa main dans la sienne et la laissa parler.

— Elle ne croyait plus au Père Noël depuis qu'elle avait six ans, quand elle s'était réveillée le 25 au matin et avait surpris John en train de poser les cadeaux au pied de son lit. Mais elle continuait malgré tout de laisser une tourte aux fruits secs et une orange le soir de Noël pour le Père Noël. Il ne lui tardait pas de grandir, à l'inverse de certaines de ses camarades qui se tartinent de maquillage. Rebecca adorait l'esprit de Noël. Chanter des chants et emballer les cadeaux. Et puis les émissions de Noël.

— Je me souviens être passé l'an dernier le lendemain de Noël. Il était midi et je vous ai trouvées encore au lit, devant des dessins animés.

Claire esquissa un sourire :

— Et puis les *James Bond*, bien sûr. Rebecca adorait les regarder. Enfin, ceux avec Roger Moore en tout cas. Je crois qu'ils sont plus tout public. Quel est le titre de celui qui commence avec des clowns déjà ?

— *Octopussy*.

Claire sourit :

— Les jeux de mots lui passaient évidemment au-dessus de la tête. Mais elle aimait l'action et le divertissement.

— Rebecca était une gosse formidable, Claire. Tu auras toujours ces souvenirs auxquels te raccrocher.

Claire jeta un regard absent par la fenêtre :

— Je me demande ce qu'il fait en ce moment ?

— Qui ça ? Roger Moore ?

— Oncle Tom. Ou Randall, quel que soit son nom.

— Oublie-le, Claire. C'est fini.

— Il reste encore le procès.

— C'est juste une formalité. Pour lui, la perpétuité sera effective. Il passera tous les Noëls qui lui restent derrière les barreaux.

— C'est tout ce que je voulais entendre.

160

Assises par terre à trente centimètres de l'écran, les petites dynamites regardaient un DVD de *Blanche Neige*, en s'échangeant à tour de rôle la télécommande pour se repasser certaines scènes. Leur grand-mère les observait depuis son fauteuil.

— Reculez-vous un peu, les filles. Vous allez vous abîmer les yeux.

Tamara se retourna pour chercher le soutien de sa mère :

— On est obligées, maman ? J'aime bien m'asseoir près.

— Moi aussi, s'exclama Natalie. Comme ça on voit tout bien.

Bethan soupira :

— Écoutez ce que Mamie vous dit, les filles. Je ne veux pas de discussions.

— Papa il veut bien qu'on s'assoye près.

— Obéissez ! cria Bethan.

Les jumelles sursautèrent. Elles se relevèrent de concert et reculèrent d'un pas, avant de s'asseoir et de se rapprocher à nouveau de l'écran en rampant sur leurs fesses. Bethan s'apprêtait à les gronder quand elle vit que leur manège avait dupé leur grand-mère. Elle laissa couler.

Il y avait deux jours que les jumelles étaient rentrées.

Personne ne lui avait présenté d'excuses.

Ni reconnu l'erreur des services sociaux.

« Elles l'ont échappé belle, lui avait assuré l'assistante sociale. Seule l'action rapide des services sociaux avait empêché une tragédie. Leur père s'apprêtait à les violer. »

Deux semaines s'étaient écoulées depuis que les filles avaient vu leur père pour la dernière fois, *menotté*, tandis qu'on les arrachait à la maison dans les cris. Bethan n'avait pu rendre visite à Greg qu'une seule fois, pendant sa détention provisoire à Brixton.

Elle avait reçu des propositions très tentantes.

D'autres épouses auraient accepté l'argent. Elles auraient raconté leur histoire avant de tourner la page.

Mais Bethan leur avait fermé la porte au nez, froissant leurs ego en même temps que leurs chèques. Le seul fait de considérer leurs offres eût été admettre la culpabilité de son mari.

Elle savait qu'il aimait les jumelles.

Elle savait que ce n'était pas un tueur.

La découverte des sous-vêtements dans son tiroir avait été difficile à accepter. Tout comme son rendez-vous à la clinique de Woolwich. Isaac avait seulement pu l'assurer de sa conviction que son mari s'y était rendu avec les meilleures intentions, dans l'intérêt des siens, justement parce qu'il les aimait, elle et les enfants.

Elle prit l'appel de l'avocat dans la chambre d'amis.

— Bonne nouvelle, Bethan. Les résultats des analyses tomberont dans la matinée. Je déposerai une demande urgente de libération sous caution dès qu'il sera mis hors de cause. Avec un peu de chance, il sera rentré à la maison pour Noël. (L'avocat hésita avant d'ajouter :) Enfin, s'il y est toujours le bienvenu. Bethan, souhaitez-vous toujours qu'il revienne habiter chez vous après ce qui s'est passé ?

— Plus que tout au monde.

161

Randall avait été dévasté en apprenant que son ADN correspondait à celui du mucus récolté sur le mouchoir.

On lui précisa que les probabilités d'une concordance fortuite étaient d'une sur plusieurs centaines de millions.

Il s'était soumis de bon gré à un examen de sperme. Plus que tout autre chose, cela ne manquerait pas de prouver son innocence.

Aussi, quand les résultats révélèrent que son échantillon était identique au sperme retrouvé sur le corps de l'enfant, il se mit à douter de sa propre santé mentale.

Aux yeux du public cependant, cette annonce constituait le plus beau cadeau de Noël qu'on pouvait offrir à leurs enfants.

Oncle Tom était enfermé à double tour à la prison de Brixton.

162

Matt jeta une serviette sur ses épaules et alla décrocher en abandonnant une traînée de gouttes dans son sillage.

— Ceri ! Content d'avoir de tes nouvelles. (Il enroula instinctivement la serviette autour de sa taille, dans un geste de pudeur inutile.) Tous mes vœux. Le Nouvel An s'est bien passé ?

— Matt, une autre fillette a été enlevée.

Il s'assit et attrapa machinalement son bloc-notes et son crayon, l'eau dégoulinant de ses cheveux mouillés sur le papier :

— Une autre gamine ? Quand est-ce que ça s'est produit ?

— Il y a une semaine.

— Une semaine ? Ça ne me dit rien. Tu es sûre de l'info, Ceri ?

— Mes parents m'ont envoyé un exemplaire du journal local.

— C'est arrivé au pays de Galles ?

— Oui. Dans la petite ville de Mold.

Matt réfléchit un instant :

— C'est juste une coïncidence, Ceri.

— Matt, c'est arrivé le 2, le jour où oncle Tom était censé frapper de nouveau.

— Ils l'ont arrêté, Ceri, soupira-t-il. Ce pourri est sous les verrous, où il attend son procès. Oncle Tom, c'est de l'histoire ancienne.

— Mais la fillette…

— Ça n'était pas le seul détraqué sexuel en liberté. On le sait tous.

— Matt. Il s'agit d'oncle Tom.

Le journaliste balança son bloc-notes, agacé :

— Écoute, Ceri. Je sais ce que tu ressens. Tu es déçue parce que ton profil s'est révélé inexact. Mais il n'y a pas de honte à avoir. Dunst aussi s'est planté. Mets ça sur le compte de l'inexpérience. Tu es encore jeune, tu apprends de tes erreurs.

— Je ne me trompe pas, Matt.

— Ceri, insista-t-il en s'efforçant de masquer son irritation, le sperme retrouvé sur le corps de l'enfant est en tout point identique à l'ADN de Randall. Combien de preuves il te faut ? Ce n'est qu'une question de temps avant qu'on établisse un lien avec les autres victimes. Randall et oncle Tom sont une seule et même personne. À moins que tu n'insinues que le meurtre de Woolwich ait été un acte isolé ? Allons. Un peu de sérieux.

— Je ne sais plus quoi penser, Matt. Je me suis évidemment réjouie quand ils ont attrapé ce mec, mais ça ne m'a pas convaincuc. Et maintenant, voilà que cette gamine de Mold…

— Tragique coïncidence. Ton profil comportait des failles, Ceri. Vois les choses en face. Je te l'accorde, on y a tous cru. Moi le premier. Mais on était tous beaucoup trop impliqués personnellement. Ça a obscurci nos jugements. La preuve avec les meurtres sur l'île de Wight : il n'a pas suivi l'ordre que tu avais prévu. On y a cru un moment avec Ventnor, et puis il y a eu Godshill. Vrai ou faux ? Pas de U. À partir de là, ta théorie ne tenait plus.

— Et après ça, Woolwich. Matt, on retombe sur l'ordre alphabétique. Tu ne vois pas ?

— Non, je ne vois pas, non. Randall avait rendez-vous dans une clinique pour pédophiles de Woolwich, où il était soigné parce qu'il fait une fixation sur les petites filles, bon sang de bon Dieu ! Ça n'a rien à voir avec une obsession alphabétique ou autre. C'est juste un putain de pervers, Ceri. Et tiens, justement, puisque tu parles de ce village, comment tu as dit… Mold ? Si ç'avait été Yeovil ou York, alors ta thèse aurait pu se défendre, mais là : « Mold » ? Un M ? Tu argumentes contre ta propre thèse, Ceri.

— Laisse-moi finir, Matt. Mold est un village du nord du pays de Galles. La plupart des lieux affichent sur leurs panneaux à la fois leur nom anglais *et* leur nom gallois. Et le nom gallois de Mold est « Yr Wyddgrug ».

163

Matt entra dans la cafétéria – le « restaurant du personnel », pour employer l'élégante appellation officielle – et se dirigea vers la table de Bill Wright.

Assis devant le *Financial Times*, Wright attaquait une assiette d'œufs au bacon dégoulinants de graisse quand Matt s'installa à côté de lui en renversant du café sur la table.

Wright jeta un coup d'œil à sa montre :

— Que nous vaut l'honneur de ta présence à cette heure ?

Matt accueillit la remarque de bonne grâce, il n'était pas réputé pour sa ponctualité :

— Que dit la Bourse ?

— Elles ont chuté de trois *pence* depuis hier. Je comprends pas. Kennet m'a pourtant garanti qu'elles allaient remonter.

— Combien de fois il s'est planté cette année ? Et on n'est qu'en janvier ! Tu ferais mieux de placer tes économies sur les courses de lévriers. Au moins tu pourrais voir ta mise se casser la gueule en direct.

— Tout est une question de timing, Matt. L'ami d'un copain s'est fait dix mille balles du jour au lendemain lorsque le marché a tourné à son avantage. Mais il n'est même pas neuf heures. Tu ne t'es pas pointé ici aux « aurores » pour discuter du cours de la Bourse ?

— J'avais quelqu'un à voir à la cafèt.

Wright balaya d'un regard curieux la cantine déserte autour de lui.

— Qui ?

— Le correspondant scientifique du *Southern Media*.

Wright cessa de mastiquer :

— Qu'est-ce qui te pose problème ?

— Les empreintes ADN.

— Mes fichiers sont libres d'accès, Matt. Fais comme chez toi.

— Je voulais ta touche personnelle.

Wright toisa son collègue d'un air suspicieux :

— T'écris un article sur quoi ?

— Y a pas d'article. Je mène des recherches.

Wright étira un large sourire :

— Matt Burford « mène des recherches » ? De qui est-ce la fête ?

— C'est important, Bill.

Wright reposa sa fourchette :

— Expose ton problème.

— Les empreintes génétiques : la raison du pourquoi du comment. Je pensais l'avoir saisie, mais à présent je suis plus trop sûr. Je veux juste une réponse claire. Comment ça fonctionne ? Et à quel point c'est fiable ? Rien que cinq minutes de ton précieux temps. S'il te plaît, Bill…

Wright remplit sa bouche d'œufs et se remit à mastiquer. Du jaune dégoulina lentement sur son menton.

— Est-ce que c'est fiable ? Oui, pas mal. Ça n'est pas infaillible, mais c'est un assez bon indicateur. On parle bien de fiabilité en termes d'identification criminelle ?

— Ben, compte tenu que je suis correspondant criminel…

— Pourquoi tu ne vas pas voir sur Wikipédia ?

— J'ai besoin d'une source sûre.

— Tu me flattes, Matt ! Bon, commençons par la théorie. Le corps est constitué de milliards de cellules, dont chacune possède un noyau. Dès 1911…

— Zappe l'historique, Bill. À quel point est-ce fiable ? Il y a eu des bévues par le passé, je crois, non ?

— Et il y en aura d'autres. Rien n'est infaillible. Leur principale cause est évidemment l'erreur humaine. Mais si on utilise deux sondes multilocus indépendantes, les risques d'une erreur d'identification sont infimes. Infinitésimaux.

— Dans ce cas, supposons que la police scientifique dispose de trois échantillons différents – disons un cheveu, du sperme et du mucus nasal – et que les trois échantillons s'avèrent positifs. Pourrait-il néanmoins s'agir d'une erreur ?

— Pas l'ombre d'une chance.

164

— Très impressionnant. (Isaac prit une autre bouchée, qu'il arrosa d'une gorgée de chardonnay frais.) Rappelez-moi ce que c'est ?

— De la raie, accompagnée de coriandre hachée, de poivrons et d'origan.

Isaac hocha vivement la tête pour indiquer qu'il appréciait.

— C'est très bon. Pêche locale, je suppose ?

— En provenance directe de la falaise ouest. Attrapée mercredi dernier. C'est un voisin qui me ravitaille : il pêche et je cuisine. J'aime aussi beaucoup la raie. C'est un des rares poissons à se bonifier avec l'âge. Il sort tout droit de la mer et pourtant il n'en est pas moins doux en bouche.

— Vous devriez vous occuper de la rubrique gastronomie !

Matt le gratifia d'un sourire :

— Pour la suite, nous avons des pruneaux.

L'avocat ne put retenir une légère grimace comme il piquait le dernier morceau de poisson caché sous une tranche de citron.

— Voilà un bail que je n'en ai pas mangé, dit-il sur un ton qui se voulait neutre. Il faut dire que mon père ne jurait que par ça.

— Oubliez les horribles pruneaux à la crème qu'on sert dans les cantines scolaires, lui assura Claire.

Isaac s'adossa à son siège et prit un air rassasié :

— Parce qu'il existe d'autres recettes ?

— Le streusel aux pruneaux. À base de véritables pruneaux d'Agen – rien à voir avec ces raisins secs hypertrophiés importés de Californie qu'on refile comme pruneaux aux non avertis. Trempés dans du Earl Grey, puis écrasés sur un lit d'abricots et surmontés de *crumble*. On l'accompagne de yaourt. Mais on a de la crème fraîche si vous préférez.

L'avocat sentit son appétit revenir peu à peu.

— En été, Matt prépare une délicieuse crème glacée aux pruneaux et à l'armagnac, murmura Claire en apportant le crumble sur la table.

Tandis qu'il se resservait, l'avocat laissa entendre qu'il doutait avoir été invité uniquement pour tester les talents de cuisinier de Matt.

Tout en débouchant une bouteille de rioja grande réserve, Matt lui résuma la théorie de Ceri et l'objet de son dernier appel. Isaac l'écouta d'abord avec un intérêt poli, puis avec une attention grandissante, qui lui fit presque oublier la texture veloutée du vin.

— Tout ça est certes intriguant, Matt. Je vous l'accorde. Et je ne peux qu'accueillir favorablement tout ce qui contribuerait à disculper mon client. Mais cette fille, Ceri. Vous dites qu'il s'agit d'une étudiante ?

— C'est une jeune femme de dix-neuf ans, Jeremy, affirma Claire, brillante et intelligente, qui n'est pas du genre à laisser courir son imagination. Personne n'a plus envie que moi de croire qu'oncle Tom est sous les verrous et qu'il ne tuera plus jamais. Personne. Mais la police a déjà fait fausse route pour Thomas Bristow. C'est pour ça qu'on vous a invité, Jeremy. On s'est dit que vous plus que tout autre seriez disposé à nous écouter.

— Je ne ferme aucune porte, Claire, mais votre théorie me fait l'effet d'une bombe. Je ne doute pas que vous ayez sérieusement étudié la question, et je respecte votre travail, mais j'ai besoin de mettre les choses au clair dans ma tête.

— Votre client, Randall, il nie bien tout en bloc ? demanda Matt.

— Les meurtres, oui. Il reconnaît ses penchants pour les petites filles, mais en soi, ça ne constitue pas un crime. Les services sociaux n'ont pas trouvé l'ombre d'une preuve qu'il ait d'une façon ou d'une autre abusé de ses filles, en dépit de leurs méthodes d'interrogatoire musclées.

— Je vois ça d'ici.

— Du point de vue des médias, l'affaire est classée. Ils attendent désormais le procès spectaculaire. Randall n'a pas l'ombre d'une chance de bénéficier d'un procès équitable. Les jurés l'avaient jugé coupable avant même d'apprendre qu'ils étaient désignés.

— Alors la thèse de Ceri constitue peut-être le seul espoir d'un innocent.

— C'est précisément pour ça que je suis ici à vous écouter, « à ma raison défendante ». Il faudrait cependant que j'emporte ce dossier : j'ai besoin d'y réfléchir seul, au calme, objectivement, et de tirer mes propres conclusions. Si vous n'y voyez pas d'inconvénient ?

— Cet exemplaire est à vous, Jeremy. Je vous demanderai juste de garder ça pour vous, et de ne pas y associer le nom de Ceri.

L'avocat hocha la tête :

— Entendu. Il va donc falloir que je vous quitte. J'ai d'autres affaires sur le feu pour ce soir, qui passent en priorité. Je vous promets néanmoins de relire tout ça dans quelques jours.

165

Isaac se prépara un chocolat chaud avant de se coucher et s'installa devant le dossier d'une affaire en instance, en se reprochant intérieurement de s'être tant attardé à ce dîner.

Mais il n'arrivait pas à se concentrer.

Vingt-deux heures trente.

Sans conviction, il attrapa le compte rendu de Ceri et se mit à le feuilleter du bout des doigts.

Quand l'alarme du réveil rompit le silence à huit heures quinze, l'avocat était toujours assis dans son fauteuil, les yeux bouffis, son cinquième mug de café noir à la main. À huit heures trente, il appela Karen pour lui demander d'annuler tous ses rendez-vous de la matinée. Il raccrocha et composa un autre numéro :

— Matt, il faut qu'on parle. Tous les trois.

— On se retrouve où ?

— Pourquoi pas chez Claire ?

— J'y serai. Ceri a vu juste, pas vrai ?

— Ce n'est peut-être rien. En outre vous comprenez bien que rien de tout cela ne doit filtrer ? Il est impératif que le droit à la confidentialité de mon client soit préservé.

— Le temps de ma gloire est loin derrière moi, Jeremy. Je m'intéresse à cette affaire à titre personnel. Tout ce que je veux, c'est la vérité. Peu importe la manière.

— Apportez tous les éléments du dossier en votre possession. Absolument *tout*. J'ai suivi l'affaire d'aussi près que j'ai pu, mais il y a de fortes chances que vous en sachiez plus que moi. Oh, et Matt… apportez une carte géographique. De l'île de Wight.

166

— Vous allez me trouver vieux jeu, mais je trouve ça plus facile que de regarder sur un écran d'ordinateur, confia Isaac en dépliant la carte sur la table. Alors écoutez, je ne suis pas entièrement sûr de ce que je cherche, mais une idée m'a traversé l'esprit la nuit dernière. Je suis allé sur l'île de Wight étant gamin. En voyage scolaire. Vous savez, la résidence d'été de la Reine, les empreintes de dinosaures…

Matt fit des yeux ronds :

— Et… ?

Isaac scruta méthodiquement la carte, son doigt traçant des courbes sur le papier. Soudain, il attrapa un crayon et entoura une zone :

— Là ! « *The Undercliff.* » Je savais qu'il serait mentionné.

— Je ne vous suis pas.

— L'*Undercliff.* La bande côtière instable du sud de l'île. C'est le U : le chaînon manquant de votre liste. Je crois que la théorie de votre amie se confirme.

— Jeremy, la petite a disparu de Godshill, objecta Claire. Et l'autre de Ventnor.

— D'où tenez-vous ça ?

Claire secoua la tête avec consternation :

— Des rapports de police.

— En sont-ils certains ?

— Évidemment, Jeremy ! C'est là-bas que les filles habitaient.

— Claire, vous m'avez dit hier soir que c'est en constatant que vous habitiez Pegwell Bay et pas Ramsgate que Ceri a vu ses vagues soupçons se transformer en thèse sérieuse. P, et non pas R.

Matt se redressa :

— Mais bien sûr ! Regarde, Claire. La gamine habitait peut-être Godshill, mais elle a été enlevée dans ce secteur nommé « Undercliff ». Tiens, il ne doit pas y avoir plus de deux ou trois bornes entre les deux. Bon sang, pourquoi cet endroit ne figurait-il pas sur la liste de Danny ?

— Danny ? fit l'avocat en levant les yeux.

— Longue histoire. C'est lui qui a dressé la liste des lieux de kidnapping possibles que nous avons communiquée à la police.

— Et évidemment, l'*Undercliff* n'y figurait pas. Comment s'y est-il pris pour établir cette liste ?

— À l'aide d'un ordinateur. Il y a peu de choses que Danny ne sache pas faire sans son ordinateur.

— Le problème, Matt, c'est que les ordinateurs se contentent de faire ce qu'on leur demande. Regardez, cet endroit est répertorié dans les T, avec son article : « The » Undercliff. C'est ce qui l'a mis dedans. Votre Danny a passé en revue les U alors que *The Undercliff* était indexé sous la lettre T.

— Alors si finalement la suite alphabétique se confirme, les prochains lieux devaient commencer par X et Y, enchaîna Matt avec excitation. Danny a cherché et expliqué qu'il n'y en avait aucun commençant par X. Oncle Tom a donc été forcé de sauter cette lettre et de passer directement au Y, et donc à ce patelin appelé Mold, ou je ne sais plus comment en gallois.

— Yr Wyddgrug, précisa Isaac, assez satisfait de son accent.

— Si vous voulez. Ce qui l'amenait ensuite au W. Et nous avons Woolwich, et votre client, Randall, qui se trouvait au bon endroit, au bon moment. Avec une tonne de preuves contre lui.

Isaac hocha vivement la tête :

— Une tonne de preuves contre lui… Vous avez bien dit « une tonne de preuves », Matt ?

Le journaliste haussa les épaules :

— Façon de parler.

— Je vois à quoi vous pensez, Jeremy, intervint claire. Réfléchis, Matt. Tous les corps retrouvés jusque-là étaient impeccablement nettoyés pour ne laisser aucune trace exploitable. Comment Dunst a-t-il formulé ça ? Il a dit qu'oncle Tom démontrait une « familiarité avec les techniques médico-légales ».

— Exactement. Et tout à coup arrive le meurtre de cette fillette, Victoria, à Woolwich, et comme vous l'avez dit, Matt, on dispose d'une tonne de preuves, la scène de crime rêvée de tout légiste, pointant toutes vers un seul et unique homme… Un homme qui cherchait activement à se faire soigner d'un penchant pour les petites filles, et qui s'était rendu à Woolwich le jour en question pour assister à un rendez-vous qui n'a jamais existé.

— Vous insinuez qu'on l'aurait piégé ? C'est ridicule.

— Appelez ça comme vous voulez, Matt, mais la coïncidence me paraît vraiment trop frappante : un moment la police patauge, sans savoir quelle piste suivre, et l'instant d'après il leur tombe un cadavre tout frais, accompagné d'un mouchoir, opportunément utilisé et abandonné sur le lieu du crime, et un suspect qui confesse sa pédophilie et explique qu'il se rendait dans une clinique de sexologie, précisément ce jour et dans ce district. Avouez tout de même que cela semble un tout petit peu gros.

— Mais les analyses génétiques concordent. Même les échantillons de sperme. Comment voulez-vous qu'on fabrique de telles preuves ?

— Je n'en ai pas la moindre idée, Matt. Mais tout cela me paraît maintenant très louche. Cette carte confirme la théorie de votre amie. Tout comme l'enlèvement à Mold. D'après moi, maintenant qu'oncle Tom s'est débrouillé pour faire accuser Greg Randall, le voilà qui rôde à nouveau dans les rues.

— Les flics sont pourtant convaincus qu'ils tiennent cette fois le bon coupable. Les preuves sont accablantes. À moins qu'on ne retrouve un autre corps d'enfant tuée avec le mode opératoire exact d'oncle Tom, ils ne reverront jamais leur position.

Claire attrapa le bras de Matt :

— On ne peut pas attendre ça. Il faut qu'on fasse quelque chose.

167

Isaac acquiesça :

— Pour le moment, le kidnapping de Mold est pour tout le monde extérieur à l'affaire. La police galloise mènera l'enquête au mieux, mais si oncle Tom a une once de jugeote, il s'arrangera pour que cette fois on ne retrouve jamais le corps. Soyez sûr qu'il ne laissera pas de carte de visite.

— Est-ce une hypothèse réaliste ou est-ce qu'on est en train de laisser de faux espoirs prendre le pas ? demanda Claire.

— C'est tout à fait plausible, lui assura l'avocat. Souvenez-vous que Thomas Bristow avait dû sa première arrestation par la police de Londres à un informateur anonyme qui prétendait avoir aperçu sa voiture à Southall, près de l'endroit où le corps a été retrouvé. Quelqu'un devait forcément connaître ses penchants pédophiles pour avancer son nom.

— Ça n'était un secret pour personne. Bristow avait fait la une des journaux à l'époque, sans compter qu'il figurait au registre des délinquants sexuels.

— D'accord, mais les préférences sexuelles de Greg Randall, elles, étaient tout sauf connues du public. Encore une fois, Matt, tout ceci est strictement confidentiel. Greg avait contacté une clinique privée plus tôt dans l'année parce qu'il s'inquiétait de son attirance sexuelle envers les enfants – les petites filles plus précisément. Oui, il est pédophile, mais ne laissez pas cet élément obscurcir votre jugement. Ça ne le rend pas plus capable de commettre un meurtre que Thomas Bristow.

— Dans ce cas, qu'est-ce qui a amené les flics à le soupçonner ?

— J'y arrive. Greg avait payé et démarré un traitement assez coûteux, une thérapie par aversion, afin d'essayer de corriger ses désirs inappropriés. Il dissimulait ces démarches à sa famille, à ses collègues de travail. Personne ne savait. En décembre, il se rend à Woolwich pour assister à un rendez-vous fixé à l'avance dans une clinique. Pour une raison qu'on n'a pas encore pu éclaircir, le rendez-vous n'a pas lieu, et Greg se retrouve coincé à Londres, le bec dans l'eau, sans rien à faire. Le même jour, littéralement au coin de la rue ou presque, une gamine est assassinée. Apparemment, une psychothérapeute travaillant à la clinique où Greg était soigné a fait le lien et prévenu la police et les services sociaux.

— Vous insinuez que cette thérapeute lui a tendu un piège ?

— Non, évidemment. Je me dis que le véritable oncle Tom était peut-être un autre patient de cette clinique. Quelqu'un qui aurait rencontré Greg là-bas, ou tout au moins qui saurait qu'il s'y fait soigner.

— Et cette clinique, où se trouve-t-elle au juste ?

— Il s'agit de la Fondation Quinlan, à Sevenoaks. Ils voient défiler un certain nombre de délinquants sexuels condamnés, contraints d'y suivre un traitement. Vous allez peut-être me trouver parano, mais Thomas Bristow a également fréquenté la Fondation Quinlan il y a pas mal d'années de ça.

— Mon Dieu ! s'écria Claire en se redressant. Michael Bates aussi se faisait soigner là-bas !

— Qui ça ?

Matt lui résuma dans les grandes lignes leur rencontre avec Bates.

— Et pourrais-je savoir de quelle manière vous avez appris l'identité de cet homme ? Non, en fait je ne veux pas savoir, dit l'avocat en secouant la tête d'un air incrédule. Mais il y a fort à parier que son permis de conduire a disparu – perdu ou bien volé – lors d'un de ses passages dans cette Fondation.

— Il faut prévenir la police, Matt.

— Il est trop tôt, Claire. Pas après notre dernier coup. On a un peu trop tiré sur la corde. Je pense qu'il vaudrait mieux qu'on tâte le terrain par nous-mêmes d'abord. Voir quels autres éléments on peut récolter.

— Effectivement, approuva Isaac. Mais ce sera en grande partie à vous deux d'agir. Je passe le plus clair de cette semaine à assister un *barrister* à la cour d'assises, et probablement aussi la semaine prochaine. Greg Randall n'est pas l'unique personne dont je m'efforce de blanchir le nom. J'imagine que vous ne perdriez pas complètement votre temps en mettant le nez d'un peu plus près dans les affaires de cette Fondation. On appelle bien ça du « journalisme d'investigation » si je ne m'abuse. Pas vrai, Matt ?

— Votre confiance m'honore, Jeremy, mais elle est bien mal placée. Je ne saurais franchement pas par où commencer.

— Peut-être par discuter avec la thérapeute qui a renseigné la police sur Greg ? Elle m'a fait l'effet d'une femme aux idées libérales aisément influençable. Titillez la fibre du remords. Persuadez-la que son coup de téléphone a envoyé un innocent derrière les barreaux et elle acceptera sans doute de vous ouvrir les dossiers de chaque détraqué qui ait jamais passé leur porte, juste pour soulager sa conscience.

168

Les larmes n'eurent aucun mal à couler. Elle n'eut pas à simuler.

La mère de la première fillette assassinée venait désespérément chercher des réponses à ses questions.

Elle souhaitait savoir si le docteur Reynolds accepterait de lui parler…

Afin de l'aider à soulager sa peine…

Non sans quelque appréhension, Ruth Reynolds consentit à lui accorder un quart d'heure. Elle insista bien sur la ponctualité. Elle ne pouvait en aucun cas déroger à son planning.

— Ç'a dû être une décision très pénible pour vous, du point de vue éthique, de briser le secret professionnel, dit Claire pour amorcer la discussion.

— L'une des décisions les plus difficiles de ma carrière, répondit la thérapeute, flattée de la remarque. Mais ayant découvert l'horrible vérité, je pense que je n'aurais jamais pu vivre avec l'idée qu'il fasse du mal à une autre enfant.

— Je me demandais si… enfin, j'espérais que vous pourriez m'en dire un peu plus sur lui. Sur oncle Tom. Greg Randall.

Il semblait à Claire que chacune de ses paroles était analysée en détail, dans un but caché.

— Je suis navrée, Claire, mais ces informations demeurent confidentielles.

— Bien sûr. Mais dites-moi, docteur Reynolds, qu'est-ce qui peut amener un homme – pas juste cet homme-là, n'importe quel homme – à tuer un enfant ? À abuser d'une petite fille et à l'assassiner ? (Claire sentit ses yeux devenir humides et ne tenta pas de refouler ses larmes.) J'aimerais seulement faire un premier pas vers la compréhension de son geste…

Reynolds jeta un regard impatient à sa montre, regrettant d'avoir accepté cet entretien. Elle avait plus important à faire que de consoler cette femme qui débarquait en pleurs.

— Il est très compliqué d'expliquer cela en langage profane, Claire. Il existe des raisons profondément ancrées qui poussent un homme à maltraiter les femmes et les enfants. Ce n'est pas quelque chose que l'on peut résumer sans l'aide de l'obscur jargon technique propre à notre spécialité.

Claire se tamponna les yeux : elle n'obtiendrait rien de cette façon.

— Êtes-vous psychologue vous-même ?

— Grands dieux, non, se récria la femme. (L'affront se lisait sur ses traits.) Je suis « psychothérapeute ». Il y a une *énorme* différence. Mais comme je l'ai dit, Claire, nous n'avons malheureusement pas le temps d'entrer dans les détails. J'ai un emploi du temps extrêmement chargé ici à la Fondation, auquel je dois me tenir.

— Je comprends. Et j'apprécie sincèrement que vous m'accordiez un peu de votre temps. Y a-t-il beaucoup de psychothérapeutes qui travaillent ici ?

— Juste moi et le docteur Quinlan. Nous formons une petite équipe concentrée. Comme vous vous en doutez, les troubles sexuels ne se soignent pas à l'aide de quelques cachets d'aspirine et d'une semaine d'alitement. Ils nécessitent des thérapies intensives et personnalisées. Sachez bien, Claire, que certains de nos clients sont des individus dangereux. *Très dangereux*. Il s'agit de violeurs. De pédophiles. De tueurs. D'hommes tels qu'oncle Tom.

Claire ne put réprimer un frisson :

— Tout cela doit parfois être très déstabilisant. En particulier pour vous, enfin je veux dire, en tant que femme. (Cette remarque personnelle alluma une étincelle dans le regard froid du docteur Reynolds. Claire décida de creuser dans cette voie.) Il doit falloir beaucoup de courage pour s'entretenir seule avec eux. En tête à tête.

— Oh, pas tant que ça, à vrai dire, répondit la thérapeute, débordant d'orgueil. C'est plus une question de maturité qu'autre chose. Voyez-vous, les criminels sexuels ne sont pas motivés par le sexe.

— Ah bon ?

— Aussi étrange que cela puisse vous paraître, les abus sexuels ne découlent pas d'un besoin de gratification sexuelle mais de pouvoir. Celui que le mâle exerce sur les femmes. Celui qu'il exerce sur les enfants. Et même sur d'autres hommes plus faibles. À mesure qu'ils mûrissent, les hommes apprennent à contenir leurs bas instincts. Mais le besoin de contrôle reste enraciné en eux. C'est ce qui explique la présence de tous ces hommes âgés au sommet des hiérarchies, dans toutes les positions dirigeantes. Ça n'a rien à voir avec la compétence ou l'expérience. Tout cela est lié à l'exercice du pouvoir.

Claire encouragea la thérapeute à poursuivre sur sa lancée, tout en cherchant le moyen d'amener la conversation sur les autres clients de la Fondation.

— À l'opposé, les femmes parviennent à mieux comprendre le fonctionnement de l'esprit masculin à mesure qu'elles mûrissent, et donc à mieux gérer les hommes. Mais il faut savoir que les hommes qui viennent se faire soigner ici sont tous, sans exception, et ce quel que soit leur âge, fondamentalement immatures. Ils sont totalement incapables d'amorcer le moindre début de relation normale avec le sexe opposé. Ils utilisent donc pour s'exprimer leur force brute, leur pouvoir physique. (La thérapeute se redressa sur son siège, bouffie de suffisance.) De par ma position de femme mûre, il me suffit quand je suis face à eux de les regarder droit dans les yeux et de contester la base de leur pouvoir. Dès lors, l'homme étant lâche par essence, ils se recroquevillent. Croyez-moi, si vous vous retrouvez un jour face à un homme qui cherche à vous violer, contentez-vous de le fixer dans les yeux, et il prendra ses jambes à son cou.

Claire la remercia mentalement du conseil, mais songea qu'elle préférait s'en tenir à la bombe de gaz incapacitant et au coup de pied dans les burnes.

169

Claire plongea son regard dans celui de la thérapeute :

— C'est stupéfiant. Jamais je n'avais considéré ça sous cet angle.

— C'est parce qu'on ne vous a pas éduquée à raisonner ainsi, Claire. Ça commence dès l'école. La plupart des enseignants ont beau être des femmes, ce sont les hommes qui dictent les méthodes d'enseignement. Dès le départ, on inculque aux filles la soumission à leurs homologues masculins. Ce sont les hommes qui contrôlent les bases du pouvoir dans la société et qui mettent en place les règles destinées à asseoir leurs propres intérêts. Leur besoin de *pouvoir*. (Elle leva le menton d'un air important.) Mais en vingt années passées à travailler sur ces détraqués sexuels, je ne me suis jamais laissée intimider.

— Même pas une fois ? s'exclama Claire en feignant l'admiration.

— Pas depuis que je suis adulte. Pas depuis que j'ai atteint la maturité. Naturellement, petite, j'ai subi des abus sexuels. Mais qui n'en a pas subis ?

— Moi.

Le sourire du docteur Reynolds débordait d'une condescendance appuyée et décomplexée :

— Vous l'avez *oublié*, Claire, mais je puis vous assurer que vous l'avez été. Par un parent, un voisin, un instituteur… un homme en qui vous aviez confiance.

— Je peux vous certifier, docteur Reynolds, que je n'ai jamais été…

— Ce n'est rien, Claire, lui assura la thérapeute en lui tendant une main compatissante. On appelle ça le « déni victimaire ». C'est un processus tout à fait naturel : votre esprit a simplement refoulé le souvenir de ces sévices. Votre subconscient refuse de vous laisser affronter la vérité des faits. C'est un simple mécanisme de protection.

Claire affichait une perplexité manifeste. La thérapeute sourit :

— Vous voyez, actuellement vous êtes dans le déni, cela prouve bien que j'ai raison. En vérité, Claire, *tous les hommes*, sans exception, se livrent à des abus. C'est dans leur nature. Avez-vous déjà entendu parler du « syndrome de mémoire retrouvée » ? C'est une thérapie visant à faire resurgir du subconscient des souvenirs profondément enfouis. Des souvenirs que l'esprit a mis sous clef, en raison précisément de leur caractère douloureux. Mais l'hypnose, assortie d'un appui psychothérapeutique approprié, permet de déverrouiller ces souvenirs. L'expérience de l'abus peut alors être abordée avec un regard adulte – un regard mûr – afin de permettre à la femme de l'accepter. Et d'affronter la vérité.

Claire avait déjà eu l'occasion de lire des choses sur ce syndrome, mais rien d'aussi catégorique. Elle laissa la thérapeute poursuivre.

— Repensez à votre enfance, Claire. Pouvez-vous honnêtement dire que vous vous souvenez de *tout* ce qui s'y est produit ? De chacune des petites choses qui vous sont arrivées chaque jour de votre vie ? Bien sûr que non. De vastes pans, voire des années entières de votre enfance ont disparu, enfouis dans votre mémoire, simplement parce qu'ils vous ramènent à des expériences bien trop insupportables. (Reynolds fixait Claire droit dans les yeux.) Je ne saurais trop vous conseiller d'entreprendre une thérapie, Claire. Pas ici, évidemment, mais vous devriez consulter l'une de mes collègues à Canterbury. Tout dans votre expression, votre gestuelle, trahit le bouleversement qui agite votre subconscient, maintenant que j'ai titillé une corde sensible en vous. Votre esprit sait *pertinemment* que ces souvenirs horribles se trouvent là. Mais son mécanisme d'autodéfense s'obstine à les maintenir sous clef.

Au prix de gros efforts, Claire parvint à garder son calme : cette femme était de toute évidence folle. Gavin Large l'avait mise en garde contre les psychothérapeutes.

Elle jeta un rapide coup d'œil à la pendule. Le quart d'heure était presque écoulé.

Son esprit tournait à cent à l'heure, cherchant un moyen de tourner la conversation à son avantage :

— Mais cet homme qui a tué Rebecca, Greg Randall… Les services sociaux n'ont pas trouvé la moindre preuve qu'il abusait de ses filles. Si ce que vous dites est vrai, alors ils auraient forcément…

Si tant est que Reynolds fût surprise, elle n'en laissa rien paraître :

— Voilà qui illustre encore une fois mon propos, Claire. Si les assistantes sociales peinent à obtenir des preuves dans les cas d'abus sexuels, c'est simplement qu'elles ont les mains liées par la législation. Une législation dictée par un gouvernement constitué presque exclusivement d'hommes, et dont l'unique but est de protéger les intérêts masculins. Vous vous rappelez l'enquête du Cleveland ? Non, bien sûr, vous étiez trop jeune. Eh bien, un médecin – un médecin femme – avait décidé de mettre le holà à tout cela, elle avait eu le courage de lever le voile sur la véritable étendue des abus sexuels commis sur des enfants – des abus d'inspiration satanique. Dès lors, le Parlement a passé le plus clair de son temps à introduire de nouvelles restrictions empêchant les assistantes sociales de faire leur travail correctement. Il ne se passe pas une semaine sans qu'on leur reproche quelque chose. Certes, les hommes qui avaient abusé de ces enfants ont été condamnés, mais on a encore une fois rejeté la faute sur les pauvres assistantes sociales.

La thérapeute secoua la tête, comme si elle n'arrivait pas à croire ses propres paroles.

— Les assistantes sociales sont entravées dans leurs enquêtes par des directives émises par des hommes, pour protéger d'autres hommes. C'est une situation sans issue. La seule chose que nous pouvons faire en tant que femmes, Claire, c'est affronter les abus que nous avons subis dans notre enfance, par le biais de l'hypnose si nécessaire, et rejoindre la lutte contre les hommes abuseurs. Avant que leur obsession démesurée du pouvoir ne les pousse à tuer des femmes et des enfants innocents. À l'instar de l'homme qui a tué votre fille, Claire. À l'instar de Greg Randall.

Claire s'efforçait de garder une contenance :

— Mais imaginez qu'il soit innocent ? Vous ne craignez pas qu'il puisse s'agir d'une erreur ? Que Greg Randall ne soit pas oncle Tom ?

Un éclair de colère traversa le regard du docteur Reynolds :

— Ce que vous dites est complètement ridicule, Claire. (Elle regarda avec insistance la pendule.) Je crois que le quart d'heure est passé.

— Non, attendez. Écoutez ce que j'ai à vous dire, s'il vous plaît. Si l'homme qui a tué Rebecca était encore en liberté, et qu'il s'en prenne à d'autres enfants ? (Des larmes roulaient à nouveau sur ses joues, mais il y avait longtemps qu'elle ne jouait plus.) J'ai besoin d'être sûre, docteur Reynolds. S'il vous plaît.

— Claire, les médecins légistes ont retrouvé le sperme de Randall sur le corps de l'enfant. Sa culpabilité ne ferait pas moins de doute que si on l'avait photographié sur le fait. C'est terminé, Claire. Greg Randall était oncle Tom. On l'a arrêté. Il est désormais derrière les barreaux : c'est là qu'est sa place. Là qu'est la place de tous les hommes.

— Mais il s'est produit un autre enlèvement d'enfant au pays de Galles ! Qui suit le même schéma. Et Randall ne colle pas au profil qu'a dressé Ceri.

Un silence se fit pendant quelques secondes. Reynolds affichait un regard glacial, un visage de marbre.

Puis soudain les traits de la thérapeute s'animèrent, et sa froideur fit place à une voix chaleureuse et bienveillante, tandis qu'elle posait une main compatissante sur l'épaule de Claire.

— Ceri ? Profil ?

Tout d'un coup, l'emploi du temps de Reynolds était devenu élastique.

— Voulez-vous une tasse de thé ?

170

Les deux premiers messages vocaux venaient – ô surprise – de sa mère.

L'excuse était toute trouvée : il avait coupé son portable toute la soirée et passé la nuit chez Claire.

Sa mère espérait qu'il ne se trouvait pas parmi cette meute de vautours qui harcelait ce pauvre homme politique à la télé. Et quand comptait-il lui rendre visite ? Le jardin avait besoin d'être taillé.

Il se promit d'y faire un saut pendant le week-end.

Matt soumettait la peau de son visage au feu du rasoir quand il réalisa que la voix de sa mère avait cédé la place aux notes alarmées d'un accent gallois. Il laissa tomber le Gillette dans le lavabo et attrapa bloc-notes et crayon.

« Matt ? C'est Ceri ! Je sais qu'il est tard mais il fallait que je t'appelle. Je suis maintenant sûre qu'on a raison. Randall ne peut pas être oncle Tom. Il a tué à deux reprises depuis que Randall a été arrêté. La petite à Mold, et avant ça à Oxford. Ça crevait les yeux ! J'ai compris ce qui nous a trompés. On partait du principe que Rebecca était sa première victime. Alors que non. C'était juste la première à mourir. Les ongles peints, c'était une feinte. Et désormais, on ne retrouvera plus les corps. Matt, j'ai presque plus de crédits. Rappelle-moi. On peut lui mettre la main dessus, en se servant du cercle de Canter. Mais on n'a plus beaucoup de temps avant que… »

Matt appuya sur le bouton de rappel, mais tomba directement sur la messagerie. Quelques secondes plus tard, il avait Gavin Large au bout du fil :

— Gavin ? Ici Matt Burford. Tu as vu Ceri aujourd'hui ?

— Son prochain cours avec moi est seulement cet après-midi. Un problème ?

— Gavin, dès que tu la vois, dis-lui de m'appeler sur-le-champ. Prête-lui ton téléphone au besoin.

— Matt, je peux pas passer mon temps à courir après mes étudiants.

— C'est important, Gavin. Ça concerne le profil.

— Je pensais que c'était réglé, fit l'enseignant avec un lourd soupir.

— Nous aussi. Mais je ne suis plus si sûr. Ceri t'a-t-elle parlé de quelque chose ?

— Elle a essayé, mais je lui ai conseillé en termes plus qu'explicites d'oublier le sujet et de reprendre ses bouquins de cours.

— Gavin. Assure-toi juste qu'elle m'appelle. Dès que possible.

Matt composa un autre numéro :

— Jeremy ? Ici Matt Burford.

— Matt ? J'étais justement en train d'essayer de vous appeler.

— Sans blague.

— Oui. Je me suis fait cambrioler. À mon bureau.

— Je suis navré de l'apprendre. Mais en quoi est-ce que ça me concerne ?

— Vous n'avez pas compris. Ce ne sont pas *nos* bureaux qui ont été cambriolés, juste le mien. Mon bureau. À l'étage. Et par un professionnel. Il est passé par la fenêtre.

— Juste *votre* bureau ?

— Et écoutez le pire : tous mes dossiers de délinquants sexuels ont disparu. Y compris ceux de Bristow et de Randall. La police criminelle sort à l'instant, mais ils n'ont trouvé aucune trace exploitable. Un véritable travail de professionnel. Après notre petite entrevue de l'autre soir, je me suis dit que vous aimeriez être au courant.

— Vous avez expliqué ça aux flics ?

— Non, pas encore. J'ai pensé qu'il valait mieux que je vous en parle d'abord.

— Jeremy, j'ai reçu un coup de fil de Ceri. Un message incompréhensible sur mon répondeur. Écoutez.

Matt diffusa l'enregistrement dans le combiné. Isaac écouta en silence.

— Vous y pigez quelque chose ?

— Pas un mot.

— Moi non plus. Son portable est éteint, mais je vous recontacte dès qu'elle m'appelle.

— On fait comme ça.

Matt composa un dernier numéro :

— Allô Danny ? J'ai besoin d'un service.

171

— De quoi est mort ton dernier esclave ? demanda Danny en faisant glisser le carton de lait sur la table, avant de brandir le reçu sous le nez de Matt.

— Mon petit gars, assister une pointure du journalisme dans son travail ne comporte pas que des tâches prestigieuses.

— Et pourquoi ce serait pas toi qui m'assisterais pour changer ?

— À cause du droit d'aînesse. Écoute, tu veux te montrer vraiment utile ? Te retrouver en première ligne sur le front médiatique ? Évoluer au cœur du journalisme moderne ?

Le visage de l'adolescent s'illumina :

— Ah ouais ! Carrément !

— Alors mets en route la bouilloire. De toute façon, que faisais-tu chez toi de si intéressant ? Tu jouais à *Pacman* ?

— T'es méchamment largué, quand même.

— Si le téléphone sonne, ne réponds pas. Ce sera sans doute Ceri.

Elle m'appelle *moi.* Je tiens pas à ce que tu l'effraies en salivant dans le combiné.

— Genre. (Un large sourire éclaira soudain son visage.) Matt, devine quoi ? Elle m'a envoyé une lettre la semaine dernière. Je crois bien qu'elle me kiffe.

— Dans tes rêves.

— C'est ce qu'on verra. D'abord qu'est-ce qui la pousse à appeler un vieux machin comme toi ?

— Si on te le demande…

Matt s'installait devant un bol de céréales en guise de petit déjeuner tardif quand le téléphone sonna. Danny bondit pour décrocher pendant que Matt se dépêtrait encore avec son bol.

— Allô ? Oui. Je crois. Un moment. (Danny sourit de toutes ses dents, la main par-dessus le combiné.) « Est-ce que Matthew est là ? » C'est ta daronne ! Ouah ! Elle doit avoir au moins cent cinquante ans !

— Débarrasse-toi d'elle ! fit Matt avec de grands gestes.

Danny étira un large sourire.

— Désolé, il vient de sortir. Est-ce que je peux prendre un message ? OK. Ça roule, à plus, dit-il avant de raccrocher.

— « Ça roule, à plus » ?

— Elle veut que tu la rappelles à la minute où tu rentres. Elle dit que c'est super important. Une histoire de pelouse…

— Elle a juste besoin de compagnie. Ça te branche, Danny ? Veuve cougar à la retraite, avec maison et voiture, cherche petit jeune, maximum quinze ans, pour parties endiablées de jeux vidéo.

— Je t'emmerde, grand-père. (Danny ramassa le bloc-notes.) On fait des gribouillages à ce que je vois ? C'est de la sténo, j'imagine ? Voyons voir, « Canter ». Ça doit vouloir dire « Canterbury », non ? Tu vois, Matt, j'ai ça dans le sang.

— Ça n'a rien à voir avec Canterbury.

— Avec les chevaux, alors ?

— À toi de me le dire, Einstein. Ceri y a fait référence. Le « cercle de Canter ». J'ai donc tracé un cercle et écrit le mot « Canter » à l'intérieur. Futé, non ?

Danny afficha son sourire.

Matt toisa son jeune assistant d'un regard méfiant.

— Pas si futé que ça si tu ne sais pas qui est « Canter ».

— Parce que toi tu le sais, je suppose ?

— Si Ceri en a parlé, alors il s'agit forcément de David Canter. Elle fait probablement référence à sa théorie du cercle.

— Tu te paies ma tête, pas vrai ?

— Sérieux ? Tu veux dire que tu n'as jamais entendu parler de Canter ? C'est lui qui a mis sur pied le profilage criminel dans ce pays.

Le regard de Matt s'éclaira :

— Danny, je crois que je pourrais t'embrasser.

— Merci, mais ça va aller. Je préfère attendre Ceri. Elle est plus mon type.

Matt poussa son bol sur le côté :

— Va falloir prendre ton mal en patience, petit. Elle préfère les vrais hommes, pas les petits garçons.

La mine déconfite, Danny bredouilla :

— Pas aussi petit que tu le crois…

— Qu'est-ce que c'est que cette histoire de cercle ?

Danny regardait par la fenêtre.

— Danny ? Le cercle de Canter ?

Danny croisa les bras d'un air boudeur :

— Je suis qu'un môme. T'as oublié ?

Matt soupira :

— C'est bon, je le reconnais, tout ça me dépasse. Sorti des criminels ordinaires, barons de la drogue, braqueurs de banque et consorts, je suis largué. Pourquoi tu crois que je bosse dans une boîte de presse paumée comme *Southern Media* plutôt qu'au cœur de la capitale ? Je m'incline devant ton savoir suprême. Ça te va ? Maintenant si tu sais quelque chose, crache-le !

Danny retrouva son expression satisfaite :

— Ben, t'as vu, je ne suis pas un expert comme Ceri. Mais j'ai lu des trucs.

— Ouais… probablement tout ce qui a jamais été écrit sur le sujet. Viens-en au fait.

— Eh bien en fait, Canter entourait des scènes de crime sur une carte. Puis il traçait un cercle assez grand pour englober tous ces points. Il prétendait ensuite qu'on trouverait le criminel quelque part à l'intérieur du cercle. Ceri expliquerait ça bien mieux que moi. Alors ? Qu'est-ce qui se passe ? Oncle Tom est sous les verrous, non ?

— Pas sûr.

— Sans déconner ?

Matt considéra le gamin : il n'avait même pas quinze ans, et toutes ses connaissances en la matière, il les avait acquises de manière indirecte, à travers le filtre édulcorant d'articles de presse, de magazines ou de bouquins. Avait-il le droit de l'impliquer davantage ?

— Alors écoute bien.

Le visage de Danny s'illumina tandis que Matt repassait le message sur son répondeur :

— Yes ! Je le savais !

— Tu savais quoi ?

— Que c'était pas Randall. Ça crevait les yeux.

— Quoi ? Comment ça ?

— Tu te souviens de cette photo de lui avec ses gamines dans l'édition du dimanche la semaine passée ?

— Eh ben quoi ?

— Eh bien ses filles… Leurs visages avaient été floutés pour protéger leur identité – comme si elles pouvaient rester anonymes avec un père qui fait les gros titres… Mais leurs cheveux, ils étaient détachés.

— Eh ben quoi, Danny !?

— Ben voilà : leurs cheveux étaient *détachés*. Toutes les victimes d'oncle Tom avaient les cheveux attachés en couettes ou autre, t'es d'accord ? Ça faisait partie du rituel d'oncle Tom. À l'évidence, le gars a cette manie avec les cheveux des filles. S'il avait eu des filles, jamais il ne les aurait laissées se faire photographier les cheveux détachés. Ce détail a trop d'importance à ses yeux.

Matt dévisagea le gamin avec stupeur :

— Bon Dieu. Pourquoi tu n'as rien dit avant ?

— T'as oublié ? Je suis juste ton petit apprenti.

— OK, Danny, s'exclama le journaliste avec une mine contrite. On joue cartes sur table. Mais rappelle-toi qu'il y a un code d'éthique. Tout ça est strictement confidentiel.

— Je t'ai déjà déçu à ce niveau ?

Danny réécouta l'enregistrement dans un silence respectueux, qu'il émaillait à l'occasion de questions pertinentes. Ils se repassèrent encore et encore les paroles de Ceri.

— Elle dit qu'il a tué à deux reprises.

— Mold pour le Y, mais pour le X ? Tu as dit qu'il n'y avait aucun lieu.

— Je te le garantis. L'ordinateur ne ment pas. Pas à moi en tout cas. Il oserait jamais faire ça.

— T'as déjà oublié « The Undercliff » ?

— C'est différent. Il était indexé sous les T. Je passerai à nouveau en revue les X, juste pour être sûr, mais tu peux me croire : y a rien.

— Tu peux le faire d'ici si tu veux.

Danny jeta un regard dédaigneux vers l'ordinateur de Matt :

— Sur ce dinosaure ? Qui l'a construit ? Clive Sinclair ? Non, il faut que je repasse à la maison.

— T'attends quoi ?

Danny était à mi-chemin de la porte quand Matt lui lança :

— Tu as prévu quoi pour ce soir ?

— Comme d'hab, fit le gamin avec un haussement d'épaules.

— Retrouve-moi ici à dix-huit heures quarante-cinq. Amène tout ce que tu peux trouver. Et ne t'empiffre pas d'ici là. On dîne chez Claire.

— Sérieux ?

— Sérieux. Bienvenue dans l'équipe, Danny !

172

— Tout ce qu'on mange à la maison, c'est des frites. C'est succulent, Claire. Il en reste ?

— Ben dis donc, quel appétit.

— Tu parles, un vrai repas ! C'est rare, alors j'en profite. Maman sait pas cuisiner. Elle sait même pas faire cuire un œuf.

— C'est le cas de beaucoup de gens, lui assura Matt. Tu serais surpris si je te disais combien il est difficile d'évaluer quand un œuf est cuit.

— Ouais, parce que t'es un pro dans ce domaine-là, peut-être ? Tout ce que tu sais faire, c'est du café.

— À dire vrai, Danny, Matt est un vrai cordon-bleu.

Danny jeta à Matt un regard oblique :

— Ha ! Espèce de femmelette !

Matt asséna une tape gentillette sur la tête du garçon :

— Ma foi, on dirait que Ceri ne donnera pas de ses nouvelles aujourd'hui. Alors on t'écoute champion… C'est l'heure de montrer à Claire de quoi tu es capable.

Danny essuya son assiette avant de commencer :

— Comme je t'ai dit en chemin, Matt. Tout ça tient pas debout. J'ai vérifié et revérifié : il n'y a aucun nom de lieu commençant par un X, ni près d'Oxford ni nulle part ailleurs dans le pays. Je peux te le certifier. J'ai consulté tous les sites d'informations à la recherche d'enfants disparus. On n'a toujours pas retrouvé la fille de Mold, mais rien ne permet d'établir un lien avec oncle Tom.

— Ça valait le coup d'essayer. Mais je me dis qu'on devrait peut-être se trouver une carte de tout le pays, sur papier, et l'éplucher à la loupe, centimètre par centimètre. Peut-être qu'avec un peu de chance, on tombera sur quelque chose, comme Jeremy l'autre fois.

— T'arrives un peu tard, Matt. Vu que Ceri avait clairement parlé d'Oxford, je suis allé acheter la carte géographique qui couvre Oxford et sa campagne environnante.

— Je t'avais dit qu'il était bon, Claire.

Danny déplia la carte sur la table.

— Mais il y a que dalle. Je l'ai examinée à deux reprises.

— Et pour le pays tout entier ?

— C'est pas si simple. Prends celle-ci par exemple. C'est une carte au 1.50 000. Elle est pas mal détaillée, comme tu peux le voir. Mais elle fait quatre-vingts centimètres de large.

— Ce qui pour un bon Anglo-Saxon fait… ?

— Deux pieds et demi… espèce d'homme préhistorique !

— C'est faisable. Tu les as toutes apportées ?

— Il y en a plus de deux cents, couvrant l'Angleterre, l'Écosse et le pays de Galles.

Matt laissa échapper un sifflement :

— OK. Dans ce cas passons au plan B.

— C'est quoi, le plan B ?

— J'espérais que tu pourrais me le dire.

Ils furent interrompus par la sonnerie du portable de Matt.

— Ça doit être Ceri.

— Matt ? Ici Gavin Large.

— Ceri est avec toi ?

— C'est pour ça que j'appelle. Elle n'est pas venue en cours aujourd'hui. Rien d'inhabituel en soi, il est vrai, mais j'ai posé la question à certaines de ses camarades et elles sont un peu inquiètes. Personne ne l'a vue depuis deux jours. Quand as-tu reçu ce message ?

— Ce matin, mais elle l'a laissé hier dans la soirée.

— Ouf ! Je suis soulagé. Je commençais à me faire du souci. Elle est peut-être juste malade. Mais d'après ses camarades, elle se comportait bizarrement ces derniers temps.

— « Bizarrement » ?

— Elle passait beaucoup de temps à la bibliothèque. À faire des recherches. Comme tu t'en doutes, c'était pas dans son habitude. Elle s'est même rendue dans le département de biologie, pour se renseigner sur le diabète.

— Ça lui est déjà arrivé de s'absenter comme ça auparavant ?

— Pas à ma connaissance, mais c'est fréquent chez les étudiants. La pression des examens, tu vois ?

— Elle approche d'un examen ?

— Non.

— Il faut qu'on lui parle. De toute urgence. Gavin, est-ce que ça te dit quelque chose le « cercle de Canter » ?

— David Canter ? Sa théorie du cercle ? Évidemment. C'est une méthode pour identifier la base de repli probable de délinquants récidivistes. Un instant, chérie ! J'arrive ! Matt, je suis désolé, je vais devoir raccrocher. À mon âge, les nénettes se font rares, alors quand on en tient une, on la fait pas attendre.

— Le cercle, Gavin ! Comment fonctionne-t-il ?

— Rappelle demain ! Bonne soirée !

— Putain ! grommela le journaliste en balançant son téléphone.

— Matt, que se passe-t-il ? Est-ce que Ceri va bien ?

— Je sais pas. Personne ne semble l'avoir vue depuis quelques jours.

— Si elle a appelé la nuit dernière, y a pas de quoi s'inquiéter.

— Peut-être bien. Mais c'est bizarre : elle commence par laisser un message disant qu'elle doit à tout prix me parler, et puis elle éteint son téléphone et devient injoignable. Et pas le moindre signe depuis…

— Peut-être que sa batterie est à plat, suggéra Danny. Ou qu'on lui a taxé son téléphone.

— Ou bien qu'elle en sait plus qu'elle n'en dit et qu'elle a succombé à la panique.

— Il faut aller à sa recherche, Matt, déclara Claire. On lui doit bien ça.

— Tu as raison. Et puis si on réussit à réunir Ceri et Gavin autour d'une table, on pourra peut-être reconstituer le puzzle.

— Je vous accompagne, s'écria Danny.

— Toi, jeune homme, tu restes ici. Tes parents n'accepteraient jamais de te laisser partir à Liverpool avec un inconnu.

— Tu crois que je leur ai demandé la permission avant de venir ici ?

— C'est différent. J'habite à deux pas. Liverpool, c'est à plusieurs centaines de kilomètres.

Danny lança un regard noir au journaliste.

— En plus de ça, tu peux te rendre utile ici.

173

Danny retrouva aussitôt le sourire :

— Ah ouais ?

— J'ai besoin de toutes les infos que tu pourras déterrer sur Leroy McKenzie. Un délinquant sexuel. Je sais déjà qu'il ne fait pas dans les gamins. Son dossier a disparu du bureau de Jeremy Isaac, avec celui de Randall et de Bristow. Jeremy pense qu'on a dû l'emporter par erreur avec les autres.

— Pas toi ?

— Je sais plus quoi penser, Danny. Je me raccroche à ce que je peux. Bref, c'est ta nouvelle mission.

— Fastoche. Où est ton ordinateur, Claire ?

— Non, non, non, rétorqua Matt. Imagine que les flics remontent jusqu'ici ?

— Ah ouais ? Par contre, s'ils remontent jusqu'à chez moi, tu t'en fous.

— C'est pas la question. Bon, il faut qu'on discute d'autre chose maintenant. Envoie-moi ce que tu trouveras sur McKenzie dans la soirée. Qui veut du café ? Claire ?

— Oui, merci.

— Danny ?

— T'as rien de plus fort ? répondit l'adolescent en lorgnant sur la bouteille de vin posée sur le buffet.

— Café ou thé. On peut à la rigueur te dégoter du jus d'orange si t'as de la chance.

— Tu recommences à me traiter comme un môme.

— Boire de l'alcool ne fait pas de toi un adulte, Danny. C'est juste ton physique qui prend un coup de vieux.

Matt revint en apportant sur un plateau deux cafés et un chocolat chaud pour Danny. Tous trois passèrent dans le salon.

— Des sucrettes ? (Danny en laissa tomber cinq dans sa tasse.) Beurk ! Vous avez un problème avec le sucre ?

— Rebecca était diabétique. Il n'y a jamais eu de sucre dans cette maison.

Matt demanda d'une voix douce :

— Tu avais dit à Ceri que Rebecca était diabétique ?

— Elle a aperçu le pack d'insuline dans le frigo. Pourquoi ?

— Gavin a dit que Ceri s'était renseignée sur le diabète.

— Tu sais pourquoi ?

— Aucune idée. Mais elle m'avait appelé la semaine dernière, au milieu de la nuit, pour me demander si le diabète de Rebecca était de type 1. Ça m'était complètement sorti de la tête jusqu'à…

Matt regarda au loin, laissant sa phrase en suspens.

— Jusqu'à… ?

— Jusqu'à ce soir. Maintenant, je commence à comprendre… (Il se redressa tout à coup.) Tu te souviens de ce que Ceri a dit sur le message ? Que Rebecca n'était pas sa première victime. « Juste la première à mourir. »

— Et alors ?

— Alors suppose qu'elle n'ait pas été *assassinée*, mais qu'elle soit morte parce qu'elle n'avait pas reçu sa dose d'insuline…

— Mais l'autopsie…

— Le rapport d'autopsie parlait de « strangulation ». Mais il laissait aussi entendre que les conclusions étaient incertaines. Le corps avait passé trop de temps dans l'eau pour livrer des traces solides. Imagine un instant, Claire… imagine qu'il ait enlevé Rebecca et qu'elle meure entre ses mains, faute de soin. (Matt posa sa main sur celle de Claire.) Excuse-moi, mais essaie de considérer la chose. Tout d'un coup, il se retrouve avec une enfant morte sur les bras. Il est forcé de réagir : alors il maquille ça en étranglement.

— Les médecins légistes peuvent facilement déterminer si une compression a été infligée avant ou après la mort, fit remarquer Danny.

— Si on avait retrouvé Rebecca immédiatement, oui, peut-être. Mais après tout ce temps…

Claire peinait à retenir ses larmes :

— Alors si ça se trouve, il a agressé d'autres filles… ? Qui sont peut-être encore en vie ?

— Mais oui ! s'exclama Danny, renversant du même coup son chocolat. Et toutes ces agressions doivent avoir été signalées !

— Et la police n'aurait pas fait le lien entre elles ?

Le cerveau de Matt tournait à plein régime :

— Pas si elles se sont produites à travers plusieurs comtés, dans différentes juridictions.

— C'est-à-dire ?

— La notion de juridiction est un argument clef du débat en faveur d'une force nationale de police. Au jour d'aujourd'hui, chaque force de police régionale couvre une zone précise et fonctionne selon ses propres méthodes. Et elles n'ont pas toujours les moyens – ni même la volonté – d'échanger leurs informations, en particulier quand il s'agit de petits délits.

— Mais là, il s'agit d'une enquête pour meurtres, Matt. Toutes les polices du pays collaborent, non ?

— Maintenant oui, mais pas avant, souligna Danny. Matt a raison. De nos jours, les agressions sexuelles sont si fréquentes que si elles se produisent dans des juridictions différentes, il y a peu de chances qu'on fasse le lien entre elles.

Matt arpentait le salon, en pensant tout haut :

— Qu'est-ce que Ceri disait ? Que la peinture était une feinte ? Je crois qu'oncle Tom essaie de détourner les flics de ses premières agressions. Dès lors qu'il avait une enfant morte sur les bras, il s'exposait au minimum à une charge d'homicide. Après ça, il n'avait plus rien à perdre à tuer ses victimes. Bien au contraire. Il réduisait ainsi les risques d'être identifié. L'argument classique contre la peine de mort : s'il faut être pendu pour avoir volé un œuf, autant voler un bœuf.

Claire pressa un mouchoir contre ses yeux humides :

— J'imagine que maintenant on peut aller voir la police ?

— Quelques hypothèses brouillonnes ne suffisent pas, Claire. Il faut au moins qu'on identifie la série d'agressions qui ont précédé celle de Rebecca. On peut supposer qu'il suivait déjà le même schéma. Danny ?

L'adolescent hochait la tête avec enthousiasme :

— C'est ça que Ceri voulait nous dire ! Si on parvient à identifier les lieux, on pourra le localiser grâce à la théorie de Canter.

— Il faut que j'accède à la base d'archives de *Southern Media*. Danny, rentre chez toi et trouve-moi tout ce que tu peux sur Leroy McKenzie. Envoie-moi ça par mail. Claire, je te suggère de te coucher tôt. Une longue route nous attend demain.

— Moi aussi je veux revoir Ceri.

— Remets pas ça sur le tapis, Danny. La réponse est non.

— S'te plaît, Matt.

— Tu restes ici, Danny ! Je ne reviens pas là-dessus.

174

Matt avait eu des scrupules à laisser le gamin rentrer seul chez lui à cette heure de la nuit, mais Danny n'avait rien voulu savoir.

Il n'était plus un môme.

Il avait quatorze ans.

Il n'avait pas besoin qu'on le chaperonne.

Matt sourit en y repensant. Il aimait bien ce gamin. Danny lui rappelait le gamin qu'il était lorsqu'il avait le même âge.

Le gamin était jovial.

Insouciant.

Prévenant.

Il était futé.

Il était sur le siège arrière.

— Bordel de merde, qu'est-ce que tu fais là ?

Matt vit les yeux bouffis du gamin apparaître dans le rétroviseur alors qu'il filait à cent quarante sur l'autoroute de Londres.

— Je me suis dit que tu voudrais avoir de la compagnie. Où est Claire ?

— Chez elle. Comme tu devrais l'être.

— Je croyais qu'elle partait avec toi.

— Changement de programme.

Danny grimpa sur le siège passager :

— Dans ce cas je peux passer à l'avant.

— Prends pas trop tes aises. Je sors à la prochaine bretelle et tu rentres chez toi.

— Matt, regarde les choses en face : t'es perdu sans moi. Je t'ai trouvé les infos sur McKenzie. Vrai ou pas ?

— N'empêche que tu rentres chez toi. Il y a quoi dans ton sac ?

— Un thermos. Du café ?

— Non merci. D'abord comment t'as fait ton compte pour t'introduire dans la voiture ? Je pensais avoir verrouillé les portes.

— Elles l'étaient. Laisse tomber comment j'ai eu froid en

t'attendant. Je me suis gelé les couilles.

— Pilosité insuffisante… T'inquiète pas, ça va bientôt pousser.

— Monsieur n'est pas du matin à ce que je vois ?

— File-moi un peu de ton café.

— Tu vois, Matt. T'es perdu sans moi.

Matt accepta de bonne grâce le gobelet de café. Il regarda Danny du coin de l'œil :

— Qu'est-ce qui te fait sourire encore ?

— Tu viens de dépasser la sortie.

175

Matt avait bien insisté sur le fait que Leroy McKenzie était un type dangereux. *Vraiment* dangereux.

Il avait convenu de la retrouver sur place, sur le chemin du retour : il était totalement hors de question qu'elle le rencontre en tête à tête.

Claire serra avec appréhension la main que McKenzie lui tendait.

La main d'un violeur.

Un violeur de plus.

Elle commençait à être blasée de ces entretiens avec des délinquants sexuels.

Claire suivit l'homme dans le living-room. Il portait un bas de jogging et un débardeur qui lui moulait le torse. Sa musculature attirait le regard, tout comme ses impressionnants biceps. Elle devinait qu'aucune once de graisse superflue ne venait alourdir son corps. S'il tentait quelque chose, elle n'avait pas l'ombre d'une chance.

— Thé ? Café ?

Elle ne comptait pas s'attarder, mais se souvint du comportement qu'avait adopté Matt face à Michael Bates.

— Du thé, merci.

Il lança depuis la cuisine :

— Comme je vous ai dit au téléphone, je suis pas fier de mon passé, mais je reste mille fois plus respectable qu'un mec qui s'en prend à des mômes. Moi-même j'ai été père, vous savez. D'un petit gars.

— « Ai été » ?

— Méningite. À neuf mois. Alors je sais ce que c'est que de perdre un enfant. C'est pour ça que j'ai accepté de vous rencontrer.

— Je suis navré pour vous.

— C'est du passé. Lait et sucre ?

— Juste du lait. Sympa, la photo. C'est vous ? dit-elle en prenant un cadre sur une étagère ; on y voyait des ouvriers occupés à construire une digue.

McKenzie réapparut avec le thé :

— Désolé, j'ai pas de soucoupe. J'ai pas l'habitude de recevoir des dames. Ouais, c'est moi. Ça date pas d'hier. C'est du côté de chez vous justement. Reculver. Vous connaissez ?

— Vous avez travaillé dans la construction ?

Elle repensa au profil de Dunst. Puis au message de Ceri expliquant que la peinture était une feinte.

— Ils appellent ça « le génie civil », mais ouais, au final, c'est un mot qui en jette pour dire « maçon ». J'étais le seul Black de la boîte, alors c'est moi qui me tapais toute la merde. Les enfoirés.

— Vous travaillez toujours dans ce secteur aujourd'hui ?

— J'aimerais bien. Ça fait des piges que je suis au chômage. C'est con quand on y pense. OK, je suis tombé pour viol. Mais en quoi ça gêne pour taffer dans la construction ? Il vous plaît, le thé ?

— Il est parfait, merci. Dites-moi, le bébé… vous avez été marié ?

— « Avez été », ouais, comme vous dites. Elle m'a plaqué dès mon premier séjour en taule. Je suis ressorti sans rien : pas de famille, pas de boulot, juste mes deux copains, dit-il en montrant ses bras. C'est le seul truc que j'ai gagné là-bas. Ils avaient une salle de sport d'enfer. (Il fit jouer ses muscles avec fierté.) Coldingley, dans le Surrey. Vous connaissez ?

— Jamais entendu parler.

— Un endroit dingue. C'est la première prison industrielle du pays, bien avant qu'ils se mettent à tout privatiser. Je fabriquais des panneaux routiers là-bas.

— Des panneaux routiers ? répéta Claire avec une pointe de malaise. *Panneaux routiers, marquages routiers : y avait-il une différence ?*

— Alors comment avez-vous atterri à Milton Keynes ?

— Je suis venu voir les fameuses « vaches en béton » et j'ai pas réussi à trouver la sortie, répondit-il en souriant. Le boulot, quoi d'autre ? Personne vient ici par choix ! Non, sérieusement, c'est sympa, malgré toutes les blagues qu'on peut faire sur la ville. Il y a quelques années de ça, le chômage était totalement inconnu par ici. J'ai eu aucun problème à trouver du boulot avant que… enfin, vous savez. Bref, j'ai purgé ma peine, et en sortant, j'ai emménagé dans ce clapier, en célibataire. Della m'a laissé tomber le jour où on m'a arrêté. Elle a même pas attendu de voir s'ils me laissaient ressortir.

Claire se demanda un instant comment elle eût réagi en pareilles circonstances, mais Leroy interrompit ses réflexions :

— Aujourd'hui, me v'là coincé dans ce trou. Les allocs paient tout juste le loyer et la bouffe. Je me fais deux trois biftons en louant un box. J'ai pas de quoi me payer une caisse alors autant qu'il serve à quelqu'un. Mais bon, j'imagine que vous êtes pas venue jusqu'ici pour écouter l'histoire de ma vie glauque. Qu'est-ce que je peux faire pour vous au juste ?

— C'est une longue histoire. Je suis encore en train d'essayer d'accepter la disparition de ma fille. Comme vous le savez, ils ont inculpé quelqu'un.

McKenzie leva les paumes dans un geste de défense :

— Je connais pas ce gars, si c'est ce que vous voulez savoir. En fait, j'espère bien qu'ils pendront ce fils de pute. Enculé de pointeur !

Désolé d'être grossier, madame, mais les tueurs de mômes, ça me débecte. Ils méritent pas de vivre.

S'ils sont coupables, songea Claire.

— Leroy, je… Enfin… Puis-je vous poser quelques questions *d'ordre personnel* ?

— J'ai rien à cacher, Claire. J'assume ce que j'ai fait. Comme j'ai dit, j'en suis pas fier, mais on peut pas revenir en arrière. Posez-moi les questions que vous voulez. Mais faut que vous soyez prête à entendre les réponses.

176

— Jeremy Isaac était bien votre avocat, n'est-ce pas ?

— Isaac ? Ah, ouais, à ma première arrestation. Enfin, c'était un procès en assises, donc en fait, c'est un *barrister* qui s'est chargé de me défendre… mais ouais, Isaac était mon avocat à l'époque. Vous le connaissez ?

— Il y a quelques jours de ça, on a cambriolé le cabinet de Jeremy.

— J'ai rien à voir avec ça, madame. Parole !

— Je sais, ce n'est pas ce que je voulais dire… Le problème, c'est qu'on a volé quelques dossiers, et le vôtre faisait partie du lot.

McKenzie haussa les épaules :

— Y a rien de secret dans ce dossier.

— Il n'y a donc aucune raison pour que quelqu'un veuille le voler ?

— Ils ont volé que mon dossier à moi ?

— Non, ils en ont dérobé deux autres. Jeremy pense qu'ils ont pris le vôtre par erreur.

— Ah ouais, c'est sûrement ça. Putain, qui vous voulez que ça intéresse, mon dossier ?

— Donc il ne contient rien qui puisse intéresser quiconque ?

McKenzie haussa à nouveau les épaules.

— Tout ce qu'il y a dedans, c'est le bourre-mou juridique rapport au premier viol. Après ça, j'ai pu eu le même baveux.

— Jeremy ne s'est pas occupé de tous vos procès ?

— Nan. J'aurais bien voulu. Ce mec, c'est un bon. Il fait pas de cadeau aux schmitts dès qu'ils dépassent la ligne jaune. Mais il était pas dispo la deuxième fois où j'ai été arrêté. De toute façon, j'ai pas cherché, j'ai plaidé coupable direct, alors c'est pas bien grave. Je me suis retrouvé tout droit à Grendon.

— Grendon ?

— Grendon Underwood. Eh ma parole, ma p'tite dame, vous êtes pas très calée en ce qui concerne les pénitenciers de ce pays, ça je peux vous le dire.

— On ne m'y a jamais accueillie. Mis à part celui de Canterbury où il m'est une fois arrivé de rendre visite à quelqu'un. Thomas Bristow…

Si le nom rappela quelque chose à McKenzie, il n'en laissa rien voir.

— Le problème avec ce genre de prison, reprit-il, c'est qu'on vous fout en cage et qu'après on vous relâche dans la nature. C'est ce qui m'est arrivé la première fois. Deux ans enfermé et tout à coup, relâché sur parole. Quand j'ai repassé les grilles, j'avais pas vu le moindre bout de femme en deux piges. J'avais la dalle et ma foi… j'ai pas pu m'en empêcher. Oh ! Excusez-moi, madame, je voulais pas vous mettre mal à l'aise.

— Il n'y a pas de problème. (Bien sûr qu'il y en avait un ! Elle sentait son estomac se nouer. Elle posa un regard méfiant sur ses larges biceps. Avait-elle sa bombe de gaz dans son sac ? Elle s'obligea à continuer.) Que s'est-il passé ?

— J'ai pris trois ans. Mais ce coup-ci, ils ont eu la bonté de m'envoyer à Grendon.

— « La bonté » ?

— C'est à deux pas d'ici. Du côté d'Aylesbury. On y est bien mieux qu'à Coldingley. C'est comme à la maison. Ma parole. Bon, c'est pas encore Woodhill, je vous l'accorde – là-bas, ils ont carrément de la moquette dans les cachemittes.

— « Cachemittes » ?

— Mais ma parole, vous alors, vous débarquez d'une autre planète ! Cachemitte, c'est « cellule » en argot de zonzon.

— Qu'y avait-il de si appréciable à Grendon ?

— Eh ben, Grendon, c'est une prison pour pointeurs. On y envoie les délinquants sexuels pour qu'on les remette dans le droit chemin. Rien à voir avec aucune autre prison où j'ai été. Vous avez quatre ailes, et chaque aile est divisée en ce qu'ils appellent des « communautés », qui sont en partie gérées par les détenus. Enfin, ceux qu'acceptent de suivre la thérapie.

— La thérapie ? répéta Claire, et ce terme évoqua en elle l'image de Ruth Reynolds. Elle frissonna.

— La thérapie, la thérapie, encore et toujours cette putain de thérapie. On devait s'asseoir en rond et raconter pourquoi on était là. Après ça, chacun devait, genre, tirer les oreilles à son voisin. Un jour, j'étais assis à côté d'un type et ce détraqué explique qu'il s'est tapé son propre fils. *Son propre fils* ! Ma parole je lui ai collé une droite. Je l'aurais tué si les autres m'avaient pas retenu. J'ai perdu un mois de remise de peine, et j'ai failli partir faire du tourisme.

— Du tourisme ?

— C'est quand les matons débarquent en pleine nuit, quand tout le monde pionce, et qu'après on ne vous revoit plus.

Le visage de Claire se décomposa :

— Ce genre de chose arrive en Grande-Bretagne ?

McKenzie éclata de rire.

— On est seulement transféré dans une autre prison. Mais un placard à l'ancienne. Sans fioritures. Ça vous calme direct, je vous assure. Maintenant… j'ai entendu dire que dans certains pays l'État paie carrément des putes pour rendre visite aux prisonniers. Pour s'assurer qu'ils ressortent pas aussi affamés que je l'étais. C'est pas con. J'ai fait deux séjours à l'ombre, et à chaque fois, j'ai récidivé… Désolé. Je devrais pas vous dire ça.

— Il n'y a aucun problème. (Nouveau mensonge.) De toute évidence, ils vous ont à nouveau arrêté.

— La troisième fois ç'a été la bonne. Le juge m'a condamné à quatre piges. Je me suis levé dans le banc des accusés et je lui ai dit franco que toutes ces conneries, ça servait carrément à que dalle. Je savais déjà que j'allais recommencer à violer des nanas dès que je serais sorti. Fallait qu'on m'aide, pas qu'on me punisse. Qu'on m'aide vraiment, pour m'empêcher de faire d'autres viols.

— Mais… vous avez arrêté ? (Elle marqua un temps.) N'est-ce pas ?

McKenzie se pencha vers elle.

— Ma mignonne, vous faites pas de bile. Je me contrôle aujourd'hui. Je fais plus de mal aux nanas. Pas même quand elles sont aussi jolies que vous.

— Je suis soulagée de l'entendre.

— En fait, madame… j'ai rencontré un *vrai* toubib. Il m'a quasiment guéri. Bon. Sûr que j'aurais jamais accepté si j'avais su en quoi ça consistait.

— On vous y a *forcé* ?

McKenzie s'étira :

— Écoutez, madame. Quand on vous donne le choix entre passer une autre année derrière les barreaux ou ressortir libre comme l'air, à condition d'accepter de vous faire griller le cyclope une fois par semaine… le choix est vite fait.

— Griller le *quoi* ?

— Le cyclope. Le zgueg. La biroute. Le mastard. Le gourdin. Vous voulez que je vous montre ?

Claire leva les mains :

— Non, non, c'est bon !

— Eh ben, rien de tel pour vous couper l'envie que de vous passer l'engin aux dix mille volts, je peux vous le dire. C'est pas que ça fasse mal – ça ressemble en gros à un aiguillon à bétail. Mais c'est vachement humiliant.

— C'était après votre sortie de prison ? Exact ?

— C'était une des obligations de ma libération conditionnelle. Le juge m'a pris au sérieux quand j'ai dit que je voulais de l'aide et il m'a envoyé dans cette clinique du Kent. Vous connaissez sûrement. La Fondation Quinlan.

177

Le souffle court, Claire réfléchissait à toute vitesse :

— Ça ne me dit rien.

— C'est une clinique sexuelle. Enfin je veux dire, pour les *délinquants* sexuels. J'en avais entendu parler à Grendon. On racontait qu'il y avait un musée sur place : un musée des pointeurs. Vous imaginez ? Remarque, faut avouer que le docteur Q est un gars comme ça. Je veux dire, pour un Blanc.

— Le « docteur Q » ?

— Le docteur Quinlan. Le mec à la tête de l'hosto. Le pauvre vieux est dans un fauteuil. Le mec il n'a pas d'âge. Mais il tient bien son affaire. Quelques séances à la Fondation et l'idée même de violer une nana m'a plus jamais traversé l'esprit.

— C'est le docteur Quinlan en personne qui vous a soigné ?

— Ben, bizarrement non. Sûrement qu'il est trop vieux pour se pencher. Non, c'est une bonne femme qui m'a soigné. J'ai oublié son nom. Ça sonne irlandais… et ça commence par un R. Ah, merde, comment qu'elle s'appelait ? Purée, je l'ai sur le bout de la langue.

— Reynolds ?

La réponse était sortie toute seule. Claire baissa les yeux au sol en se mordant la lèvre.

— Merde, comment vous avez deviné ?

Claire chercha une explication plausible :

— Vous avez dit que son nom sonnait irlandais. Il y avait un Premier ministre irlandais qui s'appelait Reynolds.

— Houlà ! Parlez pas de politique avec moi, madame !

Claire poussa un soupir de soulagement.

— Ouais, Ruth Reynolds, c'était ça. Le docteur Q m'a expliqué que le fait que ce soit une femme qui s'occupe du truc faisait partie de la thérapie. Vu que le viol c'est une question d'hommes qui dominent les femmes, là ça renversait en gros les rôles. La nana, elle dominait les hommes. Même moi, elle me dominait, et je peux vous dire qu'on me domine pas comme ça.

— Que vous a-t-elle fait ?

— Eh ben, elle a collé tous ses gadgets sur mon sucre d'orge. Déjà c'était vachement humiliant de voir cette bonne femme autoritaire manipuler comme ça ma quéquette. Cette vieille guenon avait une putain de face de cul. N'empêche que… des fois ça arrive sans qu'on le veuille.

— Ça quoi ?

— Houlà ! Ce coup-ci, c'est *vous* qui me mettez mal à l'aise… Mais bon, je vous assure que c'était une bonne femme bizarre. Ça crevait les yeux qu'elle me *détestait*. En fait elle détestait *tous les hommes*, vous voyez ?

— Je vois le genre. Tous les hommes sont des violeurs et patati et pata… oh, ne le prenez pas mal…

McKenzie éclata de rire.

— Pas de souci. C'est ça, et vu que moi j'en étais un vrai, ça aidait pas les choses. Vous êtes sûre de vouloir entendre la suite ?

Elle ne bougerait pas de là tant qu'elle ne l'aurait pas entendue :

— Allez-y.

— Eh ben, cette vieille guenon a collé son appareil sur mon braquemart, et le bazar s'allongeait en même temps que ma queue, et ça mesurait mon excitation sur un écran d'ordinateur. Vous imaginez ? Je veux dire, elle avait qu'à baisser les yeux et elle était fixée. Si le truc est au garde-à-vous, c'est que j'suis excité, vous êtes pas d'accord ?

Claire ne put s'empêcher de sourire :

— Et après ?

— Après elle m'a équipé avec ses sondes et ses machins, et puis elle m'a montré des films pornos. Je veux dire : des *vrais* pornos – pas les trucs gentils qu'on trouve sur l'étagère du haut dans les presses. Quel que soit votre truc, elle l'avait. Moi-même, je me suis senti dégueulasse devant certaines scènes. Et elle vous fait regarder tous ces pornos juste pour vous filer le barreau. Un moment, j'arrivais pas à bander. N'importe quel film qu'elle passait, y avait pas moyen. Ben figurez-vous que la nana m'a carrément branlé, juste pour déclencher les choses ! Bon Dieu, je savais plus où me foutre ! Je vous dis, madame, sous cette carapace noire, j'étais aussi rouge qu'une tomate.

— Avez-vous déjà rencontré certains des autres patients de la clinique pendant que vous étiez là-bas ?

— Impossible, madame. Absolument impossible. Le docteur Q fait vachement gaffe. Il traite un seul client à la fois. Et tout est toujours nickel propre. Rien qui vous fait penser qu'y avait quelqu'un là-bas avant vous. Le docteur Q est un mec super soigné et bien organisé.

— Vous avez beaucoup de respect pour le docteur Quinlan. Je me trompe ?

— Il m'a guéri, madame. J'ai jamais plus violé une nana depuis. Parole ! Il a été très bon pour moi. Encore maintenant…

— Encore maintenant ?

— OK, je devrais peut-être pas vous dire ça, mais il continue de m'aider. Il m'empêche de récidiver.

— De quelle manière ?

— Vous parlerez de ça à personne ? C'est un accord entre lui et moi.

— Je suis une tombe, Leroy.

— Ben, j'ai un box à The Lakes. À Bletchley, là où on créchait à l'époque. Bref, le docteur Q me verse un loyer pour ce box. Je sais pas ce qu'il en fout, mais il dit que c'est pour me filer un coup de main. Il me refile quelques biftons chaque semaine. « Suivi post-thérapeutique » qu'il appelle ça.

— Vous avez dit… Bletchley ?

— Passage du prince William, dans la cité The Lakes. C'est le numéro cinq, celui avec la porte verte.

— Je ne vous suis plus, Leroy. En quoi ça vous aide à ne pas récidiver ?

McKenzie baissa sa voix grave et murmura :

— À votre avis ? Ça me permet de me payer un tapin une fois par semaine. Un mec, faut qu'il tire son coup régulièrement, vous savez.

178

Claire reçut l'appel de Matt au moment où elle montait dans sa voiture.

— Aucun signe de Ceri pour le moment, Claire. Là, j'attends que Gavin termine un cours. Tu es toujours à la maison ? On arrivera à Milton Keynes avec un peu de retard. Désolé.

— J'y suis déjà.

— Quoi ! Nom de Dieu, Claire, je t'avais dit d'attendre mon retour. Tu ne dois pas le rencontrer seule.

— C'est chose faite, Matt. Je le quitte à l'instant.

— Bon Dieu de merde. Est-ce qu'il a tenté quelque chose ?

— Il s'est comporté en *parfait* gentleman. Et devine quoi ? C'est un ancien patient de la Fondation. Le tableau commence à se dessiner.

— Il est de quel genre ?

— J'ai besoin d'un peu de temps pour y réfléchir.

— Claire, ne va pas faire quelque chose de stupide.

— Je suis pas une gamine, Matt.

— Maintenant tu sais ce que je ressens, Claire.

— Danny ?

— Disons qu'il a décidé de m'accompagner pour la balade, fit le journaliste d'un ton embarrassé.

Claire retint un rire :

— Embrasse Ceri de ma part quand tu la verras, Danny.

— Plutôt deux fois qu'une !

179

La rangée de boxes n'était plus de la première jeunesse, et la chaîne et l'énorme cadenas attirèrent immédiatement l'attention de Claire, sans qu'elle ait à se rapporter à la description de McKenzie : numéro cinq, porte verte.

— Vous avez perdu queq' chose, m'dame ?

Claire découvrit en se retournant deux jeunes garçons qui la regardaient d'un air suspicieux. Elle leur adressa un sourire poli :

— Non, je regarde juste, mais merci quand même.

Elle contourna le box jusqu'à la fenêtre sur le côté. Le carreau avait depuis longtemps été brisé et un épais grillage lui bloquait la vue. Les gamins suivaient chacun de ses mouvements avec un grand intérêt.

Claire leur sourit :

— Sauriez-vous par hasard à qui il appartient ?

— Qui c'est qui veut savoir ?

— Moi. Pourquoi, c'est un secret ?

— Vous êtes flic ?

— Est-ce que j'ai l'air d'un fli… d'une policière ?

— En tout cas vous parlez comme un flic. Vous posez beaucoup de questions.

— Je me demandais juste à qui pouvait bien appartenir ce garage.

— Ch'ais pas. Il habite pas dans l'coin.

— Comment pouvez-vous en être aussi sûrs ?

— On connaît tout l'monde dans l'coin.

— Je vois.

— N'empêche que vous feriez mieux de pas tourner autour.

— Et pourquoi ?

— Crâne d'œuf aime pas qu'on tourne autour d'son garage.

— « Crâne d'œuf » ?

— Ouais, c'est comme ça qu'on l'appelle. Parce qu'il a pas d'cheveux.

Claire opina du chef :

— Je crois aussi qu'il n'aimerait pas. Il ne veut pas que vous vous en approchiez ?

— Nan. Il pète les plombs quand y nous voit.

— Il pète carrément les plombs, confirma le second garçon. Même que ma mère elle dit qu'il est cinglé. Elle dit qu'il faut pas qu'on s'en approche. Surtout Megan.

— Megan ?

— Ouais. C'est ma sœur.

Claire sentit monter l'adrénaline :

— Pourquoi ça ?

— Il lui a filé une livre pour qu'elle baisse sa culotte.

— Mon Dieu ! Elle n'a pas accepté j'espère ?

— Y a pas d'risque ! Pour une livre ? Elle est pas débile.

— Ouais, dit l'autre gamin. Pour ça faut lâcher au moins un billet de cinq. Minimum.

— Non mais dis donc ! Et est-ce que vos parents ont prévenu la police ?

— Y a pas d'risque ! firent les garçons avec une grimace horrifiée. On veut pas voir de flicaille par ici. Ils nous accusent toujours qu'on vole des trucs.

— Ouais, la semaine dernière, y a un poulet qui m'a chopé juste parce que j'regardais par le carreau d'une voiture. Alors que j'allais même pas voler queq' chose dans celle-là. Pis, toute façon c'était qu'un vieux tas de boue. Ça valait même pas l'coup d'abîmer une clef pour la rayer.

— Ta sœur… Il ne lui a pas fait de mal ? Il n'a pas essayé de la toucher ou quoi que ce soit ?

— Pas d'risque ! J't'ui aurais envoyé un coup de pied dans ses couilles s'il avait essayé. Oups ! 'Scusez-moi, m'dame : j'ai dit un gros mot.

Claire esquissa un sourire nerveux :

— Quand est-ce arrivé ?

— Juste après Noël.

— Tu es sûr ?

— Ben oui ch'uis sûr.

— Comment vient-il jusqu'ici ?

— Il prend l'bus. Pis après il part dans sa camionnette.

— Le bus ?

— Ben oui quoi ! Vous, vous êtes sûrement trop rupin pour prendre le bus.

— Non, ce n'est pas ce que je voulais dire. Ce bus, où va-t-il ?

— Au centre-ville.

— Vous voulez dire à Milton Keynes ?

— Ben c'est c'que j'ai dit. Au centre-ville.

— Et d'où vient-il ce bus avant d'arriver ici ?

— Ben du centre-ville, tiens ! Il fait l'aller-r'tour.

— Désolée, les garçons. Je ne suis pas du coin.

— Merci, ça on l'avait deviné.

— Et donc cet homme, il prend le bus jusqu'ici, repart dans sa camionnette, et puis la ramène et reprend le bus ?

— Ouais. Ch'ais pas pourquoi qu'il la gare pas d'vant chez lui.

— Parce qu'il doit habiter dans un appartement comme nous, tête de nœud, rétorqua l'autre garçon.

— Tu m'traites pas de « tête de nœud », branleur !

Claire fit un geste de la main pour les calmer :

— Est-ce que ce ne serait pas par hasard une camionnette *blanche* ? Sans fenêtres ?

— Ouais. Pourquoi, vous voulez lui acheter ?

— Peut-être. En tout cas, j'aimerais beaucoup la voir.

— Pas d'chance. Il est parti avec c'matin.

Claire sentit son estomac se retourner. Elle chercha la date du jour dans sa tête. On était le 13 janvier.

— Vous êtes sûrs ?

— Ben ouais, on n'est pas débiles. Même qu'il était là y a même pas deux heures.

— Vous pouvez me le décrire ?

— Qui, Crâne d'œuf ? Ben… il a pas d'cheveux.

— C'est important, les garçons.

Les deux gamins réfléchirent longuement :

— Eh ben, il est chauve, ça je l'ai déjà dit. Et balèze ! Il est bâti comme une putain d'armoire à glace. Oups ! j'ai encore dit un gros mot…

— C'est pas grave. Continuez. Vous pouvez dire des gros mots.

Claire vit leurs yeux pétiller.

— Vous êtes sérieuse ? Super de putain de bordel de merde !

— Trou du cul, merde, chatte, bites, couilles, énuméra rapidement le second garçon – juste au cas où elle changerait d'avis.

— Allons, les garçons. S'il vous plaît. Contentez-vous de me le décrire.

— Chauve.

— Et balèze.

Elle repensa à Leroy McKenzie :

— Il n'était pas… Il n'était pas noir par hasard ?

— Pas d'risque ! On veut pas voir d'bamboulas par ici.

Claire laissa passer la remarque : c'était trop important.

— Quoi d'autre ? Quel âge avait-il ?

— Oh, il était vieux. Il avait au moins vingt ans.

— Ou soixante, dit l'autre. Moi je vais avoir dix ans l'mois prochain.

— Moi j'ai eu dix ans en octobre.

— Ouais. La nuit d'Halloween.

— Va chier, toi. Il faisait jour.

— C'était quand même pendant Halloween. Ça veut dire que ta mère est une sorcière.

Claire leva à nouveau les mains pour les calmer :

— Écoutez-moi bien, les garçons, si cet homme revient, ne vous approchez pas de lui, d'accord ?

— Ouais, ouais, firent-ils avec un geste de dédain.

180

Le professeur Gavin Large toisa Danny d'un œil rompu au mépris, convaincu que ses propres étudiants étant encore des mômes, quiconque appartenait à un groupe d'âge inférieur portait toujours des couches. Il interrogea Matt du regard : est-ce qu'il avait loupé un épisode ?

— Gavin, je te présente Danny. Danny, Gavin Large. Excuse-moi : *professeur* Large, s'il te plaît. Voilà ce qui t'attend si tu manges de la soupe et que tu travailles dur en classe. Je t'aurai prévenu !

Large serra du bout des doigts la main que Danny lui tendait :

— Enchanté de faire ta connaissance, fiston.

— De même, *papa*.

Large lança un regard au journaliste : il récoltait bien assez de marques d'insolence de la part de ses étudiants.

— Danny bosse avec moi.

— Sur *cette* affaire ?

— C'est compliqué. Il est moins bête qu'il n'en a l'air.

Large ne semblait pas convaincu : le môme lui paraissait tout ce qu'il y avait de plus bête.

— Toujours aucun signe de Ceri ?

— Pas le moindre. L'université a contacté ses parents. Eux non plus n'ont pas de nouvelles d'elle. Comme tu t'en doutes, ils sont maintenant morts d'inquiétude.

— A-t-on prévenu la police ?

— Pas nous en tout cas. Les étudiants, ça part souvent en vadrouille. C'est comme ça. On peut pas s'amuser à dépêcher une équipe de recherche chaque fois que l'un d'eux sèche un cours. Mais j'avoue être inquiet, Matt. Ceri a consacré bien assez de temps à cette affaire. Son travail en cours en pâtit sérieusement. S'il y a bien une chose qu'elle ne peut pas se permettre, c'est de rater d'autres cours. Alors, que disait son message ? Je suppose que c'est lié d'une manière ou d'une autre à l'affaire ?

— Sans ça, on serait pas ici, fit remarquer Danny.

Large lorgna le gamin du coin de l'œil, puis adressa à Matt un regard dubitatif :

— Ton bras droit, hein ?

Matt sourit.

— Ceri y explique qu'elle est certaine de l'innocence du type qu'ils détiennent, Greg Randall. Elle est convaincue qu'oncle Tom a tué à deux reprises depuis l'arrestation de Randall.

— Et tu la crois ?

— Gavin, c'est toi-même qui nous as transmis son compte rendu.

Large leva les mains pour se dédouaner :

— J'espère qu'elle ne t'embarque pas dans une chasse au dahu. Ce type-là, Randall, son ADN concorde, pas vrai ? D'après ce que j'ai entendu, ils ont même retrouvé son sperme sur la dernière victime. Je dirais que ça constitue un élément sacrément accablant.

— Il y a eu des erreurs par le passé.

— Les chances sont littéralement d'une sur plusieurs millions pour qu'il s'agisse d'une concordance fortuite, Matt. Tu le sais très bien. Ceri a passé le plus clair de la semaine à chicaner sur les chiffres.

— Mais d'après elle… commença Danny. Il se tut sous le regard sévère du professeur.

— En vérité, elle s'est bien trop impliquée dans ces histoires. Je n'aurais jamais dû la laisser vous rendre visite à toi et à Claire. Ça lui est monté à la tête. Je ne veux pas être méchant, mais c'est une étudiante médiocre dans une de mes classes les plus nulles. Bon sang. Où diable avais-je la tête quand je vous ai envoyé son devoir ? Je suis désolé, Matt. Je pensais qu'il contenait quelque chose : je me suis planté. Dunst aussi s'est planté. Bon, nous au moins on le reconnaît.

— Mais Ceri… essaya Danny.

— Ceri croit tout savoir, le coupa Large. Ils sont tous pareils à cet âge. J'imagine qu'à l'heure qu'il est, elle doit rôder dans une bibliothèque du coin en quête d'un obscur fait divers qui pourra insuffler un nouvel élan à sa théorie discréditée. Je vais être *forcé* de la renvoyer du cours, Matt. Excès d'imagination et manque de travail. C'est une tocarde.

— C'est pas juste. Ceri est une tête.

Large toisa l'adolescent à ses côtés :

— Écoute, fiston, quand t'auras accumulé autant de bagages que moi et collé un titre universitaire avant ton nom… que t'auras traîné tes guêtres et roulé ta bosse, reviens et on en reparlera, d'accord ?

— N'empêche qu'il faut qu'on lui parle, insista Matt.

— Ça me pose aucun problème. Et si tu la trouves, dis-lui de ma part de ramener son joli petit cul dans ma salle de cours si elle veut pas se faire virer. Je peux te donner son adresse, Matt, mais elle n'est pas chez elle. J'y suis passé en personne ce matin.

— En personne ? Tu en déploies des efforts pour une « tocarde ».

Large eut un mouvement d'embarras :

— Ouais, eh bien je me sens responsable. J'aurais dû lui sonner un bon coup les cloches le jour où elle m'a remis ce foutu devoir, et la renvoyer étudier le programme. Elle aurait peut-être pu obtenir une note correcte sans toutes ces couillonnades.

— On est convaincus que ce ne sont pas des « couillonnades », Gavin. Suppose que Randall *soit* innocent comme elle le dit. Il y a pas mal de zones d'ombre. Pour l'instant rien ne permet d'établir un lien entre lui et les autres victimes. Rien du tout. Et les services sociaux n'ont trouvé aucun élément indiquant qu'il a abusé de ses propres filles. Deux fillettes de six ans. Ce type qui a tué toutes ces mômes, quelles probabilités y a-t-il qu'il ait lui-même deux petites filles et qu'il ne les ait jamais touchées ?

Large étudia l'argument tout en attrapant une pomme dans sa serviette.

— C'est possible. L'éventreur du Yorkshire étripait ses victimes, mais il n'a jamais fait de mal à sa propre femme.

— Peter Sutcliffe, glissa Danny.

— C'est très bien, fiston. Maintenant si tu veux bien nous laisser discuter entre grandes personnes.

Danny lui lança un regard noir ; Matt fit un clin d'œil au gamin.

— Si tu me permets de mettre le professeur au jus de l'état actuel de nos découvertes, après tu pourras lui casser les pieds autant que tu voudras.

Large écouta le journaliste, d'abord avec un mélange d'amusement et d'agacement, puis avec davantage d'intérêt. Quand Matt en arriva au message vocal de Ceri, Large était rivé sur son siège.

181

— Au départ, dit l'enseignant, j'étais presque convaincu par la théorie de Ceri. Je dois admettre que les meurtres sur l'île de Wight nous ont tous déroutés, même si ton pote avocat semble avoir trouvé une explication plausible. Mais encore une fois, ça ne fait qu'enfoncer Randall davantage.

— Comment ça ?

— Au vu du schéma qui émerge de sa théorie, il paraît probable qu'oncle Tom suivait cet ordre de lieux et de dates de manière compulsive. Cliniquement parlant, j'entends. Il n'exerce pas plus de contrôle sur ce genre de comportement obsessionnel qu'un kleptomane n'en exerce sur le fait de voler ou une anorexique sur le refus de se nourrir. Maintenant, selon le schéma identifié par Ceri, oncle Tom effectuait deux attaques deux jours de suite – les mêmes jours de chaque mois. D'accord ? Dans ce cas, quid de l'attaque censée succéder à celle de Woolwich ?

— Elle n'a pas eu lieu.

— Exactement. Et pourquoi ?

— Parce qu'il n'y avait aucun lieu dans le pays commençant par la lettre X.

— *Tu as mis le doigt dessus*, répliqua large. Voilà pourquoi l'agression de Woolwich différait des autres. Je crois qu'il tenait à se faire arrêter, parce que sa raison d'être – la série d'agressions suivant ce schéma compulsif – rencontrait un obstacle insurmontable : l'absence d'un lieu commençant par la lettre X, qui devait satisfaire son besoin « clinique ». Ce chamboulement était si douloureux pour lui qu'il s'est « laissé capturer », afin de justifier dans son esprit malade le fait qu'il ne puisse plus poursuivre son schéma.

— Le complexe suicidaire, murmura Danny.

Large hocha la tête avec une expression bourrue :

— Très bien, *fiston*. Tu vois la logique, Matt ? Une suite de victimes nettoyées et débarrassées de tout indice exploitable, des cartes de visite avec lesquelles il nargue la police, puis subitement une foule de traces et d'indices qui le placent tout droit dans leur collimateur. Désolé, Matt, mais tous les éléments accusent Randall.

— Et le message vocal de Ceri, alors ? objecta Danny.

— Il a raison, Gavin. Elle dit qu'oncle Tom a tué à *deux* reprises depuis l'arrestation de Randall. Nous savons déjà avec certitude qu'une fillette a été kidnappée dans cette ville du pays de Galles.

— Un enlèvement, peut-être. Encore que ça reste à prouver. Si ça se trouve, la gamine a juste fait une fugue. Ça arrive. Rien ne permet d'établir un lien avec les autres meurtres. Et puis où est cette autre victime que Ceri semble évoquer ?

— On ne sait pas. Écoute le message, Gavin. Peut-être qu'il te parlera plus qu'à nous.

Large écouta attentivement l'enregistrement sur le téléphone de Matt. Une fois le message terminé, il demeura muet, plongé dans ses pensées. Il dit alors en attaquant une autre pomme :

— Il est question d'Oxford, non ?

— C'est en tout cas ce qu'elle dit, mais il n'y a aucun patelin dans tout le pays dont le nom commence par un X, et encore moins Oxford.

— Comment peux-tu en être aussi sûr ?

— On a consulté ordinateurs, CD-ROM, Internet, tout ce que tu veux… On a même épluché les cartes officielles.

— La carte de l'Institut cartographique d'Oxford ?

— Bien sûr, répondit Danny. On n'est pas des rigolos.

— C'est ce que je commence à constater. Vous ne l'auriez pas avec vous par hasard ?

— Je t'ai dit, on a tout ramené. Mais tu perds ton temps. On l'a étudiée encore et encore.

Large prit la carte et la déplia.

— Peut-être que vous ne cherchez pas la bonne chose.

— Ben ouais, crétins qu'on est. On cherchait un lieu commençant par X.

Large afficha un sourire suffisant :

— Regardez voir. (Il passa le bloc-notes de Matt à Danny.) Lis-moi ça.

— Je sais pas lire cette merde ! C'est de la sténo.

— Tout juste. Quoi comme sténo, Matt ?

— De la Pitman 2000 à la base, mais je l'ai personnalisée entre-temps. On fait tous ça.

Large hocha la tête :

— Ceri aussi. Ses notes de cours sont toujours couvertes de hiéroglyphes. (Son doigt parcourait la carte tandis qu'il parlait, ses yeux ne quittant jamais la table.) Mais je pense à quelque chose de plus élémentaire. Des abréviations de tous les jours. Du genre que tout le monde utilise. Même le gamin, dit-il en montrant Danny. Réfléchis : la croix sert à marquer un emplacement. « X marque l'emplacement. »

— Vous ne trouverez rien, insista Danny. Je vous le garantis.

— Peut-être que oui, peut-être que non. Je croyais que t'avais foi en elle.

Large se pencha sur la carte, traçant des cercles de plus en plus grands à l'aide de son doigt tout en croquant sa pomme.

— Bonté divine ! s'écria-t-il tout à coup.

— Quoi ?

Large s'adossa à son siège en s'essuyant le front :

— Cette gamine est formidable. C'est bel et bien ma championne.

— Gavin ?

— Je mettrais ma tête à couper qu'une môme a disparu de ce village !

Matt et Danny tendirent le cou afin d'apercevoir le nom de la localité au sud-est d'Oxford que le professeur cachait sous son index.

Ils le lurent tous trois à l'unisson :

— Christmas Common[24].

182

— Nous sommes très inquiets à son sujet, madame Epstein, expliqua Matt en tentant sans grand succès de prendre un accent gallois. Nous sommes venus dès que nous avons su qu'elle n'assistait plus à ses cours.

---

24 *Christmas* (« Noël » en anglais), s'écrit aussi « *X-mas* ». (*NdT*)

— Quoi ? Du pays de Galles ?

— De Rhyl.

— J'allais souvent à Rhyl quand j'étais enfant. (Elle regarda au loin.) Est-ce qu'il y a toujours cette friterie ?

— Où ça ?

— À Rhyl.

Matt n'avait jamais mis les pieds à Rhyl :

— Oui, même qu'elle tourne bien. Ils vendent de délicieux *fish-and-chips*.

Mme Epstein le regarda méchamment :

— Jamais je n'ai mangé de frites aussi infectes.

Matt resta stupide.

— Il y a un nouveau propriétaire, dit-il dans une habile pirouette.

La vieille logeuse les dévisageait avec perplexité :

— Vous dites que vous êtes son frère ? (Elle scruta Danny de près.) Vous ne lui ressemblez pas beaucoup.

— Son *demi*-frère, s'empressa de préciser l'adolescent.

La logeuse réfléchit.

— Ceri ne m'a jamais parlé de vous.

— Ça m'étonne pas, mentit Danny. Elle préfère sa *vraie* sœur.

— Je vois, dit-elle, sans toutefois paraître convaincue.

— Madame Epstein, vous êtes absolument sûre de ne pas avoir une idée de l'endroit où Ceri pourrait être partie ? Comme vous l'imaginez sans doute, sa mère est folle d'inquiétude à l'heure qu'il est.

— Je suis navrée, très cher, mais comme je l'ai dit ce matin à ce gentil professeur Legros : mystère et boule de gomme. Elle est en retard pour son loyer, à propos.

— Madame Epstein, auriez-vous par hasard un double des clefs ? Nous aimerions jeter un coup d'œil à l'intérieur. Peut-être trouvera-t-on un indice qui nous dira où elle est partie…

— J'ai une politique très stricte, monsieur Jones : je ne laisse jamais personne entrer dans les chambres de mes locataires sans leur permission. Je suis navrée.

— Mais je suis son père. Tout de même, vous…

— Vous *dites* que vous êtes son père, mais vous pourriez être n'importe qui. Vous n'êtes pas le premier homme à débarquer dernièrement pour demander après elle.

— Quelqu'un d'autre a demandé après Ceri ?

— Oui. Il s'agissait d'un monsieur très raffiné, pas d'une fripouille. (Elle regarda ses deux visiteurs de haut en bas pour s'assurer qu'ils saisissaient le message.) Et il s'exprimait bien.

Matt sortit son portefeuille :

— Madame Epstein, que diriez-vous si je vous proposais de vous payer le loyer que ma fille vous doit ? Serait-ce une preuve suffisante que je suis son père ? Je veux dire, un parfait inconnu n'irait certainement pas payer le loyer d'une autre, n'est-ce pas ?

Les traits belliqueux de la vieille femme s'adoucirent à la vue des billets de vingt livres :

— En effet, non, vous dites vrai, très cher. Puis-je alors me permettre de vous demander deux mois de loyer ? Étant donné que vous êtes là… Je suis certaine que Ceri appréciera.

— Deux mois ?

— Allez, « papa », dit Danny en lui donnant un coup de coude. Tu sais qu'elle le vaut bien.

— Puis-je avoir un reçu ? demanda le journaliste, songeant qu'il pourrait peut-être faire passer ça en note de frais auprès de McIntyre. Répétez-moi le montant du loyer ?

— Nous avons donc dit pour deux mois ? (Mme Epstein les regarda à nouveau de haut en bas, comme si ce montant dépendait arbitrairement de la somme qu'elle pensait pouvoir leur soutirer.) Quatre cents.

— Quatre cents livres[25] ? Pour une chambre de bonne ?

— En espèces, bien sûr.

25 Environ 480 euros. (*NdT*)

— Bien sûr. (Par chance, les liasses de billets constituaient un outil de travail dans le métier de Matt.) Qu'est-ce que je ne ferais pas pour ma fille…

La main de Mme Epstein surgit devant lui avec une vivacité que sa frêle apparence n'eût pas permis de soupçonner :

— Vous êtes trop aimable, très cher. Trop aimable. Un instant, je vais vous chercher le double de la clef.

Lorsqu'elle revint, Matt et Danny discutaient en aparté. Large leur avait donné l'adresse, mais pas le numéro de la chambre.

— Voici, messieurs. Assurez-vous de tout refermer quand vous partirez. Et glissez simplement la clef sous la porte. Ici. Je crois que je vais aller m'allonger un peu.

Le plan B entra en action.

— Rappelle-moi le numéro de la chambre, « fiston »… Le 5 ?

— Non, « papa ». Je suis presque sûr que Ceri a parlé de la chambre 6.

— Non, non, messieurs. C'est la chambre 9. Au dernier étage.

— La 9. Tu vois, « papa ». Je t'avais bien dit que c'était pas la 5.

— Ça n'était pas non plus la 6, « fiston », répondit Matt qui s'amusait du subterfuge.

— J'étais pas loin en tout cas, renchérit Danny. 6, c'est 9 à l'envers.

— Tais-toi donc un peu, « fiston ». (Matt se tourna vers Mme Epstein.) J'espère bien que Ceri ne vous tient pas tête comme celui-là !

183

— Tu n'es absolument pas en état de conduire, Claire, décréta Pitman en lui confisquant ses clefs. De l'asthme, tu dis ? Tu es sûre qu'une ambulance n'aurait pas été plus appropriée ?

— Ça va maintenant. Démarrez, inspecteur. S'il vous plaît ?

— À t'entendre Claire, ça n'a pas l'air d'aller. J'espère juste que ça vaut le coup que tu te mettes dans un tel état. (Pitman sortit lentement du parking du centre commercial Bluewater.) T'as eu de la chance de me mettre le grappin dessus. J'étais juste passé en coup de vent au poste récupérer de la paperasse quand ton coup de fil est tombé. Bon, je suppose que tu m'as pas traîné jusqu'ici uniquement pour mes beaux yeux. Je crois que quelques explications s'imposent. Enfin… si tu t'en sens capable.

— Je suis désolée inspecteur, dit Claire d'une voix râpeuse. La crise d'asthme s'est déclenchée pendant que je traversais la Tamise à Dartford. Je ne pouvais en aucun cas reprendre le volant. Mais il faut que je me rende à Sevenoaks.

— Et tu voudrais que je t'accompagne…

— Ils me prendront peut-être au sérieux si vous êtes là.

— À coup sûr. Ce que je me demande, c'est si *moi* je dois te prendre au sérieux ? Je ne vais pas frapper à la porte de quelqu'un sans de *très* bonnes raisons.

— Vous aurez toutes les raisons de le faire une fois que je vous aurai expliqué, inspecteur. Roulez s'il vous plaît.

Comme Claire retrouvait une respiration régulière, elle résuma au policier ce qu'ils avaient découvert jusqu'à maintenant. Pitman écouta attentivement, en secouant régulièrement la tête d'un air incrédule.

— Et tu dis que maintenant cette fille, Ceri, a *aussi* disparu ?

— Matt est actuellement là-bas, parti à sa recherche. On pense qu'elle a peut-être été prise de panique. On est tous morts d'inquiétude.

— Eh bien en tout cas tu peux être sûre d'une chose : oncle Tom s'en prend à des gamines, pas à des femmes adultes. Et si Matt est là-bas avec elle, je suis persuadé qu'elle est entre de bonnes mains.

184

Un profond silence régnait dans le bâtiment, la plupart des locataires étant soit sur le campus, soit en train de sécher les cours en ville. On entendait faiblement siffler d'en bas la bouilloire de Mme Epstein.

Matt frappa à la porte pour la forme, mais n'attendit que quelques secondes avant de glisser la clef dans la serrure.

Le journaliste franchit le seuil d'un pas hésitant, avec la sensation d'être un intrus. L'espièglerie avait soudain cédé la place à la gravité. Il sentait Danny qui le poussait dans le dos.

— Évite de toucher à quoi que ce soit. Cherche des notes écrites, des coupures de presse, des cartes, ce genre de choses. Tout ce qui pourrait nous donner une indication sur l'endroit où elle se trouve.

Danny balaya la pièce d'un regard dédaigneux : il s'agissait d'un combiné chambre/salon, avec ce qui ressemblait à une kitchenette au fond.

— Et moi qui pensais être bordélique.

— Les étudiants ont plus important à penser, expliqua Matt. Tout comme les journalistes. Ne sois pas surpris si tu découvres une semaine de vaisselle dans l'évier.

— J'en déduis que tu comptes pas rester prendre un café ?

Bon, visiblement Ceri n'était pas une fée du logis. Danny ne lui en tiendrait pas rigueur.

— Jetons juste un œil et allons-nous-en. Imagine qu'elle rentre et nous trouve ici ? dit Matt. Il priait presque pour que cela arrive.

Matt ratissa méthodiquement un côté de la chambre, pendant que Danny ramassait des objets au hasard avant de les rebalancer. Le moindre journal, bloc-notes ou cahier fit l'objet de leur attention.

Rien.

Matt entendit tout d'un coup un bruit dans la kitchenette.

Un cri étouffé.

Suivi d'un silence.

— Danny ?

Pas de réponse.

— Danny, ça va ?

Matt se dirigeait vers la porte quand il vit l'adolescent reculer vers lui, les épaules rentrées, un bras levé, pointant un doigt tremblant vers la pièce devant lui.

Matt sauta par-dessus la table basse et se rua dans la kitchenette.

Il s'arrêta net, et resta pétrifié pendant plusieurs secondes avant que ses genoux ne se dérobent et qu'il s'écroule en se raccrochant à la porte.

Le corps dénudé de Ceri était méconnaissable, le visage et le cou contractés par le lien qui l'avait étranglée.

Il n'y avait cependant aucun doute sur son identité, ni sur celle de son bourreau.

La carte de visite gisait sur le sol, coincée sous une paire de ciseaux pointés vers les parties génitales grossièrement rasées de l'adolescente.

Mais ce fut la vue de son buste qui glaça d'horreur le journaliste.

Chacun de ses seins avait été séparé de son torse, écharpé, la peau retournée et tendue avant d'être cousue à la va-vite contre son corps avec du fil de coton noir.

La flamboyante chevelure rousse, soigneusement tressée en nattes, complétait le tableau.

Transformant le corps d'une adolescente de dix-neuf ans en celui d'une écolière prépubère.

185

Danny tremblait de tout son corps, traumatisé, et hoquetant sous les sanglots.

Matt balança la clef de la chambre sur le vide-poches. Le garçon s'en saisit spontanément, glissa son doigt dans l'anneau et serra le métal froid dans son poing moite. C'était tout ce qui lui restait de Ceri. Il serra le porte-clefs contre sa poitrine en sanglotant.

— Je ne voulais pas que Mme Epstein s'aventure sur les lieux, expliqua Matt.

Il lança un appel sur son portable. Aucune réponse. Sur le parking du centre commercial, le portable de Claire sonna dans le vide-poches sans personne pour l'entendre. Le journaliste jura dans sa barbe et composa un nouveau numéro :

— Gavin ? C'est Matt ! (Long silence.) Désolé, j'ai de mauvaises nouvelles.

À l'autre bout de la ligne, l'homme cessa lentement de mastiquer :

— Mon Dieu, c'est Ceri ? C'est ça ?

— Elle est… morte… Gavin.

Danny se remit à pleurer.

— C'est le gosse qui l'a trouvée. On est arrivés trop tard. (Sa voix s'étrangla.) Gavin, je sais pas quoi dire…

Le silence s'étira.

— Qu'est-ce qu'il… Non. Je ne veux pas savoir. Où êtes-vous maintenant ?

— On vient de quitter son appartement. On retourne auprès de Claire. S'il était au courant pour Ceri, il doit aussi savoir pour Claire.

— Les flics sont là ?

— On les a pas encore prévenus. Gavin, tu veux bien t'occuper de ça ? Je dois retrouver Claire. Avant que *lui* la trouve.

— Je comprends. Punaise, il va y avoir un sacré paquet d'explications à leur donner !

— Tu en sais autant que nous.

— Je me démerderai comme je pourrai. Fais juste gaffe à toi. (Il ajouta, après un silence :) Oh, eh Matt…

— Je t'écoute.

— Ne laisse rien arriver au gamin.

186

— Vous ne pouvez pas aller plus vite ?

— Imagine qu'un gamin déboule depuis le bas-côté ?

On est sur une autoroute, bon Dieu, pensa Claire.

— Imaginez qu'il tue une nouvelle fois avant qu'on arrive là-bas ? dit-elle.

Pitman tira sur sa pipe qu'il n'avait pas allumée. Sa bonne éducation l'empêchait d'allumer une pipe en présence d'une dame sur le siège passager, mais son addiction réclamait le contact rassurant de l'argile fraîche contre ses lèvres.

— Je doute qu'il soit là-bas à nous attendre tranquillement, Claire. Enfin, *en supposant* qu'il ait un lien quelconque avec cette clinique. Répète-moi ça encore une fois, histoire que je ne fasse pas de bourdes, demanda le policier, en partie pour lui, mais avant tout pour elle, pour lui occuper l'esprit et éloigner une nouvelle crise d'asthme.

Claire récapitula une nouvelle fois le dossier : le profil dressé par Ceri, le schéma des agressions, le calendrier précis. Elle lui raconta à nouveau sa rencontre avec Ruth Reynolds.

— J'ai moi aussi eu l'occasion de faire sa connaissance, lors d'une réunion de synthèse des services sociaux. Pas franchement le genre de personne avec qui je voudrais me retrouver coincé sur une île déserte.

— Mais vous ne comprenez pas, inspecteur ? La Fondation est le fil conducteur entre tous ces crimes.

— Claire, je crois que tu as raison… dans une certaine mesure. (Pitman s'arrêta de parler pour doubler un semi-remorque.) Dieu seul sait comment on a pu rater ce lien, mais oui, il semble maintenant évident que quelqu'un usait – *abusait* – de cette clinique à des fins personnelles. Mais pour moi ça ne fait qu'appuyer les charges contre Randall. On sait qu'il s'est rendu plusieurs fois dans cette clinique. Il a probablement eu un tas d'occasions de se renseigner sur les autres patients. Je suis persuadé que ce Quinlan pourra nous le confirmer.

— Et les enfants disparues à Mold et à Oxford, alors ?

— J'avoue que l'incident de Mold est troublant. Mais les cas de « pure coïncidence », Claire, ça existe. Des enfants disparaissaient avant oncle Tom, et il en disparaîtra encore bien après qu'il sera effacé des mémoires. Quant à cette histoire d'Oxford, tout ce que vous avez, c'est ce message incompréhensible de votre amie. Si je suis votre théorie, un enlèvement aurait dû se produire dans une ville commençant par un X, mais vous admettez vous-mêmes qu'il n'existe pas une telle ville. Tu ne vois pas ? Votre amie a vu juste sur toute la ligne : mais le profil qu'elle a dressé a toujours été celui de Greg Randall, et ce « complexe suicidaire » qu'elle décrivait a abouti à ce corps qu'on a découvert à Woolwich.

— Mais la camionnette… elle n'était plus dans le box de Leroy McKenzie.

— Il y a des dizaines de milliers de camionnettes blanches en circulation, Claire. Regarde, tu en as déjà deux. Et une autre là-bas. Ça ne prouve rien.

— Pas même ce que ces gamins m'ont raconté ?

— Ce ne sont que des gamins, Claire.

— Et les agressions qui ont précédé celle de Rebecca ? Il s'agit aussi de coïncidences, je suppose ?

— Tu m'excuseras, mais je n'en ai pas entendu parler.

— Matt a tous les détails avec lui. Danny les a imprimés la nuit dernière.

— Danny ? (Pitman secoua la tête d'un air incrédule.) Bonté divine, Claire, combien de gens avez-vous embringués dans votre petite troupe de détectives amateurs ?

— Nous ne nous prétendons pas détectives, inspecteur. Nous voulons juste être sûrs que l'homme que vous avez arrêté pour le meurtre de ma fille est le bon coupable.

— Je comprends bien, Claire, tu peux me croire. Mais vous devez faire confiance au système judiciaire.

— Après l'affaire Thomas Bristow ?

— C'était différent. Ce coup-ci, toutes les preuves accusent Randall. Officiellement, oncle Tom est enfermé à double tour au pénitencier de Brixton où il attend son jugement.

— Et officieusement ?

— Disons juste que je ne serais pas ici avec toi si je n'avais pas de *sérieuses* réserves sur toute cette affaire.

187

La clef serrée sur sa poitrine, Danny continuait de sangloter tout bas.

En tenant le volant d'une main, Matt répétait inlassablement ses appels sur le fixe et le portable de Claire. Tandis que le répondeur se déclenchait dans la maison vide, le portable sonnait en pure perte dans la voiture en stationnement.

Il composa le numéro de la police criminelle de Margate.

— Je suis désolé, l'inspecteur n'est pas de service aujourd'hui. Souhaitez-vous parler à un autre officier ?

— Non, je dois parler à Pitman. (Toute tentative de leur expliquer serait longue et inutile.) Pouvez-vous lui transmettre un message ?

— Ce sera difficile. Il ne se trouve pas dans un véhicule de police, et il n'a pas de portable, comme vous le savez peut-être.

— Un peu que je le sais. S'il rappelle, pouvez-vous lui transmettre un message urgent ?

— Bien sûr, monsieur.

— Dites-lui que Matt Burford cherche à le joindre. Dites-lui qu'il doit trouver Claire et rester auprès d'elle jusqu'à mon arrivée.

— Claire ?

— Claire Meadows. Il faut à tout prix qu'il la trouve. Elle est peut-être en danger.

— Vous voulez me répéter votre nom, monsieur ?

— Burford. Matthew Burford.

— Et quelle est votre relation avec Mme Meadows ?

— Je suis un ami. Un ami *proche*.

Le standardiste hésita avant d'expliquer :

— Je sais pas si je devrais vous le dire, monsieur, mais je crois que l'inspecteur Pitman se trouve déjà avec cette dame. Elle a appelé plus tôt dans la journée en le demandant spécifiquement.

— Dieu merci. Où sont-ils en ce moment ?

— Comme je vous l'ai dit, monsieur, il est censé être de repos. Tout ce que je sais, c'est qu'il a imprimé une carte sur Google avant de sortir.

— Une carte ?

— Oui. De Sevenoaks et ses environs.

188

— Tu admires visiblement beaucoup cette fille.

— Elle est incroyable, inspecteur.

— Et tu dis qu'elle est encore étudiante ? C'est d'autant plus remarquable.

— Vous aurez l'occasion de la rencontrer d'ici peu. J'ai demandé à Matt de l'inviter à nous rendre une nouvelle visite quand elle aura fini son année.

— J'y compte bien, Claire. J'imagine qu'elle a dû trouver la vie sur la côte très différente de celle au pays de Galles. À quelle université est-elle ? Bangor ?

— Liverpool.

— Liverpool ? (Il reprit après un silence.) Tu as dit tout à l'heure que tu pensais savoir pourquoi les analyses génétiques de Randall concordaient ?

— Vous n'avez pas voulu entendre mon explication, lui rappela-t-elle. Vous vouliez que je m'en tienne aux faits.

— Dites toujours. Je tiens à être bien armé quand je rencontrerai ce Quinlan.

Lentement et méthodiquement, Claire lui relata son entrevue avec Leroy McKenzie. L'aiguille montait graduellement au compteur tandis que le policier écoutait.

— Imaginez que Greg Randall ait suivi le même genre de traitement ? (Gênée de discuter d'un tel sujet avec un homme qui avait l'âge d'être son père, Claire trouvait difficilement ses mots.) Je ne sais pas trop comment formuler ça, inspecteur, mais imaginez que Randall ait été excité au point d'avoir un orgasme ? Qu'il se soit essuyé avec un mouchoir ou autre chose ? Oncle Tom aurait-il pu s'en emparer d'une façon ou d'une autre et l'utiliser contre lui ?

Pitman secouait lentement la tête :

— Je ne sais pas trop quoi dire, Claire. C'est une idée si tordue qu'il pourrait fort bien l'avoir eue. Puis-je emprunter ton portable un instant ?

— Bien sûr. (Elle attrapa son sac.) Oh, désolée, il est resté dans ma voiture. Je l'avais mis en charge.

— C'est pas grave. Je vais m'arrêter à une cabine. Il doit bien en rester quelques-unes. Je veux juste mettre mon chef au courant. Ce Quinlan semble avoir des relations haut placées. Je préfère demander le feu vert de mes supérieurs avant de faire des vagues.

Pitman s'arrêta sur le bas-côté quelques minutes plus tard et se dirigea vers une cabine en bordure de route.

Claire attendit dans la voiture. La météo à la radio annonçait de lourdes chutes de neige sur la plus grande partie du pays, ainsi que des tempêtes de neige descendant vers le sud. Elle songea que Matt s'y trouvait peut-être bloqué. Pour l'instant, le sud-est avait été épargné : il n'était tombé chez eux que quelques flocons.

La gestuelle de Pitman dans la cabine attira son attention : son sourire ridé avait disparu, son visage s'était assombri. Il s'adossait maintenant contre la paroi de la cabine. Elle tenta en vain de déchiffrer les mouvements de ses lèvres.

Il regagna la voiture en silence, le regard dirigé au loin, rassemblant ses pensées.

— Inspecteur ?

Pitman tourna lentement la tête vers elle et posa une main sur son épaule.

— Puisse le Seigneur nous aider, Claire, tu avais raison sur toute la ligne. Il court toujours.

— Oh, mon Dieu. Ils ont découvert un autre corps !

— Ce n'était pas une enfant cette fois. (Pitman prit une longue respiration.) Je suis désolé, Claire. J'aimerais qu'il y ait un autre moyen de t'annoncer cela.

Une larme roula sur sa joue.

— Votre amie, Ceri Jones. Oncle Tom l'a trouvée le premier.

189

C'était à peine si l'on distinguait la plaque de bronze annonçant l'entrée de la Fondation Quinlan derrière les nombreuses lianes de lierre qui tapissaient le mur d'enceinte. Le vert intense de l'épaisse toison tranchait violemment avec le paysage blanchi par l'hiver.

La voiture remonta lentement la longue allée sinueuse, son passager comme son conducteur absorbés dans leurs propres pensées.

Claire, en partie rassurée par la certitude que l'inspecteur Pitman était sur le point de rassembler les dernières pièces du puzzle, n'avait pas encore accusé le coup de la mort de Ceri.

Pitman, quant à lui, voyait sa perception de la tragédie de ces vies perdues contrebalancée par des considérations d'ordre professionnel.

Il n'était jamais qu'un humain : l'excitation de la poursuite ne s'était pas émoussée, et bien qu'il fût trop âgé pour nourrir des ambitions de carrière, il n'en songeait pas moins que résoudre pour de bon l'affaire aujourd'hui même – réduisant ainsi l'arrestation du criminel le plus recherché de Grande-Bretagne à une simple formalité, et libérant du même coup de prison un homme innocent –

couronnerait assez joliment quarante années de service, et justifierait amplement la retraite anticipée que sa femme l'exhortait à prendre.

— Claire, je crois qu'il vaut mieux que tu attendes ici. Ça ne te gêne pas ? Il s'agit désormais strictement d'une affaire de police. (Il remonta son col pour se protéger du vent froid et des rafales de neige qui s'intensifiaient.) J'essaierai de ne pas trop tarder. (Il ajouta après coup :) Verrouille les portières. Juste au cas où.

Un frisson parcourut l'échine de Claire comme le policier s'éloignait. Elle abaissa un à un les boutons de fermeture des portes, puis testa machinalement chaque poignée.

— Inspecteur principal Pitman, police criminelle du Kent, dit Pitman en tendant son insigne vers la caméra. Je souhaiterais parler au docteur Quinlan.

— Avez-vous un rendez-vous ?

— Non. Il s'agit d'une affaire de police.

— Je suis navrée, mais le docteur Quinlan n'est pas à la clinique en ce moment.

— Mlle Reynolds est là, j'imagine ?

— Le *docteur* Reynolds est effectivement là, oui. Mais je ne suis pas sûre qu'elle puisse vous recevoir.

— Voudriez-vous l'informer que je souhaite lui parler de toute urgence ?

— Un moment, s'il vous plaît.

Le moment dura cinq bonnes minutes. Pitman battait la semelle pour se réchauffer et commençait à perdre patience. Comme il s'apprêtait à sonner de nouveau, il entendit les verrous automatiques coulisser. La porte s'ouvrit, et il reconnut immédiatement la silhouette voûtée de Ruth Reynolds qui le regardait en battant des paupières derrière d'épais verres fumés.

— Inspecteur ?

— Mademoiselle Reynolds, j'ai besoin de parler au docteur Quinlan de toute urgence. Quand rentre-t-il ?

— Je suis navrée mais il est en déplacement pour affaires.

Pitman soupira bruyamment :

— Dans ce cas, il faudra que je me contente de *vous*.

— Vous avez bien mal choisi votre moment, inspecteur. Je n'ai pas cessé de recevoir des clients.

Pitman jeta un regard derrière lui : la fine couche de neige était intacte, à l'exception de ses propres empreintes de pneus et de pas.

— J'imagine qu'ils sont entrés par la porte de service… Y a-t-il un endroit où on pourrait parler ?

La thérapeute le fusilla du regard.

Il la suivit par-delà l'accueil jusqu'à une salle de réception.

— J'irai droit au but, mademoiselle Reynolds.

— Ruth, s'il vous plaît. Appelez-moi Ruth. (Elle composa son sourire forcé.) Vous, c'est David, c'est bien ça ?

— Mademoiselle Reynolds, une jeune fille est morte.

La thérapeute s'efforça de prendre un air compatissant :

— Je suis navrée de l'apprendre, comme vous l'imaginez, mais…

— Une adolescente. Âgée de dix-neuf ans.

— Pardonnez-moi, inspecteur. Ai-je raté quelque chose ?

— Elle a été assassinée. Par oncle Tom.

Pitman aurait parié son insigne que son étonnement était sincère. Elle se reprit rapidement, et dit en pesant soigneusement ses mots :

— Dieu du ciel, inspecteur. Vous voulez dire que Greg Randall s'est évadé ?

— Ce n'est pas ce que j'ai dit, mademoiselle Reynolds. J'ai de bonnes raisons de croire que nous nous sommes trompés en arrêtant Randall. Il n'est pas oncle Tom. Le véritable tueur court toujours.

— Je ne suis pas certaine de comprendre, inspecteur.

— C'est précisément pour cela que je souhaite parler au docteur Quinlan, marmonna Pitman dans sa barbe. Je ne sais pas comment vous expliquer ça, mademoiselle Reynolds : tout me porte à croire que le véritable oncle Tom est quelqu'un qui fréquente cette clinique, l'un de vos patients.

— « Clients », inspecteur. Il ne s'agit pas de patients. Et je suis désolée mais je ne comprends toujours pas.

— Il semblerait qu'oncle Tom se soit débrouillé pour accéder aux dossiers de vos patients. Et que les penchants de Greg Randall pour les enfants ainsi que son rendez-vous à la clinique de Woolwich soient venus à sa connaissance.

— C'est tout à fait impossible, inspecteur. Absolument impossible. Notre fichier est totalement sécurisé. Quant à Greg Randall, je peux vous assurer que cet homme est extrêmement dangereux. Mon seul regret est de ne pas avoir réagi plus tôt en avertissant les autorités.

— Mademoiselle Reynolds, j'aimerais jeter un coup d'œil aux lieux, si vous le permettez. Vérifier vos dispositifs de sécurité, l'endroit où vous conservez les dossiers de vos patients, ce genre de choses.

— C'est hors de question, inspecteur. La confidentialité est une considération primordiale dans un établissement comme le nôtre.

— Quoi qu'il en soit, j'aimerais vérifier ça par moi-même.

— Comme je vous l'ai dit, inspecteur, c'est hors de question. Si le docteur Quinlan était ici, il vous dirait exactement la même chose.

— Vous ne semblez pas comprendre, mademoiselle Reynolds. Il s'agit d'une affaire de *police*. J'enquête sur un meurtre.

— Je suis désolée, inspecteur, mais la réponse est non.

Pitman sortit sa pipe et commença à en bourrer le fourneau.

La thérapeute afficha une mine alarmée :

— Il est interdit de fumer dans cet établissement, inspecteur.

Pitman alluma sa pipe :

— Je vais formuler ça autrement, mademoiselle Reynolds : vous pouvez me montrer ce que j'ai besoin de voir maintenant, juste vous et moi… ou bien je peux revenir dans une heure ou deux avec un mandat et une douzaine d'agents qui fouilleront cet établissement pièce par pièce, tiroir par tiroir.

Le mécontentement de la femme était visible :

— Très bien, inspecteur, mais j'exige de vous accompagner dans votre visite.

— Croyez-moi, je ne comptais pas qu'il en soit autrement.

190

Ils reçurent l'appel du professeur juste au moment où ils dépassaient la sortie de Leatherhead sur la M25, au sud de Londres. La tempête de neige avait considérablement ralenti le trafic et les voitures roulaient au pas.

— L'immeuble grouille de flics. J'ai attendu qu'ils arrivent pour monter avec eux jusqu'à sa chambre. Nom de Dieu, Matt, tu aurais pu me prévenir !

— Excuse-moi, Gavin. Je ne pensais pas que tu…

— Comme tu l'imagines, les flics veulent te parler de toute urgence. J'ai bien tenté de leur expliquer ce que je savais, mais tu sais comment ils sont…

— Dis-leur de contacter la police du Kent.

— C'est déjà fait. Le nom du flic, c'est bien « Pitman » ? En tout cas, c'est ce que je leur ai dit.

— Claire et lui sont ensemble. Je crois qu'ils sont en route pour la Fondation. Je vais essayer de les rejoindre là-bas, si le temps le permet.

— Tu ferais mieux de te magner, Matt, avant que ce soit eux qui te trouvent.

— Merde ! Ils pensent quand même pas…

— Non, non. Mais vous êtes la clef de cette foutue énigme, Matt. Toi, Claire, et le gosse. Il est toujours avec toi ?

— Il est KO. Sûrement à cause du choc. C'est lui qui a trouvé Ceri.

— Putain, non ! Il va bien, sinon ?

— À peu près.

— Garde un œil sur lui, Matt.

— T'inquiète. Je ne pense pas qu'oncle Tom soit au courant de son existence, mais je peux te dire que je compte pas le perdre de vue.

— Tu me rassures.

— Qu'est-ce que tu prévois de faire maintenant ?

— J'en sais rien. Les flics ne lâchent pas un mot. Ils sont en ce moment avec l'administration de la fac pour prévenir la famille. Je ne voudrais pas être à leur place.

— Pauvre gamine. Elle avait tout pour elle.

— Ma championne, Matt. Elle était brillante.

— Elle était belle.

— Danny ? Je croyais que tu dormais.

— Quoi, avec vous deux qui jacassez comme deux vieilles pies ? dit-il. (Il semblait avoir retrouvé son bagout.) Salut, professeur.

— Salut, petit. Comment ça va ?

— On fait aller. Et vous ?

— Ça va aussi. Écoute, petit, tu veux faire quelque chose pour moi ?

— Dites toujours.

— Ne quitte pas Matt d'une semelle et ne fais rien de stupide, compris ? Je n'ai pas encore très bien compris quel rôle tu joues dans tout ça, mais je crois que je t'aime bien. Fais gaffe à toi, d'accord ?

— Pas de problème, professeur.

— Gavin, il neige de plus en plus. Tiens-moi au courant.

— Ça marche. Faites gaffe.

Matt raccrocha et mit son clignotant pour prendre la sortie cinq.

Danny plissa les yeux pour lire le panneau à travers la tempête de neige :

— Y a quoi à Sevenoaks ?

Matt murmura :

— Claire, l'inspecteur Pitman… et l'élément dont le nom revient sans cesse dans toute cette sordide affaire, au beau milieu de ton foutu cercle : la Fondation Quinlan.

191

— Tout cela n'est pas très réglementaire, inspecteur.

— Il n'y a rien de réglementaire dans une enquête pour meurtre, mademoiselle Reynolds. À quoi servent toutes ces pièces ?

— Je ne vois vraiment pas le rapport avec votre enquête, inspecteur.

Pitman s'arrêta devant une porte au hasard.

— Encore une fois, mademoiselle Reynolds, on peut faire ça de façon informelle, maintenant, ou plus tard, dans les formes. Toutes les pièces que nous avons passées jusqu'ici étaient munies de serrures de sécurité. Pourquoi ça ?

La thérapeute sortit une carte et l'agita devant le boîtier électronique avec un air agacé. Il y eut un déclic et la porte s'ouvrit.

— Voyez par vous-même, inspecteur. J'ignore ce que vous pensez que nous cachons, mais vous ne le trouverez pas ici.

— Ça j'en suis sûr, marmonna le policier avec un sourire discret.

Comme il franchissait le seuil, les lumières s'allumèrent automatiquement, illuminant des étagères entières de magazines soigneusement empilés et des rangées de DVD.

— Et ça ?

— Ressources de stimulation thérapeutique.

— En français ?

— De la pornographie, inspecteur. De la pornographie dure. Nous l'obtenons directement de source policière, par aval du ministère de l'Intérieur. (Voyant Pitman tiquer, la thérapeute saisit le coche.) La Fondation bénéficie de l'accréditation et de l'agrément personnel du ministre de l'Intérieur. Le docteur Quinlan et lui sont amis.

— J'imagine bien. (Pitman prit un magazine au hasard et tourna quelques pages, avant de le replacer aussitôt sur l'étagère avec un sourire gêné.) Très… Pas vraiment le genre de choses qu'on trouve dans les bureaux de presse.

— Comme je l'ai dit, inspecteur, nous obtenons ces documents directement de source policière. Pour traiter efficacement les délinquants qui passent nos portes, nous devons d'abord déterminer de façon précise ce qui les stimule, le moteur de leurs pulsions : les femmes, d'autres hommes, les enfants, les animaux. Quelle que soit leurs préférences, nous devons, avant toute proposition de traitement, recréer ce désir dans des conditions contrôlées. C'est un processus très simple.

— Et dans le cas d'un pédophile, par exemple, vous auriez recours à de la pornographie infantile ?

— Les deux étagères du haut, juste là. Fournis par la brigade antipédophilie de Scotland Yard. Voulez-vous en voir un échantillon ?

— Ce ne sera *absolument* pas nécessaire.

Comme il la précédait pour sortir de la pièce, la porte se verrouilla automatiquement derrière eux.

— Tout est parfaitement sécurisé, comme vous pouvez le voir. Que souhaitez-vous visiter d'autre à présent ? demanda-t-elle en indiquant une rangée de portes anonymes. La cuisine ? Les WC ?

— La pièce où vous rangez les dossiers de vos patients, s'il vous plaît.

Il la suivit le long d'un couloir, qui ouvrait sur un autre couloir.

— L'endroit n'est pas petit. À quoi cela vous sert d'avoir autant de pièces ?

Sans répondre à sa question, la femme le conduisit dans un bureau aveugle.

— Tous les dossiers de nos clients sont conservés dans cette seule pièce, sur disques.

Pitman balaya la pièce d'un regard peu intéressé : tout ce qui touchait à l'informatique le laissait froid.

— Cette pièce est-elle sécurisée ?

— Totalement. Aucune fenêtre, comme vous pouvez le constater. On y accède uniquement grâce à une carte électronique.

— Qui dispose de ces cartes ?

— Le docteur Quinlan et moi-même, évidemment. Et Molly.

— Molly ?

— Molly Hammett, notre secrétaire. Elle a naturellement fait l'objet d'une enquête approfondie.

— Personne d'autre ?

— Personne. Nos visiteurs sont escortés en permanence, comme vous l'êtes actuellement. Précaution compréhensible quand on sait qu'il s'agit de délinquants sexuels condamnés, parfois encore actifs – ce qui n'est en revanche pas votre cas.

— Et ces machines, peut-on y avoir accès de l'extérieur ? Comment dit-on… « les pirater » ?

— Impossible, inspecteur. Nos ordinateurs internes sont totalement indépendants du poste de l'accueil qui, lui, dispose d'une connexion. Si quelqu'un voulait accéder à ces informations, il serait forcé de venir dans cette pièce. Et encore faudrait-il qu'il connaisse les codes de sécurité informatiques.

— Qui ne sont connus que de vous trois ?

— Non, juste du docteur Quinlan et de moi-même. La fonction de Molly est purement administrative. Elle ne connaît pas les codes.

— Vous n'avez jamais subi de tentative d'intrusion ?

— Inspecteur, je ne sais pas où vous voulez en venir, mais je peux vous certifier que cet établissement est à cent pour cent sécurisé. Peut-être voudriez-vous visiter à présent notre salle de contrôle ? Je suis persuadée que cela vous ôtera toutes vos craintes.

Comme ils se dirigeaient vers la salle de sécurité, Pitman demanda :

— J'aimerais que vous me sortiez une liste de tous vos clients avant de partir.

La femme s'arrêta sur place :

— Je vous demande pardon ?

— Vous m'avez bien entendu, mademoiselle Reynolds. Tous vos clients anciens et actuels. Disons sur les trois dernières années ?

— Je crains que ce ne soit pas possible.

— Pourquoi ça ?

— En raison du secret professionnel, naturellement. De la protection des données. Des lois sur la vie privée. Pour rien au monde je ne divulguerai de telles informations.

— Croyez-moi, mademoiselle Reynolds, je vous garantis que vous allez les divulguer. Nous pouvons au besoin obtenir une ordonnance du juge.

— Allez-y, inspecteur. Le docteur Quinlan dispose de *très* bonnes relations. Il aura tôt fait de mettre fin à votre petit jeu.

— Ce n'est pas un jeu, mademoiselle Reynolds. Comme je l'ai dit, il s'agit d'une enquête pour meurtre. Et l'un de vos patients est le principal suspect.

— Oui, Greg Randall. Et rien de ce que vous m'avez dit jusqu'à maintenant ne m'a donné de raison de douter de sa culpabilité.

192

— Il semble que M. Randall suivait une thérapie par aversion ?

— Ce n'est pas à moi de le dire.

— J'aimerais voir l'endroit où cette soi-disant « thérapie » se déroule, une fois que j'aurai jeté un coup d'œil aux dispositifs de sécurité, bien sûr. Est-il vrai que vous infligez des chocs électriques à vos patients tout en leur diffusant des vidéos obscènes ? Drôle de façon de guérir les gens, si vous voulez mon avis.

— Personne ne vous l'a demandé, inspecteur. Je ne prétends pas porter de jugement sur les méthodes policières, aussi je vous prierai de faire preuve de la même courtoisie à l'égard du travail que nous menons ici à la Fondation. Encore une fois, nous sommes un établissement accrédité, autorisé par le ministère de l'Intérieur à mener ce type de thérapie. Il se peut que ce ne soit pas à votre goût, mais il faut bien que quelqu'un s'en charge. Et en toute franchise, le monde s'en porte beaucoup mieux.

— Mais oui, et les enfants du bon Dieu sont des canards sauvages !

— De toute évidence, inspecteur, vous n'entendez absolument rien à ces thérapeutiques et par conséquent je ne discuterai pas plus longtemps du sujet avec vous. Je doute très fortement que vous compreniez ma position.

— Je la comprends parfaitement, mademoiselle Reynolds. Et je suis certain que le docteur Quinlan se montrera moins récalcitrant.

Ruth Reynolds s'arrêta devant une porte anonyme et l'ouvrit à l'aide de sa carte. Pitman resta sans voix. Il avait déjà vu des systèmes de sécurité sophistiqués auparavant, mais ce qui se dévoilait devant lui était sans aucune commune mesure. Sur l'un des nombreux moniteurs, il il se reconnut, ainsi que la femme. Il se retourna pour chercher la caméra, mais n'en vit aucune.

— Objectif dissimulé. Tout cela fait partie intégrante du système de sécurité de la Fondation. Les seules caméras apparentes sont les caméras extérieures, installées à titre dissuasif, mais la vidéo couvre l'ensemble des lieux. Comme je vous l'ai dit, inspecteur, nous prenons la sécurité très au sérieux.

Un autre écran montrait la secrétaire, Molly, à son bureau. Sous l'œil de l'objectif, elle se leva et quitta la pièce. L'image se fondit au noir et un écran voisin s'alluma, où l'on vit la secrétaire s'arrêter devant une autre porte dans le couloir. Le moniteur s'éteignit à son tour après qu'elle eut passé sa carte et franchi le seuil. Un nouvel écran s'alluma alors, montrant Molly à l'intérieur de toilettes étincelantes. Il la vit tendre la main vers un bouton sur le mur, puis l'image se voila et l'inscription « Intimité demandée » s'afficha sur l'écran.

— Un dispositif de discrétion est prévu dans certaines pièces, pour des raisons évidentes, expliqua la doctoresse. Cela dit, je peux forcer la vidéo si vous le souhaitez ?

— Je vous fais confiance.

Espionner la secrétaire au petit coin ne constituait pas sa priorité principale.

— Pour l'instant le son est coupé, autrement nous sommes en mesure d'entendre le moindre bruit – si besoin est.

Elle appuya sur une touche et le policier entendit alors Molly siffler tout en tirant la chasse. Reynolds pressa un autre bouton et Pitman apparut sur le perron, tremblant de froid. Il suivit leur progression dans le bâtiment en avance rapide. Une autre pression et les moniteurs retrouvèrent leur affichage normal ; Molly regagnait son poste à l'accueil.

— Impressionnant, reconnut le policier, avant de pointer du doigt un plan électronique du bâtiment où brillaient des voyants verts et orange. Qu'est-ce que c'est que ça ?

— Un dispositif de repérage des personnes. C'est un système de secours juste au cas où la vidéosurveillance tomberait en panne ou qu'un objectif serait obstrué. Il détecte les présences thermiques, ainsi, d'un simple coup d'œil, nous savons quelles pièces sont occupées.

Deux voyants verts étaient allumés : l'accueil et la salle de sécurité.

— Alors nous sommes les seules personnes dans le bâtiment, résuma Pitman.

— Tout à fait, inspecteur.

— À quoi correspondent les voyants orange ?

— Ce sont des détecteurs indiquant si une porte est verrouillée ou déverrouillée. Chacune des portes de l'établissement est reliée à ce dispositif. La plupart sont fermées, comme vous pouvez le voir.

— Et les autres ?

— Il s'agit de portes intérieures. Nous procédons à des travaux de rénovation de l'autre côté du bâtiment. Un projet qui tient particulièrement à cœur au docteur Quinlan. Avant que vous ne le demandiez : nous n'avons recours à aucune entreprise extérieure. C'est le docteur Quinlan et son fils qui se chargent personnellement des travaux.

Une sonnerie retentit et elle décrocha le combiné. Molly apparut sur l'écran mais Pitman entendait seulement les paroles de la psychothérapeute.

— Je le prends dans un instant, Molly. (Elle se tourna vers Pitman.) Inspecteur, je dois m'entretenir en privé avec un client. Pourriez-vous attendre à l'extérieur ? Allez inspecter la salle où nous procédons aux thérapies par aversion si vous le souhaitez.

— Seul ?

— Il n'y a là-bas aucun dossier personnel ni information confidentielle, choses qui, comme je vous l'ai clairement dit, ne vous seront pas communiquées. Aussi, si vous souhaitez poursuivre votre visite, je vous y rejoindrai d'ici peu afin de vous résumer cette thérapie dans les grandes lignes.

— Et comment vais-je faire pour y entrer sans la carte magique ?

Ruth Reynolds appuya sur un bouton et un voyant orange s'alluma sur le plan :

— Voilà, je vous l'ai déverrouillée. Tournez à droite en sortant d'ici, puis à gauche, reprenez à gauche et ce sera la quatrième porte. Vous ne pouvez pas la rater : ce sera la seule porte ouverte. Je vous rejoins au plus vite.

— Je trouverai.

Pitman sortit en refermant la porte. Elle lui avait dit de tourner à droite ? Il tourna à gauche et s'éloigna dans le couloir en essayant toutes les portes sur son passage.

La thérapeute suivit ses déplacements sur le moniteur. *Il était si prévisible.*

Un mouvement attira son attention sur l'écran de l'avant-cour. Elle zooma sur la voiture du policier.

— Molly, finalement je ne prendrai pas cet appel. Soyez gentille de me mettre en relation avec James.

193

Claire sursauta en voyant la main déformée gratter la neige sur le pare-brise. Elle s'efforça de reprendre sa contenance comme elle reconnaissait le sourire figé de Ruth Reynolds, qui la scrutait derrière la vitre.

— Entrez donc à l'intérieur, Claire. Vous allez mourir de froid ici. L'inspecteur vient seulement de me dire que vous étiez là, sans quoi je serais venue vous chercher plus tôt. Ah, les hommes ! Quels égoïstes ! Figurez-vous qu'en ce moment même il savoure une bonne tasse de chocolat chaud dans notre petit salon, tandis que vous vous gelez dans cette voiture.

En passant devant l'accueil, la thérapeute se tourna vers la secrétaire :

— Autant que vous rentriez chez vous, Molly. Il va neiger de plus en plus. Je me débrouillerai seule pour cet après-midi.

Elle entraîna Claire le long d'un couloir :

— L'inspecteur vous attend dans le petit salon. (Elle ouvrit la porte et dit alors :) Oh, il doit être aux toilettes. Installez-vous confortablement, je mets la bouilloire à chauffer.

Sa sortie s'accompagna du cliquetis des verrous automatiques.

194

Il se doutait qu'elle l'observait, mais il s'en fichait.

La psy ne tarderait pas à se mettre à sa poursuite, et ce n'était pas plus mal : il avait entre-temps perdu tous ses repères.

Pitman tourna à un autre angle et se retrouva dans un nouveau couloir, plus large, terminé par une porte à deux battants, qu'une cale maintenait ouverte. Quelques outils et des planches de bois traînaient à proximité.

Dans la salle de contrôle, Ruth Reynolds enfonça le bouton

de fermeture des portes, mais la cale bloquait la commande. Elle frappa de rage sur la console et sortit d'un pas traînant.

Pitman entra dans la salle en s'attendant à ce que les lumières s'allument automatiquement. Mais la pièce resta plongée dans une quasi-obscurité percée seulement par l'éclairage du couloir.

Une lumière orangée s'alluma au-dessus de sa tête et une voix retentit :

« Bienvenue au musée Quinlan du crime sexuel. »

Pitman se retourna d'un coup sous la surprise, avant de comprendre qu'il s'agissait d'un enregistrement qu'il avait déclenché en entrant dans la pièce.

« Le musée Quinlan du crime sexuel est à l'heure actuelle l'exposition la plus authentique au monde en son genre. Parrainé par le docteur James T. Quinlan, fondateur de la prestigieuse Fondation Quinlan, le musée regroupe son exceptionnelle collection de pièces et de reliques relatant l'histoire du membre le plus honni de la famille des criminels : le délinquant sexuel.

Le musée Quinlan du crime sexuel retrace son parcours à travers l'histoire, depuis les plus anciens crimes sexuels répertoriés jusqu'aux plus récents. Pour commencer la visite, merci d'avancer et de presser le bouton vert. Pour arrêter, ou quitter une exposition, merci de presser le bouton rouge. »

L'enregistrement s'arrêta et Pitman resta dans le silence, sous l'éclairage orangé. Devant lui, un rideau de velours masquait la première exposition. Il appuya sur le bouton vert et le rideau s'écarta pour révéler un mannequin de cire grandeur nature.

« Le crime sexuel remonte par sa nature même aux origines de l'humanité. Les délinquants sexuels sont parmi nous depuis qu'un homme de l'âge de pierre a pris de force sa partenaire. Mais un acte n'est illégal que si la société le condamne.

L'histoire du monde est faite de pillages et de viols, d'esclavage et d'abus. Le délinquant sexuel est pourtant bien le produit de la société moderne. Il suffit de remonter au dix-huitième siècle pour retracer l'origine du crime sexuel tel qu'on le connaît aujourd'hui.

Nous sommes en 1791 et la première œuvre littéraire pornographique au monde vient d'être publiée. Elle s'intitule *Justine, ou les Malheurs de la vertu* et son auteur, Donatien Alphonse de Sade, est connu de tous sous le nom de Marquis de Sade.

Sade n'est évidemment pas le premier sadique de l'histoire : de Tibère à Vlad l'empaleur, la torture sexuelle est liée depuis toujours à l'espèce humaine. Si le Marquis de Sade a vu son nom immortalisé dans le terme de sadisme, c'est parce qu'il choisit d'embrasser le sexe et la douleur comme philosophie et non pas seulement comme outil de cruauté, dans le but d'élever au rang d'art l'érotisme sadomasochiste présent dans la littérature, ce qu'il fit dans l'une de ses œuvres majeures : *Les Cent Vingt Journées de Sodome*. C'est pourtant sans le sou que Sade finit ses jours en 1814 dans un asile, juste au moment où ses œuvres commençaient à susciter la reconnaissance qu'elles méritaient tant. »

Pitman appuya sur le bouton rouge : la narration s'arrêta et le rideau se referma. La voix enregistrée annonça : « Pour passer à l'exposition suivante, merci de vous déplacer sur votre droite et de presser le bouton vert. »

Bien que l'exposition sur Sade eût laissé le policier froid, la curiosité le poussa à continuer la visite, et la lumière orange le suivit, replongeant la première exposition dans l'obscurité. Comme ses yeux s'accommodaient à la pénombre, il se rendit compte qu'il se trouvait dans une vaste enceinte, bordée de tous côtés d'expositions cachées derrière des rideaux. Il passa sans s'arrêter devant la deuxième, et le faisceau orangé l'accompagna jusqu'à la troisième, puis la quatrième, et ainsi de suite, tel un projecteur. Il s'arrêta au hasard et appuya sur un bouton vert. Les rideaux s'ouvrirent, dévoilant deux figurines : un homme était en train d'étrangler un enfant.

« Henry Howard Holmes a l'honneur d'être le premier tueur en série d'Amérique. Parmi ses crimes figurent notamment les meurtres de trois enfants et de vingt-quatre adultes à Chicago dans les années 1880. De son véritable nom Herman Webster Mudgett, il vécut toute… »

Pitman se souvint du but de sa présence et appuya sur le bouton rouge. Il dépassa une dizaine d'autres rideaux et pressa un bouton vert au hasard. La famille Manson apparut. Le décor était plus étoffé et présentait des coupures de presse ainsi qu'un écran vidéo diffusant des extraits de journaux télévisés. Il passa d'une exposition à l'autre, stoppant par moments pour satisfaire sa curiosité. Certains noms lui étaient familiers, d'autres moins. Albert Fish, Ed Kemper, Bundy, Dahmer, Nilsen. Gacy, Berkowitz, DeSalvo. Ramirez. Black.

Il fut saisi d'un frisson.

« Robert Black est célèbre pour être le tueur d'enfants le plus prolifique de Grande-Bretagne. »

— Plus maintenant, marmonna le policier dans sa barbe. Votre petit cirque n'est plus à jour, docteur Quinlan.

195

Le vieil inspecteur de police connaissait bien évidemment les antécédents de Black.

Susan Maxwell.

Caroline Hogg.

Sarah Harper.

Encore ne s'agissait-il que de la poignée de crimes qu'on avait réussi à prouver. On ne saurait jamais vraiment de combien d'autres disparitions d'enfants Black était responsable.

Il ne s'attarda pas.

Thomas Hamilton, le fou qui avait massacré une classe d'enfants à Dunblane.

Howard Hughes, meurtrier de la petite Sophie Hook, âgée de six ans. Enlevée d'une tente dans un jardin de Llandudno et retrouvée morte le lendemain matin sur la plage.

Ian Huntley, le meurtrier de Soham.

Pitman arriva devant les rideaux dissimulant la dernière exposition. Une curiosité morbide le poussa à appuyer sur le bouton.

« Le docteur Quinlan a le regret de vous informer que cette exposition est actuellement en préparation. Merci de vous adresser à l'accueil pour connaître la date de son ouverture. »

Au-delà s'étendait un espace vide baigné de ténèbres, que de futurs criminels viendraient un jour occuper. Il se retourna vers l'exposition en préparation, en se demandant quel odieux meurtrier elle mettait en vedette. Il subodorait d'instinct la réponse.

Il souleva lentement le rideau, et le rai de lumière orangée pénétra par l'ouverture pour aller éclairer l'exposition. Pitman sentit son estomac se retourner alors que tout s'éclaircissait.

— Quel cinglé.

Le policier tira le rideau pour dévoiler entièrement l'exposition. La pipe tomba de ses lèvres.

À côté des manchettes de tabloïdes annonçant la découverte des corps des victimes, Pitman aperçut une disposition de vêtements. Il reconnut immédiatement le casque de bicyclette de Rebecca. Sans en croire ses yeux, il passa les habits en revue, associant chacun d'eux aux noms gravés depuis belle lurette dans son esprit.

Il voulut partir.

Trouver Reynolds.

Il aurait donné n'importe quoi pour quitter cet endroit.

Mais une curiosité morbide poussa sa main vers l'écran vidéo. Il s'attendait à ce qu'il diffuse des extraits de journaux.

Il sentit ses genoux flageoler devant l'image de l'enfant ligotée et gémissant derrière son bâillon.

Pitman recula et courut, repassant devant chaque exposition, poursuivi par les faisceaux de lumière orangée à mesure qu'il déclenchait chaque détecteur. Il parvint à la sortie et poussa les portes en grand, ébloui par la clarté soudaine du couloir. Il émergea des ténèbres le corps tremblant, pris de haut-le-cœur, tâchant de se souvenir par quel chemin il était venu.

Le couteau surgit derrière lui et s'enfonça sans mal entre ses omoplates, divisant sa colonne vertébrale avant de lui perforer un poumon.

Weisman expliquerait plus tard à l'épouse de Pitman, du ton le plus sincère, que la mort avait probablement été instantanée.

Seule la silhouette voûtée qui se tenait devant le corps recroquevillé secoué de convulsions saurait qu'il n'en avait rien été.

Pour une fois, le sourire n'était pas simulé. Tandis que le poumon du policier se remplissait lentement de sang, elle lui administra un coup de pied sournois.

La thérapeute regarda alors avec un intérêt clinique la respiration mêlée de crachats de sang ralentir, pour finalement cesser, puis traîna le corps de l'inspecteur derrière un rideau.

196

Bravant les éléments, Danny dégagea la neige de la plaque de bronze :

— Bingo !

— Bien joué, Danny. (Matt constatait avec joie que les joues du garçon avaient retrouvé leurs couleurs.) Je n'attends qu'une seule chose, c'est retrouver Claire.

— Si oncle Tom est là, je passe le premier, dit Danny tout bas tandis qu'ils remontaient lentement l'allée tapissée de neige.

Matt distinguait à peine les traces d'un autre véhicule, qu'il devinait être celui de Pitman et de Claire :

— Laissons la police jouer les héros, Danny. D'ailleurs, quel que soit le lien d'oncle Tom avec cette clinique, il y a peu de chances qu'il s'y trouve en ce moment.

Danny serra fermement la clef dans son poing :

— Une chance pour lui.

Une femme apparut dans le blizzard ; elle lui faisait signe de s'arrêter. Matt descendit sa vitre.

— Je suis désolée mais la Fondation est fermée.

— Et vous êtes ?

— La secrétaire du docteur Quinlan. Puis-je vous demander le but de votre visite ? Il n'y avait aucun rendez-vous de prévu.

— Je dois voir le docteur Quinlan.

Molly regarda d'un air perplexe à travers la vitre et aperçut Danny. La Fondation n'était pas un endroit pour les mômes.

— Le docteur Quinlan ne reçoit personne sans rendez-vous.

— C'est important.

— D'ailleurs, il n'est pas à la clinique aujourd'hui.

— Avez-vous reçu la visite de l'inspecteur Pitman ?

Il vit le visage de la femme se décrisper.

— Oh, le policier ? Oui, il est en ce moment avec le docteur Reynolds.

— Y avait-il quelqu'un avec lui ? Claire Meadows ?

— Je n'ai pas retenu son nom, mais il y avait effectivement une dame, oui.

Il se sentit brusquement soulagé : Claire était en de bonnes mains.

— Ils sont toujours là ?

— Oui, mais vous ne pouvez pas…

— Merci de votre aide.

Matt démarra, abandonnant Molly à ses objections. Elle les regarda partir, puis haussa les épaules et se tourna pour affronter la tempête. Il lui tardait de glisser ses pieds dans une paire de chaussons douillets.

— Danny, je préférerais que tu restes dans la voiture. OK ? (Il se préparait à une volée de protestations, mais le garçon se contenta de hocher la tête.) Danny, tu m'as entendu ?

— Ouais. Pas de problème. J'imagine ce que tu ressens, Matt. Tu veux être seul quand tu retrouveras Claire.

— Merci, Danny. Je laisse la clef sur le contact pour le chauffage. Ne le mets pas à fond ou tu vas vider la batterie.

Le journaliste claqua la portière et disparut dans la neige.

197

La femme le dévisageait à travers ses épais verres.

— Que puis-je faire pour vous ?

— Matt Burford. Vous devez être le docteur Reynolds, dit-il en tendant la main. Je crois que Claire Meadows et l'inspecteur Pitman sont ici avec vous.

La thérapeute lança un regard vers l'avant-cour. À côté de la voiture de Pitman, elle pouvait voir le véhicule de Matt sous la neige qui tombait. Allongé sur la banquette arrière, Danny passait inaperçu.

— Ah oui, le journaliste. Entrez, je vous en prie. L'inspecteur était justement en train de m'expliquer pour cette étudiante assassinée. Je suis vraiment navrée.

— Il est au courant ?

Matt se sentit soulagé. Il appréhendait d'avoir à annoncer la nouvelle à Claire.

— Bien sûr, nous craignions bien que quelque chose de ce genre n'arrive, assura le docteur Reynolds tandis qu'elle conduisait Matt à l'intérieur du bâtiment. Un *copycat*, imitant le mode opératoire de Greg Randall.

— « Imitant » ?

— Bien sûr. Ne me dites pas que vous souscrivez à cette théorie ridicule de l'inspecteur comme quoi Randall ne serait pas le bon coupable ?

— Ça n'a rien d'une théorie, docteur Reynolds, je peux vous le certifier. Nous disposons de solides arguments pour étayer nos dires : oncle Tom court toujours.

La thérapeute s'arrêta devant une porte anonyme :

— Vraiment, les journalistes ont une imagination si foisonnante ! Allez-y, entrez. Je vais vous chercher Claire et l'inspecteur. Nous pourrons alors discuter de ces affabulations autour d'une bonne tasse de thé.

— Auriez-vous du café ? Je n'ai rien contre le thé, mais d'ordinaire je… Docteur Reynolds ?

Les verrous automatiques s'enclenchèrent avec un bruit sec.

198

Danny fut réveillé par un bruit de pneus sur le gravier recouvert de neige.

Il se redressa, les yeux bouffis, l'esprit émergeant lentement du sommeil. Il frissonna et s'assit dans la semi-pénombre de la voiture. Le ciel chargé de nuages avait accéléré la tombée du crépuscule et la neige tombait encore.

Il vit une Mercedes noire se garer, et regarda sans grand intérêt le vieil homme à son bord se hisser dans un fauteuil roulant, avant de se diriger vers l'entrée principale.

Le garçon haussa les épaules et retourna à ses rêves.

199

Ruth Reynolds observait Claire sur le moniteur, savourant la détresse sur ses traits. Son inhalateur à la main, elle tambourinait en vain contre la porte.

Un autre écran montrait le journaliste, perplexe, dans une autre pièce.

Elle sourit en apercevant la Mercedes qui venait d'arriver et se dirigea vers la cuisine. Elle savait que la première chose que le docteur Quinlan réclamerait serait une bonne tasse de thé.

200

Danny venait à peine de se rallonger quand il entendit un autre véhicule approcher. Il jeta négligemment un regard entre les sièges avant, et se redressa d'un coup en voyant la camionnette blanche sans fenêtres remonter doucement l'allée, passant devant lui avant de disparaître sur le côté de la bâtisse.

Il fut aussitôt réveillé, les yeux écarquillés de peur, l'adrénaline pulsant dans ses veines, l'esprit en surrégime.

Une unique voie contournait la bâtisse. Il se glissa sur le siège avant et tourna la clef dans le contact. La voiture fit un soubresaut et cala.

Paniqué, il batailla avec le levier de vitesses pour trouver le point mort, puis se souvint qu'il fallait embrayer, enfonça la pédale et réussit à débrayer.

Il tourna à nouveau la clef et la voiture démarra avec une secousse. Il appuya sur la pédale d'embrayage, enclencha la première et retira son pied. La voiture bondit en avant et cala de nouveau.

Il jura tout haut et recommença. Cette fois, le moteur survécut au premier soubresaut, et prudemment, il fit lentement avancer la voiture du devant de la bâtisse jusque sur le côté, puis enfonça le frein. Le moteur cala une nouvelle fois. Danny contempla sa manœuvre avec fierté : le passage était bloqué.

Il resta assis pendant une bonne minute à considérer en silence les options qui s'offraient à lui. Il ramassa le portable de Matt et composa le 999.

— Service d'urgence, j'écoute.

Danny regarda fixement la neige. Par où commencer ? Il n'était qu'un môme. Personne n'allait l'écouter.

Il savait que tous les appels étaient enregistrés.

Il dit lentement et clairement dans le combiné :

— Je demande la police. Oncle Tom est à la Fondation Quinlan, à Sevenoaks. Il a tué Ceri Jones à Liverpool et maintenant il est ici. Envoyez de l'aide s'il vous plaît.

Il posa le portable sur le siège, sans raccrocher. Il sentit la clef de Ceri dans sa main, et sa décision fut prise. Il releva son col contre ses oreilles et d'un pas hésitant sortit dans la neige.

201

Ce ne fut qu'un bref coup d'œil.

Un regard froid et fixe l'avait scrutée à travers la vitre.

Mais instinctivement elle sut qu'il s'agissait du visage du tueur de sa fille.

Une fraction de seconde plus tard il était parti, laissant à sa place la neige tourbillonnante. Claire se rapprocha : les empreintes de doigts sur la vitre confirmaient qu'elle n'avait pas rêvé. Désespérée, elle saisit l'ordinateur portable et le jeta contre la baie vitrée. La neige tombait en avalanche. L'ordinateur se fracassa en mille morceaux mais le verre renforcé demeura intact.

Elle attrapa la lourde table basse et l'envoya contre la vitre. Les pieds de la table cassèrent mais la vitre restait inébranlable.

Ruth Reynolds fixait le moniteur d'un air amusé en sirotant sa boisson. Un marteau-piqueur n'aurait pu briser cette vitre : elle n'avait rien à craindre des faibles assauts d'une asthmatique.

À côté d'elle, le docteur Quinlan remuait calmement son thé. Un voyant orangé s'alluma et une sonnerie retentit, signalant qu'on ouvrait une porte à l'arrière du musée.

— Parfait, dit-il. Maintenant que nous voilà rassemblés, il est temps pour moi de rencontrer nos invités et d'apporter à cette histoire une conclusion satisfaisante.

202

Aucun des deux ne pouvait entendre l'autre sous les hurlements du vent, mais le visage transi de peur de Claire et l'ordinateur brisé au pied de la fenêtre parlaient d'eux-mêmes. Danny pointa les pouces en l'air et fit demi-tour dans la neige.

Il arriva près de la camionnette du côté passager. Lentement, il leva la tête au niveau de la vitre et constata avec soulagement que la cabine était vide.

Il ouvrit la porte et tendit le bras pour attraper les clefs de contact, en s'attendant à tout moment à sentir la poigne meurtrière d'oncle Tom sur son épaule. Il s'apprêtait à lancer les clefs dans la neige quand il se ravisa.

Il hésita : avait-il vraiment envie de savoir ? Lentement, presque malgré lui, il gagna l'arrière de la camionnette et déverrouilla les portes.

En lecteur assidu de revues criminelles, il soupçonnait assez bien ce qu'il risquait de découvrir, mais la réalité, même voilée par la nuit qui tombait, était bien plus lourde de sens que n'importe quel article édulcoré.

Les parois matelassées, les liens en cuir, la caméra vidéo laissaient imaginer un récit des plus sordides.

Alors que la peur lui dictait de courir, il aperçut des vêtements éparpillés dans la pénombre et sans réfléchir grimpa dans la camionnette, le cœur battant la chamade.

Des collants en laine.

Un pull-over.

Un corsage.

Une pile de couvertures dans un coin.

Il s'arrêta net, pétrifié ; il ne voulait pas savoir.

Il s'approcha centimètre après centimètre et s'arma de courage pour faire face à l'impensable.

À l'inévitable.

Elles bougèrent à peine mais son cœur fit un bond. En une seconde, il se jeta sur la pile de couvertures et les souleva une à une.

Deux yeux effarés le regardaient, leurs glandes lacrymales depuis longtemps taries. Les traits de l'enfant étaient dévorés de peur.

Elle s'efforçait de respirer par le nez ; le bâillon était si serré que Danny parvenait à peine à le dénouer. Il glissa la clef de Ceri sous le lien et coupa le tissu.

Comme le bâillon se relâchait, l'enfant se mit à sangloter, tremblant de tout son corps à demi nu, marmonnant des mots incohérents.

Le garçon éclata à son tour en sanglots en serrant la petite fille traumatisée contre lui.

Son esprit fonctionnait à toute allure, essayant de trouver la meilleure solution. L'enfant était plus en sécurité à l'intérieur de la camionnette qu'au dehors, où le froid abrégerait sa jeune vie aussi sûrement qu'oncle Tom.

Il lui lança ses habits, et quelques paroles rassurantes qu'elle n'entendit pas, encore sonnée par le traumatisme qu'elle avait vécu.

Il verrouilla la porte derrière lui et glissa la clef de la camionnette dans la poche de sa veste, avant de serrer celle de Ceri dans sa main pour y puiser de la force et du réconfort. Le rappel constant du but de sa présence ici.

Il savait que la vie de l'enfant était en jeu.

La sienne aussi peut-être.

Il se demanda ce que Ceri aurait fait dans ces circonstances.

À pas feutrés, il suivit lentement les empreintes le long de la bâtisse.

203

— Pauvre trésor. Tu dois être gelé.

Elle se leva péniblement et se hissa sur la pointe des pieds pour brosser la neige du col de l'homme en le regardant dans les yeux :

— Il y a du thé dans la théière. Nous avons reçu de la visite aujourd'hui, Thomas. Trois fouineurs. Dont ce flic trop curieux que j'avais rencontré chez les services sociaux. Il a découvert l'exposition. Mais ne t'en fais pas, je m'en suis occupée.

Il passa ses énormes bras autour de la petite femme maigrichonne et la serra fort contre lui en la soulevant.

— J'ai vu la femme en passant. Je connais son visage.

— Claire Meadows. Tu te souviens de Rebecca ?

Il se lécha les babines :

— De chaque seconde.

Ruth Reynolds ne put s'empêcher de sourire. Puis son visage redevint sérieux :

— Thomas, tu as été à Liverpool !

Il haussa les épaules :

— Cette étudiante. Elle a voulu jouer à la maligne.

— Nous aurions dû en discuter d'abord.

— Ça lui pendait au nez. Cette pétasse fourrait son nez partout.

— Nous n'avions pas besoin de ça, Thomas. Que va dire ton père ?

— Je sais ce que je fais.

— Quatre corps ? En trois jours ?

Il sourit :

— Cinq. J'ai ramassé un petit quelque chose pour le week-end.

La femme fut horrifiée.

— Mon Dieu, Thomas, tu as *véritablement* perdu la tête ! dit-elle avec de grands yeux inquiets. C'est le *complexe suicidaire* !

Il l'attrapa par les épaules :

— Tu m'as bien regardé ? J'ai l'air instable ?

— Mais Thomas… Et les restrictions ? Le travail de ton père ne sert à rien sans les restrictions !

— C'est pas pour une de plus.

— Thomas, tu pouvais parfaitement *te passer* de cette fille.

— Tu comprends pas. C'est pas juste une fille au hasard. Elle a dix ans, onze maximum… Le seuil de la puberté. Cette gosse est sexy. C'est une bombe. Crois-moi, elle demande que ça.

La thérapeute se haussa sur la pointe des pieds et l'embrassa sur la joue :

— Thomas, tu es vraiment incorrigible. Je t'aime mon chéri.

— Moi aussi je t'aime maman.

204

Les empreintes de pas menèrent Danny jusqu'à une porte à double battant donnant sur une récente extension du bâtiment.

Il poussa un des battants et constata le cœur serré qu'il n'était pas verrouillé : la neige empêchait le contact nécessaire à l'enclenchement des verrous électroniques.

Une fois entré, il ne pourrait plus faire demi-tour.

Il serra la clef sur sa poitrine :

— Je fais ça pour toi, Ceri.

Il entra et rabattit la porte. Les ténèbres l'engloutirent aussitôt ; il se rassura malgré tout en songeant que le battant resterait déverrouillé.

Comme ses yeux s'adaptaient à l'obscurité, il parvint petit à petit à distinguer les bords de la salle. Il chercha le mur à tâtons et le suivit pas à pas, en quête d'un interrupteur ou d'une poignée de porte. Sa main rencontra le rideau de velours, et il sursauta lorsque le projecteur orangé vint soudain l'éclairer. Il appuya sur le bouton vert qui brillait dans la pénombre et le rideau s'enroula.

« Frederick West a mis fin à ses jours au pénitencier de Winson

Green de Birmingham le jour de l'an 1995, alors qu'il attendait d'être jugé avec son épouse Rosemary, au cours de ce qui aurait très certainement été l'un des procès de crimes sexuels majeurs du vingtième siècle en Grande-Bretagne. »

La crainte que quelqu'un entende l'emporta sur la fascination et Danny pressa le bouton rouge.

Il devina, avec une réelle perspicacité, qu'il se trouvait dans une sorte de musée, mais l'heure n'était pas à l'exploration.

Il continua donc d'avancer à pas prudents, poursuivi par le faisceau orangé. Comme il s'approchait de l'exposition voisine, un autre bouton vert se mit à clignoter. Danny se dirigea droit vers le rideau et le souleva. Il reconnut aussitôt les traits sinistres de Robert Black. Lâchant le rideau, il se retourna et considéra la quantité d'expositions qui bordaient les murs, cachées derrière leurs voiles de velours.

La clef dans sa paume lui rappela sa mission. Il se dirigea vers une porte à double battant, qu'il distinguait à peine dans la pénombre.

Danny s'arrêta, en proie au doute : il pouvait encore faire demi-tour. La police était en route, et l'inspecteur Pitman déjà sur place.

Il revit alors le visage effrayé de Claire derrière la vitre.

Il repensa à l'enfant dans la camionnette.

Les doubles portes refusèrent de s'ouvrir. Il aperçut le lecteur de cartes sur le mur et le soulagement se mêla à sa frustration : il avait à présent une bonne raison de rebrousser chemin.

Une traînée humide sur le sol, brillant sous le halo ambré, attira soudain son regard.

Danny se pencha et aperçut ce qui ressemblait à une carte de crédit. Il songea qu'il s'agissait peut-être de la carte ouvrant la porte et se baissa pour la ramasser. Il constata avec horreur qu'elle était tachée de sang.

Soit qu'il fût maintenant blasé par la mort, soit qu'il fût boosté par l'adrénaline, l'adolescent écarta le rideau sans paniquer, pour découvrir le corps d'un homme, un couteau planté dans le dos ; il devina qu'il s'agissait de l'inspecteur Pitman.

Il passa la carte devant le boîtier.

Il était trop tard pour faire demi-tour.

L'adolescent émergea dans la clarté brutale du couloir et, la carte à la main, commença à déverrouiller les portes une à une, les poussant du bout des doigts, chaque fois soulagé de de trouver les pièces vides.

205

— Comment me trouves-tu ?

Ruth Reynolds huma le parfum de son fils. *Imperial Leather.* Elle ajusta un bouton de manchette.

— Tu es l'élégance faite homme.

— Où est papa ?

— Il t'attend devant la salle 8. C'est là qu'est enfermé le journaliste.

— Quel plaisir ça va être !

La femme lui administra une tapette :

— Veux-tu bien être sage ! Ton père est parfaitement capable de s'occuper de Burford. Tu sais bien que les gens se laissent abuser par son allure discrète. Mais il souhaite t'avoir à ses côtés. Juste au cas où.

L'homme fit jouer ses muscles :

— Je vais m'occuper de lui.

— Non. Je ne veux plus de bain de sang aujourd'hui. Surtout pas ici.

— Mais, le flic. Tu disais…

— Nous verrons ça plus tard. Laisse ton père s'en charger.

— Qu'est-ce que tu as ressenti ?

— Quoi ?

— Le flic. Qu'est-ce que ça t'a fait ?

Un sourire s'étira sur le visage de la femme :

— Le couteau n'a eu *aucun* mal à entrer. Cela m'a vraiment étonnée. Mais tu avais *absolument* raison, Thomas. C'était *exactement* comme tu l'avais décrit.

206

— Monsieur Burford, veuillez nous excuser. Nous avons eu une panne dans notre système de sécurité.

La colère de Matt s'évanouit aussitôt qu'il vit le vieil homme en chaise roulante apparaître sur le seuil.

— Toutes les portes du bâtiment sont restées verrouillées pendant un moment. Le docteur Reynolds et moi-même avons dû attendre le retour de mon fils afin qu'il contourne le circuit. L'électronique n'est pas ma spécialité, comme vous le comprendrez sans doute. (Il tendit la main.) Acceptez s'il vous plaît mes plus sincères excuses. Je suis le docteur Quinlan. James Quinlan.

Matt ignora la main tendue et jeta un regard suspicieux à l'homme debout derrière le fauteuil :

— Où est Claire ?

— Mme Meadows ? Elle est en ce moment même avec le docteur Reynolds.

Il continuait de tendre la main. Matt la serra avec tiédeur comme sa méfiance s'estompait. Le fait de se retrouver enfermé dans une pièce vide avait enflammé son imagination, mais il rencontrait enfin *le* docteur Quinlan en personne, qui lui offrait ses plus plates excuses, ainsi qu'une explication plausible.

L'homme derrière Quinlan s'avança avec un sourire amical :

— Je suis le fils du docteur Quinlan. Thomas. Enchanté.

Matt lui serra la main sans toutefois lui rendre son sourire :

— Je veux voir Claire. Tout de suite.

Une étincelle s'alluma dans le regard du docteur :

— Comme je vous l'ai dit, elle se trouve avec le docteur Reynolds. Sa crise d'asthme est… Claire est entre de bonnes mains. Je peux vous l'assurer.

— Elle va bien ?

— Rien qu'une bonne tasse de thé bien chaud ne saurait guérir. Mais quel hôte indigne je fais. Puis-je vous servir quelque chose ?

— Pitman est avec elles ?

— Au moment même où nous parlons, l'inspecteur Pitman est en train de fouiller les lieux. Je lui ai bien évidemment autorisé l'accès à l'ensemble du bâtiment. Mais vous savez comment sont les policiers : ils ne sont pas satisfaits tant qu'ils n'ont pas fouillé le moindre recoin. Était-ce un « oui » pour le thé ? Café ? Thomas, pourrais-tu avoir la gentillesse de t'en charger ? Nous avons autorisé Molly à rentrer plus tôt. Venez avec moi, dit-il à Matt. Nous allons trouver un endroit plus confortable.

Matt suivit le vieil homme tandis qu'il pilotait lentement sa chaise dans le couloir.

— L'inspecteur s'est mis en tête l'idée curieuse qu'oncle Tom serait toujours en liberté, et qu'il s'agirait de l'un de nos clients, lança Quinlan avec un petit rire déroutant.

— Il n'est pas le seul.

— Ma foi, monsieur Burford, vous avez de toute évidence des raisons valables de penser de la sorte, raisons que, pour l'heure, nous ignorons encore. Aussi le docteur Reynolds et moi pensons qu'il serait sage de nous rassembler tous autour d'une table afin de régler la question d'une manière saine et civilisée.

— Saviez-vous que Ceri Jones était morte ?

Bien que Quinlan parût surpris, sa voix ne fit entendre aucun tremblement :

— Monsieur Burford. Matthew. Je ne sais comment vous exprimer ma profonde sympathie devant la terrible épreuve que vous traversez. Un accident de voiture ?

— Elle a été tuée par oncle Tom.

Quinlan fixa le journaliste sans ciller. Il s'arrêta alors devant une porte identique à toutes les autres et lui fit signe d'entrer :

— Prenez place, je vous en prie. Thomas ne va pas tarder à nous rejoindre avec le thé.

— Allez-y, fit Matt en s'écartant du passage.

Comme Quinlan s'installait derrière son bureau, Matt demanda :

— Comment oncle Tom a-t-il pu apprendre l'existence de Ceri autrement que par le biais de cet endroit ? Il est clair pour nous qu'il s'est débrouillé pour avoir accès à vos dossiers.

Quinlan haussa les épaules :

— Loin de moi l'idée de calomnier, Matthew, mais de la manière dont je comprends la chose, c'est *vous-même et Claire* qui avez divulgué ce soi-disant « profil » à des tierces parties. Pas juste au docteur Reynolds, mais à la police, ainsi qu'à ce petit avocat, Isaac, et Dieu seul sait à qui d'autre.

— La police a reçu un *résumé* du profil, pas l'original. À la demande de Ceri, j'avais effacé son nom avant de le leur remettre.

— L'avocat, dans ce cas, suggéra Quinlan avec à nouveau ce sourire éclatant. J'ai cru comprendre que son cabinet avait fait l'objet d'un cambriolage.

La remarque mit Matt mal à l'aise. Quinlan marquait un point. Isaac avait emporté une copie du compte rendu original de Ceri sur lequel son nom figurait :

— Le cambriolage n'était pas connu du public, docteur Quinlan. Comment se fait-il que vous soyez au courant ?

Quinlan émit un petit rire et ses yeux scintillèrent :

— Matthew, je crois que vous êtes à deux doigts de basculer de la méfiance à la paranoïa. Ce qui, je vous l'accorde, serait fort compréhensible, vu les circonstances.

207

— Ça ne répond pas à ma question, docteur Quinlan.

— Mais mon cher petit, nous l'avons appris par le bouche-à-oreille bien sûr. La dissémination informelle de l'information. N'est-ce pas le lubrifiant même du journalisme moderne ? Lorsqu'on s'introduit dans le cabinet de l'avocat qui représente le criminel le plus tristement célèbre du pays, cela ne tarde pas à se savoir. Tout particulièrement dans un domaine aussi hermétique que le nôtre.

— Dans ce cas, vous devez certainement savoir comment Ceri a été tuée.

— Pas encore, mais si ce que vous dites est vrai, j'imagine assez bien. Et honnêtement, je comprends tout à fait comment les faits peuvent apparaître aux yeux du profane. Mais à ceux du spécialiste, l'explication est assez simple. Rien d'autre que l'acte d'un *copycat*. Un malade souffrant de troubles graves, qui idolâtre l'image d'oncle Tom que projettent les médias. Ils sont nombreux, je puis vous l'assurer. D'autant plus après la façon dont la presse tabloïde a privilégié le sensationnel et manipulé les faits au détriment des victimes, sans se soucier des conséquences.

— Il ne s'agit pas de faire le procès des médias, docteur Quinlan, mais de stopper un fou meurtrier qui court le pays en tuant des gosses, pendant qu'un innocent est enfermé derrière les barreaux.

— Un innocent ? Pardonnez-moi, Matthew, mais j'ignorais que vous connaissiez personnellement Greg Randall.

— Je ne le connais pas.

— Dans ce cas, ne diriez-vous pas que je dispose d'un avantage sur vous ? J'ai examiné Greg Randall lorsqu'il était client à la Fondation. Entre nous, le docteur Reynolds et moi-même avons exploré ses désirs et ses fantasmes les plus secrets. Ses fantasmes *sexuels*, Matthew. Des fantasmes faisant intervenir des petites filles.

— Thomas Bristow était obsédé par les petits garçons. Ça n'en faisait pas pour autant un tueur. Lui aussi d'ailleurs était un de vos patients.

Quinlan ne put cacher sa surprise :

— Comment donc… ? Peu importe. Matthew, j'ignore si vous êtes ou non au fait de ma réputation et je ne souhaite pas apparaître outrecuidant, mais on s'accorde à me reconnaître comme un expert inégalé dans le domaine de la paraphilie. Et mon avis, en tant que spécialiste, est que Greg Randall présente une pédophilie schizophrène qui le conduit à mener non pas simplement une double mais une triple existence : premièrement en tant que mari et père de famille affectueux ; deuxièmement en tant qu'abuseur sexuel préoccupé par son état et cherchant à se faire aider pour protéger ses propres filles d'un danger potentiel ; et troisièmement en tant que « fou meurtrier » – pour reprendre votre formule – traquant les petits enfants pour son seul plaisir. Quelle que soit sa définition, Matthew, je doute fort que le terme « innocent » soit parfaitement approprié.

À nouveau, les explications calmes et rationnelles du docteur Quinlan déconcertèrent le journaliste. Mais l'image du corps mutilé de Ceri restait gravée dans sa tête.

— Si Randall est bel et bien oncle Tom, alors qui a tué Ceri ?

— Comme je vous l'ai dit, Matthew, un tueur *copycat*. Un banal – mais non moins tragique – cas d'idolâtrie émulatrice. Une adoration héroïque trop poussée. D'ailleurs, cette fille, Ceri, à ce que j'ai cru comprendre, il s'agissait d'une adolescente postpubère, n'est-ce pas ? Pas d'une jeune enfant.

— Pas quand il a commencé à la tuer. (Matt chassa l'image de son esprit.) D'autres enfants ont été tuées depuis l'arrestation de Randall.

Quinlan émit un ricanement sonore :

— Ah oui, le fameux « profil »… La fille de Mold : une simple coïncidence. Quant au fait qu'oncle Tom sache parler le gallois… je sais qu'il n'y a pas là matière à rire, mais je dois avouer qu'avec le docteur Reynolds nous avons trouvé ce détail fort amusant.

Matt lui lança un regard noir.

— Je comprends très bien ce que vous ressentez, croyez-moi, Matthew. Mais voilà plusieurs semaines que Greg Randall est incarcéré. Depuis ce temps vous n'avez relevé qu'une seule disparition d'enfant, et l'unique lien que vous établissez entre elle et oncle Tom est une obscure petite ville galloise dont personne n'a jamais entendu parler. Je présume que s'il y avait un quelconque fond de vérité dans votre remarquable théorie, il aurait à l'heure qu'il est tué d'autres enfants ?

— C'est le cas, docteur Quinlan.

— Vraiment ? Mais alors vous voilà pris à votre propre piège, Matthew. Car le profil de votre amie parlait d'une ville commençant par la lettre X, or il n'y en a aucune.

— Oh, mais si.

Le vieil homme se pencha en avant :

— Éclairez-moi de vos lumières, je vous en prie.

— Nous avons la conviction qu'une enfant a été enlevée à Christmas Common.

Quinlan poussa un long soupir :

— Entendu, Matthew, dites-nous donc le fin mot de l'histoire. Je ne me le pardonnerais jamais si une erreur de diagnostic de ma part entraînait la mort d'une autre enfant.

208

Une à une, les portes s'ouvraient sur des pièces vides. Danny accéléra le pas, n'accordant à l'intérieur des salles qu'un bref coup d'œil. Alors qu'il ouvrait la porte de la salle 15, son coup d'œil se prolongea en un regard fasciné devant la montagne de technologies qu'il découvrait dans la salle de contrôle de la Fondation. L'unique moniteur allumé montrait l'avant-cour recouverte de neige.

Comme attiré par un aimant, l'adolescent faisait aller ses yeux experts en tout sens, hochant la tête chaque fois qu'il devinait la fonction d'une machine. Pour la première fois depuis qu'il était entré dans le bâtiment, Danny sentit la peur l'abandonner. Il était presque comme chez lui.

Il ferma la porte d'un coup de coude et les serrures s'enclenchèrent automatiquement. Glissant avec le fauteuil à roulettes le long du pupitre de contrôle, il activait des commandes, enclenchant des interrupteurs et pressant des boutons à mesure qu'il gagnait en assurance. Soudain, il vit Matt engagé dans une discussion animée avec le vieil homme. Danny ressentit un profond soulagement. Il mit le son.

« Comment expliquez-vous dans ce cas la concordance des tests ADN ? Le sperme sur le corps ? Certains éléments forcent un peu trop la crédulité, Matthew. »

Sans attendre la réponse de Matt, Danny passa à un autre écran. Matt allait bien. Il chercha Claire. Il fit défiler les vues à toute allure et finit par tomber sur le petit salon : Claire était assise la tête entre les mains, l'inhalateur posé près d'elle. Le garçon activa une commande et vit Claire se tourner vers la porte qui venait de s'ouvrir. Elle regarda en silence, le visage transi de peur, attendant que quelqu'un entre, puis s'approcha prudemment du seuil.

Dès qu'elle l'eut franchi, le moniteur s'éteignit et un second s'alluma : Claire avançait dans le couloir désert. Danny esquissa un sourire et se tourna vers le plan électronique du bâtiment. Il indiquait qu'un seul couloir séparait Claire de la pièce où Matt et le vieil homme discutaient, mais elle partait dans la mauvaise direction. Alors qu'il balayait la console du regard pour chercher un moyen de l'avertir, il trouva les commandes de visionnage.

Il passa en *retour rapide* : Claire retourna dans la pièce. Quelques clics et il vit son propre visage derrière la vitre. Il recula davantage et l'homme qui conduisait la camionnette blanche apparut brièvement à la fenêtre. Il mit l'image sur *pause* et scruta le visage.

L'adolescent maîtrisa bientôt toutes les fonctions de visionnage et, balayant les scènes, s'arrêta sur la porte d'entrée : l'inspecteur attendait sous la neige. Il passa la vidéo en *avance rapide*, et vit la femme voûtée l'inviter à entrer. Danny accéléra encore la vidéo et suivit d'un œil anxieux leur parcours dans le bâtiment : ils s'arrêtèrent devant plusieurs salles, y compris celle dans laquelle il se trouvait en ce moment même. Pitman s'aventura alors par lui-même dans le couloir. Danny suivit Pitman dans le musée, sachant déjà ce qui attendait le policier ; il détourna la tête quand le couteau s'abattit en silence dans le dos de l'inspecteur. Il ralentit la vidéo jusqu'en mode *lecture* : la femme voûtée traînait le corps derrière un rideau.

Mais où était passé l'homme qu'il avait vu derrière la vitre ? Le conducteur de la camionnette : oncle Tom…

Un bouillonnement d'émotions montait en lui, qu'il tentait de contenir. Danny serrait la clef de Ceri dans son poing, si fort qu'elle entailla sa paume. Il fut brusquement ramené à la réalité.

Il fit à nouveau défiler les scènes et s'arrêta sur la cuisine : l'homme – oncle Tom – étreignait gentiment la femme voûtée. Il se rediffusa plusieurs fois la séquence, incapable d'en croire ses yeux, puis changea à nouveau de scène pour retomber sur le flux direct.

Il retrouva la salle 8 et fixa l'écran, stupéfait, comme la réalité des images s'imposait à son esprit : Matt et le vieil homme continuaient de débattre avec animation, tandis qu'à côté d'eux oncle Tom servait le thé.

Danny lança des regards désespérés autour de lui, déplaçant d'un coup de pied la chaise à roulettes le long du pupitre de contrôle avant de taper furieusement sur le clavier, pataugeant à travers les menus jusqu'à trouver ce qu'il cherchait. Un menu affichait la commande : Déverrouillage Toutes Portes Intérieures. Il appuya sur la touche. Derrière lui, les verrous se désengagèrent et la porte s'ouvrit.

Dans tout le bâtiment, le même scénario s'opéra. Le regard de Danny restait rivé sur le moniteur : oncle Tom essayait de fermer la porte de force tandis que Matt et le vieil homme regardaient.

Passant d'une scène à l'autre, il vit Claire hésitant, perplexe, alors que toutes les portes s'ouvraient. Dans la cuisine, la femme voûtée regardait autour d'elle, stupéfaite.

Danny arracha le câble de raccordement de l'ordinateur central, avant d'abattre le clavier contre le pupitre de contrôle, le fracassant. Il souleva la lourde chaise à roulettes et la balança contre la console principale, brisant un écran au passage, puis la leva à nouveau et brisa les autres moniteurs. Un seul avait survécu au carnage. À bout de souffle, Danny y vit Claire s'éloigner du petit salon. Un coup d'œil au plan du bâtiment, et il comprit qu'elle se dirigeait à l'opposé d'oncle Tom, vers le musée.

Il était sur le point de fracasser le dernier moniteur quand il y aperçut la silhouette voûtée de Reynolds. Elle venait au poste de sécurité. Il laissa tomber la chaise et fila à travers le couloir avant de s'engouffrer dans une pièce vide, d'où il regarda passer Reynolds. Dès qu'elle entra dans la salle de sécurité, il se glissa hors de sa cachette et courut vers la salle 8, certain que Matt saurait quoi faire.

209

Reynolds constata avec horreur l'étendue des dégâts.

Sur l'unique écran restant, elle vit Claire qui errait d'un pas incertain dans le couloir du fond. Elle tenta de changer la vue sur le moniteur, mais la commande ne répondait pas.

Elle attrapa son téléphone portable.

Dans la salle 8, le docteur s'excusa auprès de Matt et prit l'appel.

— Oui, il est ici avec moi. Non, pas à ma connaissance. Y a-t-il un problème ?

Quinlan ferma le clapet et expliqua :

— C'était le docteur Reynolds. Vous serez ravi d'apprendre que Claire se porte beaucoup mieux. Elle et le docteur nous rejoindront d'ici quelques minutes. Thomas, que se passe-t-il avec cette porte ?

210

L'image du plan du bâtiment encore fraîche dans son esprit, Danny dévala le couloir.

Alors qu'il approchait de la salle 8, il vit l'homme accroupi au pied de la porte, un tournevis à la main, et sut aussitôt de qui il s'agissait.

L'adolescent n'hésita pas un instant.

Il ne ressentait aucune crainte.

Juste une immense colère.

Se jetant sur le dos d'oncle Tom, il roula avec lui à l'intérieur de la salle et partit s'écraser contre le bureau.

— Espèce de bâtard ! Tu l'as tuée !

Matt bondit de surprise tandis que le docteur Quinlan tâchait de déplacer son fauteuil, en fixant d'un œil stupéfait l'adolescent qui avait surgi de nulle part.

Oncle Tom se redressa avec un grognement et balança le garçon à travers la pièce, l'envoyant dans le canapé de l'autre côté du bureau.

Matt accourut vers lui, l'inquiétude se mêlant à la perplexité :

— Ça va ? Danny ! Bon Dieu, qu'est-ce que tu fais ?

Essoufflé, Danny hurla d'une voix étranglée :

— C'est oncle Tom ! C'est lui ! Il a tué Ceri ! Il l'a tuée !

Matt se retourna, encore ahuri, et vit Thomas Quinlan avancer vers eux :

— Alors, Burford ?! On dirait que t'as besoin d'un gamin pour cogiter à ta place ! Dommage. Les petits mecs, c'est pas ma came, mais je vais faire une exception pour cette fois !

Matt s'interposa entre lui et Danny :

— Il faudra me passer sur le corps !

Oncle Tom sourit :

— Très perspicace, Burford ! Il va de soi qu'aucun de vous deux sortira d'ici vivant !

D'une claque foudroyante, il envoya le journaliste s'écraser contre le mur.

— Maintenant à ton tour, petit mec !

Comme oncle Tom se jetait sur le canapé, Danny plongea entre ses jambes et s'empara du tournevis :

— Essaie un peu, sale enfoiré !

Au moment où le tueur se retourna vers Danny, Matt lui fracassa une chaise sur la tête. Le sang gicla de son crâne chauve, mais c'est à peine s'il broncha. Il se releva sous une pluie d'esquilles et de bois cassé.

— Sors d'ici, Danny ! Maintenant !

— Pas question ! s'écria le garçon en brandissant le tournevis. Il est à moi !

— Fais pas le con, Danny ! Sors d'ici !

Matt se jeta sur oncle Tom pour couvrir la fuite de l'adolescent, et lança un coup de poing que l'énorme patte stoppa net, l'emprisonnant dans son étau. D'un revers de main, il décolla Matt du sol et l'envoya voler à travers la pièce. Le canapé amortit sa chute et Danny accourut pour l'aider à se relever.

— Il s'amuse avec nous, Danny ! Dégage d'ici ! cria Matt en se jetant de nouveau sur oncle Tom.

Sous le regard hypnotisé de Danny, oncle Tom bloqua d'une seule main l'attaque du journaliste et lui porta de l'autre un coup au ventre ; Matt se plia en deux de douleur avant qu'un nouveau coup s'abatte sur lui et qu'il s'écroule au sol.

— Au suivant !

Le tournevis à la main, Danny défiait le tueur.

— Je t'attends, petit mec, dit l'homme en lui faisant signe d'approcher.

Allongé à terre, à bout de souffle, Matt cria :

— Danny, non !

Trop tard.

Danny se jeta sur oncle Tom, l'outil brandi. Une seconde plus tard, les monstrueux doigts du tueur se resserraient tel un étau autour du cou de l'adolescent, le soulevant à bout de bras ; le tournevis tomba de sa main.

Danny sentit l'étau se resserrer, l'oxygène se raréfier.

Il battait des pieds avec l'énergie du désespoir, mais les rares coups à porter ne tiraient au tueur qu'un ricanement de mépris.

Soudain son rire se changea en rugissement comme le tournevis lui transperçait l'épaule. Danny tomba au sol, à peine conscient, tandis qu'oncle Tom se retournait pour faire face à Matt, haletant derrière lui.

Le tueur retira le tournevis de son épaule et avança vers le journaliste, la chemise trempée de sang, serrant l'arme dans ses gigantesques poings.

— T'as une idée du prix d'un Caraceni, Burford ? Dommage. J'avais décidé d'abréger tes souffrances.

Oncle Tom se jeta sur lui de toute sa masse, le tournevis pointé vers sa tête, et Matt n'eut pas trop de ses deux mains pour retenir le poing du tueur.

Il reculait tant bien que mal autour de la pièce, tandis qu'oncle Tom avançait sans relâche, quand son dos rencontra le mur.

Tout à coup il n'y avait plus d'issue.

Le regard lubrique, les veines palpitant sur son crâne nu, oncle Tom pesait sur lui de tout son poids. Matt vit le tournevis se rapprocher inéluctablement de son visage, il sentit sa force le quitter comme oncle Tom maintenait la pression.

— Cours, Danny !

Le tournevis n'était plus qu'à deux centimètres de son œil.

La bataille était perdue : oncle Tom était trop fort.

Il fallait qu'il tienne encore quelques secondes. Que Danny puisse s'échapper.

Tout à coup, il vit le gamin en face de lui au-dessus de la tête d'oncle Tom, ses petites mains enroulées autour du visage du tueur qu'il serrait de toutes ses forces. Danny n'était qu'un insecte pour oncle Tom, mais il offrit suffisamment de répit à Matt pour bloquer le tournevis.

Tenant l'arme à deux mains, Matt regarda, impuissant, le tueur empoigner Danny par le col pour l'attirer vers lui.

L'adolescent s'agrippait désespérément à la tête du tueur, cherchant une prise, quand il se rappela la clef de Ceri dans sa paume.

Serrant le morceau de métal dans son poing, il l'enfonça de toutes ses forces dans l'oreille gauche du tueur. Il sentit la peau se déchirer, vit le sang jaillir, mais malgré cela, oncle Tom ne relâchait pas son étreinte.

Il tourna le morceau de métal et sentit la pointe de la clef s'enfoncer dans le globe oculaire ; un liquide visqueux gicla sur sa main.

Oncle Tom rugit de douleur, battant en retraite en agrippant son visage à deux mains.

Danny tomba au sol et Matt se précipita vers lui.

Ils regardèrent quelques instants le tueur agonisant tenter de se relever, puis Matt attrapa la lourde lampe d'architecte sur le bureau et l'abattit sur le crâne chauve.

Le corps massif s'effondra sur le sol dans un grognement. Danny saisit alors la lampe et l'abattit à son tour sur la figure du tueur, encore et encore, jusqu'à ce que Matt lui attrape le bras.

— Assez, Danny.

Le regard rivé sur le corps inerte, à bout de souffle, ils attendirent.

— Est-il mort ? s'enquit le vieil homme en faisant pivoter son fauteuil.

Matt prit le pouls d'oncle Tom :

— Non, malheureusement. Simplement évanoui.

Quinlan considéra le corps étendu avec dédain :

— Le travail d'une vie gâché. Pitoyable crétin. Pas étonnant que tu ne t'en prenais qu'aux fillettes !

Matt regarda Quinlan avec surprise :

— Vous saviez ?

Quinlan rétorqua avec un geste d'indifférence :

— Essayez donc de le prouver, Burford.

Danny tendit le tournevis à Matt en montrant la porte :

— Tu saurais réparer cette serrure ?

Matt opina du chef, bluffé par le sang-froid du gamin. Il s'attela alors à la tâche tandis que Danny surveillait oncle Tom, n'attendant qu'un mouvement de sa part.

— C'est bon, Danny. Allons-y.

Comme l'adolescent balançait la lampe sur le corps du tueur, un spasme agita une de ses jambes.

— T'avais raison, Matt. Le bâtard est encore en vie. Dommage.

— Viens, trouvons Claire et Pitman.

— Claire va bien, Matt, mais l'inspecteur… Matt, il est mort.

Matt s'avança vers le tueur, tremblant de rage, mais Danny lui attrapa le bras.

— C'est pas lui qui l'a tué, Matt. C'est la femme. Il faut qu'on retrouve Claire avant elle.

211

Claire poussa les portes du musée et scruta l'obscurité.

Comme elle avançait, le faisceau orangé et la voix enregistrée se déclenchèrent.

Elle sursauta.

« Bienvenue au musée Quinlan du crime sexuel. Le musée Quinlan du crime sexuel est à l'heure actuelle l'exposition la plus authentique au monde en son genre. Parrainé par le docteur… »

Claire écarta le rideau devant elle et jeta un regard par l'ouverture, mais l'éclairage était trop diffus pour pouvoir distinguer quelque chose. Machinalement, elle appuya sur le bouton vert et le rideau s'ouvrit pour dévoiler la figurine du Marquis de Sade.

« Le crime sexuel remonte par sa nature même aux origines de l'humanité. Les délinquants sexuels sont parmi nous depuis qu'un homme de l'âge de pierre a pris de force sa partenaire. Mais un acte… »

Une forme humaine allongée dans un coin attira tout à coup son attention.

Elle vit le couteau planté entre les omoplates.

Et reconnut l'inspecteur.

Claire tituba sur ses jambes et sentit l'asthme lui comprimer la poitrine.

Elle s'éloigna du cadavre et de la première exposition pour avancer vers les suivantes, arrachant les rideaux sous le faisceau orangé des projecteurs qui s'allumaient l'un après l'autre, puisant dans la colère et l'adrénaline qu'elle sentait monter en elle la force de combattre son asthme.

212

Dans le poste de sécurité, Danny bricolait les câbles de la console – regrettant de les avoir arrachés plus tôt avec tant d'enthousiasme – pour tenter de faire fonctionner le moniteur restant.

Une pluie d'étincelles jaillit des fils sous le regard inquiet de Matt.

— C'est le musée où Pitman a été tué !

L'écran resta figé pendant plusieurs secondes comme Danny ajustait les angles de caméra puis tout à coup, Matt s'approcha du moniteur : l'image muette de Claire venait d'apparaître sur le moniteur. Elle passait d'une exposition à l'autre, arrachant les rideaux sous le faisceau orangé des projecteurs.

Ils virent la silhouette du docteur Reynolds retirer le couteau du dos de Pitman et sortirent en courant de la salle de contrôle, Danny précédant Matt.

213

Comme le dernier rideau tombait au sol, Claire découvrit l'exposition consacrée à oncle Tom. Elle s'effondra à genoux, refusant de regarder, mais cependant incapable d'en détacher ses yeux.

Elle reconnut le casque de vélo de Rebecca.

Son ruban rose.

L'horreur et la colère l'envahirent et des convulsions la saisirent.

— Voilà, Claire. Vous savez maintenant.

Claire se retourna lentement, prise de tremblements incontrôlables, le visage en larmes. Elle avait reconnu la voix et compris toute la vérité avant même d'apercevoir le couteau entre les doigts serrés de Ruth Reynolds

— Vous vouliez connaître la vérité, Claire. Vous savez maintenant. Que ressentez-vous ? Êtes-vous soulagée ? Votre peine est-elle réellement apaisée ?

Claire n'avait plus la force de faire un pas. Elle demanda dans un souffle asthmatique :

— Pourquoi, Ruth ? Au nom du ciel, pourquoi ?

Le sourire de la femme était sincère :

— C'est aussi la question que je me posais avant de rencontrer James. Il m'a appris beaucoup de choses. Il m'a montré comment vivre, Claire. Comment survivre sans les questions d'identités sexuelles. Sans la domination d'un sexe sur l'autre.

Claire regardait sans rien dire, totalement abasourdie.

— Un accident de parachutisme lui a brisé la colonne vertébrale. Depuis ce jour, James est impuissant. Ôtez à un homme sa capacité de performance au lit, Claire, et vous lui ôtez son besoin de réprimer. Ainsi James et moi entretenons-nous la relation parfaite. Nous sommes *véritablement* égaux.

— Et ça ?

Claire indiquait l'exposition.

— Vous n'êtes pas une scientifique, Claire. À quoi bon tenter de vous expliquer.

Claire était consciente qu'elle avait besoin de temps pour retrouver ses forces :

— Essayez toujours.

Ruth Reynolds se mit à rire :

— Nous étions deux esprits semblables, James et moi. Deux esprits en quête de vérité. Pendant des années, nous avons étudié la mentalité des délinquants sexuels, indirectement, à travers les esprits tordus d'individus extérieurs. Des esprits moins éclairés. Moins à même d'expliquer. Ça ne nous suffisait pas, Claire. Vous comprenez ? Nous étions des pionniers dans notre domaine. Nous devions faire ce pas supplémentaire, au nom de la vérité. Nous avons donc créé Thomas.

— « Créé » ?

— Littéralement. En son temps, James a ouvert la voie aux techniques d'insémination artificielle. Il était juste, après son accident, qu'il utilise son propre sperme pour nous donner un fils. Après tout, la seule chose qui rend une femme vraiment supérieure à un homme, c'est cette capacité qu'elle a de donner la vie. Nous avons alors été face au vieux débat. La question de l'inné ou de l'acquis. Les délinquants sont-ils génétiquement programmés, ou sont-ils le produit de leur environnement ? Nous étions des scientifiques, Claire. Nous avions le devoir d'utiliser notre propre création, notre fils, pour trouver les réponses.

La lame brillait sous la lumière ambrée.

— Vous êtes folle.

— Folle, Claire ? Qui définit la folie ?

Claire vit les doigts noueux de la femme s'enrouler autour du manche et se souvint des paroles de Ceri. Le couteau symbolisant le pénis. Elle sourit.

— Ai-je raté quelque chose, Claire ?

— Juste une chose que Ceri m'avait expliquée. Mais je ne comprends toujours pas. Après tout ce que vous avez dit à propos des hommes qui abusent des femmes ?

— Ce n'était pas des femmes, Claire. Seulement des petites filles. Juste des enfants.

— « Juste des enfants » ?! Mais qui vous a donné le droit de... (Les larmes lui vinrent ; sa voix monta.) Pour l'amour du ciel, c'était ma fille !

La thérapeute hocha la tête :

— Nous y voilà, Claire. Elle était *votre* fille. Votre propriété personnelle. Après tout, c'est bien pour cela que vous êtes ici, non ? Ou êtes-vous en train de me dire que vous pensiez aux autres fillettes ? Soyez honnête, Claire. Pouvez-vous me citer une seule victime d'oncle Tom autre que Rebecca ?

Elle montra du doigt une photo d'une des victimes sur une coupure de presse :

— Cette gamine-là, par exemple ?

Claire gardait son regard fixé sur la vieille femme.

— Vous voyez, elle ne signifie rien pour vous. Pas plus qu'une petite Africaine victime de la famine. La société déteste les enfants. Votre ami Thomas Bristow ne vous l'a-t-il pas enseigné ? Croyez-vous honnêtement que quelqu'un se *souciait* de ces filles ? Bien sûr, les gens sont écœurés quand ils lisent les avis de recherche sur leurs paquets de corn-flakes, ou lorsque la télé diffuse ces reportages à l'heure du thé. Mais quelqu'un se souciait-il *réellement* des victimes ?

Claire la laissa parler. Elle sentait sa respiration retrouver sa régularité, ses forces lui revenir.

— Ces foules qui hurlent des invectives au dehors du tribunal au passage d'un pédophile, pensez-vous qu'elles se soucient un tant soit peu de la victime ? Bien sûr que non. Les gens se soucient uniquement de leurs propres enfants, tout comme ils se soucient de leur maison ou de leur voiture. De leurs possessions personnelles. Ils poussent des oh ! et des ah ! quand on aborde la question de l'enfance maltraitée, mais dans le même temps ils battent leurs propres marmots à l'abri de leurs quatre murs, ils leur infligent la fumée de leurs cigarettes, leur font avaler n'importe quoi, les refilent à la baby-sitter qui sera la moins chère quand ils sortent s'amuser.

— C'est faux, Ruth, marmonna Claire entre ses dents serrées.

— Vous savez que c'est la vérité, Claire. Le gène égoïste de Dawkins dans toute sa flagrance. Des millions d'enfants meurent de faim chaque année et nous laissons faire sans rien dire. Des enfants explosent sur des mines antipersonnelles et sous les bombes et que faisons-nous ? Rien. Les enfants sont maltraités physiquement et sexuellement dans le monde entier, Claire, et nous choisissons de détourner le regard. Tant que ça ne touche pas la chair de notre chair… on s'en moque ! Un de plus ou un de moins… quelle différence lorsqu'il est question de millions d'enfants ?

— C'est faux !

— C'est faux ? Dites-moi, Claire, qu'est-ce que Rebecca avait de si spécial ? Au nom de quoi devrait-on lui accorder ce qu'on refuse à tant d'autres ? Croyez-vous honnêtement que quelqu'un se souciait de Rebecca ? Personne ne s'en souciait, Claire. Personne à part vous.

— C'est faux. (Elle pensa à Matt. À l'inspecteur Pitman. À Ceri et Danny. Aux policiers, aux voisins, aux parfaits inconnus qui avaient participé aux recherches quand sa fille avait disparu.) Non. Vous vous trompez.

— Non, Claire. C'est vous qui vous trompez vous-même. Regardez cette photo de votre fille. Cette pauvre petite fille. Tout ce que Thomas a fait, c'est essayer de la faire mûrir plus vite. Pour la libérer des chaînes de l'enfance. Elle n'était pas censée mourir, si cela peut vous consoler. Votre amie l'étudiante avait vu parfaitement juste. Comment Thomas aurait-il pu deviner qu'elle était insulinodépendante ? Il a cru être responsable de sa mort. Et cette sensation lui a plu. C'était nouveau pour lui. Et pour nous également. Un nouveau champ d'étude s'étendait devant nous.

— Salauds ! Espèces de salauds ! D'ordures ! De détraqués !

— C'est ça, Claire, libérez vos tensions intérieures. Vous vous sentirez mieux. (Elle sourit.) Je me trompais cependant sur un point, Claire. Le pouvoir de domination absolu n'est pas celui que l'homme exerce sur la femme, comme je l'avais d'abord pensé. C'est celui que la vie exerce sur la mort. Votre ami l'inspecteur m'a aidée à comprendre cela. Thomas nous expliquait que son plaisir grandissait à mesure qu'il recommençait. Et maintenant je suis sur le point de le découvrir à mon tour. Alors, Claire, dites-moi, que ressentez-vous à l'idée que vous allez enfin être réunie avec votre chère Rebecca ?

214

Comme la thérapeute avançait, le couteau levé, Claire se jeta en avant avec le peu de force que lui donnaient sa colère et son désespoir, et frappa la femme voûtée dans l'estomac, lui coupant le souffle.

Prise au dépourvu, elle lâcha son arme, se débattant pour s'extraire de l'étreinte faiblissante de Claire tout en gardant l'équilibre.

Reynolds réussit à la repousser, mais au moment où elle se baissa pour ramasser le couteau, Claire se jeta à nouveau sur elle.

S'attrapant mutuellement à bras-le-corps, elles luttaient pour garder l'équilibre.

Elles finirent par tomber, Claire parvenant à prendre le dessus de sorte que le corps voûté de la doctoresse amortisse sa chute et reçoive tout son poids. La vieille femme eut le souffle coupé.

Ses lunettes glissèrent, et alors qu'elle essayait de les replacer à tâtons, Claire en profita pour lui bloquer l'autre bras au sol avec son genou. La vieille femme rechaussa ses lunettes, pour découvrir horrifiée le couteau désormais dans la main de Claire.

La panique parut un instant sur ses traits, avant de céder la place au calme. Son sourire se figea.

— Allez-y, Claire, dit-elle d'une voix rauque. Si vous pensez en avoir le cran. Allez-y si vous êtes une… *femme.*

Claire baissa les yeux vers elle, sans bouger un muscle.

— Une vie contre une autre, Claire, n'est-ce pas ainsi que ça fonctionne ? Croyez-vous que vous vous sentirez mieux ? Pensez-vous pouvoir vivre avec ce souvenir ? J'en doute. Vous n'avez pas ce qu'il faut en vous.

Claire regarda Reynolds : sans défense, à sa merci, mais souriant cependant.

— Ne rêvez pas, Ruth ! Si je ne vous tue pas, ce n'est pas en raison de prétendus scrupules propres aux femmes… Je ne suis pas en train d'hésiter. (Elle tourna un instant la tête vers la photo de Rebecca.) Je fais juste durer le moment.

Le sourire de la femme disparut. Son regard s'agrandit de peur en lisant la détermination sur le visage de Claire.

Claire leva le poing, serrant le couteau, puis de toute sa force, elle l'abattit.

— Claire, non !

Le cri de Matt retentit une seconde trop tard.

Reynolds poussa un cri perçant comme le couteau plongeait pour s'encastrer dans le parquet. Claire se retourna et vit Matt courir vers elle, Danny sur ses talons.

— Bon Dieu, j'ai cru que tu l'avais tuée.

— Je l'ai ratée, répondit-elle d'une voix râpeuse, luttant pour trouver son souffle. Tiens-la. Je réessaie.

Reynolds hurla :

— Au secours ! Elle est folle !

Matt envoya un coup de pied dans le couteau, et prit Claire par le bras pour l'aider à se relever, puis la serra dans ses bras :

— Ça va ?

— Où est oncle Tom ?

— Il ne fera plus de mal à aucun enfant. Occupons-nous plutôt de toi.

— Il y a une gamine dehors dans la camionnette, dit Danny. Elle est encore en vie.

Claire se dégagea de l'étreinte de Matt.

— Allons-y, Danny. (Elle regarda Reynolds, recroquevillée sur le sol, les yeux noirs de haine.) On va montrer à cette petite qu'on se soucie d'elle.

Danny renvoya le couteau à Matt :

— Ça pourrait nous servir.

Comme Matt se penchait pour le ramasser, il aperçut pour la première fois l'exposition sur oncle Tom.

Il se tourna vers Reynolds :

— Bandes d'ordures détraquées.

Il passa le couteau manche en avant à Danny :

— Planque ça avant que je sois tenté de m'en servir…

— Allez, Claire, s'écria Danny. Allons chercher cette gamine et ramenons-la au chaud. Matt, reste ici et surveille cette sorcière !

Matt hocha la tête et se fit une joie de laisser le gamin prendre les choses en main.

215

Ils étaient assis ensemble tous les trois devant le journal du soir.

Matt prit la main de Claire dans la sienne comme la photo de Rebecca apparaissait pour la dernière fois à l'écran. C'était terminé.

Appuyé contre Claire, les yeux humides, Danny regardait la télévision sans rien dire.

Comme l'image de Ruth Reynolds s'affichait sur l'écran, Matt demanda :

— Tu as bien fait *exprès* de la rater, pas vrai ?

— C'est une question à ne pas poser. (Claire serra la main de Matt et passa son autre bras autour de l'épaule de Danny.) Mais, Matt… Il y a une dernière chose qui m'embête. Une question que Reynolds m'a posée : comment s'appelait-elle, cette autre fillette dans l'exposition ?

— Laura Coverton, de Queensferry, répondit Danny. Elle avait six ans. Enlevée à quelques mètres de chez elle alors qu'elle promenait son chien.

Claire secoua la tête, stupéfaite :

— Mais comment fais-tu pour te souvenir de tout ça ?

Matt sourit :

— Danny est une encyclopédie du crime ambulante. Pas vrai, partenaire ?

L'adolescent répondit tout bas :

— Plus maintenant, Matt. La première chose que je vais faire en rentrant à la maison, c'est tout balancer à la poubelle. Les livres. Les magazines. Tout.

Matt se redressa :

— *Quoi* ? Mais *pourquoi* ?

— J'ai appris deux choses importantes aujourd'hui, Matt, répondit-il.

— Ah oui ?

— Deux choses que t'essaies de m'enseigner depuis très longtemps.

Matt échangea un regard perplexe avec Claire :

— Moi ?

— Premièrement, dit Danny, que les *histoires* de crimes et les *vrais* crimes, c'est deux choses différentes.

Une brisure apparut dans sa voix :

— Les *histoires* de crimes, c'est quand ça arrive à d'autres personnes.

Il inspira lentement :

— Les *vrais* crimes, c'est quand ça nous arrive à nous.

— Et la deuxième chose ?

— Que le monde qui nous entoure est rempli de bâtards et de détraqués. Et que c'est pas un endroit pour les enfants.

Il laissa tomber sa tête sur l'épaule de Claire et pleura :

— Et comme tu me le dis tout le temps, Matt : *je suis qu'un môme.*

Derniers titres parus chez MA éditions

Les Héritiers de Stonehenge, Sam Christer, Juin 2011

Francesca – Empoisonneuse à la cour des Borgia, Sara Poole, Novembre 2011

Francesca – La Trahison des Borgia, Sara Poole, Avril 2012

L'Évangile des Assassins, Adam Blake, Novembre 2011

Zéro Heure à Phnom Penh, Christopher G. Moore, Février 2012

Le Refuge, Niki Valentine, Février 2012

Le Sang du Suaire, Sam Christer, Mars 2012

Coeurs-brisés.com, Emma Garcia, Mai 2012

Tahoe, L'Enlèvement, Todd Borg, Mai 2012

Composé et imprimé en France. - JOUVE, 1, rue du Docteur Sauvé, 53100 MAYENNE
N° 876781N. - Dépôt légal : Mai 2012